U0721691

WO SHI ZHUANGAOREN

WENYI YANCHU HUODONG
ZHUANGAO
SHIZHAN GONGLUE

——

文艺演出活动撰稿

实战攻略

我是撰稿人

阮志斌

著

百花洲文艺出版社

BAIHUAZHOU LITERATURE AND ART PRESS

图书在版编目（CIP）数据

我是撰稿人：文艺演出活动撰稿实战攻略 / 阮志斌
著 . -- 南昌：百花洲文艺出版社，2021.10
ISBN 978-7-5500-4417-3

Ⅰ.①我… Ⅱ.①阮… Ⅲ.①文娱活动－组织管理
学－文集 Ⅳ.① G241.3-53

中国版本图书馆 CIP 数据核字（2021）第 192770 号

我是撰稿人：文艺演出活动撰稿实战攻略
阮志斌 著

出 版 人	章华荣	
责任编辑	蔡央扬	
封面设计	张 悦	
出版发行	百花洲文艺出版社	
社 址	南昌市红谷滩区世贸路 898 号博能中心 A 座 20 楼	
邮 编	330038	
经 销	全国新华书店	
印 刷	河南省环发印务有限公司	
开 本	787mm×1092mm 1/16	印张 24
版 次	2021 年 12 月第 1 版第 1 次印刷	
字 数	489 千字	
书 号	ISBN 978-7-5500-4417-3	
定 价	88.00 元	

赣版权登字：05-2021-377
版权所有，侵权必究

网址 http://www.bhzwy.com
图书若有印装错误，影响阅读，可向承印厂联系调换。

自　序

　　经常泡在文艺演出（广场演出、舞台演出、电视晚会等）剧组，我的头衔是"撰稿"，有时又叫"文学统筹"，有时也忝列"策划""导演组"的名单中，但说来说去，其实还是个写字的，所以，有朋友介绍我时戏称我是"写撰稿的"。"撰稿的"撰什么观众未必知道，但咱自己知道其中的甘苦。

　　策划会开得七荤八素，
　　电脑前熬得油尽灯枯，
　　领导来审得一塌糊涂，
　　演出后获得好评无数。

　　这是我自诌的打油诗，演出后领导、观众和媒体的好评不管是否有水分，总算是对辛苦付出的一种安慰吧，激励咱抖擞精神接着干下一个活。但前面三句真的没有水分，干撰稿就是跑马拉松。剧组第一次策划会我就开始进入角色，从策划方案到演出台本，从主持词到节目单文字，演出时还得盯主持人，最后要播出的话还要写电视字幕的文字，一次次的灵感乍现，一次次的修改打磨，从头熬到尾，要干好还真不容易。这样说吧，一个合格的撰稿人，是写手、杂家、工匠的三位一体。

　　写手：文字表达能力是最重要的素质，没有相当的文学功底不能胜任。而且，文艺演出的撰稿不同于单纯的文学创作，从内容上来说是命题作文，从形式上来说，策划方案带有公文的色彩，主持词相当于风格各异的散文或散文诗。因此，这种文字功夫必须是全方位的。

　　杂家：文艺演出由音乐、舞蹈、戏曲、曲艺、舞美，以及现代的多媒体等元素组成，撰稿人必须具有综合的艺术修养。同时，由于不同晚会的主题和内容千差万别，时代背景各不相同，面对的观众五行八作，还要求撰稿人对不同行业的特点、不同地区的文化、不同时代的精神等都要了解，知识面越宽越好。

　　工匠：文艺演出的撰稿其实就是一个工匠活，面对主办者的要求和晚会设定的标杆，撰稿人要有工匠精神，耐得住寂寞，坐得住冷板凳，全身心投入，一丝不苟地完成每一个环节。在此过程中，注重细节，追求完美和极致，孜孜不倦，反复修改，不达目标绝不收兵。

要让这三个身份都很称职，需要具备以下四种意识：

政治意识：加强政治修养，了解时事政治和中心工作，保持敏锐的政治观察力和鉴别力，坚定正确的政治立场。对一些政治性热点词汇，要能在透彻理解的基础上，将其融入生活。

学习意识：除了学习政治知识、文艺知识和写作知识外，还要养成随时收集整理各种资料的习惯，不断充实自己的知识库。同时要善于观察、善于思考，在生活中寻找素材、发现亮点。

精品意识：在写作中要拉高标杆，耐心专注，精雕细琢。特别是对导演组和主办方提出的意见不能有畏难情绪和抵触情绪，要善于甄别，集思广益，不断修改。

时尚意识：文章合为时而著，歌诗合为事而作，文艺演出作为既要合时又要合事的舞台艺术，必须体现社会和时代的要求，因此撰稿人要了解当下观众的审美需求，熟悉最新流行时尚（流行词、流行生活方式等），不断创新出新。

一个优秀的撰稿人还必须是一个优秀的策划人，是除了导演之外对整个演出创作思路、节目构成、情绪起伏最了解的导演组成员，这样才能使主持词与节目水乳交融，对得起节目单上的"撰稿"两个字。

写到这里，我突然想起一个问题："撰"字既然是写作的意思，为什么"作家"不叫"撰家"呢？百度上一查："撰，形声。从手，巽声。'巽'意为'辅助''翼辅'。'手'与'巽'联合起来表示'动手帮助'。"这下明白了，怪不得作家的作品能署上名字去发表，我们的文字只能变成声音穿插在节目中，原来我们一直在给人"动手帮忙"呀！我在心里鼓励自己，好好"撰"，但愿别让人感觉越帮越忙！

2020 年 2 月 28 日于郑州

目　录

上篇　策划案撰稿

文艺演出活动策划案的撰写..003

春涌河洛——2004年巩义市春节戏曲晚会策划方案........................009

年年如意庆吉祥——郑州燃气集团2009年春节联欢晚会策划方案........011

情系希望工程——爱心捐赠酒会总体设计方案................................015

燃情圣诞夜——郑州汽车公园圣诞篝火晚会方案............................017

盛世梨园——河南戏曲名人坊大型演出设计方案............................019

比干诞辰3100周年纪念大典策划方案..025

第十届中国郑州国际少林武术节迎宾式暨开幕式总体策划方案............031

龙行天下黄河魂——第十八届中国（三门峡）国际黄河旅游节开幕式文艺晚会节目
　　方案..035

圆梦之路——河南省纪念改革开放三十周年大型电视文艺晚会策划方案........041

聚焦梦想——河南省第十二届运动会暨首届全民健身大会开幕式群众文体表演实施
　　方案..047

下篇　主持词撰稿

文艺演出活动主持词的撰写..057

节会庆典

纪念活动

倾听郑州——郑州市纪念改革开放三十周年主题艺术晚会主持词............065

谁持彩练当空舞——庆祝河南电视台建台四十周年文艺晚会主持词........069

盛世鹰飞——庆祝平顶山建市五十周年文艺晚会主持词....................076

弦歌百年——河南理工大学建校百年庆典晚会主持词........................080

比干诞辰3100周年纪念大典主持词..086

社会节日

第十一届中国（郑州）国际园林博览会开幕式主持词.....................089

2012 中国开封龙文化周开幕式主持词.......................................092

第九届中国郑州国际少林武术节开幕式文体表演解说词.....................096

龙行天下黄河魂——第十八届中国（三门峡）国际黄河旅游节开幕式文艺晚会主
持词...098

固定节日

暖暖新年·中原春早——2017 河南手机网络元宵大联欢主持词..............105

中华长歌行·我们的节日（清明）——郑州电视台清明特别节目解说词.............112

中华长歌行·我们的节日（端午）——郑州电视台端午特别节目主持词.............115

相约在月圆时节——2008 年河南省专家学者中秋赏月茶话会文艺演出主持词...121

盛世金秋——2010 年郑州市迎重阳文艺晚会主持词........................124

百年风采尽芳菲——郑州市纪念三八国际劳动妇女节 100 周年电视文艺晚会主
持词...129

五月放歌——2006 年河南省庆祝五一国际劳动节大型文艺演出主持词........135

五月的鲜花·永远跟党走——河南省高校大学生校园文艺会演主持词.............139

放飞梦想——2013 年郑州市庆六一文艺晚会主持词........................144

旗帜飘扬——庆祝中国共产党成立九十五周年文艺演出主持词.................149

军旗颂——河南省庆祝中国人民解放军建军八十周年文艺晚会主持词...................153

歌颂祖国——郑州市庆祝中华人民共和国成立六十周年电视文艺晚会主持词....157

河南电视台 2006 年"3·15"电视专题晚会主持词...........................163

感恩教师节——2016 年郑州市庆祝第 32 个教师节文艺演出主持词...........167

与中原同行——河南省庆祝第八个中国记者节文艺晚会主持词.................172

贺岁迎春

2016 年河南省政协新年茶话会文艺演出主持词...............................176

新时代·新河南——2018 年河南省委、省政府春节团拜会文艺演出主持词.......179

盛世和韵——2010 年郑州市迎新春电视文艺晚会主持词.....................181

龙腾中原——河南省 2012 年春节文艺晚会主持词...........................187

主题演出

专题活动

清风和谐满园春——省会迎新春廉政戏曲文艺晚会主持词.....................195

爱的致意——艺术家送欢乐下基层郑州大型慈善义演晚会主持词.................199

扬帆起航——河南电视台精品博览频道大型开播晚会主持词............204

曹魏风云——首届中国许昌三国文化活动周主题晚会主持词............211

惠民慰问

2008年河南省文联慰问抗震救灾消防救援人员文艺演出主持词............215

2017年郑州市"情暖新春"惠民演出综艺专场主持词............220

我们的中国梦——中国文联2015年"送欢乐·下基层"走进兰考慰问演出主
　　持词............223

激情赛场

聚焦梦想——河南省第十二届运动会暨首届全民健身大会开幕式解说词............227

河南省第八届少数民族传统体育运动会开幕式文艺演出画外音............239

与奥运同行——河南省直属机关第四届职工运动会闭幕式暨文艺颁奖晚会主
　　持词............244

颁奖典礼

向您致敬——河南省第二届道德模范颁奖典礼主持词............248

香满中原——河南省第二届豫菜品牌大赛电视颁奖晚会主持词............255

文化时空

文化交流

情系海河·感知河南——中原文化天津行文艺晚会主持词............263

中原风情·魅力河南——2010上海世界博览会河南活动周开幕式文艺演出主
　　持词............267

春天的约会——豫韩文化旅游交流年河南启动仪式文艺演出主持词............269

2017年"文化中国·四海同春"伦敦特拉法加广场演出主持词............272

文化赛事

兰花赋——第六届中国电视戏曲"兰花奖"颁奖盛典主持词............275

今夜属于你——中国郑州·第三届金麻雀小小说节开幕式暨颁奖晚会主持词....281

第三届"根亲中国"微电影节颁奖典礼主持词............289

2004上海国际珠宝首饰博览会珠宝首饰形象代言人河南赛区决赛暨颁奖晚会
　　主持词............294

校园文化

经典回响——河南青少年美文吟唱会主持词............298

青春不毕业——河南师范大学欢送2015届毕业生文艺晚会主持词............304

郑州市"戏曲进校园"活动启动仪式文艺演出主持词............309

企业文化

河南高速公路发展有限责任公司2013年春节联欢会主持词......314

中国移动通信集团河南有限公司郑州分公司十周年庆典答谢会主持词......318

庆祝许继集团成立四十周年大型音乐激光灯光焰火晚会解说词......322

广阔舞台

音乐会

中部交响——著名华人音乐家经典音乐会主持词......327

2009郑州新年音乐会——俄罗斯经典电影歌曲交响音乐会解说词......330

"高雅艺术进校园"钢琴知识解读音乐会主持词......334

诗歌朗诵会

祖国颂——庆祝中华人民共和国成立六十周年大型交响乐诗歌朗诵会主持词......339

我是青年，我是诗——"五四"特别节日暨河南省大学生第五届诗歌朗诵大赛颁奖

　　晚会主持词......344

个人演唱（奏）会

流金岁月花枝俏——李金枝从艺30年戏曲演唱会主持词......347

国风民韵——郭民二胡演奏音乐会主持词......351

中国梦·宛商情——《梨园春》明星擂主王光姣2014新年演唱会主持词......354

其他演出形式

第九届中国（漯河）食品博览会迎宾晚会主持词......360

第八届越南顺化国际艺术节河南文化艺术团旗袍秀主持词......366

第十届亚洲艺术节开幕式花车巡礼解说词......369

盛世梨园——河南戏曲名人坊大型演出字幕词......373

上篇

策划案撰稿

文艺演出活动策划案的撰写

在文艺演出活动中，策划方案是剧组策划成果的初步表现形态，通常以文字或图文为载体，将策划思路与内容客观、清晰地呈现出来，呈报主办者审核。主创团队与主办者不断沟通，策划方案经历一个修改的过程，最后通过的方案成为活动实施的纲领性文件。

一、策划案的撰写过程

策划方案是在活动策划会形成的初步意见的基础上由撰稿人加以归纳总结，找出行文线索架构成篇的。前期方案是送审稿，经过主办者的审查、修改后，最后形成实施稿。

✎ 撰写要点

1. 准备资料

接到任务后，要有目的地查找相关资料。如在策划某地的春节联欢晚会前，可查找当地的春节习俗、地域文化、古今文化名人，以及经济社会发展亮点等。如果是在网上收集资料，还必须核查资料的准确性。

2. 参与策划

一个合格的撰稿人同时也是剧组重要的策划人。在策划会上，撰稿人不仅要将不同的意见进行整合，找准活动定位，理清创作意图，加以总结和提高，还要从文学创作的角度提出创意思路。

3. 成功表达

策划方案带有公文色彩，同时具有文学属性。在结构上采用公文式的框架结构，提纲挈领，一目了然；在语言上力求准确，还必须做到形象生动，给人一种艺术的美感。比如在"龙行天下黄河魂——第十八届中国（三门峡）国际黄河旅游节开幕式文艺晚会节目方案"中有一段对晚会主题的阐述："盛世龙年仲夏，当世界的目光聚焦中华龙脉——黄河，当行者的脚步相约黄河明珠——三门峡，品味的是文明古韵，饱览的是山川形胜，感受的是时代风采。本台晚会以此为出发点，用舞台艺术的形式，演绎黄河文化的博大风范、黄河山水的绝美风光、黄河明珠的时代风采、黄河儿女的精神风貌。"这让审阅者透过简练的文学语言首先获得一种有别于其他文件的美感。

4. 潜心修改

策划方案从落笔到收官是一个不断修改、不断完善的过程。导演的初审意见和主办方各级领导的意见都要虚心听取，不能急躁，不能有逆反心理。在听取意见的同时，切忌头痛医头，脚痛医脚，要透过表象发现问题的本质，对症下药，有的放矢。

二、策划案的结构模式

策划方案根据演出规模、重要程度和主办者要求的不同，详略程度有所区别，比如"春涌河洛——2004年巩义市春节戏曲晚会策划方案"就非常简洁，"圆梦之路——河南省纪念改革开放三十周年大型电视文艺晚会策划方案"就比较详细，一般来说，以下几个部分是不可缺少的：

（1）演出名称：包括主名称和副名称。如"春涌河洛——2004年巩义市春节戏曲晚会"中，"春涌河洛"为主名称，"2004年巩义市春节戏曲晚会"为副名称；"圆梦之路——河南省纪念改革开放三十周年大型电视文艺晚会"中，"圆梦之路"为主名称，"河南省纪念改革开放三十周年大型电视文艺晚会"为副名称。

（2）主题思想：主题思想是主办方举办活动的宗旨，演出的所有内容都是从不同侧面对主题思想的艺术体现。

（3）内容安排：包括艺术构思、整体结构、节目阐述等等，是最为核心的环节。

此外根据不同的报送对象、不同的演出形式，策划方案中还可能会有以下几项内容：

（1）如果举办活动的目的在"主题思想"中感觉言犹未尽，可以设置"导言（活动背景）"加以阐述。

（2）呈报给党政机关的方案，需要加上组织单位、演出时间、演出地点。

（3）活动由仪式和演出两部分构成的，还需单列出仪式的流程安排。

（4）按主办方要求，有的还要单列出场地包装和舞美设计阐述（附设计图）。

（5）带有招标性或主办方有要求的，需要加上经费预算。商业性活动还需要有收入测算。

✎ 撰写要点

1. 演出名称

演出名称中的主名称和副名称是相互配合的，一般来说，副名称主办者已经定好，撰稿只是推敲语言上的准确性和简练度，重点放在对主名称的斟酌上。

作为对演出画龙点睛式的高度概括，主名称一般要求能让人从中解读出活动的主题和内容，同时具有艺术性和记忆点，要求朗朗上口、通俗易懂、富有内涵。通常来说可以从以下几个方面入手：

（1）抓住时点。如郑州汽车公园圣诞篝火晚会取名"燃情圣诞夜"，即以时间为落脚点，同时从燃烧的篝火和汽车运动的激情澎湃中提炼出"燃情"二字，一语双关。

（2）抓住地点。如2004年巩义市春节戏曲晚会得名"春涌河洛"，是因为巩义市位于洛河与黄河的交汇处，以"河洛"代指"巩义"。"河洛"为水，前面冠以"春涌"，既有春节来到的意思，更有春潮涌动的意蕴。

（3）抓住特点。活动特点：河南戏曲名人坊大型演出取名"盛世梨园"，是在"梨园"二字上做文章。时代特点：新时代是追梦者的时代，河南省第十二届运动会暨首届全民健身大会开幕式群众文体表演名为"聚焦梦想"，其中的"梦想"既是运动会上的金牌梦，也是民族复兴的中国梦，"聚焦"还暗含着欢聚在举办地焦作的意思。职业特点：记者的职业是用脚步丈量时代，把新闻写在大地上，河南省庆祝第八个中国记者节文艺晚会故取名"与中原同行"。

同时，因为方案是送各级领导审定的，主标题有时要多备几个名字供主办方选择。比如，在策划2006年河南省春节团拜会文艺演出的时候，方案初稿除了"春光美"这一名称外，还准备了"春光明媚""祝福春天""和谐春天""相约春天"等备选名称。

2. 主题思想

如果主办方有活动文件，可以从活动文件的主题思想中寻找关键词，加以扩展和延伸；如果没有文件，可以从主办方提供的其他资料（工作总结、领导讲话等）中寻找精髓所在。

在主题思想的提炼上，要求准确、简约、条理清晰，突出活动特点和时代特点，切忌空洞、累赘、套话连篇。

3. 艺术构思

艺术构思一般包括活动创意、活动风格、活动形态等几方面的内容。其中活动创意解决的是"为什么要这样做",即创意的立足点和创意的思路;活动风格解决的是"这样做的效果",即活动的艺术效果和社会效果;活动形态解决的是"怎样做",即概要阐述活动诸元素及艺术组合方式。

在艺术构思的阐述中,这三个方面的内容详略不一,"燃情圣诞夜——郑州汽车公园圣诞篝火晚会方案"中把这三者融为一体:"在晚会形态上利用汽车公园的场地优势,将广场演出、篝火晚会和冷餐酒会的形式相融合,既有室内冷餐酒会的温馨气氛,又有室外篝火晚会的轻松空间,更有大型广场演出的宏大气势,从而创造出郑州独特的圣诞娱乐文化品牌。"

4. 整体结构

整体结构一般出现在分篇章的文艺活动中,也就是各篇章的内容阐述。比如,"年年如意庆吉祥——郑州燃气集团2009年春节联欢晚会策划方案"中的阐述:晚会以《绿色旋律》《蓝色交响》《金色华彩》为三大核心乐章,在舞台呈现上体现出鲜明的色彩对比,同时,通过色彩的寓意,第一乐章表现郑州燃气人与春天同行、放飞希望的情怀,第二乐章表现郑州燃气人勇于奉献、昂扬向上的精神风貌,第三乐章表现郑州燃气人与时俱进、再创辉煌的豪情。通过歌舞、戏曲、小品、相声等艺术形式的全新包装和艺术连接,整台晚会情感丰富、气势磅礴,给观众全新的视觉冲击和完美的艺术享受。

还有一种就是不分篇章的文艺活动,为了表述方便,归纳为几个方面的内容。比如,"燃情圣诞夜——郑州汽车公园圣诞篝火晚会方案"中的晚会构成分为"文艺演出""观众互动"和"幸运抽奖"三个方面。

5. 节目阐述

节目阐述分三种:在概要方案中,只列举节目类型;在常规方案中,对每个节目进行概要叙述;在详细操作方案中,类似文学台本。其中:

只列举节目类型的也需要简要渲染效果,如"燃情圣诞夜——郑州汽车公园圣诞篝火晚会方案":"青春阳光的摇滚乐队让人释放心情,动感火爆的打击乐队让人热情涌动,时尚靓丽的少女组合让人醉心如花的美丽,中西合璧的器乐组合让人超越传统与现代的梦想,阳刚力量的男子组合让人为力与美的交响而疯狂,老歌翻唱的演唱组合让人在怀旧中体味经典和时尚。"

常规方案中每个节目的概要叙述要在理解节目的基础上,对节目风格、主题、舞台呈现进行适当描述。

详细操作方案中的节目阐述一般包括：节目风格、内容、舞台呈现方式、演员构成、节目文本（剧本、歌词等）。有的需要详细的舞台推进流程。

6. 舞美（灯光）设计

文案中的舞美（灯光）设计表述是要配合设计图表述的，要求抓住关键亮点，写意化描述舞台效果。

文无定法，贵在得法。文艺活动方案的撰写根据不同的要求有不同的结构方式和行文方式，但内在规律是不变的，那就是：重点突出、条理清晰、详略得当、概述精练、用词准确、兼具文采。

这是一个比较简略的公文式方案，这类方案一般在主办方已经有这次活动的计划安排，第一次向领导汇报初步意向时使用，目的是请主办方领导对活动思路把关，以进一步充实细化。

该方案"麻雀虽小，五脏俱全"，重点在第七部分"晚会实施"，需要简洁地将大致设想条理化表述出来，让人一目了然。

春涌河洛

2004 年巩义市春节戏曲晚会策划方案

一、晚会名称

春涌河洛——2004 年巩义市春节戏曲晚会。

二、主办单位

巩义市人民政府。

三、承办单位

巩义市文化局。

四、演出时间

2004 年 1 月 12 日。

五、演出地点

巩义市影剧院。

六、指导思想

春节，是中华民族的传统节日。2004，我们满怀憧憬迎来了一个辉煌的年景。晚会将传统的戏曲赋予鲜明的时代特征，用花团锦簇、锦绣万千的舞台形式营造出一派热烈祥和、万民同庆的欢乐氛围；各界相聚辞旧迎新，共享太平盛世，抒发热爱家乡的美好情感，激发继往开来、增辉巩义的豪情壮志，携手并肩，共同开创美好未来。

七、晚会实施

①晚会邀请东、西、南、北著名的地方剧种——越剧、川剧、黄梅戏、京剧——的知名演员与中原豫剧名家同台表演各地方剧种的代表性唱段，以梨园东西南北聚巩义的形式，寓意在改革大潮中崛起的巩义正以博大的胸怀，笑迎八面来风，走向新的辉煌。

②以艺术包装的名家名段作为主要内容，同时融进戏曲小品、戏曲舞蹈、戏歌等艺术形式，使其内容丰富、形式多样。

③晚会开场新创作的歌舞《金猴闹春》巧妙地将戏曲不同的旦角表演合为一体，并用各剧种的典型音乐演绎"一家人欢欢喜喜迎新春，看梨园东西南北唱巩义"的主题。

④晚会以巩义市豫剧团去年在中央电视台演出的《唱大戏，过大年》为尾声，在热烈喜庆的氛围中，澎湃着再展宏图的豪情。

⑤为晚会创作的歌曲《祥和的巩义》，唱出巩义人民在经济发达、社会安定的美好家园享受幸福生活的喜悦心情，歌唱巩义良好的经济状况和人居生活环境。

⑥为晚会创作的主题歌《春涌河洛》，展示巩义人民迎着希望的春潮，不断开拓进取的精神风貌。

以上节目演出时间在90分钟左右。

这是企业联欢晚会的策划方案，为了让主办方清楚该活动怎么做，呈现出来的是怎样的效果，所以在整体艺术表现上要尽量详细。

方案分"场地包装设计"和"演出节目设计"两个部分。其中"场地包装设计"详细阐述从大门到前厅再到剧场内的整体氛围设计，舞台上的舞美设计；"演出节目设计"阐述节目设计理念和形态。整个文案通过展示普通观众进入大门、到达前厅、到达剧场、看演出的流程，让主办方决策者对整体活动有一个直观的了解。

年年如意庆吉祥

郑州燃气集团 2009 年春节联欢晚会策划方案

一、场地包装设计

（一）剧场包装

1. 大门

在大门前檐用大型展板式横幅突出"郑州燃气 2009 年春节联欢晚会"的活动主题，大门两侧为板式的春联（春联以展示 2009 年郑州燃气的发展成就和再创辉煌为内容），从而使观众及其他过往行人在大门口就能感受到春节晚会的浓浓气息。

2. 前厅

整个前厅用中国传统红绸、中国结，以及祝福郑州燃气、慰问郑州燃气人的彩绘横幅为整体包装形式，在一派红火的节日氛围中，使观众踏进大门就感受到这是郑州燃气人共迎新春、共享欢乐的天地。

3. 剧场

进入剧场的两个小门装饰成幸福门的样式，寓意走进剧场就踏入了一个欢乐的艺术空间。

舞台台口为"郑州燃气集团 2009 年春节联欢晚会"的大型横幅。

台口两侧为中国传统剪纸式的喷绘，画面内容为寓意牛年和带有"春"字的"春牛图"。

舞台两侧门口分别装饰板式的春联。

二楼挑檐处横挂网式的五彩缤纷的气球（演出尾声时可飘飞在整个剧场），并沿两侧墙壁一直延伸到舞台台口，使整个剧场空间用传统和现代的元素装点成欢乐的海洋，洋溢着温馨、祥和的春节喜气。

（二）舞台设计

舞美设计体现时尚雅致、融洽祥和、喜庆欢快的气氛，并采用八扣灯、LED、电脑汇等现代高科技多媒体灯光技术，调动舞台各个区域，全方位提高春节晚会的技术含量及品质。其中：

舞台主背景为放大、变形的郑州燃气蓝色火焰的标识，在突出单位符号的同时，使其更有艺术的动感。

火焰内为高清大屏，可配合节目形象地展示郑州燃气的辉煌成就，也可根据节目需要，用不同画面规定演出场景。

舞台周边为错落的LED大屏，与主背景的高清大屏一起，构成具有强烈视觉冲击的视觉景观，烘托节目氛围。

现代灯光的运用作为一种舞台艺术语言，根据节目的意蕴，纯粹、饱满、绚丽、明快地渲染演出氛围。

二、演出节目设计

（一）晚会构思

整台晚会以"年年如意庆吉祥"作为情感基调，再现春节这一中国传统民族节日万家团聚、共度新春的景象，传递郑州燃气员工的真挚情感，表达春节的吉祥祝福。通过晚会，共同传递祝福，表达希望，营造欢乐，在喜庆、祥和、热烈的气氛中迎接新春的到来。

晚会以《绿色旋律》《蓝色交响》《金色华彩》为三大核心乐章，在舞台呈现上体现出鲜明的色彩对比，同时，通过色彩的寓意，第一乐章表现郑州燃气人与春天同行、放飞希望的情怀，第二乐章表现郑州燃气人勇于奉献、昂扬向上的精神风貌，第三乐章表现郑州燃气人与时俱进、再创辉煌的豪情。通过歌舞、戏曲、小品、相声等艺术形式的全新包装和艺术连接，整台晚会情感丰富、气势磅礴，给观众全新的视觉冲击和完美的艺术享受。

晚会演员队伍在集团各公司员工的基础上，邀请一支专业舞蹈队伍对本单位节目加以艺术包装，并外请部分优秀节目参加演出，提升晚会的艺术水准，丰富晚会的节目形式。

晚会节目时长在120分钟左右，主持人拟定男、女各一人，邀请省市电视台主持人（或本单位主持人与外请主持人组合）主持。

（二）晚会结构

1. 序曲《开门红》

在满台春节喜庆的氛围中，通过歌舞《开门红》，体现春节的喜悦，以及对美好未来的憧憬，欢天喜地地拉开晚会的帷幕。

同时，通过孩子们从观众通道两侧上场的创新形式，加强与观众的互动。

2. 第一乐章《绿色旋律》

绿色，是春天的颜色，是希望的象征。春天来了，春天是美好的季节，生机勃勃，充满诗情。全体"郑燃人"带着春天的祝福，踏上希望的征程。主要节目：

（1）迎新春主题歌曲联唱《祝福春天》

一组耳熟能详的迎新春歌曲的全新演绎，抒发人们在春节的喜悦之情。

（2）二人转

外请一对东北二人转演员，用富有浓郁地方色彩和喜剧效果的艺术形式，在一片笑声中，表达新春的祝福。

（3）舞蹈《春的旋律》

这是一个唯美的舞蹈节目，用婀娜多姿的舞蹈语言，再现灿烂春光中春的生机、春的意韵。

（4）歌曲《送春联》

贴春联是春节的符号之一，歌曲以送春联为切入点，送出的是对全体郑州燃气人的美好祝愿。

在演唱过程中，邀请集团领导上台书写春联，在歌曲尾声处赠送给全体观众。用艺术的形式嵌入集团领导向全体员工拜年的环节。

3. 第二乐章《蓝色交响》

蓝色，是郑州燃气的标志色，代表着温馨的生活，代表着广阔的胸怀。这一乐章用时尚、现代、青春的旋律，反映郑州燃气人丰富多彩的生活，表现"郑燃人"热爱生活、热爱事业的精神面貌。主要节目：

（1）街舞《阳光地带》

该节目用一组青春时尚的情景街舞表演，艺术地演绎郑州燃气的青春浪漫和现代活力。

（2）怀旧歌曲《岁月如歌》

选择一组20世纪80年代的经典校园歌曲（如《踏浪》《橄榄树》等），加以全新演绎。当熟悉的旋律在耳边响起，仿佛昨日重现，一切都是那么温馨，那么亲切，给我们带来的是一种会心的惊喜。

（3）戏曲《缤纷梨园》

伴着特色鲜明、富有浓郁河南地方风味的戏曲音乐，将戏曲靠旗、服装展示、戏曲演唱、戏曲绝活等融为一体，张扬缤纷色彩，凸显戏曲美质，烘托春节的喜庆。

（4）小品《招聘》

邀请著名喜剧演员张力、刘小宝等演出，用小品的喜剧色彩，让观众在开怀的笑声中，品味生活的甜蜜、岁月的美好。

（5）舞蹈《蓝色交响》

这是一个表现郑州燃气人精神风貌的舞蹈节目。伴着节奏明快、激昂的音乐，引出一组组由各个单位职工表演的表现不同职业特点的群体舞蹈，最后，以集团旗帜的传递为舞蹈语言，大气恢宏地表现燃气人团结一致、跨越崛起的心声。

4. 第三乐章《金色华彩》

金色，是收获的颜色，是辉煌的象征。华彩，是美妙的极致，是乐曲的高潮。这一乐章主要体现郑州燃气的成就、郑州燃气人共享和谐的喜悦，以及郑州燃气人再创辉煌的豪情。主要节目有：

（1）歌曲《有一种幸福叫祥和》

用优美、动听的歌曲《有一种幸福叫祥和》配合表现幸福生活的大屏幕画面，表达生活的和谐之美，以及郑州燃气人对美好明天的畅想。

（2）动感歌舞《魅力郑燃》

节目用说唱、演唱和舞蹈等艺术形式的组合，全方位展示郑州燃气一年来的巨大成就，体现郑州燃气的魅力和活力。

（3）相声（具体节目待定）

邀请著名青年相声演员王彤等表演一个相声节目，用现挂的方式与郑州燃气相勾连，为观众送上节目的欢乐。

（4）舞蹈《时代华彩》

这是一个阳光大气的群体舞蹈，富有舞台张力，尽显盛世风华，展望美好未来。

5. 尾声《欢乐颂》

尾声在《欢乐颂》的乐曲中，伴着满台色彩斑斓的舞蹈，行云流水般回放晚会精彩节目片段，美轮美奂，异彩纷呈。演员谢幕时，二楼挑檐处横挂的网式气球全场飘飞、五彩缤纷，在一片惊喜和喝彩声中，把晚会推向高潮。

该活动是融文艺演出和爱心捐赠于一体的主题酒会，以酒会作为爱心捐赠的平台，以演出作为酒会的情感氛围烘托。方案首先阐明活动宗旨，然后以推进流程为顺序，具体呈现各活动环节。

因为活动中的文艺演出是互动式的，而且均为大家熟悉的演员和节目，因而方案中只点明演出者和演出形式，重点在于活动环节的叙述。

情系希望工程

爱心捐赠酒会总体设计方案

一、活动宗旨

本次酒会作为希望工程的一项重要活动，我们拟根据希望工程的宗旨，将以下三个方面作为活动创意的着力点。

1. 爱心奉献的平台

围绕"捐赠"做文章，设计新颖的捐赠方式，把握合适的捐赠时间，营造自然的捐赠氛围，使酒会的气氛与捐赠活动和谐统一。

2. 情感交流的空间

围绕"真情"做文章，用恰到好处的煽情方式、流畅简练的文艺节目，为参加活动的嘉宾营造一个情感交流的联谊空间。

3. 媒体宣传的热点

围绕"热点"做文章，策划别具一格的活动形式，突出活动中的典型事例，使本次活动成为媒体对希望工程宣传的一大亮点。

二、流程设计

根据以上原则，我们把酒会分为三个部分，具体流程设计如下。

（一）

《爱的奉献》音乐起，舞台大屏为静止的酒会名称。

领导及嘉宾入场。

领导及嘉宾入座后，领导致辞。

酒会主持人通过富有深情而诗意的主持词，引出情景短剧表演。

该情景剧根据希望工程办公室所掌握的贫困儿童的典型事例创作，要求简练、生动，富有情感冲击力。而后，引剧中的真实人物上台与大家见面。

与需要帮助的孩子形成对比，主持人引受希望工程资助的学生上台，讲述自己经历，感谢资助自己的好心人。随即请出该孩子的资助者，进行简短交流，形成巨大的情感冲击力。

（二）

通过主持人的讲述，引出大屏资料。大屏资料用动态的画面，概述近年来我省希望工程事业所取得的成就。

大屏播放的同时，会场服务人员逐桌摆放酒水、水果、菜点等。

各项准备完毕，弦乐四重奏演员上场，演奏佐餐音乐。大屏幕播放希望工程宣传片。

领导举杯，致祝酒词，酒宴开始。

在酒宴进行过程中，通过主持人与嘉宾们的互动，引出现场文艺界嘉宾的助兴文艺表演。其中包括：

著名相声演员范军的相声表演。

著名豫剧演员杨华瑞的戏曲清唱。

著名豫剧演员王善朴的戏曲清唱。

青年歌手（演员待定）的歌曲演唱。

在整个演出过程中，淡化演出色彩，通过真情互动，强调彼此间的情谊，突出希望工程的主题。

（三）

酒会进行到规定时段，主持人宣布捐赠活动开始。

大屏幕切换为静止的酒会标题，工作人员在舞台上逐个流动展示带有放大效果的捐赠意向书的展板。每块展板上分别署明捐款单位、捐款金额和单位代表。

各捐赠单位代表分别上台在本单位的意向书上签名。

签名完毕，领导上台向各单位代表颁发证书和纪念标牌。

捐献代表人之一代表所有捐赠单位致辞。

尾声：音乐声中，4至5名受希望工程资助的学生与20名小学生齐声演唱歌曲《感恩的心》。该歌曲旨在表达孩子们的心声，为强调真实感，只需现场弦乐四重奏伴奏，不放音乐带。

在孩子们童稚而深情的歌声中，酒会结束……

这个方案是 2006 年的一次圣诞节活动策划。汽车与圣诞的组合，表现出活力、激情、时尚、浪漫，策划案的行文用富有诗意的文字赋予活动青春的感召力。

同时，这个方案是为寻求合作单位使用的，只是一种前期设想，故而分"文艺演出""观众互动""幸运抽奖"三个部分，条理化地对活动意向内容进行写意性阐述。

该方案具有招商书的性质，在最后简要加上了活动票务运作和投资、收益测算。

燃情圣诞夜

郑州汽车公园圣诞篝火晚会方案

欢乐，是岁月最美的容颜；真情，是生命燃烧的烈焰。

一群人因为同样的理由同时释放发自内心的情感和欢乐，这种真情将在彼此的心灵间传递，这种欢乐将被无限地放大。圣诞给了我们一个契机，汽车公园给了我们一个平台，点燃激情，释放欢乐，为自己加油，为生活喝彩！

一、晚会主题

匠心独运汽车公园的文化品牌，以圣诞为契机，挖掘出当下最为青春时尚的娱乐文化，以及老百姓的情怀，构造"燃情圣诞夜"篝火晚会，在充满欢笑的气氛中放送真情，形成企业架构扩张力，提升企业的关注度和亲和力。

二、创意阐述

这是一次新老朋友的真情交流，这是一次精彩纷呈的节日狂欢。"圣诞晚会"作为一种极具亲和力的交流方式，在各大酒店普遍应用，为使汽车公园的圣诞晚会更具特色，特有以下设想。

1. 晚会的形态

在晚会形态上利用汽车公园的场地优势，将广场演出、篝火晚会和冷餐酒会的形式相融合，既有室内冷餐酒会的温馨气氛，又有室外篝火晚会的轻松空间，更有大型广场演出的宏大气势，从而创造出郑州独特的圣诞娱乐文化品牌。

2. 晚会的构成

晚会的舞台设计为开放式结构，从而使文艺演出、观众互动和幸运抽奖等三部分内容互为依托，相互交融。诸元素在晚会中形成不同的情感兴奋点和精彩视点。

（1）文艺演出

热闹的狂欢总是离不开青春律动的脚步，离不开震撼心灵的冲击。为更好地烘托狂欢的群体氛围，整场演出由国内最具人气的艺术组合担纲，以各组合间的不同风格和形式调节晚会的色彩，以同样的团队式演出给人以巨大的艺术冲击。其中：

青春阳光的摇滚乐队让人释放心情，动感火爆的打击乐队让人热情涌动，时尚靓丽的少女组合让人醉心如花的美丽，中西合璧的器乐组合让人超越传统与现代的梦想，阳刚力量的男子组合让人为力与美的交响而疯狂，老歌翻唱的演唱组合让人在怀旧中体味经典和时尚。

（2）观众互动

在晚会中间穿插几个互动性节目，采用多种方式，让观众上台与歌手及主持人亲密接触、共同表演（如"模仿秀"模仿最像的有奖）。既有轻松的情调，又有搞笑的气氛，在期待和守候中，将晚会一次次推向高潮，令人目不暇接，回味无穷。

（3）幸运抽奖

该环节通过每一位入场者的号码，用抽奖的方式，抽出幸运观众，再通过几个游戏，竞出获奖者。或在演出过程中，先抽出幸运观众奖，随着演出的推进，再抽出三等奖、二等奖，最后抽出一等奖（具体形式待定）。

三、晚会的运作

1. 晚会的投资与收益预算

本次晚会预计投资为 100 万元。

晚会收益按容纳 20000 名观众，平均票价 100 元计算，为 200 万元。

2. 晚会的票务运作

晚会入场券可分为外场和内场。外场票为观摩票，票价稍低。内场票根据位置的不同，分为不同档次。同时可设置情侣套票。

这一方案是已经与主办部门多次沟通后形成的有待批复执行的演出方案，因而对活动主题、意义等不再赘述，重点放在节目构成和舞台呈现上。

该演出的独特性表现在不但突出流派的特点、名家的造诣，以及经典剧目的精华，还将戏曲华彩与交响音乐、舞蹈，及现代声光电高度融合。所选戏曲名段根据总体结构，运用舞台机械、大屏画面，及诗歌式剧情介绍等手段，使整台节目行云流水般构成一道完整的艺术景观。方案对每个节目的组成元素和舞台表现形态进行详细阐述和诗意表达。

盛世梨园

河南戏曲名人坊大型演出设计方案

一、演出名称
盛世梨园——河南戏曲名人坊。

二、演出形态
情景式交响戏曲集锦。

三、演出地点
河南电视台第八演播厅。

四、演出时间
首场演出定于 2009 年 1 月 24 日。

五、舞美设计
1. 舞美理念
本台演出的舞美设计立足于戏曲风格和现代呈现两个支点，思路上锁定为传统基础上的现代创作，即将中国戏曲常用的戏曲勾栏、台上的戏台、民族形式的活动廊柱等民族传统元素用现代高科技手段包装起来，以适应当代观众的审美取向，不断制造视觉冲击。

为艺术、形象地体现河南戏曲大省的博大精深和多姿多彩，舞美以大气恢宏作为基本出发点，全面利用剧场现有的升降台、车台、乐池等基础设施，结合推拉摇移的机械变化，伴以服装、音响、特效、LED，以及灯光变幻，让演员穿插其中，达到高潮迭起、绚丽恢宏的艺术效果。

2. 舞台构成

舞台主体由两个环形梁柱和一个两层的戏台构成。

其中，舞台两侧两个金碧辉煌的环形廊柱可以大面积打开，作为表演空间，进行舞台调度。

中间两层的戏台可以往前推，与两侧雕梁画栋的活动廊柱一道，通过灯光的渲染和组合形式的变幻，用不同的色彩、不同的造型给观众视觉震撼。

远处，通透的舞台后面，使用 LED 大屏幕，烘托每一段表演的氛围。其中，有经典戏曲的局部片段，也有根据每个节目表现出来的舞美意境。再伴以不同软景的升降、组合，烘托每一个节目不同的意蕴和意境。

乐队的车台设置在戏台前面，可以整体上下场。舞台前区设置两个滑动的台车，以亭阁的造型，形成两个可以移动、开合的小表演区。

六、节目设计

（一）序曲《盛世梨园百花开》

1. 元素

交响乐、合唱、舞蹈、戏曲表演、板胡演奏。

2. 形式

开场前，伴着舞台深处射出的激光灯光束，乳白色的纱幕上用八扣灯动态投影河南戏曲元素的画面。

钟声响起，纱幕徐徐升起。一束追光中，戏台中央，一名穿民族服饰的板胡演奏家以特色浓郁的河南板胡演奏为引子，闭合的廊柱缓缓打开。两侧廊柱上各有 20 名青衣婀娜多姿地表演着水袖舞……

伴着恢宏的交响音乐，车台上 60 人的乐队从舞台两侧推出……与此同时，戏台上出现 8 个身穿民族服饰的、青春亮丽的戏曲演员（4 名女演员穿旗袍，4 名男演员穿唐装），分别用青衣、花旦、大花脸、小生的形象演唱……

随着灯光的变化，一段戏曲过门之后，乐队车台打开一条通道。旋律和歌声（合唱、齐唱）中，舞台两侧廊柱底层的演员在舞台上用古装戏、现代戏元素的美妙呈现，与后区戏台上的演员一道，大气恢宏、美轮美奂地拉开演出的帷幕。

最后，在欢快的音乐节奏中，满台色彩纷呈彰显盛世梨园的景象，放飞和谐欢乐的喜悦……

（二）豫剧《红娘》选段《上绣楼》

1. 元素

小乐队，双人舞，红娘（魏俊英扮演）的演唱。

2. 形式

舞台软景营造出后花园的诗意氛围。

舞台前区，一侧的亭台为伴奏的小乐队，另一侧的亭台为一袭红衫的红娘，咏叹其心灵道白。

与此同时，在舞台中后区的高平台上，一场张生与莺莺的爱情双人舞，把《西厢记》场景的两个时空融为一体，丰富和升华了节目的内在意蕴和诗意氛围。

（三）豫剧《白蛇传》选段《游湖》

1. 元素

白娘子与许仙的表演（白娘子由郑娟扮演、许仙由赵岩扮演）。

2. 形式

为突出青春靓丽之美，体现河南豫剧后继有人，选用两个不满20岁的小生和旦角，出演《游湖》一段。

在由大屏画面、舞台美术和雨雾装置营造的烟雨迷蒙的西湖之畔，手执雨伞的许仙和水袖飘舞的白娘子，委婉、柔美地演绎其爱情故事。随着表演的推进，舞台前区的T形台让演员深入观众区，凸显他们的美丽青春。

（四）豫剧《七品芝麻官》

1. 元素

抬轿舞，芝麻官（金不换扮演）和诰命夫人（樊萍扮演）的表演。

2. 形式

这是一段新编的戏曲小品，在尊重原剧结构的前提下，将原剧的精华浓缩其中，进行新的演绎和诠释。

演出从坐轿开始，先是6个轿夫和芝麻官的出场，紧接着遇到诰命夫人拦路，双方发生争执。一段对唱之后，诰命夫人打掉芝麻官的帽子，揪住芝麻官的小辫，最后在芝麻官誓与诰命夫人斗争到底中结束。

这段戏将坐轿、与诰命夫人的冲突有机融为一体，舞台上既有热烈的抬轿舞蹈，又有戏曲的矛盾冲突，突出豫剧丑角的特点，令人忍俊不禁。

（五）豫剧《朝阳沟》选段《上山》

1. 元素

渲染环境的舞蹈，银环（由杨红霞扮演）与栓宝（由盛红林扮演）的表演。

2. 形式

其亮点是用舞蹈语汇来表现客观环境，形成视觉高潮。

前奏音乐起，从乐池里升起38名身穿黄纱、头顶花冠、手持扇子（扇子上为黄色的小花瓣）的女舞蹈演员，营造出满山遍野油菜花盛开的景象。随着银环和栓宝的出场演唱，20名男舞蹈演员以柳树的造型在舞台上流动（用传统的翎子做柳枝），渲染出山川秀美的农村田野景象。

（六）豫剧《铡刀下的红梅》选段

1. 元素

戏曲表演（刘胡兰由王红丽扮演、奶奶由马兰扮演）。

2. 形式

在由灯光和古庙布景营造的阴森、寒冷的表演氛围中，表演刘胡兰与奶奶在牢房告别的一折（经处理），极具情感冲击力地把人们带到生离死别的情景中，表现少年英雄的英勇无畏，凸显其理想信念的高贵。

（七）越调《诸葛亮与周瑜》选段《长江水万里长》

1. 元素

船夫舞蹈，戏曲表演（诸葛亮由申小梅扮演）。

2. 形式

这是演出中唯一的一段越调，节选了诸葛亮冒险乘船前去江东为周瑜祭奠的一折。舞台上，一条大船破浪航行，给人以强烈的视觉冲击。诸葛亮在兵将的簇拥下，伫立船头，放眼万里波涛，抒发心中的豪情。刚劲有力的船夫舞（16男）更烘托出大气磅礴的气势。

（八）豫剧《穆桂英挂帅》选段

1. 元素

戏曲表演（穆桂英由柏青扮演），舞蹈，交响音乐。

2. 形式

舞台中央的戏台上，以一个巨大的"穆"字作为背景，穆桂英威风凛凛地抒发"我不挂帅谁挂帅，解下丝绦换战裙"的报国之志。

两边的廊柱上，由舞蹈演员扮演的 40 名兵士分列两侧，旌旗猎猎，气贯长虹。前台的交响乐队更以宏大的阵势和激越的交响乐，烘托出辕门出征的恢宏气势。

（九）豫剧《倒霉大叔的婚事》选段《月下相会》

1. 元素

戏曲表演（常有福由任宏恩扮演、魏淑兰由汤玉英扮演），小乐队伴奏。

2. 形式

在灯光营造的月夜中，人物从乐池缓缓升起，一对恋人在月下相会，热情地憧憬着并肩劳动、共同致富的美好未来。

表演过程中，随着音乐的流动，舞台上一座亭台缓缓移动。亭台中，由 6 名女子民乐演员构成的乐队深情款款地演奏，给人以仕女图般的典雅美感。

（十）豫剧《村官李天成》选段《拉车》

1. 元素

戏曲与舞蹈的有机结合（李天成由贾文龙饰演）。

2. 形式

选取原剧中表演性强的《拉车》一场，前面为李天成拉车的戏曲表演，后面 30 名男子舞蹈演员配合音乐旋律和李天成的心灵独白，用充满力量和韧性的男子舞蹈放大李天成的形象，烘托气氛和情绪，表现黄河文化的厚重和中原汉子的情怀。

（十一）豫剧《香魂女》选段

1. 元素

戏曲表演（香香由汪荃珍扮演），钧瓷舞。

2. 形式

音乐中，乐池升起的满台荷花与大屏上的粼粼波光构成了香魂塘的景色。

伴着香香的演唱，两侧环形廊柱上，钧瓷水袖舞（由 38 名女演员表演）将人物情感可视化地呈现给观众。

（十二）曲剧《李天保》选段

1. 元素

戏曲表演（李天保由杨帅学扮演），少儿戏曲表演。

2. 形式

这是整场演出中唯一的一段曲剧，风格风趣、欢快。

随着轻快、幽默的音乐，十个丑角装扮的小男孩手持纸扇分别从两侧出场，表演一系列令人捧腹的丑角动作。

而后，杨帅学出场，小演员分列两侧，陪衬着他的唱腔，整齐地做一些诙谐、幽默的动作，以此用丑的表演语汇调节全场演出的氛围。

（十三）豫剧《常香玉》选段

1. 元素

原剧再现（常香玉由李金枝饰演）。

2. 形式

选取常香玉捐飞机这一有戏剧冲突的一折（压缩），表现常香玉就捐飞机一事，面对"香玉剧社"的演员们抒发"天下兴亡，匹夫有责"的爱国情怀。

（十四）《程婴救孤》选段

1. 元素

戏曲表演（程婴由李树建饰演）。

2. 形式

满台大雪，银装素裹。老程婴一个人在舞台的正中间，令人痛心地哭诉16年前的悲情往事。

（十五）豫剧《五世请缨》选场

1. 元素

交响乐，合唱，戏曲表演（佘太君由王惠饰演），舞蹈。

2. 形式

在将士和旗幡的簇拥下，戏台上的佘太君激情满怀地抒发保家卫国的雄心壮志。

随着交响乐的响起，车台上的乐队从舞台两侧推出。

随着高亢豪迈的唱腔的推进，当佘太君唱到最后一句时，热烈激越的戏曲打击乐中，舞台上的武打表演和高空中的武打表演交相辉映，高潮迭起，一直延伸到最后的全部亮相。

如此用全方位的表演、宏大的场面、文武的结合，在纷呈的色彩中，大气恢宏地把演出推向高潮。

这是一个林氏后裔祭拜先祖、社会各界纪念先贤的大典详细策划方案，呈报活动组委会对整体创意和活动细节进行审定。

因为大典包含多项纪念仪式，涉及组委会多个部门，方案不仅有各项常规内容，还清晰地阐述了活动各区域的舞美设计，总体的音乐、服装设计，以及各环节的呈现方式和所需人员、道具，组委会能够从方案中看到活动的总体效果，并依据方案制订各部门的工作计划。

比干诞辰 3100 周年纪念大典策划方案

比干，中国历史上第一位爱国谏臣。

比干，世界林氏之太始祖。

比干，我国民俗文化中的文财神、文曲星。

被称为"天下第一仁"的比干，用自己的生命开创了我国的谏诤传统，成为忠义精神的代表。

因此，在比干诞辰 3100 周年之际，我们举办纪念大典。如何在彰显盛世和谐的基础上，更好地弘扬比干精神，彰显林氏亲情，凝聚故土情怀，传承财商文化，打造新乡市的文化品牌，是大典仪式活动策划的目标所在。

一、主办单位
新乡市人民政府、卫辉市人民政府。

二、承办单位
河南电视台演艺部。

三、举办时间

2008 年 5 月 8 日上午 9：00 开始。

四、举办地点

卫辉市比干文化广场。

五、活动定位

本次活动是中华儿女对圣哲先贤的尊崇，是林氏比干后裔对先祖圣宗的朝拜，是世界华人对华夏文明的皈依，是现代文明对民族精神的寻根。因此，必须以民族精神和血缘亲情为依托，通过对独特文化内涵的挖掘，在活动的形式上全力出新，在活动的规模上突出亮点，使比干纪念活动成为河南同类活动的品牌。从而用比干文化发动新乡、卫辉的经济引擎，以其深远的文化影响力和感召力，吸引各方资源，促进交流合作，助力经济发展。

六、仪式创意

为有效实现"以亲情感动人、以文化感召人、以场面震撼人、以氛围凝聚人"的构想，体现"隆重、热烈、朴实、文明"的风格，我们在活动的创意上主要把以下两个方面作为活动的着力点。

1. 文化资源的整合

本次活动在文化背景上的独特之处是以比干文化为基点——通过比干精神，包容了忠谏文化和财商文化；通过血缘亲情，包含了妈祖文化和林氏根祖文化。以比干的忠谏彰显民族精神，以文财神的诚信塑造河南形象，以比干的血缘沟通与海内外林氏宗亲的情感，以妈祖的归宗增进比干后裔对始祖地的皈依。

2. 活动形式的创新

为体现本次活动的独特亮点，打破此类活动纯仪式的单调感，在兼顾现场和电视转播画面的情况下，拟以固有的流程为线索，用仪式感极强的舞蹈、音乐、合唱和礼仪形式加以包装，有机衔接，更好地渲染文化色彩，烘托现场氛围。从而使活动如同一首歌，唱出比干后裔最浓厚的寻根情节；使活动如同一幅画，描绘出比干故里最和谐的盛世风情；使活动如同一首诗，赞颂出比干最震撼人心的忠谏精神。

七、仪式时长

仪式时长为 60 分钟左右。

八、舞美设计

为兼顾纪念仪式和文艺演出的功能，更好地烘托隆重、热烈、大气的氛围，最大限度增加信息量，本次舞美设计以比干文化、林氏文化、吉祥文化符号作为主要元素，用写意的手法，配合合唱队、礼炮等，营造出一个简洁、大气、隆重、庄严的活动空间。

①拜谒区：比干像所在的汉白玉栏杆内的区域。具体布置为：整个区域内铺设红地毯，比干像用红绸覆盖，塑像前放置香炉，塑像两侧放置花篮，鲜明地突出纪念活动的特征。

②背景墙：在拜谒区后方设置一道立体的、大型的"一"字形背景墙。底色为金属铜色；主体图案是舒卷的抽象化、立体型祥云，象征着吉祥如意；图案富有殷商文化的元素（如文字），以及有立体感的比干后裔姓氏；上下边缘的纹饰融入了殷商时代青铜器的二方连续纹样；背景墙中央是鲜红的大典名称：比干诞辰 3100 周年纪念大典。整个背景墙的设计旨在突出和强化大典仪式的隆重、热烈和纪念比干诞辰这一主题。

③主表演区：位于拜谒区前方的表演区域。一条红色地毯从中心舞台通过，一直延伸到广场南入口，突出活动的热烈、隆重和仪式感。

④合唱台：在拜谒区的两侧对称设置两座大型的可容纳 310 位成人的长方形合唱台。合唱台共有六层红色台阶，寓意六六大顺，也凸显出活动的庄重、大方和大气。

⑤礼炮区：两座 36 平方米大屏幕前，是摆放 31 门礼炮的区域。作为舞美的组成部分，通过极富威仪感的炮台的摆放和装饰，为整个活动氛围的渲染起到画龙点睛的作用。

九、音乐设计

整个活动用一首音乐贯穿始终，带有歌颂、崇敬、缅怀等情感色彩的合唱、哼鸣，编钟、编磬及管弦乐演奏在活动过程中反复出现，烘托纪念大典的历史厚重感和规模宏大的仪式感。

在活动过程中，为配合仪程，还将创作两首歌曲。一首为歌唱比干功德的《比干颂》，歌曲风格要求大气、深情，表演形式为大合唱，配以敬仰缅怀的舞蹈。一首为适合敬拜的歌曲《祈福迎祥》，歌曲开始是天籁般的童声合唱，祈福中原，祈福华夏，后半部分为欢快热烈的合唱，围绕"诚信财富、和谐发展"，歌唱幸福生活，歌唱美好未来。

为保证音乐风格的完整统一，并能完美诠释本次活动的文化内涵，同时，使这些音乐在今后的纪念活动中能长期使用，建议用交响乐队演奏，在技术设备先进的录音棚录制完成，真正做到用音乐的震撼力强调氛围，用声音的穿透力撞击心灵。

十、服装设计

本次活动与其他类似活动最大的区别在视觉方面，因此，演出服装是本次活动风格呈现、艺术创新的突破口。我们在活动的定位上是用现代人的眼光追忆和重温历史，因此，服装设计的理念是遵循中国传统"吉礼"的礼法，以特定的历史文化为依托，在服装纹饰上突出礼仪文化、商代文化、比干文化和林氏根祖文化，呈现出厚重、大气的视觉效果。

十一、活动流程

①主要领导、贵宾入场。

②主持人介绍到场领导、嘉宾。

③恭请妈祖。

④领导致辞。

⑤领导宣布纪念大典开始。

⑥为比干像揭幕并鸣礼炮 31 响。

⑦高唱颂歌。

⑧敬献花篮。

⑨净手上香。

⑩行施拜礼。

⑪恭读拜文。

⑫乐舞敬拜。

十二、仪式构架

（一）入场仪式

仪式开始前，观众入场就位。鲜花队、旗幡队准备就位。现场总指挥不断向场内观众和代表提示仪式开始的倒计时。

礼仪人员为主要领导和贵宾们佩好绶带，并引领他们有序入场，各就各位。

活动开始，开场音乐起，伴着大气、舒缓的合唱，40 名手持鲜花的少女和 30 名高举旗幡的男青年走上舞台，在舞台上有序排列，营造出大典纪念活动特定的舞台艺术效果，并寓意比干后裔们对先祖的缅怀和敬仰。

旗幡上的文字分别为本次活动的标语和主题词，如"继忠良传统，共享华夏和谐盛世；承宗祖宏业，同绘九州发展蓝图""弘扬比干精神，传承华夏文明""联络林氏宗亲，共襄和谐社会"等。

（二）活动开始

主要领导和贵宾在观众区指定位置站定，主持人（1 男 1 女，电视台主持人）上台介绍出席本次大典的领导和嘉宾，继而介绍妈祖与比干的血缘关系。介绍完毕，宣布"恭请妈祖"。

《妈祖颂》音乐起，在广场南入口，一群身着蓝色、白色服饰的舞蹈演员，以碧波涌浪的轻盈舞蹈作为先导，中间若干名妈祖会代表簇拥着妈祖像朝舞台上的比干像走去，后面一群少女手持松枝和黄色绶带，象征着妈祖带着平安吉祥和对祖先的敬仰，踏浪而来。

与此同时，主持人概述妈祖的功德。

音乐声中，妈祖会代表团在舞台前指定位置就位，演员与妈祖像登上舞台，演员围绕妈祖像表演，而后演员下场，妈祖像面向比干塑像，在比干塑像右前方桌案上安放。

妈祖像安放完毕，主持人宣布请新乡市领导致欢迎辞。

音乐声中，礼仪引导新乡市领导上台讲话。

领导讲话完毕，主持人宣布：请大典活动主持人（领导同志担任）主持大典仪式。

大典主持人上台，宣布大典仪式正式开幕。随即，在大典音乐中，全场彩烟飘绕，一派祥和，全场鼓掌。

（三）仪式第一项：比干像揭幕

大典主持人宣布进行仪式第一项：为比干像揭幕并鸣礼炮31响。（此时，在比干塑像红绸前端两侧，敬立着数名担任礼仪的男青年）

主持人请出为比干像揭幕的领导和贵宾。

合唱声中，领导走到比干像前，启动比干塑像上的红绸，一幅巨大的红绸慢慢展开，担任礼仪的男青年拉动红绸，庄重地向舞台前方行进。

与此同时，鸣响象征比干诞辰3100周年的31响礼炮。主持人介绍比干的生平和功德。

红绸沿着观众席中间的甬道不断延伸，形成一道极富视觉震撼力的画面：红绸上的大幅标语"忠谏之圣、财商之祖、林姓之源"展现在观众面前，象征着比干精神的世代传承和林氏血脉的薪火相传。

伴着最后一响礼炮，40名礼花手燃放起缤纷炫目的礼花，比干像周围袅袅升起五彩祥云，一时间舞台上彩炮鸣响、礼花纷飞、祥云升腾。

（四）仪式第二项：高唱颂歌

大典主持人宣布进行仪式第二项：高唱颂歌。

随即，《比干颂》前奏音乐及合唱响起，一组组头佩日月装饰的演员手持写有"比干颂"字样的道具，一层一层涌上舞台，用舞蹈语言形象表达比干后裔子孙对太始祖的追忆和缅怀，歌颂比干精神与天地同在，与日月同辉。最后，在宏大、舒展的合唱中激情完成。

（五）仪式第三项：敬献花篮

大典主持人宣布进行仪式第三项：敬献花篮。

大典音乐中，随着主持人对每组人员的介绍，不同组别人员依次向比干像敬献花篮。花篮由礼仪人员抬到比干像前，而后，另一组礼仪人员依次把花篮转移到两侧的花台。

（为体现仪式的庄重感，建议分为主要领导、社会贤达、比干后裔代表等不同组别，人数由少到多）

（六）仪式第四项：净手上香

大典主持人宣布进行仪式第四项：净手上香。

音乐中，伴随着主持人对该项仪程的介绍，各级领导、林氏宗亲、比干后裔代表、华侨代表等依次走到为本环节设置的净手装置前净手、取香，分组列队到香炉前敬香。

（七）仪式第五项：行施拜礼

大典主持人宣布进行仪式第五项：行施拜礼。

合唱声中，参加纪念大典的全体人员向比干像三鞠躬。代表着比干故里的父老乡亲向比干致以虔诚的祝拜。

（八）仪式第六项：恭读拜文

大典主持人宣布进行仪式第六项：恭读拜文。

主持人请出恭读拜文的领导。

领导恭读拜文。

（九）仪式第七项：乐舞敬拜

大典主持人宣布进行仪式第七项：乐舞敬拜。

主表演区，少儿合唱团的孩子们用天籁般的歌声引出舒缓、深情的合唱，祈祷祖国繁荣昌盛，人民永远幸福。该部分用孩子演绎"祈福"的主题，象征着未来与希望。同时，纯净的童声合唱更具有艺术感染力。

童声合唱结束，转入热烈、恢宏的大型合唱，紧扣比干财文化，主题为"诚信财富，和谐发展，携手同心，共创未来"。舞台上，舞蹈演员用热烈、奔放的舞蹈，共同演绎激情，歌唱幸福。

与此同时，舞台下，舞狮、舞龙、旱船、高跷等民间艺术表演与舞台上的表演交相辉映，盛世欢歌把纪念活动推向高潮。

演出接近尾声，大典主持人宣布大典仪式告成。象征比干诞辰3100周年的3100个彩色气球放飞天空。

与此同时，放飞和平鸽，寓意和平祥和。

《比干颂》歌声中，领导及代表退场。

该方案是与主办方初步沟通后呈报组委会的总体意向性方案。

因为导演组策划的思路是将活动的迎宾式和开幕式融为一体，方案首先要阐明如何融的问题，在此基础上突出活动的亮点；其次，整个活动进行电视直播，必须说明如何衔接活动现场与访谈直播间。方案解决这两个重要问题后，再对活动策划意向用流程的方式分板块进行重点元素的简要阐述。

第十届中国郑州国际少林武术节迎宾式暨开幕式总体策划方案

第十届中国郑州国际少林武术节，定于 2012 年 10 月 19 日隆重举行。作为武术节的重要组成部分，迎宾式和开幕式是唱响少林文化、宣传天地之中、展示登封形象、体现郑州情怀的重要平台。为确保迎宾式和开幕式活动取得圆满成功，本着"隆重、热烈、节俭、出彩"的原则，特制订总体设计方案如下。

一、指导思想

坚持"以武会友，共同进步"和"扩大对外开放，促进经济发展"的宗旨，突出隆重热烈的仪式感，渲染喜迎宾朋的登封情，展示嵩山文化的奥之韵，升腾功夫之都的精气神。

二、活动创意

本次活动的创意原则是：在仪程安排上要求连贯流畅，在活动环节上要求高潮迭起，在电视播出上要求视点集中，在整体效果上要求和谐出彩。

1. 在仪程安排上连贯流畅

根据往年少林武术节迎宾仪式的成功经验，从郑少高速登封西下站口至少林寺山门是一个按照时空推移连贯推进的自然流程。因此，本次活动的开幕式设置在迎宾式中的一个重要支点——少林游客服务中心牌坊前广场，与迎宾式前后衔接，融为一体，从而使整个活动如行云流水一般，简约连贯，一气呵成。

2. 在活动环节上高潮迭起

本次活动是一个由仪式和表演构成的大文化组合体，采取点线结合、无缝连接的方式，依照艺术的规律推进情绪的发展。其中最大的亮点有三处：其一，颍河路口营造出的盛大迎宾氛围，形成振奋人心的碰头彩；其二，少林游客服务中心广场上隆重热烈的开幕式，凸显庄严震撼的仪式感；其三，少林山门前宗教感极强的"九和天下"迎宾礼，给人以肃穆祥和的神圣感。除此之外，整个活动过程中一处处各具特色的武术和文体表演，也形成一个个的小高潮，使活动全程高潮迭起，精彩不断。

3. 在电视播出上视点集中

由于本次活动是一个按照时空流程推进的过程，相比场地集中的活动来说，具有地点较散、过程较长的特点，为了更好地集中电视观众的视点，克服时空转换带来的跳跃感，本次活动拟在少林游客中心设置一个访谈直播间，邀请专家学者和主持人进行现场讲解，从而以访谈直播间勾连起活动全程，用电视画面和专家学者解说的双重魅力吸引观众。同时，专家学者的解说，还能更多地传递背景资料，丰富文化内涵，让背景短片与现场画面灵活自如地进行切换。

4. 在整体效果上和谐出彩

本次活动的整体效果既要考虑到电视播出，也要考虑到现场观众和嘉宾。因此对于处在每一个特定地点的观众而言，每一处的表演都必须做到极致、出新出彩；对于在不断行进中的嘉宾来说，不同地点的表演必须各具特色、对比强烈；而对于电视播出来说，整个活动要协调统一、节奏感强。

三、活动流程

迎宾式和开幕式共分四个板块：嵩岳迎宾、武林盛典、神功禅韵、九和天下。整个活动从郑少高速登封西下站口至少林寺山门，全长 15 公里。

（一）开场（电视播出）

在少林寺游客中心的访谈直播间内，专家学者和主持人回顾少林武术节走过的历程，介绍本届武术节的筹备情况和新特点，并与前方记者互动，引出活动……

（二）嵩岳迎宾

这是迎宾式的主体部分，活动空间从郑少高速登封西下站口至少林寺游客中心广场，共 13 公里。

内容包括下高速口之后的盛大的欢迎仪式，以及沿途的拳术、器械、搏击、少儿武术等不同形式和不同规模的迎宾表演。

电视播出时可插播介绍登封历史文化和自然景观的短片。

（三）武林盛典

这一部分是开幕式，地点位于少林寺游客中心广场。

开幕式舞台搭建在牌楼之前，紧贴牌楼后方设计一道可开合的浮雕式背景墙，以展示禅武文化和嵩山文化的代表性视觉元素，展示本届武术节的醒目标语和标识。

舞台上方为大型的威亚装置，用于武术表演。

舞台两侧对称搭建展示来自世界各地一百多个参赛团队的展示台。

1. 领导和观众入场

伴着舞台上极具地方特色的民间武术表演，领导和来自世界各地的嘉宾从少林口停车场下车后，来到少林寺景区游客中心广场，嘉宾和观众在舞台前的观礼席就座，参赛队代表举着队旗分列在舞台两侧的展示台。

2. 开幕式活动流程

①活动主持人简短的开场白之后，逐一介绍参赛队，参赛队伍挥动队旗向现场观众致意。

②活动主持人引出仪式主持人（领导）主持开幕式仪式。

3. 开幕式仪式内容

①奏唱国歌。

②领导致欢迎词。

③领导讲话。

④运动员宣誓。

⑤裁判员宣誓。

⑥领导宣布开幕。

领导庄严宣布："第十届中国郑州国际少林武术节开幕！"在全场的欢呼声中，彩烟喷射，气球飘舞，后背景墙缓缓打开，广场地面、空中，以及游客中心屋檐上极具张力的武术表演，构成一个蔚为壮观、激情奔涌的立体式武术世界，气吞山河，令人震撼。

而后，领导和嘉宾通过舞台，穿过牌坊，进入少林景区。

（四）神功禅韵

这一板块是少林禅武的精华展示。活动空间从进入牌坊口至少林寺山门，共2公里。

沿线的展示内容有各种少林神功绝活、十八般兵器、民间功夫演练，以及僧人生活展示（琴、棋、书、画）等。

（五）九和天下

沿承武术节规制，少林寺山门前"九和天下"仪式是参加武术节的中外嘉宾拜山朝圣的重要活动。

内容包括：祈和愿、听和钟、悟和境、启和门、举和步、颂和经、献和图、秉和烛、唱和平。体现少林寺特有的文化符号和品牌效应，让少林禅武的博大精深和文化教义在每个参观者心里打上深深的烙印。

顾名思义，节目方案围绕节目创意和节目构成展开。一般来说，与初步方案相比，节目方案要求文学性更强一些。

为表述方便，该方案分两部分进行。第一部分是"创作概述"，具有渲染力地阐明活动主题和创意的关键点。第二部分"总体结构"分篇章对节目创意、舞台呈现等进行形象化表述，力求让人通过文案就能看见舞台，感受到演出的艺术冲击力。

龙行天下黄河魂

第十八届中国（三门峡）国际黄河旅游节开幕式文艺晚会节目方案

一、创作概述

（一）晚会主题

水贯百川，龙横九州，沐浴群生，润泽万物……

盛世龙年仲夏，当世界的目光聚焦中华龙脉——黄河，当行者的脚步相约黄河明珠——三门峡，品味的是文明古韵，饱览的是山川形胜，感受的是时代风采。本台晚会以此为出发点，用舞台艺术的形式，演绎黄河文明的博大风范，黄河山水的绝美风光，黄河明珠的时代风采，黄河儿女的精神风貌。

（二）创作思路

作为第十八届中国（三门峡）国际黄河旅游节的开幕式文艺晚会，在表现形态上除了要体现开幕式晚会恢宏大气、隆重热烈的艺术风格，还应该紧扣"黄河""三门峡""旅游""国际"等几个关键词。

黄河：应该将黄河的历史文化、人文风情，及所寓意的民族精神作为整台晚会的灵魂。

三门峡：作为本次活动的主办地，三门峡的旅游资源、城市魅力，及文化元素应该是晚会表现的亮点所在，并以此为点，扩展到河南形象的展示。

旅游：旅游应该成为晚会表现的独特视角，将旅游文化作为线索贯穿全篇，而且晚会在风格上要与旅游这一朝阳产业的文化内涵相一致，青春、时尚，较多地融入现代舞台表现元素。

国际：晚会中不仅要体现国际性符号，更应该体现与世界联网的文化包容性和国际影响力。

二、总体结构

晚会由《序曲·相约黄河》《古韵篇·文明之源》《形胜篇·山水之境》《时代篇·风华之地》《尾声·相亲相爱》五个篇章构成。三个主题篇章的序幕分别为提炼篇章主题的诗朗诵，或厚重雄浑，或灵动欢快，或激情豪迈地引出篇章节目。

（一）《序曲·相约黄河》

带着最美的向往，相约黄河。

踏着欢乐的节拍，相约黄河。

在动感、时尚的音乐情绪中，通过一组组身着具有各国特色服饰的演员，表现世界五大洲的游客从印度河（亚洲）、尼罗河（非洲）、多瑙河（欧洲）、亚马孙河（美洲）、墨累河（大洋洲）走来，相约中华民族的母亲河，相聚黄河明珠三门峡。

开场如同一个大型的节日派对一般，以黄河文化为背景，用世界各大洲典型音乐舞蹈元素（如南亚的印度舞、美洲的草裙舞、非洲的爵士舞等）的有机组合，在色彩斑斓、情绪热烈的艺术呈现中，突出本次活动的国际性，尽显节日的欢乐。

演唱：五洲唱响乐团（由来自世界五大洲音乐人组成的国内第一支国际组合，两名成员曾获《星光大道》月冠军）。

（二）《古韵篇·文明之源》

黄河是一条亘古不息的文化之河。

沿着黄河，在文明初始的华夏大地上，有星罗棋布、各具地域特色的多个文化中心。而黄河文明的中心在中原地区，因此，本篇章在歌咏黄河奔腾着5000年文明基因的基础上，主要立足于河洛文化的展示。其中，表现三门峡文明古韵的有黄帝铸鼎、紫气东来、中流砥柱、函谷论道、虢国寻古、仰韶探幽等。

1. 情景朗诵《古韵悠悠》

岁月悠悠，黄河远去。篇章开场，视频和舞蹈营造出黄河之水天上来的意境，一位老者和一个现代女孩站立在黄河岸边，通过睿智和天真的诗意对话，在三门峡人文景点的感悟中，体现黄河文明的厚重博大，把观众的思绪带进远古的回响，溯望文明的源头……

2. 音诗画《远古的画卷》

本节目立足仰韶文化、虢国文化和道家文化这三个最能代表三门峡悠久历史文化的亮点，用音乐、舞蹈、灯光、烟雾等艺术元素，以及飞毯、威亚、绸吊等舞台特技，通过大写意的手法，突出历史的幽深与厚重，给人视觉的冲击和心灵的震撼。

随着朗诵者的隐去，舞台上浪涛翻滚。黄河浪涌之中，踏着明快的音乐节拍，一群身着绘有彩陶图案的衣服的女子，用古朴的舞蹈，呈现这方土地早期的仰韶文明。

女子舞蹈演员散去，舞台上烽烟四起，地面是云集的军阵，天空是腾跃的盾牌，盾牌之中大将军威风八面的男子独舞，挥洒威仪与强悍。用盾牌拼成的沙盘，尽显虢国的好强、英勇。

硝烟散去，宁静安详之中，一人抚琴悟道，众人手执竹简，通过不断变换的动作和节奏，突显道之深幽。

3. 歌曲《黄河黄》

"黄河的水千年年地淌 / 黄河的河水怎就这么黄 / 老祖宗用它洗过脸哪 / 留给咱一样样的面庞 / 一样样的心肠……"

歌曲从古及今，唱出了华夏儿女对母亲河最深的情感。

演唱：陈静（河南省音乐家协会副主席，著名女高音歌唱家）。

4. 太极舞蹈《问道》

一阴一阳谓之道。本节目配合视屏的太极图，以寓意阴阳平衡的对手顶为开端，武术太极的群体表演营造出黑白流动的图案，视觉化呈现岁月的轮回，最后，杂技绸吊的高空造型与舞台平面的舞蹈造型构成不断扩张的太极图。写意、灵动地营造问道的意境和道的深邃。

5. 歌舞《天地记》

从"传说中天与地连在一起，永不分离 / 勤劳的人们和那些神奇的动物，生活在山洞里"到"从那天起人们走出了山洞 / 和大自然完美地在一起……"歌曲用现代音乐手法，奇幻、古朴地再现人类从蒙昧跨进文明门槛的历史节点。

与歌曲意蕴一致，舞蹈上用抽象、现代的包装，将演员化身为山神、树神，营造出母系氏族社会的神秘梦幻。表达现代人找寻人与自然之间的平衡，获得内心平衡的喜悦。而后，另唱一首知名作品《万物生》。

演唱：萨顶顶（著名歌唱家）。

6. 歌舞《大河之南》

"盘古开天在大河之南 / 女娲补天在大河之南 / 愚公移山在大河之南 / 精忠报国在大河之南……一条大河奔腾着恢宏的壮歌 / 一方热土播种着儿女的眷恋 / 一个信念撑起不屈的脊梁 / 走过风雨 / 走进明媚的春天……"

在本篇章最后，用这首大气恢宏、热情优美的歌曲升华主题，把历史文明的视野拉到整个中原，整个黄河，并且在时间上从古代文明延伸到现代，自如地过渡到下一篇章的主题。

演唱：张伟进（著名歌唱家）。

（三）《形胜篇·山水之境》

黄河是一条雄浑壮阔的自然之河。

黄河两岸如同鬼斧神工的山水画卷——既有源头的雪山皑皑，又有入海的苍茫雄阔；既有黄土高原的万道沟壑，又有中原大地的无限风光。本篇章写意黄河胜境，歌咏河南山水及风情，表现三门峡风光及人文的有黄河第一坝、黄河湿地、天鹅起舞、峡谷风光、甘山森林，以及地坑院、楹联文化、民俗风情等。

1. 情景朗诵《山水诗话》

黄河山水如诗画，雄奇秀美入梦来。篇章开场，伴着古筝演奏，视屏的画卷中的自然美景在空灵、仙境般的音乐中流动，两名青春时尚的游客置身于三门峡的山光水色，用散文诗般的语言，通过对三门峡自然景点和民俗风情的咏怀，表现三门峡风光的美妙，把观众带进山水画卷，使其流连于美丽时光。

2. 情景舞蹈《炫境》

《炫境》是一首情意浓郁的无词歌，那独有的无界花腔，巧妙地将民族、流行、美声融为一体，无拘无束的旋律仿佛把人带到纯净的大自然。

随着朗诵者隐去，《炫境》音乐起，升降平台上，一组组国际旅游小姐与年轻舞者一道，踏着曼妙的舞步，穿行于三门峡的山水风光与地域文化的长廊。

其中，天鹅舞用轻盈、浪漫的舞姿，表现天鹅在碧波之上或飞或游，或走或嬉的千姿百态，构成天鹅之城的动人画面。

山、水、树的舞蹈，用轻盈、秀丽、多姿、柔情的舞蹈语言，构成三门峡梦幻般的自然美景。

3. 歌曲《万紫千红》

"山说山是锦，水说水是银 / 诗人说万紫千红总是春 / 鹿画梅花，云系白纱巾 / 朋友说高山流水有知音……"

歌曲轻快、喜悦地唱出了山水之乐和生活之美。另唱一首《欢天喜地》。

演唱：张燕（著名青年女歌手）。

4. 情景表演《民风舞韵》

三门峡的民俗文化和地域文化资源十分丰富，本节目作为三门峡民间文化展示的平台，用三门峡道情的音乐元素作为灵魂，将皮影、剪纸、木偶戏等予以舞蹈化展示。其中：

皮影舞用带有民族风格的戏曲化舞蹈，古朴、自然地表现三门峡皮影戏的多姿多彩。

木偶舞、剪纸舞以卡通式的民俗符号为支点，融进地坑院等民间风情，将静态的剪纸赋予舞台化的动态表现，从而在山光水色之中，融入风情之美、民俗之美。

5. 器乐演奏《辉煌》

女子十二乐坊是以流行音乐形式来演奏民族音乐的乐团，其表演形式有别于传统民乐演奏方式，给予观众新鲜感，极尽视听之娱。

在清新、写意的情景音乐中，在悦耳、空灵的乐声中，色彩灵动、清澈写意的舞蹈在舞台上缓缓流动，视觉化呈现人们沉醉于波光水色之中的沁心。碧波浩渺、浪卷云舒之中，一幅幅三门峡美景在视屏上随着歌声展现，水韵禅意，静心怡情。

演奏：女子十二乐坊（著名音乐演奏组合）。

6. 豫歌《大美三门峡》

这是为本次晚会精心打造的主题歌。歌曲全面展示三门峡的山水风光、人文历史、民俗风情，及特色资源，是新时期三门峡的赞歌。歌曲以豫剧音乐为主要元素，邀请豫剧名家演唱，亲切动听、大气恢宏，热情优美地表达出对三门峡的爱恋。

同时，作为篇章的尾声，歌曲所传递的内容也从对山光水色的赞美过渡到对城市风貌的咏怀，自然地实现从本篇章到下一篇章主题的转换。

演唱：李金枝（著名豫剧表演艺术家）。

（四）《时代篇·风华之地》

黄河是一条润泽万物的生命之河。

汲取大河之灵气，演绎时代之风华。今日的大河之南，以文明、开放的姿态，与世界联网，以自尊、自信的风采，推进中原经济区建设的进程。体现三门峡除了资源优势、特色农业等内容外，主要立足于自然生态山水城市的魅力和处在中原经济区与关中、天水两大经济区连接地带的区位优势，以黄河明珠三门峡的光华，映射中原大地的生机与活力。

1. 情景朗诵《盛世风华》

诗画三门峡，盛世展风华。篇章开场，视屏为三门峡标志性的景观或城市雕塑。伴着小提琴悠扬、悦耳的旋律，一男一女两名中年朗诵者放眼三门峡的城市美景，用激情的诗歌，展现三门峡的城市魅力和经济社会发展成就，抒发黄河明珠崛起的豪情，放飞天鹅之城最美的遐想……

2. 钢琴演奏《黄河》

钢琴协奏曲《黄河》作为中国交响音乐的经典，已经走出国门，成为世界音乐会上通用的中国符号。它不仅是黄河的颂歌，更是民族精神的体现。

随着朗诵者隐去，钢琴演奏者从升降平台升起，在激昂的钢琴曲中，舞台上的舞蹈与视屏画面一道，构成黄河之水天上来的雄浑气势。世界著名钢琴家那国际化的演奏，实现的是中国文化与世界文化的融合与升华。

演奏：马可·贝雷依（意大利著名钢琴演奏家，世界三大男高音帕瓦罗蒂的音乐指导）。

3. 歌舞《哎呀》

人气指数极高的流行歌手王蓉演唱《哎呀》和另一首为青年观众熟知的流行歌曲，为观众带来全新的视听感受。在演唱者的表演过程中，舞台上融入跑酷、街舞等现代元素，活力四射地体现三门峡的开放与包容、创新与跨越。

演唱：王蓉（著名流行女歌手）。

4. 歌曲《等待》

"我们既然曾经拥有／我的爱就不想停顿／每个梦里都有你的梦／共同期待一个永恒的春天……"

这首当今最热的流行歌曲，大气、深情，唱出了心中最为深沉的爱恋。另唱一首《向天再借五百年》。

演唱：韩磊（著名歌唱家）。

5. 组合演唱《与世界联网》

"想用泰山的朝霞装裱富士山的仲夏／想用黄河的木桨溅起多瑙河的浪花／想用海南岛的椰风抚摩西伯利亚／想用丝绸之路的驼铃带走我的哈达……"

歌曲节奏明快、立意新颖，既有旅游的元素，又有让世界了解华夏、让中原走向世界的主题，从而体现出黄河文化的包容与博大、中原大地的时尚与开放。

演唱：四名省内著名青年歌手。

6. 歌曲《爱在黄河》

相约东方文明的时空，感悟中原古韵；走进黄河山水的画廊，尽享美好时光……不知不觉，情萦绕着这条大河，心留在了这片沃土！

歌曲在真情相依的情感诉说中，抒发着对壮美黄河的亲切情怀，对秀美中原的深深依恋。用一个"爱"字表现世界各地游客把情洒在黄河、把心留在中原的意蕴，从而让一种最为真挚的情感在人们的心中流淌。

演唱：戴玉强（著名男高音歌唱家）及一名女通俗歌手。

（五）《尾声·相亲相爱》

"天下相亲与相爱，动身千里外，心自成一脉。今夜万家灯火时，或许隔窗望，梦中佳境在……"

歌曲阳光时尚，充满青春动感，极富艺术感染力。作为欢乐派对的延续和情感升华，尾声大歌舞与开场相呼应，在热烈欢快的情绪中，营造出天下一家的和美氛围，把晚会推向高潮！

演唱：四名省内著名青年歌手。

这是一个在多次修改基础上形成的接近实施方案的策划案，除了没有标明演员和演出单位，对所有元素进行了详尽阐述。

对于这样一台思想政治性非常强的纪念晚会来说，更加注重政治性的艺术化表达、思想性的舞台化呈现。因此，方案除了综述晚会主题思想，对每个篇章的主题都进行了阐述，节目内容的表述也成为篇章主题的支撑。

圆梦之路

河南省纪念改革开放三十周年大型电视文艺晚会策划方案

一、晚会主题思想

三十年流金岁月，三十年辉煌历程。三十年来，沐浴改革开放的春风，9800万中原儿女用跨越式发展的步伐，踏上了一条崛起之路、圆梦之路。

在中国改革开放三十年之际，河南省举办纪念改革开放三十周年文艺晚会，其总体思路必然是用艺术的形式全面展示改革开放以来，我省经济、政治、文化、社会发展和人民精神风貌等发生的翻天覆地的变化，积极弘扬共产党好、社会主义好、改革开放好的时代主题，进一步坚定坚持中国特色社会主义道路的信心和决心，使"解放思想、改革开放、科学发展、加快崛起"成为全省上下的主旋律和最强音，以新一轮思想大解放推动河南的新跨越、新崛起。

二、晚会演出地点

河南电视台八号演播厅。

三、晚会演出时长

90分钟左右。

四、晚会艺术形式

为全方位、多视点地体现河南省改革开放三十年来经济、政治、文化、社会发展的辉煌成就，且使晚会具有较高的艺术品位，我们拟将晚会设计为纪实性、写意性动态画面与舞台艺术相结合的音乐舞蹈诗画。晚会创意区别于通常的节庆晚会，整体风格唯美、隆重、大气，从微观到宏观各个层面的照应形成宏大的叙事、抒情气场。

在节目设计方面，围绕晚会的主题和色彩，通过歌曲、舞蹈、诗歌、曲艺、戏曲、时尚组合、音乐剧等节目的整体结构和包装，使板块间每个节目都能相互呼应，以一定的深度和广度，诠释晚会主题，渲染晚会气氛。在舞台表现上，突出第八演播室的舞台功能，不同艺术元素的全新组合，配合诗意的灯光、LED画面，及创意性舞美效果，使每种形态都给人耳目一新的艺术享受和意料之外的视听震撼。

大屏幕视频用纪实性画面和写意性动画相结合的手法，丰富晚会的信息量和舞台表现效果。

五、晚会篇章结构

为能够分层次、有重点地体现中原大地三十年来发生的沧桑巨变，晚会拟立足于"从经济大省向经济强省跨越，从文化资源大省向文化强省跨越"的"两大跨越"，围绕河南"由一个温饱不足的省份发展成为全国第一粮食大省，由一个经济落后的省份发展成为全国重要的经济大省，由一个传统的农业大省发展成为全国新兴的工业大省，由一个文化资源大省发展成为全国有影响力的文化大省"的"四大发展"，将整台演出分为序曲《春涌中原》、上篇《田野欢歌》、中篇《辉煌华彩》、下篇《时代交响》、尾声《锦绣中原》几个部分，从而使晚会内容既有思想高度，又紧贴实际生活，既突出艺术美质，又能抒发人民群众的真实情感。

从艺术角度来说，以上各部分的艺术定位各有侧重，在舞台表现上形成强烈的对比。在节目衔接上，每个板块都是一个完整的段落，板块中各节目用音乐、情节，及巧妙的舞台调度自然连接。各板块间主持人用散文诗般的语言，配合每个板块高度概括的片头画面，实现画龙点睛的功效。

（一）序曲：《春涌中原》

1978年12月18日，党的十一届三中全会召开。会议做出了把工作重点转移到社会主义现代化建设上来和实行改革开放的战略决策，这一决策如强劲的春风，吹遍中原大地。

序曲以激光灯营造的时间隧道作为引子，寓意共产党人对强国之路艰辛的探索历程……

随即大屏幕出现党的十一届三中全会召开的历史镜头和黄河巨浪翻滚的画面，寓意在改革开放的春风的吹拂下，冰河解冻，春潮涌动……

紧接着，一组组全方位反映河南发展变化的画面高密度、快节奏地呈现在观众面前，构成一道河南三十年沧桑巨变的历史长廊。

舞台上，在融有《春天的故事》音乐元素的交响音乐中，群体舞蹈柔美与阳刚相融，柔情与激情相映，可视化地揭示圆梦之路的主题。

（二）上篇：《田野欢歌》

1. 篇章主题

中国农民以特有的首创精神奏响了改革的序曲，改革开放的春风中，河南由一个温饱不足的省份发展成为全国第一粮食大省，并实现了从"中国粮仓"到"国人厨房"的历史性跨越。

该篇紧扣"三农"问题，围绕河南农村三十年来的发展变化，汇成喜庆欢快的田野欢歌。

2. 节目内容

（1）舞蹈《春韵》

作为上篇的序幕，在明快、甜美的音乐旋律中，婀娜、柔美的女子群舞，美妙地表现改革开放的春风吹遍中原大地，万物复苏，希望放飞，生机蓬勃，欣欣向荣的景象。

（2）歌曲组合《如歌岁月》

流金岁月，岁月如歌。一组组歌唱演员用女声二重唱、男声三重唱、男女声二重唱等不同的演唱形式，演绎20世纪八九十年代的代表性金曲，表现人民群众踏上改革开放之路的美丽心情。（曲目《在希望的田野上》《青春啊青春》《我们的生活充满阳光》《年轻的朋友来相会》。）

（3）音乐剧《贴对联》

《贴对联》以农村老人第一次领养老金为时代背景，通过一群农村青年在村委会门口贴对联、说对联，用民歌演唱配合简洁的剧情道白，展示三十年里不同时期对联内容的变化，折射农村的发展和巨变。（如20世纪80年代的"责任制家家欢，米面油吃不完"，20世纪90年代的"开放搞活我发家，楼房摩托都有了"，一直到现在的"不用交皇粮农民欢喜，村村通公路轿车飞奔"。）

（4）情景小品《新村网事》

节目以大学生回乡当村干部、大学生村干部与同学及家长网聊为情节，将说、唱、舞有机结合，围绕"三农"这一主题，展示河南农村的变化（新农村建设、粮食生产、粮食转化等），以及作为第一劳务输出大省，一个个河南劳务输出品牌（"林州建筑""长垣厨师""遂平家政"等）的树立，体现河南农村经济和劳务经济的健康发展，抒发当代青年对河南发展的自豪之情。

（5）歌舞《大粮仓·大厨房》

"大中原，大粮仓，丰收的土地好一派繁荣景象；大中原，大厨房，美味的生活好一部和谐乐章……"

河南省在向经济强省跨越中做大做强农业，粮食连年丰收，从"卖原料"到"卖产品"，不仅用全国 1.74% 的国土面积养活了全国 7.5% 的人口，还实现了从传统的农业大省到全国重要的食品业加工基地的嬗变。歌舞以"大粮仓、大厨房"为核心，突出河南粮食生产和粮食转化在全国的重要地位。满台丰收的景象给人以极大的喜悦和强烈的视觉冲击。演唱形式为领唱、合唱。

（三）中篇：《辉煌华彩》

1. 篇章主题

改革开放是动力，加快崛起是目的。改革开放以来，在省委、省政府正确领导下，河南高举中国特色社会主义伟大旗帜，坚持邓小平理论和"三个代表"重要思想，不断解放思想，深化改革开放，通过全省人民的共同努力，在社会主义市场经济大潮中快速崛起。

该篇章以"从工业大省向工业强省跨越"为支撑，围绕河南"由一个经济落后的省份发展成为全国重要的经济大省，由一个传统的农业大省发展成为全国新兴的工业大省"，着力展示改革开放以来，特别是新时期河南工业、第三产业、基础设施、城市建设、科技教育等方面的巨大发展。

2. 节目内容

（1）舞蹈《脚步》

作为该板块的序曲，现代舞《脚步》配合动感现代的音乐节奏，写意性地用越来越快、越来越激昂的行进步伐象征中原大地在现代化大潮中，梦想超速，奋力崛起。

（2）音乐剧《中部崛起看河南》

作为中部崛起的排头兵，近年来，河南的经济社会发展引起了全国和世界的关注。本节目展现全国各地记者参加"中部崛起看河南"采访团来到河南，来自东北、江浙、港台等地的新闻摄影记者在一起交流各自的切身感受，分别用各地特色歌舞的形式加以表现，大屏同步用 DV 观察的方式，集中从工业、第三产业、城市建设、基础设施建设四个方面体现河南的发展变化。

（3）动感组合《阳光地带》

该节目用几首知名的时尚音乐，艺术地演绎这片古老而年轻的土地的青春浪漫和现代活力。

（4）群口相声《为家乡喝彩》

改革开放三十年的辉煌历程，书写了中原大地崭新的历史。本节目由四个年轻相声演员表演，用谁知道更多的"家乡三十年发展变化"为切入点，通过口技、演唱、贯口等说学逗唱的形式，从工业、城市建设、科学教育、交通通信等方面巧妙地融合重要数字和实例，在开怀的笑声中，展示今日河南"经济大省""新兴工业大省"的崭新形象。

（5）歌舞《中原风·黄河潮》

"大风起，歌豪迈，风从中原来，多少生机，多少活力，升腾崛起气派……大潮涌，浪澎湃，潮从黄河来，多少风流，多少潇洒，奔腾跨越气概……"

三十年改革开放，把一个充满活力、正在崛起的河南展现在世人面前。中原风，飞扬着我们的风采；黄河潮，激荡着我们的豪情。歌舞《中原风·黄河潮》用领唱、合唱的形式，写意地表现中原儿女以新一轮思想大解放推动河南的新跨越、新崛起。

（四）下篇：《时代交响》

1. 篇章主题

改革开放以来，特别是在全面推进"两个跨越"的新的历史时期，中原儿女坚持社会主义先进文化前进方向，解放思想，锐意创新，建设和谐文化，培育文明风尚，丰富多彩的社会文化生活和昂扬向上的人民精神风貌奏响时代的交响。

该篇章以"从文化资源大省向文化强省跨越"为中心，围绕河南"由一个文化资源大省发展成为全国有影响力的文化大省"，着力展示河南的文化和河南人的精神。

2. 节目内容

（1）鼓乐《鼓舞中原》

作为该篇的序曲，现代色彩的女子打击乐用视听结合的富于震撼力的音乐舞台表演艺术，传达中原儿女与时俱进、奋力崛起的精气神。

（2）情景诗话《中原的双手》

"鲜花的瀑布飞荡着灯火的河流／欢庆的中原在激动地拍手／五彩的收获拥抱焰火的问候／欢乐的中原在热烈地演奏／你的手是喜报映红三十年的耕耘呀／你的手是鼓点重温三十年的奋斗……"

诗歌以河南人用勤劳的双手建设家园、赢得尊重和喝彩为情感基点，将激情飞扬的诗歌朗诵和简洁生动的情景表演相结合，围绕新时期河南人的道德情操，连接中原传统文化底蕴，通过对"感动中国"的河南人物的赞颂，讴歌河南人民"吃苦耐劳、诚实守信、见义勇为、乐于助人、大度包容、开放创新、忠诚爱国、奋发进取"的新形象。

（3）戏曲曲艺组合《神采飞扬》

"神采飞扬大中原，好戏连台亮点闪，盛事不断欢歌飞，精品迭现花满园……"

该节目汲取典型的豫剧音乐元素并加以放大，用数十面边鼓演奏作为包装，融合豫剧、曲艺等演唱和表演形式，在浓郁的河南风味中，表现河南历史文化（世界文化遗产及拜祖大典等）在世纪阳光下的熠熠光彩、河南电视品牌（《梨园春》《武林风》等栏目，以栏目为依托的多次国内外大型演出、中博会）的绚丽色彩、河南新时期舞台艺术（艺术精品）的璀璨华彩、河南对外文化交流（中原文化系列行等）的迷人神采，及河南旅游产业的无限风采，体现河南文化产业的大踏步前进。

（4）歌舞《圣火耀中原》

"圣火耀中原，中原腾巨龙，激动的心灵溢满自豪，幸福的笑脸辉映着民族强盛。圣火耀中原，中原飞彩虹，博大的胸怀拥抱世界，高举的手臂传送着繁荣和平……"

奥运圣火在中原大地的传递，承载着锦绣河南对百年奥运的期盼，激扬着中原儿女奋力崛起的豪情。该节目以奥运圣火在河南四个城市的传递为支点，通过舞台表演和 MTV 式背景画面的组合，从一个全新的角度诠释河南人的精神和新河南形象，展示开放的河南与世界拥抱的胸怀。演唱形式为领唱、合唱。

（五）尾声：《锦绣中原》

"一步上高峰，一步大河岸，放飞希望丈量我的山川：大路新居，一万里欣欣气象；天下粮仓，好一个富裕中原；古都新城，五千年风景长卷；华夏舞台，好一个魅力中原……"

尾声部分用大歌剧的表现手法，配合群体舞蹈和令人震撼的舞美效果，诗情画意地表现锦绣中原欣欣向荣的盛世景象，恢宏大气地迎接一个新的时代的到来。表达9800 万河南人民踏上新的起点，朝着"富裕河南、文明河南、魅力河南"的目标奋力前行，创造中原崛起的辉煌。演唱形式为领唱、合唱。

该实施方案接近舞台台本，对活动各环节、各元素都有详细的表述。

鉴于运动会文体表演是在体育场进行的主题性、艺术性、观赏性都较强的大型广场文艺演出，所涉及的环节多、道具多、部门多、人员多，是一个非常庞大的系统工程。方案不仅对演出的主题、名称、风格、结构，及体育场整体布置进行阐述，还非常明晰地写清每个环节的构成元素（包括节目、演员、道具等）。在舞台呈现方式上除了艺术效果的表述，还分层次、动态化地体现舞台元素的变化。

聚焦梦想

河南省第十二届运动会暨首届全民健身大会开幕式群众文体表演实施方案

一、策划理念

（一）宗旨

1. 活动背景

在全面贯彻落实党的十八大和十八届二中、三中全会精神，紧紧围绕"中原崛起、河南振兴、富民强省"总目标，坚持打造"四个河南"，全力实施三大国家战略规划，促进蓄势崛起，全面建成小康社会的关键之年，迎来河南省第十二届运动会暨首届全民健身大会的隆重开幕。

2. 主题阐述

开幕式围绕河南省第十二届运动会暨首届全民健身大会"聚焦梦想、荣耀中原"的主题口号，锁定以下主题：

①弘扬"我运动、我健康、我快乐"的全民健身精神和追求"更快、更高、更强"的体育精神。

②展示全省各族人民的强健体魄和精神风貌，反映我省全民健身和体育运动的丰硕成果。

③突出中原儿女把握时机、凝神聚力，为加快中原崛起、河南振兴、富民强省而努力奋斗的时代主旋律。

3. 实现目标

立足体育特点，体现地域特色，富有时代特征，把四年一届、规格最高的河南省第十二届运动会暨首届全民健身大会开幕式，办成一个彰显中原文化、放飞时代梦想的体育文化盛典，真正展现中原儿女的时代风采。

（二）名称

活动名称为：聚焦梦想。

"聚焦梦想"这一名称具有双重的含义：一是全省健儿欢聚焦作，感受怀川大地的真情厚谊，共享体育运动带来的欢乐。二是点燃激情、驰骋赛场，挑战自我、追逐梦想。这一梦想是个人的成功之梦、幸福之梦，更是中原崛起之梦，民族复兴之梦。

（三）风格

1. 风格定位

本着节俭办活动的原则，力求简约而不简单。整个活动朴实、激情、阳光、动感，渲染热烈、隆重、大气、喜庆的氛围。

2. 活动创意

本次开幕式是以体育为平台的中原文化和时代精神的展示，因此，在创意上我们将整个开幕式创作成为一个全省人民相聚、联欢、和谐、喜庆的全景式演艺活动，如同盛大的节日派对，置身欢乐的海洋，所有的观众不仅是欣赏者，更是激情的参与者。

群众文体表演将全民健身活动用团体操的形式加以放大，把武术、全民健身项目、竞技体育项目、焦作特色文体表演等元素的美质加以融合，以中原文化为底色，以体育运动为支撑，以河南精神为灵魂，完美实现"体育文化与地域文化，中原风格与焦作特色"的有机融合。恢宏的场面给人以视觉的冲击，昂扬的精神给人以心灵的震撼，加上主持人散文诗般的旁白和解说，时尚现代，大气恢宏。

（四）结构

整个活动由"暖场活动——群众健身展示"和"开幕式"两部分构成，其中，"开幕式"包括迎宾文体表演、开幕式仪程、群众文体表演三个环节（详见内容阐述）。

（五）背景设计

为尽量减少演员使用、节省制作成本，同时达到突出主题、烘托气氛的最佳效果，我们在开幕式的主背景设计上本着"动静结合、人景结合、平面与立体结合"的原则，根据体育场看台的结构，将主席台对面的主背景看台分为三层，并用不同的手段加以实施，实现整体设计效果。三层分布如下。

第一层为 1~9 排的观众区。观众配合现场展示表演，运用不同的手持小道具和行为动作，构成不同的色彩，同时担负合唱的功能。

第二层为中间层的观众区。中间主体部分如同一幅巨大的标语，在开幕式进行过程中，用可转动的三棱柱翻板构成带舞美图案和内容可以变换的主标语、主标题。两侧观众席的观众与第一层的观众同步变换色彩。

第三层为最顶层的观众区。中间设置为标识区，包括正中央的会徽，以及会徽两侧的吉祥物。标识区两侧用与整体风格一致的舞美装饰。

二、内容阐述

（一）暖场活动

1. 风格定位

作为开幕式开始前的氛围营造手段之一，群众健身项目展示既展示了全民健身活动的丰富多彩，又营造出喜庆热烈的现场氛围。

2. 构成元素

群众性广场健身活动各元素：120 人正宗陈氏太极拳展示，120 人广播体操展示，120 人少儿拉丁舞展示，120 人全健排舞展示，120 人百姓广场舞展示，120 人群众健身特技展示。

3. 表现形态

观众进场时，主背景台的标语为：河南省第十二届运动会暨首届全民健身大会开幕式。主背景台的色彩为青色和绿色，寓意风光秀美的焦作山水。

表演开始前，现场一位主持人向观众介绍开幕式的流程以及注意事项，并与观众互动，玩人浪等游戏。在群众健身展示过程中，同步介绍展示队伍、活动特色，以及全省和焦作市全民健身活动的开展情况。其中：

陈氏太极拳展示在太极音乐中进行，人员为太极拳爱好者；广播体操伴着特定的音乐展开，人员来自各行各业；少儿拉丁舞相伴动感节拍，展示者均是小学低年级的孩子；全健排舞以特定的音乐为背景，人员来自各企事业单位；百姓广场舞为农民的扇子舞，音乐为歌唱幸福生活的歌曲连缀；群众健身特技展示与百姓广场舞音乐相同，内容包括 40 人的空竹、40 人的风筝、40 人的长鞭展示。

不同形式的群众健身活动，使场内汇成一片欢乐的海洋，让观众一进场就感觉到热烈、祥和、喜庆、欢快的节日气息。

（下午 2:55，暖场健身结束，表演者退场，迎宾文体表演的演员入场准备。下午 3:00，开幕式开始。）

（二）运动会开幕式

1. 迎宾文体表演《情满怀川》

（1）风格定位

作为开幕式的序曲，迎宾文体表演表现的是焦作人民张开双臂，迎接全省健儿的喜悦心情，风格定位为热情、喜庆。

（2）构成元素

小号队和花束队的分列式表演。

人员：600名手持小号的男号手，400名手持鲜花的少女。

（3）表现形态

阳光下，600名身穿白色制服的号手手持金光闪闪的小号，洋溢着青春的朝气。

一阵清脆、嘹亮的迎宾号声响起，热情的音乐灌满全场。主背景的标语变换成"聚焦梦想、荣耀中原"。

号手用整齐划一的分列式队形变幻，时而形成"焦作"的汉语拼音字母"JIAO ZUO"，时而形成寓意河南省第十二届运动会的阿拉伯数字"12"……

随着音乐情绪的推进，400名手持鲜花的少女，喊着"欢迎、欢迎"，以及本届运动会的口号"聚焦梦想、荣耀中原"，奔跑着进入场内，通过与男号手队形的有机调度，不断变换队形，最后，舞动的鲜花形成"欢迎"的字样，号手的队形构成金属色的"Welcome"单词字样，表达焦作人民喜迎宾朋、携手共进的心声……

表演结束时，队形画面定格。等待下一环节国旗、会旗、运动员入场时，小号队构成隆重的入场通道，手持鲜花的少女奔向跑道，欢迎国旗、会旗、运动员入场。

（随着解说主持人宣布："有请（领导姓名）主持开幕式仪式！"活动进入开幕式仪式环节。主背景台的标语变换成：河南省第十二届运动会暨首届全民健身大会开幕式。）

2. 开幕式仪程

①国旗、会旗入场。

②运动员、裁判员入场。

③升国旗、唱国歌。

④领导致欢迎辞。

⑤领导致开幕词。

⑥领导宣布运动会开幕。

⑦升会旗、奏会歌。

⑧运动员代表宣誓、裁判员代表宣誓。

⑨开幕式结束，运动员退场。

（随着开幕式仪式主持人宣布："请欣赏群众文体表演《聚焦梦想》！"群众文体表演开始。）

3. 群众文体表演《聚焦梦想》

（1）《寻梦·神功武韵》

①风格定位。

太极、少林两种武术是中原文化的精髓，也是中华传统文化的符号，同时太极拳还是焦作的文化名片。本篇章以此为载体，突出焦作特色，表现中原文化的博大精深和中原儿女的精神追求。

本场主色调为水墨色彩和黄色。风格定位为厚重、大气。

②构成元素。

太极拳、太极球、太极扇、少林武术等传统武术展示。

人员：800 名太极拳表演者、100 名太极扇表演者、100 名太极球表演者、200 名少林武术表演者。

③主背景。

主背景台的标语为草书的篇章名称：寻梦·神功武韵。

④表现形态。

以主持人诗歌般的对中原文化、河南武术的咏怀为引子，在富于历史感和文化纵深感的乐曲中，场地中央一名太极传人（陈正雷或陈小旺等）表演地道的陈氏太极拳。随着他行云流水的太极招式，800 名太极表演者如波涛般涌入，以他为中心，进行恢宏壮观的群体太极表演，并在队形的流动变换中，如同江河汇流一般，不断旋转，奔涌不息，形成水幻太极的感觉。

太极拳表演的波涛之中，太极球表演队伍巧妙融入，又一次队形变换之后，太极扇表演队伍融入……在音乐的不断推进中，太极拳表演队伍如汹涌的波涛一般，以太极球和太极扇为两个圆点，旋转构成水墨画般的太极图案……

随着音乐风格的变化，200 名黄衣少林武者呐喊着冲进场内，以太极的表演为烘托，刚强勇猛的少林拳表演彰显英雄情怀。表演区内，太极的黑白和少林的黄色交汇、融合，呈现出一幅有动有静、刚柔相济、交相辉映的动人画面。最后，队形形成以水墨色为背景的金黄色汉字"和"的字样，传达中华民族"和为贵"的精神，寓意生活的和美、精神的和悦、民族的和睦、社会的和谐、世界的和平。

（2）《筑梦·壮志凌云》

①风格定位。

本篇章以"少年梦、中国梦"为主题，通过少年啦啦操和各种运动项目的展示，弘扬"更快、更高、更强"的体育精神，表现为国争光的冠军梦。同时，河南著名运动员的出场，也是河南竞技体育成果的折射。

本场主色调为红色、绿色。风格定位为青春、激越。

②构成元素。

啦啦操展示，各种体育项目展示，花车巡游。

人员：身穿绿色 T 恤的青春美少女和阳光少年共 600 名，乒乓球、网球、篮球、跆拳道、足球表演者各 100 名，河南省知名运动员数名。

③主背景。

主背景台的标语为草书的篇章名称：筑梦·壮志凌云。

④表现形态。

以主持人富有激情的对体育精神和青春梦想的讴歌为开场，在"加油、加油"的呐喊声中，伴着激越的音乐节拍，600 名青春美少女和阳光少年手持啦啦穗，唱着啦啦歌，为拼搏的运动员加油……

在充满青春活力的啦啦操展示中，随着队形的变换，时而构成一个个乒乓球比赛的方格，时而变成其他比赛的赛场，配合不同的音乐或音效，在啦啦队员的喝彩声中，不断穿插乒乓球、网球、篮球、跆拳道、足球等运动项目的动作表演，表现少年们对体育运动的喜爱、对成功的渴望。

乒乓球表演时播放《乒乓歌》，网球表演时背景音乐伴着网球飞旋的音效，篮球表演时是"加油"的呐喊，跆拳道搏击时为运动员的吼叫，足球比赛时为"世界杯"的主题曲，情绪层层递进……

随着表演队形的开合变幻，最后，在乐曲《红旗颂》的序曲中，全场表演者用身体组成一面巨大的五星红旗，寓意孩子们把每个人的成功梦汇成为国争光的冠军梦……

《红旗颂》乐曲声中，伴着主持人的介绍，数名为全省和全国体育事业做出突出贡献的河南运动员乘坐花车绕场一周，观众席人浪起伏，全场欢声雷动……

（3）《追梦·激情飞扬》

①风格定位。

本篇章以展示全民健身运动为内容，将跑步、骑自行车、广播操、健身操、健身舞和室内健身等元素进行巧妙融合，从小到大、从少到多、从简到繁，规模不断放大，形象地体现出"我运动、我健康、我快乐"的全民健身精神。

本场色调为五彩缤纷，风格定位为欢乐、动感。

②构成元素。

各种全民健身运动项目展示。

人员：各行各业及各年龄层的各种健身运动展示者共800人。

③主背景。

主背景台的标语为草书的篇章名称：追梦·激情飞扬。

④表现形态。

"全民健身引领时代潮流，全民健身提升生活品质……"随着主持人对我省全民健身活动的介绍，广播喇叭报时"北京时间五点整"，接着播放抒情音乐，把人们的思绪带到破晓时分……

首先，此时的运动场如同清晨的街头、公园或林荫小道，在不同的方位，几个成年人带着孩子在晨跑，一队自行车爱好者在骑行，几个人在打门球，一群老者在怡然健身……不同的健身人群，描绘出生机勃勃的晨练景象。

接着，场地中央，一群老太太开启录音机，在欢乐的音乐中，大家整齐地跳起了扇子舞……和着相同的节拍，场地中间的不同人群分别跳着不同形式的健身舞蹈……

随着激越的音乐，青春美少女们涌到场地中间，跳起火爆的啦啦舞……

再伴着"第九套广播体操现在开始"的音乐，大家做起整齐的广播体操，仿佛到了工作休息时间……几个节拍之后，一群手持踏板的女孩和一群手持跑步机握杆的男孩涌入，全场形成众人做踏板运动和在跑步机上健身的场面，中间穿插高空抛人，表现全民健身活动在中原大地的蓬勃开展。同时，通过主持人的召唤，现场观众也跟着节拍一起舞动，把健身活动带来的健康和快乐表现得淋漓尽致……

最后，在热情欢快的音乐中，表演者用手持道具构成一个硕大的本届运动会会徽。舞台两侧，两个巨大的吉祥物（一个跑步造型，一个举着网球拍）来到场地，两边各簇拥着50个手持球拍、足球、篮球等不同体育用品的卡通吉祥物，大家欢呼雀跃，汇成热烈欢乐的海洋。

（4）《圆梦·鼓舞中原》

①风格定位。

盘鼓在焦作地区有着悠久的历史和文化，一般在启程出征、欢庆胜利时表演。本篇章以盘鼓表演为主，融入舞龙和本届运动会会歌演唱等元素，激励运动员迎接挑战、期待圆梦，也祝福河南的明天更加美好。

本场主色调为红色、金色。风格定位为振奋、昂扬。

②构成元素。

传统盘鼓、舞龙表演、会歌演唱。

③主背景。

主背景台的标语为草书的篇章名称：圆梦·鼓舞中原。

④表现形态。

随着主持人激情洋溢的开场词，撼人心魄的盘鼓表演开场了，"咚咚"的盘鼓震天动地。这既激励运动员取得好成绩、在焦作圆梦，也鼓舞全省人民为中原崛起、河南振兴、富民强省而不懈奋斗。

伴着越来越快的鼓点，盘鼓表演队形迅速变换为太阳的形状，中间高点上一名鼓手气宇轩昂、刚健激越。接着，十八条巨龙从四面八方奔来，在阳光的沐浴下金光闪闪、气势不凡，如金涛一般起伏奔涌、翻卷腾跃，象征着十八个地市豪情满怀，龙腾中原！

十八条巨龙汇聚到场地中央，随着主持人的介绍，一名河南籍知名人物（感动中国人物、中国第一个女航天员刘洋，或全国道德模范谢延信，具体人物待定）登上中间的最高点，向全场观众挥手致意。在全场的欢呼声中，按动道具机关，顿时彩花喷射，寓意着点燃了运动会的圣火，点燃了中原儿女的激情，点燃了中原腾飞的梦想……

与此同时，彩虹飞升，彩烟喷射，巨龙欢腾，一片欢乐之中，主题音乐响起，歌手乘坐花车在人偶吉祥物的簇拥下进入场地中央，演唱本届运动会的会歌……

会歌演唱时，主背景台的标语变换为：祝河南省第十二届运动会暨首届全民健身大会圆满成功。

全体演员奔到场内，如同盛大的节日派对，歌声、鼓声、呐喊声，一片欢腾，将全场气氛推向最高潮！

下篇

主持词、撰稿

文艺演出活动主持词的撰写

"由主持人于节目进行过程中串联节目的串联词。如今的各种演出活动和集会中，主持人往往成了主角，而主持人在台上所表演的主持词，则是集会的灵魂之所在。"这是"百度百科"对"主持词"这一词条的解释。同时，在词条中还有这么一段话："自从 1985 年，在中央电视台的春节晚会上第一次出现主持人的身影以来，主持词这门新兴的艺术形式已经发展了三十多年。主持词已经成为各种演出活动和集会中不可或缺的重要组成部分。可以说，主持词是我国艺术门类中很特殊的艺术形式，它往往依附于各种演出和聚会而出现，很少像诗歌、散文那样成为独立的艺术主体。但好的主持词仍具有很高的艺术价值，值得人们回味、欣赏。"

一、主持词的功能

主持词分为仪式主持词和节目主持词（又称串联词）两种。其中，仪式主持词一般供仪式主持人（领导或主持人担任）使用，包括开场白、嘉宾和观众介绍、活动宗旨等，带有公文性质，在此不详述。节目主持词（串联词）是供节目主持人在活动进行过程中使用的，担负着以下三种功能：

（一）活动主题的诠释

在活动进行过程中，主持人围绕活动主题，根据不同节目的内容，形象、具体地从不同侧面进行阐述。

（二）演出节目的串联

演出节目的串联也就是承上启下。运用主持词将活动中的不同环节、演出中的不同节目有机地连为一体。此外，还有一个功能就是为演员和道具的上下场留出时间。

（三）现场气氛的调节

除了用主持词从始至终渲染不同文艺活动特定的氛围外，在活动过程中推出重要嘉宾、与观众现场互动等环节更需要主持词的合理运用。

✍ 撰写要点

1. 诠释主题

主题是文艺活动的灵魂，在动手前应该根据主题查找相关资料，做好功课，下笔时才能缕析深刻、旁征博引、情思汪洋、纵横捭阖，做到形散而神不散。同时，文艺活动的目的是寓教于乐，要想把主题诠释得"美"，就要少贴标签，多用形象，把思想藏在文字中，把主题融在节目里。

2. 串联节目

节目是文艺活动的骨肉，撰稿人要对节目的主题、意蕴和舞台表现形式有透彻的了解，做到在没有看节目的情况下眼前也有形象，这样才能从不同的角度找到上下两个节目的共同点或相似点，上引下联，不露痕迹。串联要做到"巧"，切忌中间的意思转折太多，这座连接的"桥"应该越短越好。

当然，在彩排时如果遇到下一个节目演员和道具上场时间不够，需要把主持词抻长的情况，要尽量在该段主持词的原意上添加资料，加以扩展，不能随意挪用其他段落的内容，或是漫无边际地发散。

3. 调节气氛

主持人是掌控文艺活动氛围的核心，主持词是调控文艺活动氛围的手段。在文艺活动中遇到需要推出重量级人物或是需要现场互动等情况的时候，现场气氛调节要灵活，最关键的一点是不能突兀，应该在前面几个节目时就开始铺垫，或是不断推高观众的情绪，或是不经意地埋下伏笔，或是逐渐提高观众的期待值，给人水到渠成之感。

二、主持词的类型

根据文艺活动的主题和内容的不同，主持词一般分为朗诵型、交谈型、插白型、人物型和综合型等五种类型。

朗诵型：用于比较庄重的音诗画和大型纪念性或庆典性的音乐会、晚会、广场演出等，用现代新诗和散文诗的手法较多。如："弦歌百年——河南理工大学建校百年庆典晚会主持词"。

交谈型：主要用于为主持人设置了专门演播室的大型文艺演出、庆典性大型文艺活动，或慰问性质、知识普及性质的文艺演出，主持词一般为口语化表述。如："扬帆起航——河南电视台精品博览频道大型开播晚会主持词""'高雅艺术进校园'钢琴知识解读音乐会主持词"。

插白型：其形式为画外音（有的带字幕），在体育场（体育馆）举办的运动会开闭幕式文艺演出，或是大型文艺活动的花车巡游等主持人不能登场的场合运用较多，风格一般为夹叙夹议或抒情。如："第十届亚洲艺术节开幕式花车巡礼解说词""第九届中国郑州国际少林武术节开幕式文体表演解说词"。

人物型：一般用于电视文艺片或大型文艺演出的篇章之间，使演出呈现出戏剧般的效果，主持词为情景化的人物语言。如："中华长歌行·我们的节日（清明）——郑州电视台清明特别节目解说词"。

综合型：上述两种以上类型的综合呈现，一般出现在大型文艺晚会。

撰写要点

1. 朗诵型

这一类型的主持词从本质上来说还是主持词，只不过是用诗歌（散文诗）的写作方式。在构思上可以整体视作一首长篇朗诵诗，但每一段必须紧扣下一个节目环节，同时篇幅不能过长，而且要注意每一段之间的均衡性和连贯性。

2. 交谈型

这种类型的主持词为口语化表述，在追求亲切、自然的同时，必须注意语言的逻辑性、内容的集中性，每段围绕一个话题展开，不能走得太远。如果希望让主持人灵活发挥，也可以提供每一段的基本内容，由主持人自行组织语言。

3. 插白型

一般来说，插白型的主持词追求文字上的美感和情感上的饱和，营造出诗画般的效果，或者给人哲理的思索、心灵的震撼。而对于介绍性的画外音来说，要求简约、唯美。

4. 人物型

人物型主持词是一种摆脱常规主持方式的创新型主持词，也就是把主持人设定为特定的人物出现。这一类主持词的撰写关键是要紧扣人物，写作时要有编剧的思维，时刻站在特定人物的角度，语言风格和主持内容都要与人物年龄、身份相符合。

5. 综合型

这种不同主持类型的融合，重点在于整体上的谋篇布局，分清什么环节适合什么主持类型，而且要注意不同类型的均衡使用和前后的呼应。

三、主持词的写作技巧

文艺活动主持词的写作难点主要在开场、结尾和节目的转折处，元代文人乔梦符提出的写"乐府"的章法——"凤头""猪肚""豹尾"同样适用于主持词。一般来说，开场要求先声夺人，中间的连接要求自然流畅，尾声要求雄劲潇洒。

✎ 撰写要点

1. 开头

开头是主持词创作时耗时最多的，因为开头时就要考虑整场的谋篇布局、材料的分配使用，而且开头的语言风格决定了整场的语言风格。开头可以是开门见山，可以是情景交融，可以是曲折委婉，也可以是幽默风趣，但一定要与整场活动的风格一致，比如大型庆典活动就不适合幽默风趣的开场，文艺联欢活动不宜用大气磅礴的开场。

因为开场涉及点题以及介绍组织单位、现场嘉宾等较多的内容，语言应该简练、具有号召力，能有效制造现场效应，调动起观众的参与热情并让观众迅速投入节目欣赏状态中。

同时，介绍组织单位、现场嘉宾等内容最好在主持人之间均衡分配，以免取消某一介绍环节时，主持人分配好的词出现大的调整。

2. 连接

一场文艺活动是由众多不同形式、不同内容的节目组合而成的，其中有的节目在内容和主题上内在关联较大，主持词的连接比较好处理，有的相互之间关联较小，就需要撰稿人脑洞大开了。遇到这种情况可以从以下几个方面尝试解决。

（1）节目形式之间的关联，比如舞蹈与杂技之间的关系。

（2）节目背景之间的关联，比如都是某个时代产生的作品。

（3）节目属性之间的关联，比如都是非物质文化遗产。

（4）节目表演者之间的关联，寻找上下两个节目表演者之间的关系。

如果以上关联都找不到，那就从活动本身去寻找关联。比如说在河南的文艺活动中，因为河南是戏曲大省，戏曲节目一般来说不可或缺，但许多传统戏曲剧目的名段与活动主题没有任何关系，就只能从活动本身去找话题引出。如：春节晚会上通过"过大年唱大戏"的传统民俗引出戏曲节目；政协茶话会演出通过表演者政协委员的身份引出戏曲节目；为外地观众组织的艺术欣赏演出通过河南的戏曲文化引出戏曲节目；面向学生观众的演出通过戏曲是民族优秀文化的代表引出戏曲节目……

恰当的主持词就像黏性极高的蜂蜜，能将一个个内容串联得津津有味，达到承上启下、过渡照应、层层推进的效果，把整个活动连接成一个有机的整体。

3. 结尾

尾声是对活动的总结、升华和对未来的展望，一般来说，可以根据主办者提供的文件上的活动宗旨加以诗意表达，或是紧扣核心主题，选取当地、当时最具高度的标志性表述语言文学化处理，语言干净利落，富有力度。

俗话说："编筐编篓，贵在收口。"活动进入尾声时，主持词切忌粗制滥造，要调动各种手段，或掀起高潮，给人以鼓舞和欢笑，或波澜不惊，给人留下回味和思考。

四、撰稿人的五种意识

王继达在《论电视综艺晚会主持词撰写者必备的四种意识》一文中提出，主持词撰写者需要具备四种意识，即策划意识、导演意识、主持意识、观众意识，我认为文艺活动撰稿人在此基础上还要加一种意识——编剧意识。

策划意识：把控全局的意识。

导演意识：舞台呈现的意识。

主持意识：站在主持人的角度思考问题的意识。

观众意识：从观众的需求来进行创作的意识。

编剧意识：把一场活动作为一台剧目来做的意识。

✐ 撰写要点

1. 策划意识

策划意识对于撰稿人来说最重要的就是要把握节目主题，了解这一活动是在什么背景下出炉的，是如何策划出台的，每一个环节、每一个节目设置的目的是什么。因此，撰稿人最好是策划组成员，如果是后期介入，就应该详细摸清策划意图，这样才能用主持词深化主题。

2. 导演意识

导演负责整个活动的舞台呈现，其节目编排的意图就是调控整体节奏，以达到最佳艺术效果。撰稿人的导演意识就是了解每一个环节、每一个节目的呈现形态、艺术风格和情绪基调，把握活动整体的情绪起伏线，这样才能确保主持词的情绪与节目情绪一致，推动整体情绪的跌宕起伏。

主持词一般都存在修改的过程，这其实就是与导演的磨合过程，在修改中要吃透导演的构思意图，实现无缝对接。此外，撰稿人还担当着文学方面的导演助理角色，在节目的编排上，也可以从文学逻辑的角度提出自己的意见。

3. 主持意识

撰稿人的主持人意识主要包括四个方面：一是主持人的角色意识。撰稿的时候设想自己就是不同的主持人，这样就不会出现人物身份和语言逻辑上的混乱。二是口语化表达。主持词属于口头文学，要求通俗易懂，朗朗上口，哪怕抒情性的主持词也要像朗诵诗，而不是供人阅读的现代新诗。三是对主持人语言风格和才艺特长的了解。在明确主持人的情况下，要尽量按照不同主持人的风格去设置话题、分配内容、组织语言，同时尽量展示主持人的才艺特长，制造亮点，为活动增添色彩。

4. 观众意识

观众是文艺活动的参与者、接受者，所有的文艺活动归根结底是为观众而做的。要想让观众满意，撰稿人在创作的时候必须换位思考，适应观众的观赏需求。从总体上来说，就是要说人话、抒真情，再大的主题也要力求接地气地表达，以情感人、以理服人、以美动人。同时，根据不同活动的不同受众群体，语言风格也要有所区别。比如，六一晚会应尽量采用具有少年儿童特征的语言，七一晚会要多一些政治站位高、情绪饱满的语言，春节晚会则要轻松欢快、温馨亲切，多说吉祥的拜年话。

5. 编剧意识

撰稿的过程不是被动接受策划者和导演意图的过程，而是从文学的角度参与创作的过程。撰稿人的编剧意识就是把一次活动、一场演出当作一台剧目来做的编剧思维，在谋篇布局上追求起承转合的自然与严谨，用剧情推进的方式推动活动情绪的起伏，在语言上更加生动形象，提升主持词的文学品位。

节 会 庆 典

纪念活动

　　改革开放，成就了千万人的梦想，书写了岁月崭新的篇章；改革开放，筑就了民族复兴的路基，澎湃着跨越的力量。2008年12月10日晚，由郑州市委、市政府主办，郑州市委宣传部、郑州电视台承办的"倾听郑州——郑州市纪念改革开放三十周年主题艺术晚会"在郑州艺术宫举办。

　　这台晚会取名为艺术晚会，追求的是电视手段与舞台文艺相结合的艺术化处理，通过节目与视频的结合，构成音画诗《春潮澎湃》《绿城华彩》《盛世畅想》三个篇章，诗情画意地体现改革开放三十年来郑州日新月异的发展变化。与此相适应，主持词用散文诗式的语言，体现音诗画的艺术色彩。

倾听郑州

郑州市纪念改革开放三十周年主题艺术晚会主持词

* 后文以方头括号表示节目名称

【1. 歌舞《欢庆》】

甲：尊敬的各位领导、各位来宾，

乙：现场和电视机前的观众朋友们，

合：大家好！

丙：这里是郑州市纪念改革开放三十周年主题艺术晚会演播现场。

丁：我们将用艺术的视听，展示改革开放三十年来我市经济社会发展的巨大成就，奏响共产党好、社会主义好、改革开放好的时代主旋律。

甲：今晚，出席晚会的领导同志有（见名单），让我们用热烈的掌声表示欢迎和感谢！

乙：三十年流金岁月，每一寸光阴都诠释着一个名词：改革开放；

丙：三十年辉煌历程，每一个脚步都践行着一个理念：改革开放。

丁：改革开放，成就了我们的人生梦想，书写了岁月崭新的篇章；

甲：改革开放，筑就了民族复兴的路基，澎湃着郑州跨越的力量。

乙：带着欣喜和感动，当我们的思绪沿着时间的长河一路追溯，阵阵清新的春风从三十年前飘来，丝丝缕缕，沁人心脾。

丙：1978年，党的十一届三中全会如同一声春雷，唤醒了沉睡的万物，拉开了春天的帷幕。

丁：万里河山春意盎然、春潮澎湃、春光万里……

【第一篇章　《春潮澎湃》】

（画外音）

一个春天的故事，一个崭新的开始。该融化的开始融化，该温暖的开始温暖，该萌生的开始萌生，该崛起的开始崛起。走进嵩岳大地的灿烂春光，让我们一起欣赏——

【2. 歌舞《春天的故事》】

甲：春天的故事伴着一路歌声向我们走来，美丽着我们的城市，美丽着我们的心情。

乙：翻开春天的画卷，许多熟悉的旋律在我们耳边荡起，它如同闪光的彩练，串起时代的情感，讲述美好的记忆……

【3. 歌曲联唱】

丙：流动的音符带着我们走过三十年的风风雨雨。徜徉在这优美的音乐里，我们回忆着一路走来的点点滴滴。

丁：的确，这悠扬的歌声已经成为一个民族骄傲的记忆，它伴着我们从春天走来，向辉煌的明天走去。

【4. 外请歌手演唱】

甲：暖暖的春风，轻轻地吹，好一片广袤的嵩岳大地，流光溢彩，勃发着旺盛的生机；

乙：淅沥的春雨，轻盈地洒，好一个厚重的商都古城，日新月异，涌动着创造的活力。

丙：一栋栋高楼大厦，如雨后春笋拔地而起；一个个开发新区，在黄河之畔闪耀着光芒；

丁：一个个靓丽的城市文化品牌，传递着这个城市的无穷魅力；一条条高速公路和铁路，宛如条条美丽的水袖，舞动着这个城市的发展传奇。

甲：三十年的征程，三十年的巨变，

乙：三十年的华彩，三十年的辉煌，

丙：一个文明古都以崭新的姿容屹立于中国，

丁：一个现代都市以开放的气魄吸引着世界的目光……

【第二篇章　《绿城华彩》】

【5. 诗朗诵《倾听郑州》】

【6. 说唱组合《风景这边更好》】

甲：是啊，从黄沙漫天到绿树如荫，从偏僻的小路到繁华的街道，从低矮的平房到耸立的高楼，从简陋小巷到漂亮社区。三十年来，我们城市的变化让人目不暇接、数不胜数。

乙：更让老百姓点头称道的是，这种变化充溢在平常生活的每个节点。从骑自行车上班到开小汽车出门，从收音机到彩电再到电脑，从对电话的羡慕到手机的随身携带，件件桩桩都折射着时代的变迁。

【7. 相声】

丙："改革开放"是三十年来汉语中使用频率最高的词汇，因为"改革开放"不论对我们这个城市还是对所有中国人而言，都是最美丽的字眼。

丁：是改革开放，激活了郑州博大精深的文化宝库。拜祖大典，情牵世界华人；传统武术节，吸引全球目光；文艺舞台，演绎精品迭出；威震天下的少林武术，在奥运"鸟巢"，一展气吞山河的中国气势。

【8. 戏曲武术组合】

甲：乘着改革开放的春风，沐浴和谐盛世的阳光，打量着眼前一张张幸福的脸庞，回味着一件件梦里笑醒的开心事，有太多的赞叹，都属于这三十年的时光。

乙：走在繁华都市的街头，尽享现代生活的美妙。当我们瞩目郑州引领中原崛起的脚步，闪光的经济数据和靓丽的城市景致，一起记录着这个时代的风采，讲述着这个时代的壮美！

【9. 女声独唱《春风不忘》】

甲：一个春天的故事，讲述了三十年。好梦成真，就在我们的城市，就在你我的身边。

乙：春风不忘，百姓不忘，三十年的光阴，在崛起之路上垒起了一座永载史册的里程碑。

丙：回望改革开放三十年的历史，就是一部波澜壮阔的思想解放史。

丁：解放思想、实事求是、与时俱进、改革创新，是我们走向胜利的坚强保证！

甲：带着三十年的成就，踏上崭新的起点。

乙：新起点，新使命，新的渴望正在心中奔腾。

丙：解放思想、改革开放、科学发展、构建和谐。

丁：我们蓄势进发，推动新的跨越、新的崛起！

【第三篇章 《盛世畅想》】

【10. 舞蹈】

甲：承载着郑州人的光荣与梦想，我们的城市以崭新的理念、崭新的姿态、崭新的风貌，翻开了崭新的篇章，刷新着昨天的记忆。

乙：美好在这里集聚，希望在这里交汇。我们正用魅力四射的现代风华，咏唱着献给祖国的深情乐章！

【11. 女声独唱《祖国颂》】

丙：每一个日子都放飞着希望，每一张笑脸都洒满阳光。我们漫步在美丽的家园，每分每秒都是和谐的乐章。

丁：和谐是生活的美满，和谐是真情的互动，和谐是科学的发展，和谐是力量的凝聚。迎着盛世和风，让我们一起为和谐举杯！为和谐歌唱！

【12. 歌舞《为和谐举杯》】

甲：三十年的流金岁月，一道道亮丽的风景；

乙：三十年的圆梦之路，一曲曲动人的欢歌；

丙：三十年的奋斗历程，一座座历史的丰碑；

丁：三十年的前进方向，引领着新的开拓。

甲：解放的思想，执着的目光，在我们面前展开了一幅绚丽的蓝图。

乙：跨越的步伐，崛起的郑州，正在中原大地书写最为灿烂的篇章。

丙：郑州市纪念改革开放三十周年主题艺术晚会到此结束！

丁：观众朋友们，再见！

合：再见！

2009年9月15日，是河南电视台建台四十周年的大喜日子，当天晚上，"谁持彩练当空舞——庆祝河南电视台建台四十周年文艺晚会"在河南电视台8号演播厅上演，河南电视人载歌载舞，隆重庆祝自己的节日。

与通常的庆典晚会不同，这台晚会是河南电视人的节日联欢，同时还有兄弟台和其他媒体的祝贺节目（短片），以及知名艺术家的倾情献演。主持词不仅要大气、深情地回顾河南电视事业可歌可泣的发展历程，还要灵活自如地在节目串联中融入每个部门的成绩，展示河南电视台的形象，体现河南电视人的归属感和荣耀感。

谁持彩练当空舞

庆祝河南电视台建台四十周年文艺晚会主持词

【1. 片头】

【2. 开场歌曲《祝你生日快乐》】

【3. 短片：各频道主持人呼号】

　　（两名主持人出）

乙：这个亲切的呼号穿越四十年时空，多少故事在你我的心中云飞浪涌。

甲：这个亲切的呼号回荡在你我心中，唤醒多少难忘的记忆，曾经的感动。

乙：时间的长河里走来一张张熟悉的笑脸，他们见证了河南电视台四十年的辉煌、四十年的峥嵘！

甲：有请河南电视台几代主持人的代表，他们是申慧英、高汉青、王勇、潘婷、周峰、李冰。

　　（申慧英、高汉青、王勇、潘婷、周峰、李冰上场）

乙：鲜花和掌声献给他们。

　　（孩子们向六位主持人献花）

甲：今天是河南电视台四十周年庆典，在这里，我想各位老师肯定有太多的感怀！

（六位主持人致辞）

甲：谢谢！接下来，有请河南电视台新闻中心主持人团队的代表！

乙：他们的话筒连着时代的脉搏，他们的目光追逐世界的风云。

甲：他们传递着党和人民的声音，他们肩负着主流媒体的重任。

（新闻中心主持人团队上场）

甲：有请河南电视台都市频道主持人团队的代表、民生频道主持人团队的代表、法制频道主持人团队的代表、电视剧频道主持人团队的代表！

乙：他们汇成河南电视台的璀璨星座，他们在不同频道守望与您的约定。

甲：他们以同样的真诚扬起生活的风采，他们用多彩的故事演绎河南电视台的繁荣。

（河南电视台二、三、四、五套节目主持人上场）

乙：带着最美好的憧憬，有请二十位刚刚从全国选拔出来、加入我们团队的年轻主持人！

甲：或许，您还不熟悉他们的笑脸，他们是我们队伍中的新鲜血液。

乙：他们从长城内外、大河上下走来，未来的日子，将会带给我们更多的惊喜。

（新聘二十位主持人上场）

甲：有请河南电视台 2009 年十佳主持人，他们是（见名单）。

乙：他们也许是您荧屏前一次次的期待，他们也许是您心目中相识已久的知音，

甲：头戴河南电视台"十佳主持人"的桂冠，他们的心会和您贴得更近！

（2009 年十佳主持人上场）

乙：鲜花和掌声献给他们。

（孩子们献花）

甲：带着自豪和自信，在这里，我们要对大家说——

乙：为了观众的满意，我们一直在努力！

全体合：祝河南电视台生日快乐！

（落下纱幕，接着四位主持人出）

甲：观众朋友们，这里是河南电视台 8 号演播厅。非常高兴在中华人民共和国成立六十周年前夕，与大家欢聚一堂，共度这个难忘的河南电视台建台四十周年庆典之夜。

乙：四十年来，我们与祖国同行，在艰难曲折中起步，在开拓创新中繁荣。没有祖国日新月异的变化，没有改革开放三十年的流金岁月，我们的电视事业不可能取得今天这样的成就。

丙：回望四十年前的今天，河南电视台借助中央电视台一套旧设备，重新安装调试发射系统，开始了电视节目的转播。

丁：在时代的感召下，在河南人民的期盼中，河南电视台发出了她的第一声呼号，标志着这个崭新的传媒在古老中原开始了崭新的征程。

甲：四十年的风风雨雨，四十年的闪光足迹。一代又一代的河南电视人用青春、用激情、用汗水、用拼搏，共同铸就了河南电视台今天的辉煌。

乙：今晚，我们的思绪，聚集在这一只金色的小象；

丙：今晚，我们的情感，预备着对一段岁月的喝彩。

丁：今晚，我们河南电视人将捧出自己的浪漫和激情，讲述我们的故事，挥洒我们的情怀，为伟大祖国祝福，为河南电视台放歌！

【4. 舞蹈《谁持彩练当空舞》】

【5. 短片《发展》】

甲：（对乙）此时此刻看这个短片，我感觉就像一家人团圆的时候，听长辈们讲家史一样，特激动！

乙：没错，河南电视台就是咱们共同的家，在这里，有关爱、有激励、有感动、有鼓舞。你知道在咱们台我最爱去的地方是哪里吗？

甲：是不是进台第一天每人必走的观光走廊？

乙：对，在那里，文字、图片和多媒体记录了咱们台的一个个突破。每次徜徉在走廊里，都能感受到河南电视台强有力的脉搏跳动！

甲：接下来，请欣赏台办公室排演的音乐快板《河南 TV——我们的家园》。

【6. 音乐快板《河南 TV——我们的家园》】

甲：（对乙）作为新闻媒体，谁都知道新闻对于电视的意义。这么多年来，咱们台的新闻记者和编辑们善打硬仗，能打胜仗，无论是宣传党的方针政策，还是报道急难险重的新闻，都能够发挥主流媒体的作用。

乙：其实，他们不但有新闻工作者的客观与严谨，同样有电视人的浪漫与多彩。在这里，请欣赏新闻中心的编辑记者们表演的舞蹈《邵多丽》。

【7. 舞蹈《邵多丽》】

甲：挥洒春天的韵律，我们踏歌起舞，共同祝贺河南电视台四十岁生日，一起献上河南电视人对祖国母亲的深深情意。

乙：每一颗心都和祖国前进的脉搏一起跳动，每一腔情都伴着盛世美景一起把希望放飞。

甲：和风飘荡在我们的家园，描绘出一幅欣欣向荣的画卷，阳光铺洒在我们的心头，让我们共享国泰民安的幸福与欢喜。

乙：伴着一曲曲熟悉的音乐，献上一首首祖国的颂歌，我们捧出的都是炽热的情感，唱出的都是儿女的祝福……

【8. 歌曲《祝福祖国》】

【9. 媒体祝贺短片（境外）】

甲：谢谢！谢谢世界各地的同行们！

乙：接下来，我们要给大家介绍一位从祖国首都赶来的嘉宾。有请！

（北京电视台节目主持人向真上场）

向：观众朋友们，大家好！我是北京电视台节目主持人向真！请让我代表北京电视台衷心地说一声：河南电视台生日快乐！在这里，我还带来了一份生日礼物——由中国杂技团表演的杂技《俏花旦》，祝愿河南电视台越来越俏丽，越来越精彩！

【10. 杂技《俏花旦》】

甲：（对向）谢谢您送来这么精彩的节目！向真，通过咱们的电视节目，不知道您对河南当今的知名人物有多少了解。

向：太多了！几乎每届"感动中国"的人物中都有河南人。同时，我还知道咱们河南台的几个影响全国的人物，比如说"中国最美的女记者"曹爱文，揭露黑砖窑事件的付振中，等等。

乙：您说的这两个都是我们台都市频道的记者，在我们身边还有不少这样的故事。您看，都市频道专门排演了音舞诗《都市英雄》。

【11. 音舞诗《都市英雄》】

向：从《都市英雄》中可以看出我们电视媒体的社会责任感。而践行这种责任的不但有记者编辑和咱们主持人，还有无数在幕后默默奉献的人。

甲：确实是这样，在河南电视台，有许多这样的部门，他们默默地为精彩荧屏增光添彩，观众朋友却很少看到他们的身影。

乙：在今天这样的激情时刻，他们也要踏上动感舞台。下面献给大家的，就是由制作部、财务部、发展研究部和服装道具部表演的青春歌舞。

【12. 歌舞《爱挽着爱走来》《爱在加减乘除》《青春工作间》】

【13. 短片《繁荣》】

丙：说起电视的繁荣，对于咱们观众朋友来说，有一个最真切的感受，就是电视剧的繁荣。

丁：对，四十年来，咱们台陆续拍摄了一大批精品力作。比如说《黄河东流去》《包公》《常香玉》《红旗渠的儿女们》，还有近年来热播的《少林寺传奇》……

丙：每一个镜头后面都有辛勤的汗水，每一个奖项里面都有太多的心血。回望电视剧创作的成就与辉煌，知道的人都会感叹：真是不容易！

丁：接下来，请欣赏电视剧部表演的小品《不容易》和数字电视节目部的歌舞《河南制造》。

【14. 小品《不容易》、歌舞《河南制造》】

丙：四十年来，河南电视台制造这么多难忘的记忆。在文化市场的探索中，也创造了许多崭新的亮点。比如说演艺部的成立，就开创了对外进行演艺经营的先河。

丁：演艺部推出的两大精品演艺项目《大河秀典》和《盛世梨园》已经成为中原文化的经典力作，被称为中原文化的新名片、中原旅游的新亮点。

丙：对，最新推出的《盛世梨园》，还是电视屏幕与戏曲舞台、传统戏曲与剧场经营相结合的一种全新探索。

丁：带着美好的憧憬，演艺部奉献给大家的是舞蹈《惊蛰》。

【15. 舞蹈《惊蛰》】

【16. 祝贺短片（各省市电视台）】

丙：感谢各兄弟台的祝福！真是祝福不断，真情永远。

丁：在这里，我们要介绍一位从彩云之南赶来的嘉宾，有请！

（云南电视台节目主持人朱莉莎上场）

朱：朋友们，大家好！我是云南电视台节目主持人朱莉莎。作为云南电视台的使者，我带来的是一个具有浓郁西南特色的节目——由玉溪芭蕉叶演唱组合演绎的《我的小河淌水》，以此祝愿河南电视台立足中原文化，踏出一路风采。

【17. 歌组合《我的小河淌水》】

丙：谢谢！谢谢云南台的同人和各位艺术家们！莉莎，我问您一个问题，您平时在工作之余最爱做的是什么？

朱：我最爱收集观众来信，那字里行间，有批评、有赞扬、有建议、有感激，我深深感受到，咱们与观众一刻也不能分离。

丁：是啊，咱们的事业离不开老百姓的真心爱护，咱们的镜头关注着百姓生活的方方面面，咱们的栏目也服务着百姓生活的点点滴滴。

丙：接下来，请欣赏民生频道的领导和员工表演的情景合唱《民生谣》。

【18. 情景合唱《民生谣》】

朱：（对丙）说到服务百姓，不知你发现没有，有一类电视节目在20世纪80年代才开始出现，但在短短的十几年里迅速成为收视热点。

丙：你说的是法制节目吧！

朱：对，它的发展与兴盛和法治建设息息相关，甚至可以说，它已成为咱们国家法治建设的重要组成部分。

丁：我们台的法制频道秉承"大普法、大法治、大服务"的宗旨，致力于普及法律知识，倾注人文关怀，维护群众权益，受到观众的普遍欢迎。

丙：在这里，法制频道的同事们表演的是曲艺连缀《三书荟萃话法制》。

【19. 曲艺连缀《三书荟萃话法制》】

【20. 短片《跨越》】

甲：观众朋友们，接下来，我们要给大家介绍的是一位河南电视台的老朋友，为什么称老朋友呢？还是让她自己来说吧！掌声有请。

（上海电视台节目主持人陈蓉上场）

陈：朋友们，大家好！我是上海电视台节目主持人陈蓉。我曾在十年前参加了河南电视台建台三十周年的庆典，非常高兴在十年后的今天再次和大家相会在建台四十周年的庆典晚会。

乙：这实在是一种缘分！陈蓉，作为河南电视台的老朋友，不知道你对河南电视台最关注的是什么？

陈：应该是《梨园春》和《武林风》，这两个栏目在观众中的影响非常大，在上海也深受观众的欢迎。

甲：除了《梨园春》《武林风》，我们台还不断举办全国性的大型文艺晚会和国际性的大型文艺活动，电视文艺也成为大家关注的热点。

乙：接下来，请一起欣赏文艺部的同事们献上的音乐快板《荧屏春意浓》。

【21. 音乐快板《荧屏春意浓》】

乙：（对甲）你说前面这个节目的名字是不是受了《梨园春》名字的影响？

甲：是吗？是那个"春"字吧？

乙：没错，春意盎然，春风万里！

陈：其实呀，在咱们的荧屏上，不但有浓浓的春意，更有金秋的收获。

甲：有道理！

陈：所以，在这金风飘香的季节，我们上海电视台带来的是芭蕾舞《秋》。祝愿河南电视台不断收获一个个硕果累累的金色之秋！

【22. 芭蕾舞《秋》】

甲：谢谢上海台的祝福！我想，与全国、全世界的同行携手，我们每天都会有新的收获。

乙：的确，咱们河南电视台能够拥有今天的一切，离不开各级领导、传媒同行和全社会的倾情帮助和鼎力支持。

陈：带着对河南电视台的真诚祝愿，著名歌手韦唯也来到了演出现场，给我们带来一组亲切、熟悉的歌曲。

【23. 韦唯友情出演】

（直接起尾声节目）

【24. 歌曲《今夜无眠》】

向：今夜无眠，我们捧出对祖国的祝福。

朱：今夜无眠，我们书写最真情的诗篇。

陈：今夜无眠，我们的歌声传遍千里万里。

甲：今夜无眠，我们心向更加灿烂的明天。

乙：四十个春秋见证了我们的历史，见证了伟大祖国走向强盛的历程，四十年辉煌对于明天就是新的高度、新的起点。

丙：我们感怀岁月，我们牢记使命。我们在这条充满光荣与梦想的道路上，开拓创新，继续前行！

丁：朋友们，河南电视台建台四十周年文艺晚会到这里就要说再见了，感谢各位的光临和收看，再见！

合：再见！

1957 年 3 月，国务院批准设立平顶山市。经过五十年的建设，平顶山已由单一的煤炭之城实现向综合性工业城市的跨越。2007 年 5 月 15 日晚，平顶山新城区会议中心鲜花锦簇、歌声飘扬，"盛世鹰飞——庆祝平顶山建市五十周年文艺晚会"在这里隆重举行。

这是一台具有史诗性的综艺晚会，与整体节目设计一致，主持词以五十年来平顶山经济社会发展为主线，跟踪时代足迹，传递时代情韵，热情赞美和讴歌鹰城人民在过去的五十年里取得的辉煌成就，全方位、多角度地展示平顶山的文化底蕴、资源优势和平顶山人民的精神风貌，艺术再现"魅力鹰城、文化鹰城"的丰硕成果，鼓舞鹰城儿女全面建成小康社会的豪情壮志。

盛世鹰飞

庆祝平顶山建市五十周年文艺晚会主持词

【1. 歌曲 《喝彩》】

甲：尊敬的各位领导、各位来宾，

乙：四百九十三万平顶山人民和现场的观众朋友们，

丙：驻平顶山解放军指战员和武警官兵们，

丁：所有关心、支持平顶山建设和发展的各界朋友们，

合：大家晚上好！

甲：伴着五月的鲜花，捧着心中的喜悦，我们一起走来，汇成欢乐的海。

乙：奏响希望的华彩乐章，踏着时代的节拍，我们一起走来，胸怀滚烫的爱。

丙：今天，是我们共同的节日！在我们相依相恋的城市五十周年诞辰的时刻，我们相聚在一起，为平顶山半个世纪的征程放歌！

丁：今天，是我们共同的节日！在我们好戏连台的家园走向新的辉煌的日子，我们相聚在一起，为平顶山生机蓬勃的希望喝彩！

甲：在这令人激动的时刻，出席今晚建市五十周年文艺晚会的领导同志有（见名单），让我们向各位领导的到来表示热烈的欢迎！

乙：五十年的灿烂，五十年的辉煌，凝聚着平顶山全市人民的智慧和力量。我们深深地知道，平顶山改革发展所取得的每一项成绩，都体现着党中央和省委、省政府的正确领导，离不开社会各界的支持和帮助，在此，让我们用掌声向长期以来关心、支持平顶山发展的各级领导和各界朋友们致以诚挚的谢意！

丙：是啊，怀着如火的信念，我们一路走来！创业者的激情就像那熊熊燃烧的火，捧出太阳的光芒，锻造着这座工业城市的钢铁脊梁！

丁：和着激荡的春潮，我们一路走来！连同灿烂的阳光和浩荡的东风，豪情奔放地抒写着这座崭新城市的现代传奇！

【2. 歌舞组合《活力鹰城》】

乙：翻开岁月的篇章，从1957年初夏这个城市的诞生开始，我们走过了一个个用激情点燃阳光的季节，人们看到的是一座现代城市的迅速崛起。走进历史的长河，遥望那只从西周时古应国起飞的玉鹰，几千年云走鹰飞，留下了不尽的风流。

【3. 河南大调曲子《云走鹰飞话风流》】

甲：穿过历史的云烟，我们看到，在这片人杰地灵的土地上，曾经创造了多少辉煌！勤劳朴实、诚信为本的平顶山人就这样踏平坎坷，建设着自己的家园；勇于创新、不断进取的平顶山人就这样追逐梦想，点亮着最为绚丽的明天。接下来，请欣赏沈阳军区前进杂技团带来的杂技《追炫·绸吊顶技》。

【4. 杂技《追炫·绸吊顶技》】

丁：盛世鹰飞，洒下多少幸福的欢笑，留下多少真挚的情谊。平顶山建市五十周年文艺晚会牵动着社会各界朋友们的心，今晚，全国许多著名艺术家都捧着心中的祝福，来到演出现场。首先，让我们一起掌声欢迎省人大常委、省戏剧家协会副主席、国家一级演员王惠，她给我们带来的是豫剧《五世请缨》选段。

【5. 豫剧《五世请缨》选段】

丙：平顶山的发展，牵动着你我的心扉；家乡的变化，给了我们太多的欣喜。在这喜庆的日子，我们张灯结彩、笑逐颜开，那些远离家乡的人们，也带着同样的情感，在为家乡祝福，为家乡喝彩。您看，咱们的老乡、著名演员毛孩回家了！

【6. 小品《小毛回家》】

丙：经过近半个世纪的艰苦努力，平顶山胜利完成了第一次创业，为新的跨越积蓄了无穷的力量。

丁：进入崭新的世纪，古老而年轻的平顶山迅速实施二次创业，打造经济强市，挥写着新型能源和工业基地的辉煌篇章。

丙：承载着一代代人的宏伟梦想，全市人民团结一心，攻坚克难，一座活力四射的现代城市在中原城市群闪耀着熠熠光芒。

丁：今天的平顶山就像一只展翅的神鹰，在新的航线上，以自己的勇气和智慧，飞得越来越高，越来越远。

【7. 音诗画《神鹰展翅》】

乙：这就是我们的家园，无数发芽的、开花的、结果的梦想，相聚在莽原上。这就是我们的城市，无数奔腾的、奔放的、奔跑的热望，相约在正前方。魅力鹰城，崛起在古老中原；热土雄风，升腾在鹰城大地。

【8. 舞蹈《热土雄风》】

甲：一个美丽的、开放的、充满生机的平顶山正在用发展赢得尊重，用进步赢得美名，用实力赢得地位。而在咱们普通老百姓眼里，平顶山的发展变化，更体现在平常生活的点点滴滴。

【9. 音乐情景剧《网聊》】

丁：朋友们，平顶山的飞速发展，体现在经济规模的提升，体现在城市面貌的变化，体现在社会的和谐，体现在生活的幸福。在这万家欢乐的时候，著名歌唱家克里木也来到了演出现场。掌声有请。

【10. 克里木歌曲】

丙：常把日子唱着过！祖祖辈辈的平顶山人让舒心的音符伴着辛勤劳作的汗水，把岁月唱得红红火火！今天的平顶山人不但用古老的戏曲艺术装点幸福生活，更用灿烂的文化展现着城市的风采。

【11. 戏曲连缀《看大戏》】

甲：今天，我们带着美丽的心情，一起讲述关于家乡的故事。

乙：今天，我们怀着深深的爱恋，一起倾诉对于故土的情感。

甲：放眼我们的城市，叠映在人们眼帘的是林立的高楼与蓝天白云的对话，是宽阔大道与绿树、碧波的拥抱。

乙：美丽鹰城，阳光走廊铺开美的旋转，一派生机延伸着心的悠远。和谐家园，你的名字就是美的经典，你的容颜就是春天的诗篇。

【12. 舞蹈《和风流韵》】

丙：和风轻拂过美丽的家园，演绎着社会的和谐，歌唱着生活的幸福，正如前面节目中戏台上那副对联所写的"韵天雅乐八音谐，盛事唱响五洲合"。下面，省文联副主席、梅花奖和文华表演奖得主李树建要用豫剧《大登殿》中的经典唱段，为平顶山的灿烂明天献上最美好的祝福！

【13. 豫剧《大登殿》选段 】

甲：谢谢李老师的精彩演出！在今天咱们晚会的嘉宾中，还有一位咱们平顶山人民的老朋友，那就是我国第二位民族声乐硕士学位获得者、总政歌舞团国家一级演员杨九红。让我们用热烈的掌声欢迎她的到来！

【14. 歌曲《眷恋》《祝福祖国》】

丁：五十年风雨沧桑，五十年灿烂辉煌。在这片生机蓬勃的土地上，一个新的、辉煌的时代正向我们走来。"走在全省前列，率先实现崛起"的蓝图勾画了平顶山发展的美好明天，"实施二次创业"的大手笔震撼着古老的苍穹，"打造经济强市"的大气魄掀动着黄河的浪涛！

【15. 钢琴协奏曲《黄河》第四乐章 】

丙：黄河的浪涛汇成希望的交响，奔腾的黄河澎湃着我们的力量。

丁：这是鹰城儿女奋进的呐喊，这是率先实现崛起的活力登场。

丙：鹰在展翅！鹰在腾飞！

丁：飞出鹰城的精神！飞出鹰城的伟力！

【16. 歌曲《腾飞》】

甲：回首昨天，我们热血沸腾！

乙：展望明天，我们豪情满怀！

丙：五月的鲜花，为鹰城大地铺就了锦绣前程，

丁：宏伟的目标，引领我们一起走向更好更快！

甲：实力造福人民，高效促进发展，文化凝聚力量，和谐成就伟业，魅力引领未来。

乙：让我们进一步解放思想，振奋精神，坚定信念，积极进取，继续实施二次创业，奋力打造经济强市，着力构建和谐社会，为走在全省前列、率先实现崛起而努力奋斗！

丙：我们坚信，未来的平顶山，必定经济更具实力，文化更为繁荣，社会更加和谐，城市更富魅力！

丁：庆祝平顶山建市五十周年文艺晚会到此结束！朋友们，再见！

合：再见！

2009 年 9 月 26 日晚，"弦歌百年——河南理工大学建校百年庆典晚会"在河南理工大学体育场举行，5 万余观众在现场观看演出。晚会由中央电视台著名节目主持人白燕升、河南电视台节目主持人庞晓戈、河南省话剧院青年演员蔡小艺、河南电视台节目主持人岳阳主持，蔡晓艺、岳阳主要担任篇章主题诗朗诵。

根据晚会策划，整体结构以《百年足迹》《百年辉煌》《百年跨越》三次情景诗朗诵为主线，历史、今天与展望的逻辑关系使整台晚会环环相扣、层层递进。笔者作为朗诵诗的作者和晚会撰稿人，在诗歌的语言上追求厚重、大气、昂扬、振奋的艺术效果，在主持词的内容上尽量挖掘学校精神与地域文化的联系，语言以"接地气、传真情"为基本原则。

弦歌百年

河南理工大学建校百年庆典晚会主持词

【1. 歌舞《百年庆典》】

甲：尊敬的各位领导、各位来宾，

乙：亲爱的老师和同学们，

丙：河南理工大学的校友们，

丁：关心支持河南理工大学建设发展的各界朋友们，

合：大家好！

甲：非常荣幸和大家相聚在河南理工大学的百年庆典，一起为河南理工祝福，为中原崛起放歌，为民族复兴喝彩！

乙：在这里，请让我们代表河南理工大学的全体师生，向光临庆典晚会的各位领导、各位来宾和校友们表示热烈的欢迎。

丙：河南理工大学是一所承载着中华民族嬗变之痛、见证了神州大地沧桑变迁的高等学府，从历史的长河中一路走来，先后迁址十次，辗转四省。在风雨洗礼中，她始终与民族同呼吸、同命运，为中华民族的伟大复兴铺下了一块块坚实的基石。

丁：她以崇高的理想追求、海纳百川的博大胸怀、深厚的历史积淀和独特的文化品格，书写了一曲自强不息、奋发向上的壮歌。在此，让我们一起唱响庄严豪迈的《河南理工大学校歌》。

【2. 合唱《河南理工大学校歌》】

（合唱完，直接起朗诵）

【3. 情景朗诵之一《百年足迹》】

（朗诵诗）

从 1909 到 2009，

整整一个世纪，一个百年，

当我们的思绪沿着你的足迹，

穿越一百个春秋的历史云烟，

回望你那筚路蓝缕、艰苦奋斗的历程，

似乎翻开了中华民族百年的画卷。

你在列强瓜分的隆隆炮火中诞生，

你的基石上刻写着振兴民族煤炭工业的铮铮誓言，

你在国力日衰、内忧外患的苦难中起步，

你在反帝爱国的烈火与鲜血中涅槃。

从焦作到西安、到天水、到城固，

流亡之路你昂扬着同仇敌忾、抗战到底的气概，

从洛阳到郑州、到苏州、到焦作，

你在黎明前的不屈抗争中迎来中华人民共和国的朝霞满天。

于是，伴着中华人民共和国建设的滚滚浪潮，

你在火红的岁月里不断壮大、薪火相传。

于是，迎着向科学进军的嘹亮号角，

你在春天的故事里书写希望的新篇。

于是，迎着新世纪的灿烂霞光，

你在和谐风景里诠释科学发展的崭新内涵。

从焦作路矿学堂到福中矿务学校，

从福中矿务专门学校到福中矿务大学，

从焦作工学院到焦作矿业学院，

再从焦作工学院到河南理工大学，

你百年的足迹烙印着"明德任责""好学力行"，

你百年的弦歌把"大爱"精神传遍万里河山。

【4. 歌曲联唱《岁月如歌》】

甲：倾听这不同历史时期的青春之歌，我们似乎看到这座百年学府从上个世纪初的"焦作路矿学堂"走来，走过风霜雨雪、走过艰难坎坷，一直走到今天的盛世中国。

乙：无论逆水行舟，还是大道宽阔，她的肩上担负着对人民、对国家、对民族的责任，她的脚步写满了追求，写满了执着。历史的传承、满天的桃李让她"勤奋务实、爱国爱校"的精神在天地间传播。

【5. 舞蹈《大写天地间》】

甲：咱们河南理工大学地处沃野千里的怀川大地，背倚巍峨葱翠的太行山，面临伟岸宽广的母亲河，真是聚万象于其间。

乙：没错，怀川大地孕育了灿烂辉煌的历史文化，名山秀水陶冶了世代英才豪杰，三国时的司马懿、世界上第一个提出十二平均律的朱载堉，著名文学家韩愈、李商隐等都是焦作人，魏晋时的"竹林七贤"就是在这里隐居游学。

甲：我还知道，咱们焦作市温县的陈家沟，就是名扬世界的陈氏太极拳发源地。

乙：对，"太极文化发展研究中心"上个月刚刚在咱们河南理工大学揭牌，接下来，咱们看到的就是河南理工大学体育系带来的太极拳表演。

【6. 太极拳表演《云飞涛涌》】

（武术完，接演唱）

【7. 豫剧《沁园春·雪》】

（演唱完，接朗诵）

【8. 情景朗诵之二《百年辉煌》】

（朗诵诗）

从1909到2009，

整整一个世纪，一个百年，

当我们的思绪沿着你的故事，

把一个个春华秋实的年轮读遍，

我们看到的是满目芬芳的桃李，

我们打开的是一幅"科教兴国"的精彩画卷。

我曾许多次走进你珍贵的校友录，

我惊叹你的百年春华秋实、你的八万桃李满天。

我看到一个个学界名流、政界要人从这里走来，

我看到一个个科坛巨匠在这里留下的青春纪念，

我看到一个个教育家、企业家从这里扬起成功的风帆，

我看到许许多多的栋梁之材，成为民族振兴的砥柱中坚。

我曾许多次流连于你闪光的荣誉册，

我放歌你的特色学科、你的科研优势。

我抚摸你"全国科学大会奖"的奖杯，

我历数你一项项国家级、省部级科技进步奖的桂冠。

瓦斯预测与防治的世界性难题，在这里取得了重大的突破，

你的永磁电机研究成就，让国人瞩目，令世人赞叹，

你承担的一个个国家自然科学基金项目，

已经成为社会财富的源泉，

你百年的基业、百年的收获，

捧出一部神采飞扬的锦绣诗篇。

【9. 曲艺组合《印象·理工》】

乙：一百年筚路蓝缕，彩霞里有师生们多少灿烂的憧憬。

甲：一百年艰苦创业，朝晖里有学子们多少美好的愿望。

乙：一路弦歌给了我们人生的启示："哪里有梦想，哪里就有希望。"

甲：一路弦歌给了我们生命的真理："哪里有追求，哪里就是天堂。"

乙：今天，在河南理工百年华诞的庆典，同学们也要踏歌舞台，把菁菁校园深情歌唱。

【10. 情景表演唱《菁菁校园》】

乙：菁菁校园留下一代代青春的歌声，菁菁校园迎来一年年桃李芬芳。河南理工在百年的历史中，造就了许许多多的学术大师、科坛巨匠、贤才俊彦和社会栋梁。

甲：没错！你看，在大家的思维定式里，河南理工大学作为理工类院校，培养的肯定大部分是工程、学术类人才，以及教育家、企业家之类的人才，你是否知道，咱们学校还出了艺术家？

乙：是吗？谁呀？

甲：不知道了吧！就是以相声作品《品相声》夺得第四届全国 CCTV 相声大赛非职业组一等奖的著名曲艺表演艺术家张剑华呀！

乙：张老师也是咱们理工大学毕业的？那好，接下来，掌声有请咱们河南理工大学的校友张剑华和他的搭档史不凡。

【11. 相声《大腕研究》】

甲：来到河南理工大学，我感觉河南理工的精神就是太极的精神，太行的精神，愚公的精神，黄河的精神！

乙：对，河南理工大学依托中原深厚的历史底蕴和人文精神，秉承名山胜水的磅礴大气，开创了我国矿业高等教育和河南高等教育的先河，如今又昂首阔步在建设社会主义新型高等学府的崭新征程。

甲：接下来，请欣赏由河南理工大学音乐系主任、著名歌唱家李新现带来的歌曲《好个大中原》。

【12. 歌曲《好个大中原》】

（演唱结束，直接起街舞）

【13. 街舞《阳光地带》】

甲：今天来到河南理工大学，看到这如诗如画般的现代校园，真是太漂亮了！

乙：没错！进入新世纪，咱们河南理工的各项建设又翻开了崭新的一页。功能齐全、环境优美的新校园的使用，一大批高层次、高水平人才的引进，为学校的发展注入了新的活力。

甲：河南理工大学的迅速发展，引起了社会各界的广泛关注，在今天的百年盛典，豫剧名家王惠和著名京剧演员郑凤琴、杨双赫也送来了真挚的祝福！

【14. 戏曲组合《梨园情韵》】

（戏曲完，直接起朗诵）

【15. 情景朗诵之三《百年跨越》】

（朗诵诗）

从 1909 到 2009，
整整一个世纪，一个百年，
当我们的思绪沿着你的追求，
在岁月的丰碑上寻找你一个个记忆的节点，
我们品味的是一部"化蛹为蝶"的传奇，
我们听到你健行不息的脚步回荡在天地之间。

从昔日的煤校到单一行业工科学校，
从单一行业工科学校到通用性工科院校，
从通用性工科院校到理工科院校、到综合性大学，
再到今天展翅于高水平教学研究性大学的新航线，
百年脚步，你开拓了我国矿业高等教育的道路，
百年长歌，你合着民族复兴的节拍放飞着志向的高远。

一次次漫步于环境幽雅、功能齐全的校园，
在生机与活力之中打量你青春放飞的美丽笑颜，
古典雅致的西大门诉说着你的厚重与沉淀，
简洁动感的南大门飞架起你的追求与梦幻。
"奋飞"雕塑诠释着你蓬勃的朝气，

一座座崭新的教学楼、实验楼告诉我，这里是人才的摇篮。

穿行于绿柳成荫的馨月湖畔，

琅琅的读书声迎来一轮轮初升的朝阳，

置身于龙腾虎跃的体育场，

冲刺的脚步正把创造的激情点燃。

这就是我们的河南理工，

每一个故事都在诠释"好学力行"的精神，

每分每秒都在践行"明德任责"的内涵。

这就是我们的河南理工，

带着黄河的气魄、太行的风骨，

跨越百年，追逐更加灿烂辉煌的明天。

【16. 歌曲《飞得更高》】

甲：是啊，飞得更高！携着雄奇的太行风，和着汹涌的黄河浪，河南理工大学如同一只矫健的神鹰，在世纪的阳光下展翅翱翔。

乙：带着对河南理工大学百年庆典最真诚的祝愿，著名豫剧演员贾文龙和汪荃珍也来到了演出现场。掌声欢迎。

【17. 豫剧联唱】

（豫剧完，著名相声演员范军出）

【18. 相声《祝贺》】

（直接起歌曲）

【19. 歌曲《母校，我永远的爱》】

甲：今夜，星光灿烂。

乙：今夜，桃李芬芳。

甲：今夜，凝聚着多少光荣，多少梦想！

乙：今夜，流淌着多少欢欣，多少期望！

甲：难忘今宵！

乙：今夜无眠！

【20. 歌舞《今夜无眠》】

甲：回首世纪风云，河南理工，你如此厚重，如此丰盈。

乙：站在新的起点，河南理工，你充满生机，充满活力。

丙：百年理工，承载世纪重任，自强不息，奋发向上！

丁：一路弦歌，百年理工将续写无愧于时代和民族的灿烂诗篇！

> 三千多年前，比干以剖心之谏，开中国谏诤文化先河，被尊为一代"谏圣"，成为中国传统文化忠义精神的杰出代表，其爱国精神和佑民美德代代相传。比干作为林氏太始祖，后裔支脉遍布世界各地，人才辈出。河南省新乡市卫辉市是比干的茔葬地，也是林氏始祖林坚公的诞生地，国家级重点文物保护单位比干庙成为海内外林氏后裔膜拜的圣地。
>
> 2008年5月8日，河南卫辉比干庙，海内外千余名林氏后裔纪念比干诞辰3100周年，同时迎接林氏"妈祖"归宗。笔者在主持词撰写前了解了比干的功德、比干故里的民风市情、比干后裔的情况，以及纪念大典的规模、仪程，围绕大典仪程，以庄严、隆重为基调，凸显比干精神和后人的敬仰之情。大典活动由河南电视台节目主持人周聪、邰晓博主持。

比干诞辰 3100 周年纪念大典主持词

女：尊敬的各位领导、各位来宾，各位来自海内外的比干后裔代表们，

男：新乡、卫辉的父老乡亲和观众朋友们，

合：大家好！

女：这里是河南新乡卫辉市比干文化广场、比干诞辰3100周年纪念大典的活动现场。本次活动是拜谒忠谏之圣、财商之祖、林姓之源的盛世大典。

男：这是中华儿女对圣哲先贤的尊崇，是比干后裔对先祖圣宗的朝拜，是世界华人对华夏文明的皈依，是现代文明对民族精神的寻根。

女：作为亘古忠臣比干公的茔葬地，多年来，在广大比干后裔、林氏儿女，及社会各界人士的大力支持下，新乡、卫辉加强比干庙的建设保护，开展比干文化研究，举办了十多届纪念活动。

男：今天是比干诞辰3100周年的纪念日，海内外比干后裔、林氏儿女，及各级领导、各界人士齐聚比干文化广场，缅怀万世忠良，弘扬比干精神。在这样一个令人激动的时刻，参加今天纪念仪式的领导和嘉宾有（见名单）。

女：今天来到现场的有来自海内外17个国家和地区的林氏儿女和比干后裔代表共1000多人，以及世界华商代表，从事比干文化、妈祖文化、太公文化研究的专家学者和

新闻媒体的记者。在这里，让我们以热烈的掌声表示欢迎！

男：比干是中华林姓的太始祖。几千年来，林姓后裔繁衍昌盛、贤才辈出。其中，在我国东南沿海普遍供奉的海神妈祖林默是比干的第 87 代孙女。

女：比干、妈祖文化的本质都是和谐文化，传承着中华传统美德。今天，与许多从世界各地赶来的各界人士、比干后裔和林氏儿女一道，海神娘娘也带着吉祥和祝福，从遥远的南国踏浪而来，寻根归宗，拜谒圣祖。

（妈祖像入场《妈祖颂》音乐起）

（在妈祖像入场时，旁白）

男：天上圣祖，人间妈祖。现在，妈祖像在湄州妈祖祖庙和港、澳、台天后宫，海外新、马、泰等地天后宫代表的簇拥下，正向我们走来。

女：妈祖本名叫林默，生于北宋建隆元年（960 年）。她从十多岁就开始在海上帮助渔民和商船，办了许多好事，赢得很高声望。

男：28 岁那年的九月初九，她在海上营救遇险渔民，不幸被龙卷风卷走，羽化升天，人们为了纪念她建立寺庙，尊其为海神。后来人们称她为妈祖、天妃、天后。

女：福建、台湾等地的居民大多笃信妈祖，他们不仅把她视为航海保护神，而且作为年岁丰收和保境安民的象征。

男：妈祖的影响不仅限于东南沿海，而且遍及东南亚、欧美、大洋洲、非洲等地，信众近两亿人，全世界共有妈祖庙五千多座。

（妈祖像上中心舞台，舞蹈表演，妈祖像安放在比干塑像左侧）

女：下面，让我们以热烈的掌声欢迎（领导姓名）致辞。

（领导致辞）

男：比干诞辰 3100 周年纪念大典马上开始，有请（大典主持人姓名）主持大典仪式。

（大典主持人上场）

大典主持人（以下简称"主"）：比干诞辰 3100 周年纪念大典现在开始！

（彩烟飘绕）

主：大典进行第一项，请（领导、嘉宾代表姓名）为比干像揭幕！

（领导、嘉宾代表上场揭幕，鸣 31 响礼炮）

主：大典进行第二项，高唱颂歌。

（歌舞《比干颂》中旁白）

女：比干姓子名干，生于公元前 1092 年，卒于公元前 1029 年。是殷朝的政治家、皇室重臣，德礼治国的先驱，被称为"亘古忠臣"，受后人尊敬、万民爱戴。

男：据《史记》记载，商代末年，纣王无道，比干直谏，被剖腹挖心，悲壮而逝，成为历史上第一个谏圣良相。

女：岁月更替，商亡周兴。武王封墓，魏帝建庙，唐太宗赐谥号"忠烈公"，历代帝王多予褒扬，封谥修庙。

男：良相比干，亘古忠臣，光昭日月，名垂千古！今天，我们一同拜谒民族忠良，一同传承中华民族的传统美德和文化精髓，一同高唱比干颂歌。

主：大典进行第三项，敬献花篮。请（嘉宾代表姓名）向比干像敬献花篮！

（分组依次敬献花篮）

主：大典进行第四项，净手上香。请（嘉宾代表姓名）为比干像敬香！

（分组依次净手、拭巾、取香、燃香、敬香、上香）

主：大典进行第五项，行施拜礼。请全体来宾面向比干公行礼。一鞠躬……再鞠躬……三鞠躬……礼毕！

主：大典进行第六项，恭读拜文。请（领导职务、姓名）恭读拜文！

（领导恭读拜文）

主：大典进行第七项，乐舞敬拜！

（歌舞进行中，旁白）

女：比干，作为财商之祖，财富之尊，他所倡导的财商文化中所包含的诚信理念，是中国传统优良道德品质的重要内容，是事业兴旺发达的基础。

男：今天，盛世祥和的比干文化广场，宾朋云集，香火缭绕，一派和谐的景象。在此，让我们共同祈福华夏繁荣昌盛，共同祝愿世界和平和谐！

（乐舞敬拜结束）

主：现在，我宣布比干诞辰3100周年纪念大典告成！

（放飞气球、和平鸽）

社会节日

中国国际园林博览会是国务院批准的国家级展会,已经成为传承发展园林艺术、推动绿色发展、弘扬优秀文化的重要平台。2017年9月29日上午,由住房和城乡建设部、河南省人民政府共同主办的第十一届中国(郑州)国际园林博览会在郑州园博园盛大开幕。主持人为中央电视台著名节目主持人海霞、张泽群。

这是一次纯仪程的开幕式,主持词开篇热情洋溢地介绍了举办博览会的宗旨和背景,回顾了博览会的历史,总结了博览会为推动生态文明建设、实现绿色发展做出的贡献,同时对举办地河南省的省情、郑州市的市情、生态文明建设情况,及本届博览会的特点进行了概述。在仪程中则简明扼要地引出每项内容,无须展开。

第十一届中国(郑州)国际园林博览会开幕式主持词

(画外音)

各位领导、各位嘉宾,朋友们,第十一届中国(郑州)国际园林博览会开幕式现在开始。

【1. 歌舞《绿色的梦》】

(主持人上场)

女:捧出绿色的梦,我们在大河之南;

男:放飞绿色的梦,我们在嵩山之巅。

女:脚踏华夏文明的沃土,我们用希望的绿色写下让中原更加出彩的豪迈诗篇;

男:和着少林功夫的雄风,我们用激情期待中国(郑州)国际园博会的精彩呈现!

女:尊敬的各位领导,各位嘉宾,亲爱的朋友们,大家好!我是海霞。

男：大家好！我是张泽群。这里是第十一届中国（郑州）国际园林博览会开幕式的现场。在这迎接党的十九大胜利召开的喜庆时刻，我们相聚在位于郑州航空港经济综合实验区的郑州园博园，共同亲历郑州园博会的盛大开幕！

女：第十一届中国（郑州）国际园林博览会由住房和城乡建设部与河南省人民政府主办，郑州市人民政府、河南省住房和城乡建设厅、中国风景园林学会、中国公园协会共同承办。

男：住房和城乡建设部秉承"创新、协调、绿色、开放、共享"的发展理念，自1997年起，先后在大连、南京、上海、广州、深圳、厦门、济南、重庆、北京、武汉等城市成功举办了十届园博会。园博会的举办，是推动生态文明建设、实现绿色发展的生动实践。

女：其中，2009年济南园博会的主题是"文化传承·科学发展"，2011年重庆园博会的主题是"园林，让城市更加美好"，2013年北京园博会的主题是"绿色交响·盛世园林"，2015年武汉园博会的主题是"生态园博，绿色生活"。园博会的举办有力地推动了城市园林行业规划、建设和管理水平的提升，促进了城市生态园林绿化的发展。

男：中国国际园林博览会是国务院批准的我国城市园林绿化行业参展规模最大、最有代表性、最具国际影响力的国家级展会，本届园博会落户中原，在中国最早的文明古都郑州举办，"引领绿色发展，传承华夏文明"成为郑州园博会的鲜明主题。

女：河南是全国第一人口大省、重要的农业大省、经济大省和新兴工业大省。河南历史悠久，是中华民族和华夏文明的重要发祥地；河南区位优越，是全国重要的交通通信枢纽和物流中心；河南经济实力雄厚，发展势头良好，2016年全省生产总值达到4万亿元，居全国第五位，中西部第一位。

男：党的十八大以来，河南以郑州航空港经济综合实验区、中国（河南）自由贸易试验区、郑洛新国家自主创新示范区和中原城市群建设为抓手，持续打好产业结构优化升级、创新驱动发展、基础能力建设、新型城镇化"四张牌"，向全面建成小康、让中原更加出彩迈出重大步伐。

女：作为河南省省会和中原城市群的核心，郑州是全国重要的铁路、航空、高速公路、电力和邮政电信主枢纽城市。近年来，航空港实验区、自贸区、自主创新示范区、跨境电商综合试验区、中国制造2025试点城市等国家战略规划和试点平台落地郑州，使郑州成为国家政策叠加优势突出的内陆城市。特别是国家层面支持郑州建设国家中心城市的政策体系的出台，开启了郑州向全国乃至全球城市体系中更高层级城市迈进的新历程。

男：绿水青山就是金山银山。在生态文明建设中，河南省和郑州市深入实施蓝天工程、碧水工程、乡村清洁工程，行走中原大地，天更蓝、地更绿、水更净，生态环境越来越美。一幅青山绿水、山河如画的生态文明建设美好图景正在徐徐展开。

女：瞩目本届园博会，园区总面积达 119 公顷，有包括港澳台地区在内的 74 个国内城市展园、18 个国外城市展园和 2 个国际风景园林设计大师参建的展园，共94 个展园，集中展示了国内外风景园林设计艺术，意在立足中原地区深厚的历史文化底蕴，为地方文化、国际文化和园林文化的充分融合搭建交流的平台。

男：与历届园博会相比，本届园博会着力打造四大特色：一是"百姓园博"，让百姓参与园博，让园博贴近百姓；二是"文化园博"，让游人全方位感受华夏文明和园林文化；三是"海绵园博"，将园博园和园博生态新城打造成为海绵城市建设的示范区；四是"智慧园博"，用科技创新引领园博盛会。

女：园林让生活更美好！绿色让城市更精彩！在这里，让我们共同迎接本届富有郑州特色、精彩纷呈、别具一格的园林博览盛会的隆重开启！

男：好！亲爱的朋友们，接下来，让我们用热烈的掌声有请（领导职务、姓名）为我们主持第十一届中国（郑州）国际园林博览会开幕仪式！有请。

【2. 领导上场，主持开幕仪式】

领导：尊敬的各位领导，各位来宾，女士们、先生们、朋友们，大家好！今天，我们隆重举行第十一届中国（郑州）国际园林博览会开幕式，首先请允许我介绍出席开幕式的各位领导和嘉宾。他们是（见名单）。我们对大家的到来表示热烈的欢迎！现在，请（领导职务、姓名）致辞。大家欢迎！

【3. 领导致辞】

女：谢谢！现在请（领导职务、姓名）讲话。大家欢迎！

【4. 领导讲话】

男：谢谢！现在请（领导职务、姓名）讲话。大家欢迎！

【5. 领导讲话】

女：谢谢！现在请领导们共同开启第十一届中国（郑州）国际园林博览会启动装置！有请！

【6. 主要领导启动装置】

男：各位领导、各位嘉宾，开幕式到此结束，谢谢大家！

俗话说"二月二，龙抬头"。2012年2月23日（农历二月初二），中国开封龙文化周在开封市龙亭公园开幕。龙文化周以"龙文化"为主题，通过举办舞龙表演、龙舟竞赛、龙文化饮食展、精品龙玉器展、龙抬头春耕文化节等一系列丰富多彩的活动，打造成一个具有浓郁龙文化特色的民俗节日。

有别于其他活动的开幕式，这次活动的开幕式在领导嘉宾的行进过程中展开，仪程包括瑞龙点睛、午门开启，领导嘉宾穿过御道、登上龙亭大殿、宣布龙文化节开幕等内容，中间穿插少儿舞蹈《龙娃跃龙门》、吟诵《中华龙赋》、演唱《龙的传人》等文艺演出。鉴于该活动为电视直播，主持词兼有仪程主持、节目串联和活动解说的性质，笔者在了解每项议程、每个节目文化内涵的基础上，以中华龙文化和龙亭的文化积淀为基点，进而展示开封神奇、丰厚的历史文化，体现龙文化所蕴含的民族精神。

2012中国开封龙文化周开幕式主持词

（盘鼓、舞龙表演中，主持人出）

尊敬的各位领导、各位嘉宾，游客朋友和电视机前的观众朋友们，大家好！今天是2012年2月23日，农历二月初二。我现在在开封市龙亭公园前的午门广场，伴着震天的盘鼓、起舞的彩龙，和大家一起期待2012中国开封龙文化周的盛大开幕！

二月二，龙抬头，大仓满，小仓流。农历二月初二是中华民族焚香祭龙的良辰吉日，千百年来，祖祖辈辈在这一天祈龙赐福，希望它能行云布雨，广洒甘霖，期盼的是风调雨顺、五谷丰登。

在中原经济区建设上升为国家战略的第一个龙年之春，在二月初二神龙抬头的祥瑞之时，我们在开封龙亭开启中国开封龙文化周，开启的是七朝古都辉煌的梦想，是古老中原崛起的心声，是中华民族复兴的豪情。

作为开封市又一大依托历史文化、展示古都神韵的文化盛事，作为开封市打造国际性旅游文化名城的重要举措之一，中国开封龙文化周以"龙文化"为主题，以"二月二龙抬头，龙的传人游龙亭"为载体，传承中国传统民俗，丰富景区文化内涵，打造具有浓郁龙文化特色的国际旅游休闲体验园区。让二月初二的开封成为龙的传人情感的指向，让龙亭公园成为龙子龙孙心灵的皈依。

开封盘鼓激荡着七朝古都的民族神韵，彩龙起舞奔腾着大地回春的无限希望。今天的午门广场真可谓是热闹非凡、喜气洋洋。在这样一个吉祥的时刻，让我们共同迎接 2012 中国开封龙文化周开幕式的到来。

（领导和嘉宾入场、到位）

朋友们，在九条彩龙的簇拥下，现在，参加活动的领导和嘉宾已经来到了午门广场。他们是（见名单）。让我们用热烈的掌声表示欢迎！

首先，掌声有请（领导姓名）为九条瑞龙点睛。

【1. 瑞龙点睛】

九为最高之数，代表着至高和圆满，同时，数字"九"谐音为长久的"久"，寓意恒久永存，被历代所尊崇，为民间所偏爱。我们的点睛仪式安排九条瑞龙，寓意好运悠久、幸福绵长。

（点睛毕，瑞龙腾跃）

瑞龙点睛，天赋神灵；瑞龙点睛，祥瑞吉庆。欢声雷动之中，九条点睛的彩龙活力四射、精神抖擞，可谓龙舞汴京，龙腾盛世。

（九条彩龙引领领导和嘉宾进午门）

现在，相伴钟鸣鼓响，宏伟庄严的午门隆重开启，象征着古都开封张开热情的臂膀，迎接八方宾朋！九条彩龙更是昂首高吭、神采飞扬，引领着领导和嘉宾步入龙亭景区。

【2. 领导和嘉宾进入龙亭景区】

步入风光旖旎的龙亭景区，率先映入我们眼帘的是一座雄伟壮观的宫殿式建筑。它那高高耸立、金碧辉煌的巨大身躯雄踞在碧波荡漾的潘杨二湖北端，背依蓝天白云，犹如天上宫阙。这就是闻名遐迩、让古城开封人民引以为豪的城市象征——龙亭。

【3. 领导和嘉宾走在御道】

龙的传人游龙亭！开封龙亭被誉为"汴京故宫"，是来汴游客的首选。龙亭地区辉煌悠久的历史，可以追溯到唐朝。龙亭大殿和潘杨二湖地下，深深埋藏着唐宣武军节度使衙署，五代后梁的建昌宫，后晋、后汉、后周的大宁宫，北宋皇宫、金皇宫、明周王府等几个朝代的宫殿遗址，形成一幅层层叠叠、宫摞宫的历史画卷。开封人用六个字来总结这一方风水宝地，那就是：王气重，龙脉长！

二月二，龙抬头！今天，是中华民族祭龙祈福的神圣节日，这一方龙脉所在更成为中华龙文化博览的广阔舞台，我们现在所在的御道可以说是名副其实的祥龙大道。金色的龙旗在两侧飘舞，一派喜庆热烈；百米巨龙在起伏翻飞，尽显盛世风华；图文并茂的龙文化展示板上，中华龙文化玉器发展史和龙的故事成语典故展形象地向人们展示"二月二"龙文化的精髓，让人们的思绪乘龙驾云、穿越时空。

（领导和嘉宾到达朝门之前）

穿行于龙文化的海洋，穿过嵩呼，走过玉带桥，迎面就是古朴庄重的朝门。朝门之前，一群活泼可爱的小龙娃正用充满童趣的舞蹈，向我们讲述勇跃龙门的故事。可见龙文化已经融进我们的血液，千年流淌；化作我们的基因，世代传承。

【4. 领导和嘉宾进入朝门】

在欢呼雀跃的小龙娃的簇拥下，领导和嘉宾已经跨过朝门，呈现在我们眼前的是身披节日盛装的朝门广场。

正如朝门的楹联所写的"五位延福八仙聚处，三呼大庆四季同春"，今天的朝门广场春光普照、一片祥和。学生志愿者手捧龙文化宣传资料，向游客讲述与龙相关的成语典故。龙亭大殿院西侧，龙文化美食展正有滋有味地向大家展示龙须面、龙抄手和有龙鳞之称的春饼等民间美食，告诉我们龙文化相伴每天的衣食住行，充溢在生活的每一个节点。

领导和嘉宾来到了龙亭大殿之前。龙秉天地之正气，为华夏之图腾，它行云布雨、驭雷乘风、护佑国邦、福泽万民。现在，让我们怀着对龙的热爱和景仰，一起聆听由99名青少年学生吟诵的《中华龙赋》。

【5. 吟诵《中华龙赋》】

龙仪八方，龙福万象，龙泽民生，龙降吉祥。朋友们，皇天后土闪耀着龙的光芒，风调雨顺神州万里春光，光辉前程恰如龙跃凤翔，和谐盛世处处飘荡着龙的传人豪迈的歌唱。现在，全场旌旗飞舞、鼓乐齐鸣，气势恢宏的万人合唱让《龙的传人》那洪亮的歌声响彻云霄、回荡在龙子龙孙心灵的天空中。

【6. 领导嘉宾登上龙亭】

伴着《龙的传人》亲切的旋律，由金龙、银龙引领，现在，领导和嘉宾正信步登上龙亭殿基。龙亭殿基高36丈（实高26.7米），代表36个天罡星；台阶共有72级，象征72个地煞星，诠释着中国文化道法自然、天人合一的哲学思想。当我们遥望头顶上巍峨壮观的龙亭大殿，兴趣盎然地拾级而上，就能更加真切地体味到登龙亭的寓意"步步登高"。在这里，我们祝愿每个人都在成功之路上步步登高，祝愿开封的发展步步登高，祝愿人民的生活步步登高。

岁月将龙亭大殿脚下的石阶磨砺成历史的青色，嵌在中间的蟠龙石雕透出森森威严，尽显王者之气。龙亭一带早在一千多年前曾是唐朝宣武军节度使衙署的所在地，后梁时改建为皇宫，后晋、后汉、后周定都开封时仍以此地为宫室，北宋时在此建大内皇宫。金朝末年，这里再度成为皇宫禁苑。明代朱棣在此建周王府。后因黄河泛滥，渐成废墟。清雍正十二年（1734年），河南总督在周王府废弃的煤山上建了一座"万寿宫"，内设皇帝牌位，文武官员定期到此朝贺遥拜，后来改称"龙亭"。一千多年来，开封城中轴线北端这块风水宝地，始终是古都最为显赫的地方。

【7. 领导登上龙亭大殿】

海到无边天作岸，山登绝顶我为峰。现在，领导和嘉宾已经步入雄踞于高大殿基之上的龙亭大殿。龙亭大殿面阔九间、进深五间，象征着真龙天子九五之尊的至高地位。

千年古都，历经沧桑，文化遗产，见证辉煌。今天的龙亭，见证的是古都开封以时代的风采对接历史的辉煌，见证的是中华巨龙在世纪阳光下的新一轮腾飞。

天开黄道，地呈祥瑞。现在，让我们掌声有请（领导姓名）宣布 2012 中国开封龙文化周开幕！

【8. 领导宣布龙文化周开幕】

二月二，龙抬头，每天都有好兆头；二月二，龙抬头，幸福快乐无尽头；二月二，龙抬头，意气风发共追求；二月二，龙抬头，开封明天更风流。

在盛世龙年大地回春、万物复苏的时候，2012 中国开封龙文化周在大家关注的目光中隆重开幕了！此刻，龙亭公园巨龙腾飞、礼炮鸣响，潘杨二湖龙舟竞渡、一片欢腾！

朋友们，在从今天到 2 月 29 日的中国开封龙文化周活动期间，这里每天都将举办百面盘鼓舞龙表演、龙娃跃龙门、吟诵《中华龙赋》、演唱《龙的传人》、大宋皇帝赐福表演、龙舟表演、龙文化饮食展、精品龙玉器展、龙抬头春耕文化节等一系列丰富多彩的活动，让更多的人进一步了解中国悠久的龙文化，我们恭候着大家的再次光临！

二月二，龙抬头，龙的传人游龙亭！我们期待每年的二月初二，与天下华人相约龙亭。我们期待中国开封龙文化周，真正成为华夏儿女共同的节日！

朋友们，再见！

中国郑州国际少林武术节是一项集武术、旅游、文化交流于一体的大型综合性节会，已经成为"武术圣地"郑州的品牌性文化活动。2012年10月21日下午，第九届国际少林武术节开幕式在郑州航海体育场隆重开幕。随后，由13000多名演员参演的开幕式大型文体表演，为来自73个国家和地区195个团队1500多名运动员以及现场数万观众带来了一场全新的视觉体验。

文艺演出由《少林之禅》《少林之韵》《少林之魂》和《少林之缘》四个篇章组成，解说词配合表演，突出"以武为魂、以武出彩"的特点，集中呈现积淀深厚、博大精深的中原文化，充分体现少林武术的精髓和魅力。

第九届中国郑州国际少林武术节开幕式文体表演解说词

【序】

第九届中国郑州国际少林武术节开幕式文体表演，现在开始！

此刻，飘香的金风传送着节日的喜悦，武林的盛典升腾着盛世的豪情。让我们带着对中国功夫和少林武术的神往，跟着一万多名少林武者的精彩表演，一起走进少林古刹博大精深的禅武胜景！

【第一篇章 《少林之禅》】

少林之禅，生命之悟。

被誉为中国禅宗祖庭的少林寺，以武术禅名扬天下。少林僧人"以禅统武，以武明医，以医通禅"，练就修心、强身、济世的神功绝技。

你看，松柏掩映、祥云飘绕的少室山下，晨风打开了神秘的山门，木鱼声、诵经声和着叮当作响的塔铃，僧人们在山泉汲水，在扫尘净心，一派宁静祥和之中，构成天人合一的美妙禅境。

【第二篇章　《少林之韵》】

少林之韵，禅武之境。

少林功夫是一种禅修法门，武为禅之外化，禅为武之精神，平心静气，一气接通，便可达到武术之最高境界。

奥岳嵩山，禅宗祖庭。琴筝悠悠，似山中之泉；书法蜿蜒，如云中之龙；剑舞花间，宛若林中之鹤……刚柔相济、动静结合，此乃参禅养性之妙境。禅通武达、形神合一，此乃少林功夫之神韵！

【第三篇章　《少林之魂》】

少林之魂，刚勇之气。

作为人类挑战自我、超越极限的力量象征，少林功夫不但能提高人的基本素质，更能塑造勇敢刚强的意志。

手眼身法步，步步有传承；刀枪剑棍拳，拳拳抖威风。

此刻，面面金鼓擂响，三千盾牌屹立，万名武者的十八般武艺——闪展腾挪之中，尽显势不可挡的精神之骁勇；攻防格斗之间，升腾着气吞山河的英雄豪气！

【第四篇章　《少林之缘》】

少林之缘，缘结之境。

少林功夫是中华民族重要的精神财富，更是全人类共享的珍贵文化遗产。

郑州国际少林武术节，是天地之中一方以武会友的舞台，它属于全世界崇尚中国功夫、热爱少林武术的人们！

巍巍中岳张开了双臂，千年少林打开了山门。让我们一起登临嵩山、拜访少林，感受厚重的嵩山文化，领悟深邃的武术真谛。

让我们一起带着对东方智慧的洞察，走向更加轻松、自在、和谐的生命境界！

【结束语】

万人表演显神功，天地之中展豪情。

禅武胜境天人和，刀枪剑戟势如虹。

第九届中国郑州国际少林武术节开幕式文体表演到此结束！

祝愿我们的友谊地久天长！

祝愿我们的生活更加美好！

观众朋友们，再见！

　　2012年5月18日晚，由国家旅游局、中国国际贸易促进委员会和河南省人民政府共同主办的第十八届中国（三门峡）国际黄河旅游节开幕式在三门峡国际文博城体育场隆重举行。开幕式结束后，与会领导、国内外嘉宾和现场观众一起欣赏了大型文艺演出《龙行天下黄河魂》。

　　演出由序曲《相约黄河》、三个篇章《古韵篇·文明之源》《形胜篇·山水之境》《时代篇·风华之地》以及尾声《与世界联网》五个部分构成，笔者作为主持词和篇章主题朗诵诗的撰写者，以黄河文化为背景，紧扣三门峡自然人文景观和城市发展，围绕"黄河""三门峡""旅游""国际"几个关键词，展示黄河文明的博大风范、黄河山水的绝美风光、黄河明珠的时代风采、黄河儿女的精神风貌。

龙行天下黄河魂

第十八届中国（三门峡）国际黄河旅游节开幕式文艺晚会主持词

【1. 歌舞《相约黄河》】

甲：各位领导、各位来宾，

乙：女士们、先生们，

丙：来自海内外的朋友们，

丁：三门峡的父老乡亲们，

合：大家好！

甲：这里是三门峡文体中心，第十八届中国（三门峡）国际黄河旅游节开幕式文艺晚会的现场。

乙：今晚，我们将一起见证第十八届中国（三门峡）国际黄河旅游节的盛大开启！

丙：在这里，我们捧出最真诚的祝福，祝愿第十八届中国（三门峡）国际黄河旅游节取得圆满成功！

丁：带着激情和快乐，让我们共同度过这段最美好的时光！

甲：一场盛会改变一座城市。三门峡黄河旅游节一路走来，为这座年轻的城市增添了无穷的活力，搭建了走向全国、走向世界的通道。

乙：时值盛世龙年，我们相信，通过本届盛会，将极大地提升三门峡的影响力和辐射力，为城市发展提供更为强大的精神动力和文化支撑。

丙：阳光五月竞芳菲，崤函盛情宴宾朋。美丽的三门峡唱响文化山水大旅游，正以迷人的姿态、蓬勃的朝气，向海内外宾朋张开热情的双臂。

丁：那么，让我们首先沿着黄河——这条中华民族亘古不息的文明之河，一起展开三门峡那远古的画卷！

【第一篇章　《古韵篇·文明之源》】

【2. 朗诵《古韵悠悠》】

（孩子与老者的对话式朗诵）

爷爷，这就是三门峡吗？

对！你看，前面就是函谷关！

爷爷，这里为啥叫三门峡呀？

据说，大禹治水的时候，用神斧把这里的高山劈成为人门、神门、鬼门三道峡谷，引黄河东流入海，因此这里就叫三门峡。

爷爷，函谷关是干啥的？

函谷关是中国最早的雄关要塞之一，自古就是兵家必争之地。老子就是在这里写下《道德经》，然后倒骑青牛，出关西去……

我知道，就是"道可道，非常道，名可名，非常名"的《道德经》。

没错！三门峡是道教文化、虢国文化和郭姓文化的发源地，还是咱们国家第一个考古文化——仰韶文化的发现地。中流砥柱、夸父逐日、唇亡齿寒、紫气东来这些脍炙人口的历史典故和成语故事都发生在这里。

那，这些东西现在还能看到吗？

能！咱们可以踏上古栈道，登临古渡口，跟着历史的脚步，去仰韶探幽、去函谷论道、去虢国寻古……

【3. 音诗画《远古的画卷》】

【4. 歌曲《黄河黄》】

甲：刚才，著名女高音歌唱家陈静以一曲《黄河黄》抒发了中华儿女对母亲河的深情。的确，黄河文明历史悠久，成就辉煌，位于黄河岸边的函谷关更因为《道德经》的诞生，提升了她在人心中的精神高度。在此，就让我们运转太极八卦，一起问道函谷。

【5. 太极舞蹈《问道》】

乙：函谷问道，紫气东来。提起道，我们都会情不自禁地吟诵起《道德经》中的名句"道生一，一生二，二生三，三生万物"。接下来，就让我们掌声有请被誉为"梵音天后"的著名歌手萨顶顶，她给我们带来的歌曲是《万物生》《天地记》。

【6. 歌曲《万物生》《天地记》】

丙：谢谢萨顶顶的精彩演唱！同时，她这两首歌也形象地告诉我们，这里是华夏文明的发祥地。悠久的历史在大河之南孕育了灿烂的文化，今天，时代之光在大河之南描绘出绚丽的美景。下面，著名歌唱家张伟进将给我们激情演绎《大河之南》。

【7. 歌曲《大河之南》】

甲：滔滔黄河一泻千里，不仅在历史的长河中激起朵朵金色的浪花，同时在大河两岸展开鬼斧神工般的巨幅画卷。

乙：她既有源头的皑皑雪山，又有入海的苍茫雄阔；既有黄土高原的万道沟壑，又有中原大地的无限风光。

甲：瞩目三门峡，这里有南疆的湖光山色，有北国的秀丽山川。雄伟的三门峡大坝，在这里形成了清水黄河、船行柳梢、天鹅戏水的自然奇观。

乙：捧出最美的向往，下面，就让我们跟着黄河——这条雄浑壮阔的自然之河，一起走进三门峡的山水炫境。

【第二篇章　《形胜篇·山水之境》】

【8. 朗诵《山水诗话》】

（男女青年的抒怀式朗诵）

这是一次母亲河的梦幻之旅，走进三门峡的山水诗画，我匆匆的脚步停留在这别样的景致。

沿着《三门峡·梳妆台》那熟悉的诗行，登上万里黄河第一坝，我的目光与绿水相接，与青山相连，粼粼清波把一路风尘轻轻荡涤。

撩动思绪的是天鹅的舞步。那一群群在蓝天、碧水与柳烟间翩飞的白色天使，荡起一抹抹温柔的遐想，还有那份悠然、那份惬意。

带着浪漫在峡谷中穿行，仰望绝崖对峙，俯视幽谷深潭，掬一把流泉飞瀑，采一捧山花野果，我放纵的灵感在追寻那久违的诗意。

放松心情在林海中漫步，倾听空山鸟语，放眼山峦叠翠，在静谧清新的美丽中，我的心灵一次次陶醉地做着深呼吸。

　　还有那独特的地坑院，那古朴的皮影戏，那醉人的道情，那精巧的剪纸，让我在乡土的眷恋中，感受心灵的皈依。

　　山水画境之中，这就是自然的味道。留下的是思念，带走的是记忆……

　　（朗诵完，主持人丁出）

丁：年轻的行者捧出浪漫的心迹，化作献给三门峡的赞美诗。其实，三门峡就是一首诗，一首最美的山水诗。无论多少次诵读，都会在我们心中意蕴缭绕；无论多少遍想象，都会在我们心中高潮迭起。那么，就让我们跟着三门峡用灵山秀水写出的诗行，用心触摸这片充满灵性的土地。

【9. 情景舞蹈《炫境》】

丙：作为中国优秀旅游城市和国家园林城市，美丽的三门峡让我们心旷神怡，一见钟情。置身这旖旎风光，恍若人间仙境。人们常说，好山好水好心情，带着回归自然的轻松与愉悦，接下来，让我们掌声有请著名歌手张燕！她给我们带来的是《万紫千红》《欢天喜地》。

【10. 歌曲《万紫千红》《欢天喜地》】

丁：朋友们，来到位于豫西黄土高原上的"文化圣地"三门峡，山水诗画之中，特色鲜明的民俗文化同样是一道不可错过的风景。这里的地坑院是民居建筑史上的奇观，民间剪纸、道情皮影戏、锣鼓书和楹联等古老的民间艺术，让人流连忘返，尽享自然之美！

【11. 情景表演《民风舞韵》】

丙：这些经过千百年历史积淀的民俗风情，已经深深地嵌入了民族文化的基因。带着对民族文化的挚爱，接下来，我们给大家奉献的是被誉为中国戏曲"百戏之祖"的昆曲。

【12. 昆曲】

甲：黄河是中华民族的摇篮，每一个龙的传人的血脉里都激荡着黄河的涛声。所以，对于海峡两岸的华夏儿女来说，亲近黄河，不仅是一次自然之旅，更是认祖归宗的文化之旅、精神之旅。带着这种情愫，今晚，具有"高音之神"美誉的台湾著名歌手杨培安也来到了我们演出现场，掌声有请。

【13. 歌曲《我相信》《只有我做得到》】

乙：黄河山水如诗画，黄河明珠入梦来。三门峡资源丰富，优势突出，人们形象地概括为"一清二白三红四黄"。"一清"是清水黄河、船行柳梢，"二白"是黄河白天鹅和甘山滑雪场，"三红"是灵宝苹果、猫头大枣和卢氏红叶，"四黄"是黄河风光、黄河文化、黄土风情和黄金之路。接下来，就让我们一起欣赏著名豫剧表演艺术家李金枝带来的豫剧戏歌《大美三门峡》。

【14. 豫剧戏歌《大美三门峡》】

丙：大美三门峡，大美河之南。这里有博大厚重的古韵之美，这里有雄奇秀丽的风光之美，这里有现代文明的时尚之美。

丁：放眼大河之南，华夏祖地正以文明、开放的姿态，自尊、自信的风采，推进着中原经济区建设的如歌行板。

丙：汲取大河之灵气，演绎时代之风华。今天的三门峡，奔放着黄河明珠崛起的豪情，放飞着天鹅之城最美的遐想。

丁：在此，让我们携手黄河——这条在中华儿女血脉里奔腾的精神之河，一起驻足于三门峡这块风华之地！

【第三篇章 《时代篇·风华之地》】

【15. 朗诵《盛世风华》】

（男女朗诵家的激情朗诵）

这是黄河腹地丰腴的沃土，

这是黄河彩练璀璨的明珠，

在中原经济区的版图上一路西行，

所有的赞叹都会在这希望与天鹅齐飞的地方，深情驻足。

三门峡，一个用黄金铸就的名字，

煤海的光焰和有色金属的光华辉映着她挺立的风骨；

三门峡，一张用生态山水印制的名片，

高楼大厦在青山碧水中描出一幅现代都市的图画；

三门峡，一卷特色农业的华章，

瓜果、茶叶、烟草、药材和遍野的山珍诠释着她的富庶；

三门峡，一部活力四射的交响，

黄河金三角上挽起一条条奔向成功的大道通途。

带着厚重的记忆，从历史深处走来，

她的形象和黄河第一坝一起为世界瞩目，

带着黄河的魂魄，叩响未来的门扉，

正用盛世的风华打造中原崛起的坚强支柱。

大交通，这是她超越梦想的激情追逐，

大通关，提升着她内陆开放的高度，

大商贸，描绘出她万商云集的繁华，

大旅游，这是她朝阳产业的喷薄欲出，

随着经济发展的华丽转身，

她用高新技术引领着又一轮新的发展大提速！

【16. 双钢琴演奏《黄河》】

丁：一曲撼人心魄的《黄河》在我们心中久久回荡，因为她不仅是黄河的颂歌，更是民族精神的象征。接下来，让我们掌声有请著名歌唱家韩磊！他给我们带来的是电视剧《汉武大帝》片尾曲《等待》以及歌曲《最后的倾诉》。

【17. 歌曲《等待》《最后的倾诉》】

甲：刚才，韩磊的演唱大气豪迈，和咱们三门峡一样充满激情。三门峡是一座生机勃发的开放之城，先后与日本的北上市、匈牙利的索尔诺克市、法国的普瓦捷市、美国的奥斯汀市、韩国的东豆川市、克罗地亚的萨柏克市等城市结为友好城市，开展多种形式的交流与合作，促进共同繁荣发展。下面，就请欣赏韩国东豆川市带来的韩国民族舞蹈！

【18. 韩国舞蹈】

乙：谢谢韩国艺术家们的精彩演出！咱们的黄河旅游节是旅游的盛宴、经贸的盛事、文化的盛典，更是友谊的盛会。今天，前来为节目祝贺的还有世界五大洲许多友好城市的代表团。接下来，让我们掌声欢迎从欧洲远道而来的朋友——来自克罗地亚的舞蹈家们！

【19. 克罗地亚舞蹈】

丙：朋友们，来到三门峡这座山水园林生态城市，人们都会陶醉于她满城浓郁的绿色，更会惊叹于她绿树掩映中的街头游园、别墅楼群，处处流淌着现代都市的风韵。踏着青春时尚的节拍，接下来闪亮登场的是著名歌手王蓉！

【20. 歌曲《哎呀》《我不是黄蓉》】

丁：相约东方文明的时空，走进黄河山水的画廊，不知不觉，我们的情萦绕着这条大河，心留在了这片沃土。那么，就让这份最真的情感用歌声来表达！掌声有请著名歌唱家戴玉强！他带来的歌曲是《我像雪花天上来》。

【21. 歌曲《我像雪花天上来》】

（演唱完第一首歌，主持人丙上台留住戴玉强，简要访谈）

丙：谢谢！在您的歌声里面，我们听懂了您对黄河和三门峡的情怀！在这里，您能不能和大家说说您眼里的三门峡？

戴：（谈对这座美丽城市的感受、心中的祝福，而后引出歌曲）黄河是中华民族的母亲河，这里有我们大家共同的爱恋。接下来，我和王宝竞给大家带来一首《爱在黄河》。

【22.《爱在黄河》】

甲：我们走向黄河古老的源头，看黄帝荆山铸鼎，观老子函谷论道，文明的火光映在我们的心头；

乙：我们走进黄河如画的美景，游万里壮丽风光，赏山川钟灵毓秀，深情的恋曲飞出我们的歌喉；

丙：我们走进黄河蓬勃的生机，望波涛一泻千里，咏大河浩荡东去，奔腾的脚步述说浩荡的追求；

丁：我们走向黄河灿烂的未来，览神州一日千里，唱民族走向复兴，腾飞的巨龙牵引时代的风流。

甲：黄河文化，绵延不绝。天道、地道、人道在这里完美结合。

乙：黄河文明，博大恢宏。天时、地利、人和在这里相生融合。

丙：千里中原春潮生，大河奔涌势正雄。

丁：让我们心随黄河，逐浪飞舟，与世界拥抱，与美好同行！

【23. 歌舞《与世界联网》】

甲：观众朋友们，第十八届中国（三门峡）国际黄河旅游节开幕式文艺晚会到这里就要结束了。

乙：感谢大家参与和关注这个盛大的节日！

丙：愿大家喜欢三门峡的热情与魅力，愿三门峡给大家留下美好的记忆！

丁：朋友们，让我们相约明年再相见！

合：再见！

固定节日

　　元宵节，又称上元节、小正月、元夕或灯节，为每年农历正月十五日，是中国的传统节日之一，吃元宵、赏花灯、猜灯谜、舞龙、舞狮子等是元宵节几项重要的民间习俗。2017年2月10日（正月十四）下午，"暖暖新年·中原春早——2017河南手机网络元宵大联欢"在郑州广播电台演播室举行，通过手机网络全网联动。联欢晚会由河南电视台节目主持人韩佳、嘉宁主持。

　　这次活动由中共河南省委宣传部指导，河南日报报业集团等单位主办，各省辖市、直管县委宣传部协办。主演播室除了舞台演出外，还设计了现场做汤圆、民俗专家访谈、猜灯谜、网络抽奖等环节，并穿插省内其他城市的视频画面。考虑到"大联欢"的定位，主持词用聊天的口吻，紧扣元宵节的河南习俗和乡情乡恋，突出闹元宵的"闹"字，轻松欢快地和通过手机网络参与的观众一同进行元宵大联欢。

暖暖新年·中原春早
2017河南手机网络元宵大联欢主持词

【1. 视频《暖暖新年·欢乐中原》】

男：亲爱的观众朋友们，

女：大家——

合：过年好！

男：张灯结彩欢度暖暖新年，

女：欢天喜地迎来融融春光。

男：朋友们，这里是郑州电台1号演播厅，您现在看到的是"暖暖新年·中原春早——2017河南手机网络元宵大联欢"。欢迎您打开手机，和我们共迎元宵佳节！

女：春节的时间过得真快呀，一转眼就到了元宵节，俗话说：十五之前都是年，在这儿我们给大家拜个年，祝大家鸡年大吉、万事如意！

男：作为"暖暖新年"主题活动的组成部分，我们今天的这台元宵大联欢是真正属于咱老百姓自己的手机网络元宵盛会，大家打开手机，或者登录（网站名称），就可以一起红红火火闹元宵了。

女：正月十五闹元宵，这元宵节的气氛就体现在一个"闹"字上，闹得大街小巷都是满满的喜庆。接下来，咱们就去看看"喷空"团队的大小喷壶们是怎么闹元宵的吧！

【2. 喷空《大小喷壶闹元宵》】

女：你看，这元宵闹得得劲不得劲？

男：得劲！想到家里的老爸老妈也抱着手机在看咱们的演出，心里就更得劲了！

女：那是！父母是儿女心头永远的牵挂，要不怎么每年过年的时候，大家说得最多的两个字就是"回家"。

男：有钱没钱，回家过年嘛！对于在外地工作的人来说，临近年根的时候，看到伙伴们都纷纷开启了"回家"模式，想起在家里盼着、等着的父母，心中只有一个念头：回家过年。

【3. 吉他弹唱《我想回家》】

女：听到这首歌，我想起了一句非常温暖的网络流行语"世界再大，也要回家"。回到家里，空气中充满了年的味道、炉火中闪动着幸福的味道、锅碗瓢盆的碰撞中有了团圆的味道。

男：对，回家的味道从某种意义上说就是小时候记忆的味道，地地道道的家乡菜的味道！对于咱们河南人来说，也许就是一碗捞面条、一个杠子馍、一大碗烩菜，那感觉，比山珍海味都强！

女：你吃的不是菜，是乡愁！说到咱们河南菜呀，我过年时在网上看到一张吃货们画的全国美食地图，在河南这块只标了三个字"开封菜"。

男：开封作为宋朝都城，是豫菜的发源地，饮食文化源远流长，春节食俗也流传至今。春节期间，无论家宴还是待客，一般以四凉、四热、四扣碗为主，凸显开封菜五味调和、质味适中的特色。

女：说到扣碗，我太爱吃了！那咱们赶紧去看看开封扣碗是怎样做的。

【4. 民俗视频《开封扣碗》】

男：怎么样？会做了吗？

女：没事，我会吃就行！

男：接下来再说说"开封童子鸡"，这可是豫菜中的千年传统名菜！

女：我也真是醉了，咱这是元宵大联欢，吃元宵才是正题。

男：咱们豫菜中的名菜太多了，本来还想再介绍几道呢。我今天请来的可是大河锦江的大厨！

　　（大厨上场，主持人问问题：①南方吃汤圆，北方吃元宵，元宵和汤圆的区别是什么？②河南的元宵一般都有些什么馅的？③元宵怎么做？）

【5. 现场做元宵表演】

女：朋友们，这元宵做起来还真不容易，咱们就请师傅在一边做着，大家继续聊新年，闹元宵，一会儿元宵熟了咱们再一块儿吃元宵。

男：要说这欢欢乐乐的过年呀，其实也就是两项内容。第一是吃，吃得幸福无比；第二是聊，聊得心花怒放。今年过年跟亲戚朋友聊天的时候，大家都说现在过年民俗文化活动越来越多了，这年味儿也越来越浓了。

女：没错，这些年，咱们持续开展"暖暖新年"主题活动，在全省城乡营造出了文明祥和的节日氛围。就拿春节期间的活动来说，不但浚县正月古庙会这样的传统民俗活动声势浩大，还形成了郑州绿博园新春灯会等新民俗。

男：说到这里，咱们就现场连线民俗专家。

【6. 现场连线：民俗专家点评"暖暖新年"文化现象】

男：谢谢！说到春节的新民俗，还有一项非常火爆的，就是"旅游过年"！

女：旅游过年已经成为春节的新时尚，咱们河南人文历史景观众多，自然景观兼具南北特色，自然成为游客瞩目的旅游目的地。今年春节七天长假，登封的中外游客达到了 22 万，少林寺石碑下的赑屃被游客摸得油光铮亮。

男：对，听说摸一摸那赑屃可以求得身体健康、富贵吉祥！不过，大部分人都是冲着少林功夫去的！

女：要看少林功夫，咱们今天的元宵大联欢也有，你看——

【7. 武术表演】

女：提起新春佳节河南游，洛阳是绝对不能错过的。尤其是今年春节，洛阳太火了，不停上央视，被 200 万人"袭城"，龙门石窟、白马寺、关林等旅游景点都刷新了单日游客记录。

男：这归功于洛阳各类民俗文化旅游活动的同时登场，关林"年味无双"庙会、河洛文化新春庙会等精彩纷呈，吸引了大批市民和游客。对了，洛阳网红小毛的神曲《洛阳话儿》最近也在网上火起来了！

【8. 说唱《洛阳话儿》（视频）】

男：刚才的歌词每句话都是咱洛阳的味道，你这吃瓜群众学会了几句？

女：（学说几句洛阳话）

男：其实，咱们河南不但各地的方言各具特色，各地的曲艺也各具韵味，比如说洛阳的河洛大鼓，南阳的大调曲子、三弦书，济源的王屋琴书，三门峡的锣鼓书，等等。

女：咱们河南是曲艺大省，宝丰的马街书会更是全国民间艺术的奇伟景观。正巧，农历正月十三到十五是书会的会期，咱们这就连线宝丰。

【9. 三弦书《劝闺女》（视频）】

（视频播放马街书会的景象时的旁白）

宝丰县的马街书会又称"十三马街书会"，是全国曲艺行当的交易盛会。每年农历正月十三到十五为书会的会期，十三为书会正日。书会在宝丰县城南7公里处的杨庄镇马街村北应河岸边举行，来自河南和外省市的说书艺人负鼓携琴，汇集于此，以天作幕，以地为台，说书亮艺，河南坠子、道情、曲子、琴书等曲种应有尽有，规模壮观。马街书会延续了七百多年的历史，具有独特的民间艺术表演魅力和浓厚的文化底蕴，被誉为"中国十大民俗"之一。

（视频播完，主持人出）

女：你看，绿油油的麦地就是说书人的大舞台，民间艺术的魅力多大呀！

男：没错，刚才这老艺人唱腔不衰，热情不退，太令人敬佩了！

女：这是三弦书传承人余书习老先生，已经97岁高龄了，他唱的是三弦书《劝闺女》。讲述了闺女出嫁前，母亲告诉闺女到婆家要孝敬公婆、勤俭持家的故事。

男：说到闺女出嫁呀，我有几次去参加婚礼，那场面实在太感人了，尤其是父亲拉着女儿哭得稀里哗啦的，难怪说女儿是父母的小棉袄。

女：现在的说法是女儿是父亲上辈子的情人！最近，有一首叫《小情人》的网络歌曲，赚了网民不少眼泪。

【10. 网络歌曲《小情人》】

男：朋友们，现在您看到的是"暖暖新年·中原春早——2017河南手机网络元宵大联欢"。

女：这是属于咱们老百姓自己的元宵节联欢大舞台，请您邀请更多的人打开手机，一起共庆元宵佳节。

男：我想，在这属于自己的舞台上，您肯定想看到更多自己喜欢的草根明星，也期待着自己的明天会更加出彩。

女：接下来，登台亮相的就是来自浚县的中国第一个由农民组成的乐队——农民兄弟乐队！

【11. 歌曲《我的番茄是干净的》】

女：《我的番茄是干净的》，这名字既朴实，又含有深意。告诉大家我们河南的农产品是安全健康的，我们河南人是本分、淳朴的。

男：对，他们六个人都来自农村，他们作品的可贵之处就是让农民身上特有的勤劳和纯朴成为他们创作的灵感和源泉。

女：平时主持节目的时候，我也了解到，在农村地区还有许多喜爱文艺的年轻人，他们怀揣梦想，非常渴望有老师的指点，有展示才艺的平台。

男：这些年，咱们全省一个个文化扶贫队伍深入乡村，还真帮不少农村青年圆了艺术之梦。在中牟就有一个爱写歌词的"烧饼哥"，还有一个爱跳舞的"西瓜姐"，在省里专家的帮助下，现在也在网上走红了。

【12. 纪实视频《艺术之梦》】

男：有梦就有希望！在这里，我们祝愿所有心怀梦想的人们鸡年大吉、早日圆梦。

女：我们每个人都有自己的梦想，对于贫困地区的人们来说，心头最美的梦就是脱贫致富梦。

男：全面建成小康社会，一个都不能少，一户都不能落。咱们河南全省上下把打赢脱贫攻坚战作为一项重要政治任务，拿出"敢教日月换新天"的精气神，让越来越多的县、乡脱了"贫困"的帽子，越来越多的乡亲跟上了奔小康的队伍。

女：听我一同学说，今年大年初三，他们家来了一个农村亲戚，现在已经脱贫了，讲起村里的精准扶贫，说是做梦也没想到会有这样的好事！

【13. 小品《脱贫相亲记》】

女：祝福这些致富奔小康的乡亲们！脱贫致富的路有很多，我就发现不少山区的老乡靠山吃山，在家门口就致富了，其中有的肯定在看咱们的手机网络元宵大联欢。

男：哟，你怎么知道他们肯定在看？

女：他们有的搞香菇、木耳等山货种植，有的建起了农家宾馆，手机网络成了主要的营销手段，你想想，守着电脑、抱着手机，能不看看元宵大联欢？

男：这倒是。他们搞的可是真正的绿色经济。你想想，无公害、纯天然的食品谁不喜欢？没有雾霾、满眼青山绿水的地方谁不想去呀？

【14. 表演《大王送我来栾川》（视频）】

女：这节目还真是不错，你说呢？

男：你没见我刚才用手机不停地拍视频、发朋友圈？

女：大家都用手机在看直播呢，谁有空看微信。

男：我这不是提醒那些没看的人嘛！再说了，也宣传宣传咱们的旅游资源。

女：咱河南值得宣传的东西太多了！上下五千年历史不说，就说说咱们河南的五大国家战略——粮食生产核心区、中原经济区、郑州航空港经济综合实验区、郑洛新国家自主创新示范区、河南自贸区，哪一项不是个顶个？

男：还有，去年国家明确支持郑州建设国家中心城市，那真是，厉害了，俺河南！

【15. 豫剧《满意大中原》】

女：朋友们，现在您看到的是"暖暖新年·中原春早——2017河南手机网络元宵大联欢"。

男：咱们这元宵大联欢真是好主意，不管在哪儿，打开手机就能看到。我一朋友演出前还发短信说呢，今天下午在车上，费再多的流量也要看！

女：谢谢热心朋友们的关心支持！我告诉大家一个好消息，咱们的元宵出锅了！

男：那好，朋友们，咱们就一起品元宵！

【16. 现场送元宵、吃元宵】

男：热气腾腾的元宵端上来了，它寓意着事业蒸蒸日上，这就是元宵节最美的祝愿！

女：甜软香滑的元宵端上来了，它象征着日子香香甜甜，这就是元宵节最美的心愿！

【17. 诗朗诵《闹元宵》】

男：红红火火闹元宵！咱们元宵节的灯笼、焰火象征的就是"红火"。在这里，我来考考你，除了吃元宵之外，元宵节还有一些什么习俗？

女：这谁不知道，赏花灯、舞狮子，还有猜灯谜！

男：说到猜灯谜，我出个谜语你猜猜。国际会员，猜一个字。

女：国际会员……太简单了，汤圆的"圆"字！

男：对！这个"圆"字在中国文化中无处不在，咱们的元宵节，也就是每年新春的第一个月圆之夜，饱含了圆融和谐、团圆美满的祝福。

女：下面，咱们就去濮阳国际杂技文化产业园看看正在演出的杂技《圆》。

【18. 杂技《圆》（视屏）】

（表演杂技《圆》时男主持人的旁白）

濮阳市杂技文化历史悠久，起源于春秋，兴盛于明清，发展于现代。千百年来，濮阳杂技文化以"根子深、普及广、绝活多"著称于世，濮阳东北庄杂技被列入第二批国家级非物质文化遗产保护名录，濮阳市被中国杂技家协会命名为"中国杂技之乡"。濮阳杂技与河北的吴桥杂技齐名，素有中国杂技"南北两故里"之称。从古至今，濮阳历朝历代曾经出现过众多的杂技传奇人物，目前，全国各大杂技团体中有百分之六十以上的高端演员都是濮阳籍人士。

（杂技《圆》演出后，主持人出）

女：太惊险了，看的时候，我从头到尾屏住呼吸，小心脏扑扑扑地直跳！

男：这就是惊险刺激的高空杂技的魅力！其实，元宵节自古就有玩社火、耍杂技、看大戏的习俗，处处热闹非凡，所以又有人把元宵节称为"中国的狂欢节"。

女：那是，辛苦了一年，真得好好乐呵乐呵！特别是咱们河南，去年全年经济总量迈上了4万亿元的新台阶，这元宵节更得闹出咱河南人的福气、喜气和豪气！

男：这不，当年《朝阳沟》的唱腔一改词，唱出的就是今天河南人的精气神！

【19. 新编豫剧《大建设一日千里》】

男：朋友们，欢天喜地闹元宵，文明吉祥庆佳节。在欢声笑语之中，带着希望和祝福，岁月已经走进了新的春天。

女：人勤春更早，春暖催人急。没等春节长假过完，伴随着春天的脚步，沐浴着和煦的阳光，中原大地就展开了一幅火热的"忙春图"……

【20. 视频《中原春早》】

【21. 歌曲《民心向梦》】

女：暖暖新年人心暖，中原春早干为先！告别春节假期，新的一年就真正开始了。

男：人们常说，一年之计在于春，一生之计在于勤。不管你做什么工作，都要开好头，起好步。

女：我们相信，只要实事求是地计划好新一年的发展，踏踏实实地撸起袖子加油干，就一定会有满意的收获！

男：朋友们，2017河南手机网络元宵大联欢就要结束了，让我们共同祝福我们的家乡更加美好，祝福我们的生活吉祥如意！

女：再次感谢朋友们的热情参与，朋友们，再见！

合：再见！

清明节又叫踏青节，是中国四大传统节日之一。清明节源自上古时代的祖先信仰与春祭礼俗，兼具自然与人文两大内涵，既是自然节气，也是传统节日，扫墓祭祖、踏青郊游是基本礼俗。为弘扬民族优秀传统文化，2013 年清明节前夕，郑州电视台制作了"中华长歌行·我们的节日——清明特别节目"。主持人为相声名家范清堂及小演员李艺涵。

这是一部以清明节为主题的电视文艺专题片，全片用四段情景叙事来构架，以一个老人和一个孩子富有情趣的话剧式表演为串联，灵活自然地把清明节的来历、清明节的习俗和文化内涵等文艺节目不能表现的内容传递出来，同时引出祭扫烈士墓、"三月三"黄帝故里拜祖大典等与清明相关的话题。

中华长歌行·我们的节日（清明）

郑州电视台清明特别节目解说词

【1. 总片头】

【2. 古诗新唱《清明》】

（情景叙事之一——孩子手里拿着小风车）

孩子：春雨惊春清谷天，夏满芒夏暑相连，秋处露秋寒霜降，冬雪雪冬小大寒。

爷爷：背得这么熟呀！你知道里面的意思吗？

孩子：知道，一个字代表一个节气。

爷爷：对，第一个春是立春，雨就是雨水，惊就是惊蛰，第二个春是春分，清就是清明。

孩子：爷爷，清明是一个节气，怎么又是一个节日呢？

爷爷：问得好！和中秋节、端午节等传统大节不一样，清明节是融合了"节气"和"节俗"的综合节日，可见这个节气的重要。

孩子：是不是因为清明节的时候许多许多的花都开了？

爷爷：没错！清明一到，气温升高，春意正浓。在远古的时候，就形成了清明节这天到河边去沐浴的习俗。沐浴之后，再到田野里散步游玩，尽情欢乐。就这样世代相传，演变成了一个固定的节日。所以说，清明节最初是一个享受大自然美好时光的愉快节日。

孩子：爷爷，那咱们就一起到金水河边去享受大自然！

【3. 朗诵表演《苏真堤清明即事》】

（情景叙事之二——爷爷手里拿着风筝）

孩子：爷爷，您小时候也放风筝吗？

爷爷：放，爷爷从小就喜爱放风筝，以前上班忙顾不上，现在退休了，可以好好地过把瘾。

孩子：古代的清明节也放风筝吗？

爷爷：那当然，古代的时候，清明节的游戏活动有放风筝、荡秋千、蹴鞠、插柳等等，其中最主要的一项就是结伴到郊外去远足、踏青。

孩子：爷爷，什么是踏青？

爷爷：踏青又叫游春、探春、寻春。因为清明前后枯草返青，在原野上畅游，脚下到处都是芬芳的青草，所以，古人就形象地将这一活动称为"踏青"。

孩子：哦，踏青就是春游！

爷爷：是啊，这个时候天气清朗，四野明净。我们走进大自然、亲近大自然，不但愉悦身心，还能真切地感悟到人与自然要和谐相处。

孩子：我们老师也说，春天到了，要多出去走走，细心观察身边的花草树木，这样就能看到春天是怎样来的。

【4. 朗诵表演《春》】

【5. 歌伴舞《游春》】

（情景叙事之三——孩子手里捧着鲜花）

孩子：爷爷，清明节为什么要扫墓呀？

爷爷：传说在两千五百多年前的春秋时期，晋国有一个叫介子推的忠臣在这天被大火烧死了，国王就下令把这天定为纪念介子推的节日。慢慢地，扫墓祭奠去世的亲人和先人，就成了清明节的重要内容。

孩子：那咱们为啥要去烈士陵园扫墓呢？

爷爷：清明节祭奠的是离世的亲人和祖宗，通过扫墓上坟，寄托对逝去亲人的哀思。后来随着革命传统教育的开展，祭奠的对象扩展到革命先烈，借清明节祭扫烈士陵园，告诉我们要时刻不忘那些抛头颅、洒热血的革命烈士。

孩子：爷爷，你们小时候也去烈士陵园扫墓吗？

爷爷：去呀。在爷爷上学的时候，每年清明节都要去烈士陵园扫墓。每到这一天呀，大家整整齐齐地排队走到烈士陵园，听老红军讲革命故事，在纪念碑前献花、宣誓。

孩子：我们老师也讲过革命先烈的故事！老师说，没有他们就没有我们今天幸福的
生活。

爷爷：对，一会儿到烈士陵园，咱们就把这束花献在纪念碑前。

【6. 集体朗诵《在烈士纪念碑前》选段】

【7. 女声独唱《英雄》】

（情景叙事之四——爷爷手里拿着拜祖大典的祈福牌）

孩子：爷爷，你手里拿的是什么呀？

爷爷：这是前几年黄帝故里拜祖大典上的祈福牌。

孩子：爷爷，您怎么又想起黄帝来了？

爷爷：清明祭祖是中华文明礼仪的传统，每年清明节，陕西黄帝陵都要举行祭祖活
动，每年三月三，咱们新郑都要举办黄帝故里拜祖大典，体现的都是中国人
尊祖敬宗、缅怀先贤的道德情怀。

孩子：为什么一个叫"祭祖"，一个叫"拜祖"呢？

爷爷：拜祖和祭祖有不同的含义。祭祖指的是祭祀祖先的亡灵，通常是在陵墓前；而
拜祖则是对逝去先人的怀念，往往在出生日、出生地。农历三月三是轩辕黄帝
的生日，每到这一天，全球华人都会来到新郑黄帝故里，举行隆重的拜祖大典，
缅怀始祖功德，为自己是华夏子孙感到骄傲和自豪。

孩子：咱们是黄帝故里人就更加自豪了！

爷爷：没错，轩辕黄帝是中华民族的人文始祖，黄帝故里就是天下华人共同的精神家园。

【8. 黄帝故里拜祖大典歌舞祭祀】

【9. 舞蹈《人间四月天》】

　　端午节为每年农历五月初五，又称端阳节、午日节、五月节等，已被列入世界非物质文化遗产名录。端午节有吃粽子，喝雄黄酒，挂菖蒲、蒿草、艾叶，熏苍术、白芷，赛龙舟的习俗。2012年，郑州电视台制作了文艺专题节目"中华长歌行·我们的节日——端午特别节目"，旨在营造更加健康高雅的节日文化氛围，引导人们认知传统、尊重传统、继承传统、弘扬传统。节目由郑州电视台节目主持人崔蕊、刘冰主持。

　　这期节目以郑东新区如意湖为主外景，采用内外景结合的手法，将诗歌、歌曲、舞蹈、短片、访谈等艺术形式有机融合。主持词以两个主持人在游船上聊端午节的方式，引出专家讲述端午节由来、各地端午节风俗、歌颂屈原的爱国情怀、弘扬清风正气、展示郑州文明创建成绩等内容，追求融知识性、趣味性、思想性于一体。

中华长歌行·我们的节日（端午）

郑州电视台端午特别节目主持词

【1. 开场】

　　（主持人在郑东新区如意湖的游船上）

刘：观众朋友们，大家好！今天是农历五月初五，咱们中华民族的传统节日——端午节。

崔：端午节据说已经有两千多年的历史，一直都是家家户户都要隆重庆祝的民间节日。2006年，这一民俗列入了第一批国家级非物质文化遗产名录，从2008年起成为国家法定节假日。

刘：放假了，就该轻松轻松！所以我们今天荡舟郑东新区的如意湖上，一起游览城市美景，来说端午、过端午。

崔：刘冰，既然是说端午，你就先说说"端午"这两字的含义吧！

刘：你看，高考刚过，我在这儿考上了！"端"就是"开端""初始"的意思，端午的"午"和数字中的"五"相通，农历用地支纪月，正月是寅，二月是卯，三月是辰，四月是巳，五月是午，因此，端午两个字的意思实际上就是五月初五。

崔：你看，就"端午"这两个字还包含着这么多天干地支和古汉语的常识，咱们中华文化真是太精深了！

刘：所以说，咱们的民族文化渗透在生活的每一个节点。在大家热衷于西方节日的今天，过端午节这样的传统节日，就是对民族优秀文化遗产最好的传承。

【2. 端午民俗短片】

崔：看到刚才这过端午的场景，我不由得想起了小时候奶奶教的童谣，"五月五，是端午。门插艾，香满堂。吃粽子，撒白糖，龙舟下水喜洋洋……"

刘：你看，一首童谣就说了三个民俗。端午节的民俗太多了，就拿插艾草来说吧，崔蕊，你知道里面有什么讲究吗？

崔：这谁不知道！艾草是一种治病的药草，插在门口，可以驱毒防病。端午节这天，家家户户插艾草、挂菖蒲，有的还悬挂钟馗画像，都是用来避邪的。

刘：说的没错。端午是五月的开始，也是夏季的开始，春夏之交，民间要除五毒，驱病灾，所以端午节还是个驱邪防灾的节日。有的地方还有洒雄黄水、喝雄黄酒的风俗。

崔：有的还把雄黄涂在小孩的额头上，称为"画额"，说是可以驱避毒虫。最典型的方法是用雄黄酒在小孩的额头上画一个"王"字，一是用雄黄来驱毒，二是借猛虎这"百兽之王"来镇邪。

刘：还有的给小孩佩带香囊，香囊里装着朱砂、雄黄、香药，外面包着丝布，再以五色丝线拴起来，做成各种不同形状，结成一串，形形色色，玲珑可爱。

崔：这五色丝线可不只是为了好看，里面的含义深着呢！

刘：是吗？

崔：要知道，五色丝线的五色代表着"金木水火土"五行，同时还代表着"东西南北中"五个方位，彼此相生相克，所以，把五色作为吉祥色，具有驱邪保平安的作用。

刘：现在卫生条件好了，这些东西的实际功能和象征意义都在慢慢淡化，只是作为一种民俗文化符号而存在。而且，现在的孩子好像挂香囊、系五色丝线也很少了！

崔：的确，不少传统习俗渐渐地淡出了城市的生活舞台，但其内在的文化传承还在继续，比如说，端午节又称为纪念屈原的"诗人节"，许多学校都组织了古典诗词朗诵活动，你看——

【3. 少儿诗词朗诵】

（少儿诗词朗诵在如意湖畔）

崔：刘冰，看到孩子们这抑扬顿挫的吟诵，你是不是也该来一段。

刘：那好！你听着，盼友人兮朝暮，晤郑州兮可好？人间岁月兮闲难得，吾冉冉兮其将老……

崔：你这什么乱七八糟的？

刘：这叫楚辞体短信，天才吧？！所以人们会感叹，当代中国人的诗意与浪漫，集中转移到了手机短信里。

崔：没错，前几天我就收到了一条这样的短信——将手机用粽叶包好，放在锅里煮60分钟，手机电池蓄电能力将延长两倍，信号增强，而且打电话时能闻到粽子香味。

刘：这是典型的粽子文化与手机文化的嫁接！哎，崔蕊，粽子可是端午节的标志性食品，你知道粽子有多少年的历史吗？

崔：这个我知道，粽子早在春秋时期就出现了，用菰叶（也就是茭白叶）把黍米包成牛角状，称为"角黍"，用竹筒装米密封烤熟的叫作"筒粽"。东汉的时候，用草木灰水浸泡黍米，因水里面含有碱，用菰叶把黍米包成四角形，就像现在的碱水粽。

刘：对，到了晋代的时候，粽子被正式定为端午节的食品。这时，包粽子的原料除糯米外，还添加中药益智仁，煮熟的粽子称为"益智粽"。南北朝时期，出现了杂粽。米里面掺杂禽兽肉、板栗、红枣、赤豆等等，一句话，怎么好吃怎么来！

崔：而到了元代的时候，粽子的包裹材料已从菰叶变成现在最常见的箬叶，后来又出现用芦苇叶包的粽子，附加料已出现豆沙、猪肉、松子仁、枣子、胡桃等等。

刘：宋代诗人苏东坡还在诗里说"时于粽里得杨梅"呢，连时令水果都包进去了，粽子的品种多丰富啊！

崔：你别说杨梅行不行，光说粽子我就快馋得不行了！

刘：好，不说不说，接下来，咱们看一个和粽子有关的舞蹈！

【4. 粽子舞】

（粽子舞在剧场）

（女主持人品尝粽子）

刘：怎么样，味道不错吧？

崔：不错！我要是能把全国各地的粽子全吃个遍，那就太美了！

刘：那是，每个地方的粽子口味都不一样！北方的粽子以甜味为主，南方的粽子甜的少，咸的多。比如说，浙江的湖州粽子，米质香软，分咸、甜两种。咸的用上等酱油浸泡新鲜猪肉，每只粽子用肥瘦肉各一片做馅。甜粽以枣泥或豆沙为馅，上面加一块猪板油，非常香滑适口。

崔：我最爱吃四川的椒盐豆粽。在糯米和红豆里加花椒面、川盐和腊肉丁，包成四角形的小粽子，煮熟了再放在铁丝网上用木炭烤黄。吃起来外焦里嫩，特有风味。

刘：还有广东的中山芦兜粽，像圆圆的棒子，有手臂这么粗。配料也分甜、咸两种。

甜的有莲蓉、豆沙、栗蓉、枣泥馅的；咸的有咸肉、烧鸡、蛋黄、干贝、冬菇、绿豆、叉烧馅的——快赶得上大餐了。

崔：也有素雅的，在华北地区就有一种用黄黍代糯米的粽子，馅料用的是红枣。蒸熟后，只见黄澄澄的黏黍中嵌着红艳艳的枣儿，有人美其名曰"黄金裹玛瑙"，特别棒！

刘：说到粽子的品种，那真是太多了！而且，韩国、日本、越南、新加坡等国家的粽子也都各具特色。其实，粽子作为一种节令美食，不但味道好，还有相当于药膳的养生价值，李时珍在《本草纲目》里还专门介绍过。

崔：从深层次来说，粽子还包含着咱们民族文化的阴阳学说呢。汉代的《风俗通义》一书就认为，粽子之所以用菰叶包裹黏米和干果等，是取"阴阳包裹之象"，象征着阴阳达到相互包裹、相互调和。

刘：你看，一只粽子就有这么深的文化意蕴，端午节所承载的文化价值就更大了。接下来，咱们听听民俗专家是怎么说的。

【5. 专家访谈】

（专家访谈在演播室）

崔：听专家这么一说，端午节不但蕴含了民风民俗，而且融入了人们追思先贤、推崇高尚的精神意味。

刘：可不，民间传说认为，端午节吃粽子和赛龙舟是为了纪念屈原，纪念的不但是作为诗人的屈原，更是他忧国忧民的情怀和刚正不阿的气节。

崔：同样，挂艾蒿、悬菖蒲、洒雄黄水、饮雄黄酒这些消灾防疫方式也慢慢演变成一种驱瘟避邪、祈福佑安的文化仪式，变成一种用正气消除邪气的精神追求。

崔："气节"是中国传统文化中的一个典型符号，中国人历来讲邪不压正，从来都相信只要弘扬正直的品德和不屈的精神，弘扬人间之正气，那么，无论是自然的污浊还是人为的邪恶就都可以抵御。

刘：这方面的故事太多了，比如说，隐居首阳山、不食周粟的伯夷和叔齐，不为五斗米折腰的陶渊明，写下"人生自古谁无死，留取丹心照汗青"的文天祥，还有在北海放羊十九年、宁死不屈的苏武。

崔：说到这里，咱们就一起欣赏豫剧《苏武牧羊》的主题歌《大汉歌》。

【6. 戏曲《大汉歌》】

（戏曲《大汉歌》在古戏楼）

刘：不知不觉，跟着专家的思路，刚才咱们说到了精神层面的东西。端午节之所以魅力永恒，还在于它洋溢着一种浓浓的人情味。

崔：就拿包粽子来说，在不少农村地区都有阖家团圆包粽子的风俗，就像大年三十包饺子一样，一家人说说笑笑，有的调粽子馅，有的洗粽叶，有的包，有的煮，分工合作，其乐融融。

刘：等到粽子熟了，挨家挨户分送给街坊邻居。大家在分享各家美味的同时，对各家包粽子的手艺进行点评，满街的粽子香味，充满了风情和趣味。

崔：我跟你说啊，香包还是表达爱意的礼物。在南方一些地区，多情的姑娘很早就要精心制作一两个别致的香包，赶在节前送给自己的情郎。到端午节这天，小伙子戴着心上人送的香包，等待着同伴们夸自己的对象心灵手巧。

刘：哎呀，我是没这样的机会了。我印象最深的就是小时候，端午节那天一早起来，就看见床头有母亲准备好的香包，那高兴劲呀！现在回想起来，那香包里装的全是温暖的母爱。

崔：确实是这样，端午节的时候，出嫁的女儿回娘家，订婚的人家送节礼，在山西定襄等地，学生还要给教师赠送节礼，洋溢着亲情、热情和温情。

刘：所以说，端午节还是中国人表达心意、沟通情感的机会，人们在喜悦和祝福之中，弘扬文明风尚，增进社会和谐。端午节还浸润着中华民族崇礼尚德、和善重孝的传统美德。

崔：咱们郑州作为具有 3600 年历史的文明古都，依托深厚的传统文化积淀，受到千年的传统美德熏陶，这些年来，大力推进文明城市的长效建设，让咱们的生活每天都沐浴文明的春风。

【7. 文明郑州短片】

刘：崔蕊，咱们前面说了端午节的美食和风俗，其中还有一项重要的没说，那就是端午节的游艺娱乐。

崔：对，端午节是我国的民俗大节，自然少不了丰富多彩的节庆活动。在古代，端午节的娱乐活动南北各不相同。在北方地区，盛行的是打马球；在南方，那就是赛龙舟了。

刘：打马球，就是人们骑在马上，手持击球仗，分两队争相击球，射门取胜，古代称为击鞠。唐代的长安有宽大的球场，唐玄宗、唐敬宗等皇帝都喜好马球。不少典籍都记载了端午节和重九节打马球的传统风俗，直到清朝中期以后，马球才消失了。

崔：南方地区的赛龙舟活动早在先秦时就有记载，它源自古代祭水神或者祭龙神的习俗。直到现在，民间在龙舟竞渡前，各地都还有不同的祭祀活动，祈求风调雨顺、去邪攘灾、事事如意。

刘：当然，现在流行最广的说法就是端午节是为了纪念屈原，说是古时楚国人因舍不得屈原投江死去，许多人划船去追赶、拯救他。他们争先恐后，追至洞庭湖时不见了屈原的踪迹。以后每年五月初五，人们就借划龙舟驱散江中之鱼，以免鱼吃掉屈原的身体。

崔：民间的赛龙舟非常热闹，四里八乡的人们扶老携幼前来观看。参赛的龙舟两端要装上精雕细刻的龙头、龙尾，插上锦旗。比赛时，锣鼓喧天，鞭炮齐响，欢呼声、呐喊声、鞭炮声此起彼伏，水手们奋起划桨，浪花飞溅，十分有趣。

刘：咱们刚才说的是在水上划的龙舟，还有一种龙舟是在地上划的。

崔：地上怎么划呀？我还真没听说过！

刘：这叫作旱龙舟，实际上就是在陆地上进行的模拟龙船比赛，江西、浙江、广东的不少地区都有这项活动。那龙船是用竹片、彩布做成的道具，在村头耍起来，同样是锣鼓喧天，热闹非凡。

崔：这应该算是龙舟舞啦。真正的赛龙舟不但有复杂的花样，还有严格的规则。

刘：对，现在赛龙舟已经不分南北了，而且发展成了国际性的赛事。咱们郑州就有不少龙舟队，有单位组织的，也有民间自发形成的，每年端午节的时候，龙舟赛也成了大家关注的重要话题。

【8. 赛龙舟】

（赛龙舟在如意湖上）

刘：我们常说：观民俗可以知民风，观民风可以知民性，观民性可以知国性。探寻赛龙舟的历史渊源，有对天地的感念，有对先贤的敬意，作为一项最富激情的节日庆祝活动，它还充分体现了中华民族努力奋争、拼搏向上的精神。

崔：的确，节日反映了一个民族、一个地方或一个国家的社会关怀与人文品位。探究端午节的历史，纪念爱国诗人屈原也好，防灾祛病、祈求健康长寿也罢，都沿袭着千年的中华文化，留存着民族独特的文化记忆。

刘：今天咱们在一起聊端午、过端午，了解端午节的来龙去脉，回顾端午节的传统习俗，实际上也就是接受一次传统文化的洗礼。

崔：在世界经济、文化全球化的今天，我们更加需要节日来增进我们的文化认同，需要节日来滋养我们的灵魂。

刘：朋友们，在这包含着对幸福生活的眷恋和向往的节日，我们再次祝愿大家身体健康、万事如意！

崔：祝愿我们的祖国繁荣昌盛，祝愿我们的家园更加美好！

【9. 舞蹈】

（舞蹈在如意湖畔）

中秋节又称月夕、秋节、仲秋节、团圆节，是流行于中国众多民族与汉文化圈诸国的传统文化节日，时在农历八月十五。2008年9月12日（农历八月十三日）晚，河南省专家学者中秋赏月茶话会在黄河迎宾馆举行。黄河迎宾馆开阔的大草坪上，华灯璀璨，笑语欢歌，多位领导与诚邀而来的专家学者代表一起品茗赏月，欢度佳节。

中秋以圆月为标志，寄寓着中华儿女团圆的梦想，积淀着中华儿女团圆的心理诉求。在这花好月圆的美好时刻，主持词围绕圆月在汉文化里象征着团圆、圆满，围绕月亮中流淌的浓浓亲情、乡情展开，让与会嘉宾沉醉于共享明月之美的温馨时光。

相约在月圆时节

2008年河南省专家学者中秋赏月茶话会文艺演出主持词

男：尊敬的各位领导、各位嘉宾，

女：光临晚会的各位专家、学者，

合：大家晚上好！

男：丹桂飘香风和煦，

女：举杯邀月共此时。

男：一年一度的中秋佳节即将到来，今晚，省委、省政府和有关部门领导同全省的专家、学者代表一道在这里欢聚一堂，同赏一轮明月，共庆中秋佳节。

女：在这月光流淌的时刻，在这亲情相依的时光！请让我们向各位领导、专家和学者表示最崇高的敬意，并致以亲切的问候和诚挚的祝福。祝大家节日快乐、工作顺利、身体健康，

合：阖家团圆！

男：作为我省经济、科技、教育、文化等方面的优秀人才，各位专家、学者为河南经济社会的发展做出了重要贡献，省委、省政府感谢你们，河南人民感谢你们！

女：无论是实现科学发展，还是构建和谐社会，都离不开知识，离不开人才。尊重劳动、

尊重知识、尊重人才、尊重创造已经成为当今社会的优良风尚。今晚，在这迷人的月色中，我们感受的就是省委、省政府对专家和学者的关心，爱护和尊重。

男：古往今来，中秋节是人们心中最有人情味、最具诗情画意的节日，我们相约在月圆时节，就是相约美好、相约幸福！

女：首先请欣赏河南省歌舞剧院国家一级演员陈静演唱的歌曲《相约在月圆时节》。

【1. 歌舞《相约在月圆时节》】

男：相约月圆时节，我们用心、用情、用对故乡刻骨铭心的爱，吟诵故乡的山、故乡的水、故乡的人。故乡的山最美，故乡的月最明，故乡的歌最甜，故乡的水最清。在这里，就让我们赏着故乡的明月，一起品味字正腔圆的乡韵乡音。请欣赏优秀豫剧演员范静、杨红霞、田敏、贾文龙带来的一组经典豫剧联唱。

【2. 豫剧联唱】

女：一轮圆月给了我们无限的遐想……圆，在东方人眼中是美的极致，她象征着家庭的美满、社会的和谐、事业的成功、人生的幸福。接下来，我们将在圆的旋转中，感受青春的节拍、欢乐的律动，请欣赏开封市杂技团表演的杂技《爵士草帽》。

【3. 杂技《爵士草帽》】

男：世上最温暖的是家庭，最可贵的是亲情。人生最大的享受莫过于对亲情的享受。也许中秋节正是为了满足这种人性最深处的诉求。在这皓月当空的良宵，我们无论身在何处，也无论是不是诗人，梦里梦外缠绕的都是无限的思绪和柔情。请欣赏河南大学艺术学院教授李新现带来的歌剧《图兰朵》选段《今夜无人入睡》。

【4. 歌剧《图兰朵》选段《今夜无人入睡》】

女：流淌的清辉，美好的向往，中秋夜有多少遐想飞翔，有多少浪漫奔放。千百年来，我们传说美丽的嫦娥、讲述勤劳的吴刚。今天，当中国的"嫦娥"号卫星登上月球，古老的月亮见证着我们民族追梦的脚步、腾飞的力量。在此，请欣赏国家一级演员、河南省京剧院签约演员王怡演唱京剧《嫦娥》选段《奔月》。

【5. 京剧《嫦娥》选段《奔月》】

男：人们常说，明月千里寄乡思。遥望如玉如盘的明月，著名诗人艾青留下了这样的诗行："我的思念是圆的，八月中秋的月亮，也是最亮最圆的，无论山多高、海多宽，天涯海角都能看见它，在这样的夜晚，会想起什么？"是啊，会想起什么呢？接下来的琴声，应当是最好的回答！请欣赏河南省歌舞剧院国家一级演奏员郭民的二胡独奏《真的好想你》。

【6. 二胡独奏《真的好想你》】

女：在中国文化的长河中，处处荡漾着如水的月光，李白的"举头望明月，低头思故乡"，杜甫的"露从今夜白，月是故乡明"，王安石的"春风又绿江南岸，明月何时照我还"，等等诗句，都是千古绝唱。伴月之随想，随琴声悠扬，在我们耳边回荡的是一组洒满月光的歌唱。

【7. 歌曲联唱】

女：皎洁的月亮传达一种美好的情感，歌咏中秋的团圆。

男：时光的车轮留下一道闪光的痕迹，走进金秋的收获。

女：喜看走在中原崛起前列的河南，经济持续快速健康发展，经济总量不断突破，农业产量持续提高，工业经济提速增效，文化产业连创佳绩。

男：全省人民正解放思想、意气风发，加快从经济大省向经济强省、从文化资源大省向文化强省跨越。

女：豪情，在胸中勃发；希望，在心中播撒。多少超速的梦想，正在拥抱又一个明媚的春天。

男：最后，请欣赏由河南省歌舞剧院舞蹈团表演的舞蹈《春神》。

【8. 舞蹈《春神》】

女：今夜情最真，今夜歌最甜！

男：今夜花最好，今夜月最圆！

女：在这里，我们祝福大家生活幸福、事业发达，永远都能团团圆圆！

男："相约在月圆时节"中秋赏月茶话会到此结束。

女：各位领导，各位专家、学者，

合：晚安！

重阳节在每年的农历九月初九，是中国民间的传统节日。古时民间在重阳节有登高祈福、秋游赏菊、佩插茱萸、拜神祭祖，及饮宴求寿等习俗，传承至今又添加了敬老等内涵，登高赏秋与感恩敬老成为当今重阳节的两大重要活动主题。为弘扬中华民族尊老、敬老、爱老的传统美德，让老人们度过一个喜庆、祥和、有意义的重阳节，2010年重阳节前夕，由中共郑州市委老干部局、郑州市文化广电新闻出版局主办的"盛世金秋——2010年郑州市迎重阳文艺晚会"在郑州艺术宫为全市老年朋友送上了一场节日"盛宴"。

这台晚会围绕"金秋"这一意象，设置了《秋花璀璨》《秋风送爽》《秋韵和鸣》三个主题篇章，篇章主题朗诵诗和主持词均从金秋之美出发，充分展现老年人热爱生活、老有所学、老有所为的精神风貌，从不同角度热情洋溢地阐述"人生最美在金秋"的主题。

盛世金秋

2010 年郑州市迎重阳文艺晚会主持词

男：尊敬的各位领导、各位离退休老同志们，

女：全市的老年朋友和现场的观众们，

合：大家好！

男：欢迎光临由中共郑州市委老干部局、郑州市文化广电新闻出版局主办，郑州市老干部活动中心和郑州市群众艺术馆承办的"盛世金秋——2010年郑州市迎重阳文艺晚会"！

女：岁岁重阳金光照，万紫千红大地明。在此重阳节即将来临之际，请让我们谨向全市的离退休老同志和老年朋友们致以节日的祝福和亲切的问候，衷心祝愿你们——

合：节日快乐、健康长寿、阖家欢乐、万事如意！

男：农历九月九日是我国传统节日重阳节，在民俗观念中，九九重阳，包含有生命长久、健康长寿的寓意。1989年，我国政府将每年的这一天定为"老人节""敬老节"。

女：为了进一步弘扬中华民族的传统美德，倡导全社会树立尊老、敬老、爱老、助老的良好风气，更好地促进社会主义和谐社会建设，在市委、市政府领导的高度重视下，我们特地举办了本次晚会。

男：今晚，来到演出现场的领导和嘉宾有（见名单），欢迎你们的到来！

女：下面，晚会正式开始！

（大幕拉开）

【第一篇章　《秋花璀璨》】

（篇章主题诗歌朗诵）

一个季节的鲜花，就是这个季节的欢笑。

而秋天的花朵，更是金色阳光下醉人的音符、热烈的舞蹈。

菊花是秋天的花魁，中国赋予它高尚坚强的情操，并将它作为民族精神的象征。金秋时节，万朵菊花纵情怒放，带着在秋色中的向往与激情，尽情挥洒着灿烂与自豪。

如果说，菊花挥洒的是心底的骄傲，那么飘香的丹桂就是陈酿的美酒。伴着丰收的喜悦走来，桂花把生命的香甜融在这充实、饱满的季节深处，营造一种生活的甘甜和岁月的美好。

还有许多知名的、不知名的山花在这个季节里静静地绽放，而比山花更加烂漫的红叶，应该是这个季节最为动人的歌谣。

层林尽染，看万山红遍，无数绿叶经历春的生长和鼓舞、夏的思考和酝酿，终于激情勃发，演绎出千般烂漫的姹紫嫣红，于是就有了生命的奔放与燃烧！

【1. 舞蹈《秋花璀璨》】

女：秋花璀璨，这是春天的梦想在延续，这是夏天的激情在燃烧。走过岁月的沧桑与峥嵘，歌声中飘荡着曾经的向往，旋律里记载着飞扬的青春。

男：我们曾经年轻，用我们的汗水铸建着共和国的大厦。我们依然年轻，我们充满活力的心永远为时代歌唱。

【2. 情景歌舞《我们曾年轻》】

男：年年喜庆尊老节，岁岁重阳话丰收。播下春的种子，历经夏的耕耘，走进秋高气爽的金秋九月，登高远望，呈现在眼前的是一派丰收的美景。

女：映着金色的秋阳，枝头果实累累，田野瓜果飘香。收获的季节给我们带来汗水中显影的美好，处处弥漫着丰收的喜悦，处处飘荡着丰收的歌谣。

【3. 器乐表演《丰收调》】

女：曾经热烈，曾经绚烂，多少笑容像美丽的花瓣在此时从容绽放。

男：曾经拼搏，曾经开拓，多少热情在这样的季节点燃出岁月的光华。

女：我们把沧桑熔进夕阳里，这是生命最圆满的演出。

男：我们把活力挥洒在晚霞中，这是人生最美妙的图画。

【**4. 健身集锦《活力夕阳》**】

【**第二篇章　《秋风送爽》**】

（篇章主题诗歌朗诵）

如果说，秋天是一部厚重而灵动的交响，那么，这首热烈而温馨的乐曲的演奏者，就是浸透了阳光色彩、沉淀了岁月情感的阵阵秋风。

秋风的滋味是甜蜜的。秋风吹过，大自然的彩带舞动在天地之间，春的希望与耕耘、夏的汗水与付出，都化作了田野里丰收的果实、化作了渴盼中梦圆的喜悦。任秋风亲吻，洋溢的是今日收获与满足的甘醇。

秋风的脚步是宁静的。她吹净了春天的沙，吹走了夏天的云，吹走了日月更迭中所有风雨的痕迹，在皱纹舒展的时光，她让天变得更高，让气变得更爽，让我们的心回归朗朗乾坤。

秋风送爽，她送来一种美丽叫作成熟；秋风醉人，她营造一种意境叫作坦然。

秋风吹过，心灵的天空接受了洗礼，纯净而蔚蓝。

抬眼望，万物都成了一道别样的风景……

【**5. 歌舞《有一种幸福叫祥和》**】

女：有一种幸福叫祥和，和谐中国的幸福充溢在生活的点点滴滴中，她是孩子们天真的快乐，她是老人们慈祥的笑脸。

男：说到老人的生活，喜爱戏曲的朋友们都会想起豫剧《老子·儿子·弦子》，这出反映当代社会如何讲究孝道的生活喜剧，讲述的是在物质生活日益丰富的今天，该如何关注老人的精神生活。

【**6. 豫剧表演《老子·儿子·弦子》**】

男：老有所养、老有所乐、老有所为、老有所学。瞩目我们的城市，无论是在广场，还是在游园、在街头、在社区，老人们积极健康的晚年生活都是绿城郑州一道亮丽的风景。

女：不是春光，胜似春光。走进岁月的金秋，满头白发依然闪耀着生命的光华，密密皱纹掩不住心中火热的情怀，踏着轻松欢快的节拍，老年人一样与年轻人比俏争春。

【7. 服饰展示与歌曲《缤纷晚霞》】

【第三篇章　《秋韵和鸣》】

（篇章主题诗歌朗诵）

秋天是一幅画，涂抹着丰收的喜悦，勾勒出远山的宁静；

秋天是一支曲，歌唱着夕阳的灿烂，哼鸣着中秋的温情。

走进金秋，接受秋风的呼唤，吟唱秋月的圆满，我们用心感知的是秋韵的和婉；

沉醉金秋，身披秋阳的金黄，远眺秋水的平静，我们用心聆听的是秋韵的和鸣。

那如同火一般释放激情的红叶，用一颗火热的心，告诉我什么是深邃、乐观与豁达；

那挂满枝头的沉甸甸的果实，用一种谦恭的姿势，告诉我什么是饱满、成熟和凝重。

还有高天上那南归的大雁，用流动的"人"字，唤醒你我内心深处那对家的依恋；

还有田野里那金黄的谷穗，用低垂的头颅，提醒你我别忘了知恩、感恩、报恩。

秋韵和鸣，带给我们一种生活的智慧，感悟出多少人生的真谛；

秋韵和鸣，带给我们一道和谐的风景，尽享岁月的和顺与和美！

【8. 舞蹈《和韵》】

男：和谐，是宇宙万物的最高境界；和谐，是盛世金秋的美妙韵律。心舞秋风，我们可以聆听到美丽郑州的和鸣，这是城市发展的脉动、这是幸福生活的雅韵。

女：在绿树掩映的高楼间，我们会情牵老人悠闲的脚步；在碧波荡漾的小河畔，我们能看到陪伴老人的儿女；在鲜花装点的居民院，我们可以一同分享儿孙绕膝的欢喜……

【9. 少儿舞蹈《我可喜欢你》】

女：沐浴金秋的阳光，所有的一切在这里是那么柔和、柔顺，我们的心中更多了一份柔美、柔情。这份柔情属于天真的孩子，更属于年迈的父母。

男：那么，就将心底的歌伴着秋风送给我们的父亲母亲，送一份祝福，送一份孝顺，家中的老人即使白发苍苍，也会笑意盈盈。

【10. 歌舞串联《家和万事兴》】

男：社会的和谐首先是人与人的和谐，人与人的和谐包含了家庭成员之间的相亲相爱、互敬互重，包含了老少之间孝亲敬老、尊老爱幼，包含了民族传统美德——孝的思想和行动。

女：百善孝为先，中华民族自古就把孝道视为美德之首，作为立身之本、齐家之宝、治国之道。千百年来，孝道文化的传承演进，从道德上维系着家庭和社会的和谐稳定。

男：中华大地上，孝老爱亲的模范事迹口耳相传、不胜枚举，感动着一代又一代华夏儿女。

女：一个人只有对自己的父母充满孝心，才会对人民充满爱心，才会对祖国充满忠心。

男：可以说，一个尊老敬老爱老的人是一个高尚的人，一个尊老敬老爱老的家庭是一个和睦的家庭，一个尊老敬老爱老的社会就是文明和谐的社会。

女：孝行天下，德泽万代。朋友们，让我们以真心孝老，以热心助人，互帮互助，同心同德，为构建和谐郑州而共同努力。

【11. 歌舞《建设和谐大家园》】

男：年年岁岁重阳日，岁岁年年人未老。

女：红霞满天壮志酬，而今迈步再从头。

男：欣逢和谐盛世，老人们的生活将会更加幸福。

女：点燃生命激情，灿烂的夕阳将会更加绚丽。

男：盛世金秋——2010 年郑州市迎重阳文艺晚会到此结束！

女：再次祝愿所有的老年朋友们节日快乐、健康长寿、阖家欢乐、万事如意！

合：朋友们，再见！

三八国际妇女节是全世界妇女的节日，到 2010 年已经有了 100 年的历史。2010 年 3 月 1 日，"百年风采尽芳菲——郑州市纪念三八国际劳动妇女节 100 周年电视文艺晚会"在郑州艺术宫隆重举行，一批在郑州经济社会发展和妇女运动进程中取得突出贡献的优秀女性和巾帼群英登台亮相，共迎佳节。晚会主持人为谢飞、周圆。

晚会以时间为坐标，以历史为背景，以郑州杰出女性代表人物的感人事迹为节目内容支撑，按照不同历史时期分为《1900—1949 解放的信念》《1950—1979 发展的激情》《1980—2010 跨越的风采》三个篇章。各篇章之间以诗朗诵加大屏配画的音画诗或访谈作为衔接的纽带，穿插歌舞、戏曲等形式多样的文艺节目，热情讴歌 100 年来郑州涌现的杰出女性。其中，三个篇章的主题诗分别以"红梅""向日葵"和"牡丹"三种具有象征意义的鲜花为意象，诠释"百年风采尽芳菲"的意蕴。

百年风采尽芳菲

郑州市纪念三八国际劳动妇女节 100 周年电视文艺晚会主持词

【1. 片头】

男：尊敬的各位领导、各位来宾，

女：现场和电视机前的观众朋友们，

合：大家好！

男：这里是"百年风采尽芳菲——郑州市纪念三八国际劳动妇女节 100 周年电视文艺晚会"演播现场。

女：在第一百个三八国际劳动妇女节到来的时候，我们首先向各条战线上的妇女姐妹们致以节日的问候，向关心和支持妇女儿童事业发展的各级领导和社会各界朋友表示衷心的感谢！

男：在此全市妇女姐妹欢聚一堂，共享快乐的节日时刻，来到晚会现场的领导同志有（见名单）。让我们用掌声向各位领导的到来表示热烈的欢迎！

女：三八节是全世界劳动妇女为争取和平、权利，争取妇女解放而斗争的节日。1903 年 3 月 8 日，美国芝加哥女工为争取自由平等举行示威游行。1910 年，第二次国际社会主义妇女代表大会决定，为促进国际劳动妇女的团结和解放，每年 3 月 8 日为国际劳动妇女节。

男：在党的领导下，我国第一次纪念三八国际劳动妇女节始于 1924 年。1938 年 3 月 8 日，郑州妇女工作委员会组织各界妇女举行了隆重的三八节纪念活动，翻开了我市妇女运动的崭新篇章。

女：妇女解放的程度是人类解放的天然尺度。一百年来，占人类二分之一的女性，为了平等和权利昂首奋进，谱写了人类进步发展的恢宏史诗，让三八成为凝聚着女性骄傲与荣耀的光辉节日。

【2. 开场舞《节日》】

男：沐浴新世纪的和谐春风，我们在盛世阳光下放飞节日的歌唱。回首百年历史，为了走出封建社会的阴影，跨进男女平等的门槛，我们付出了几代人的艰辛和努力。

女：在那漫漫的寒冬，在那浴血的战场，无数女性投身民族解放和妇女解放的革命斗争，抛头颅、洒热血，用自己的生命和信念绽放成一树树傲雪的红梅、报春的花信！

【第一篇章　《1900—1949 解放的信念》】

【3. 音诗画《燃烧的岁月》】

（朗诵诗）

在那黑暗而又凛冽的冬季，也有鲜花点燃春天的希望，指明通向阳光的道路。因此，提起那个时代的女性，我想到的是《卜算子·咏梅》中的"已是悬崖百丈冰，犹有花枝俏"，想到的是《红梅赞》里的"三九严寒何所惧，一片丹心向阳开"。

一树灿烂的梅花，从孕育到开放，面临的不是一朝一夕的寒冻，而是整个冬天的冰霜和雨雪。没有温暖的阳光，没有和煦的春风，只有夜色做伴，只有寒冷相陪。这一份严寒谁愿经受？这一份坚持谁甘领略？这一份坚贞谁能持久？尤其是要在苦难和牺牲之中，绽放出一束束迎春的鲜花！

我的眼前常常浮现这样一幅梅花傲雪图：在北风呼啸、雪花飞舞的严酷环境中，梅花傲然挺立在枝头！风吼雪舞，梅花怒放，这是多么壮观的景色！她如同茫茫雪原上的火焰、旗帜或宣言，任风摇雪撼，蓓蕾满载，生机盎然！

在梅花的身上，我看到了那个时代女性的风骨和精神！她柔弱而刚强的身躯无畏地迎接着暴风雪的侵凌，她用天使般灿烂的笑容引领着春天的到来。俏也不争春，却正展示了她的精彩与美丽；只把春来报，演绎着一段生命与信念的传奇！

【4. 男女声二重唱《心愿》】

男：当人们在翻身的土地上打起腰鼓诉说心愿，从严冬走来的记忆铭刻着烽火岁月洒满的血汗。

女：从上世纪初豫丰纱厂女工组建的"姊妹会"到全体女工参加的罢工、罢课、罢市，郑州妇女经历了血与火的洗礼，在斗争中锻炼成长。

男：从抗战硝烟中各业女工的奔赴抗日前线、投入救亡运动，到解放战争中各界妇女的生产支前、投身革命，郑州妇女接受了生与死的考验，用坚定的信念迎接胜利的曙光。

女：一条曲折坎坷的风雨路，记录着郑州女性勇往直前的豪迈，闪耀着郑州女性巾帼不让须眉的风采。

【5. 豫剧《破洪州》】

女：一曲曲长歌浩荡，起伏回响，志向永不舍；

男：一个个巾帼英雄，救国救民，热血染山河。

女：仰望历史的天空，多少英烈化作永恒的星座；

男：凝望皎洁的圆月，多少思念相伴深情的述说。

【6. 独唱《望月》】

女：多少年经风历雨，多少年苦苦求索，走过荆棘，走过坎坷，走过长夜，走上了红星照耀的解放之路，走进了中华人民共和国的灿烂曙色。

男：迎着中华人民共和国喷薄东升的朝阳，从社会最底层解放出来的广大妇女就是一朵朵金色的向阳花，勃发着在社会主义大道上建设祖国的火红激情。

【第二篇章　《1950—1979 发展的激情》】

【7. 音诗画《太阳的花朵》】

（朗诵诗）

这是阳光下演绎的故事，这是阳光路澎湃的激情。

当岁月翻开一页崭新的日历，映着喷薄的朝阳，所有的笑脸盛开成一朵朵灿烂的向日葵。

葵花朵朵向阳开，成为那个时代最为嘹亮的歌声；颗颗红心向太阳，成为那个时代精神的象征。

我们也是那金色花丛中平凡的一朵，我们的脸上也镀上了阳光的色彩，我们的心中也点燃了敢教日月换新天的高涨热情。在那些并不遥远的记忆里，那英姿飒爽的女子民兵连，那风风火火的女子专业队，那一个个的"铁姑娘"，那一位位的"女标兵"，就是中华人民共和国万道霞光中"半边天"形象的剪影！

我们奋战在高炉前，名字与铁水钢花一样灼热；我们耕耘在田野里，身影像稻海麦浪一样芬芳；我们架设科学的云梯，探究科学的银河，让每一颗星都闪耀我们智慧的光芒；我们铺筑金色的路基，在社会主义的道路上，让祖国建设的列车全速前进。

　　就这样，那个时代的女性把太阳紧紧搂在怀里，用太阳的光束编织绚丽的希望，让火红的旗帜激溅劳动与创造的火焰，向世界展示我们事业的灿烂光明。

【8. 歌曲联唱《献给女性的歌》】

男：母亲、妻子、姐妹、女儿，是永远刻骨铭心的所爱之人！女人是真善美的集合体，女性以她们特有的爱，构筑了世界。

女：著名作家冰心曾发出这样的感叹，"世界上若没有女人，这世界至少要失去十分之五的'真'、十分之六的'善'、十分之七的'美'。"

男：中华人民共和国成立以来，郑州女性展现自尊、自信、自立、自强的时代风采，用主人翁的姿态艰苦创业，用青春的光热点燃创造的激情。

女：在那激情燃烧的岁月，我们用日月之梭编织出纺织新城的绚丽美景，我们用辛勤的汗水点染着披锦铺绣的绿城春韵。

【9. 舞蹈《花神春韵》】

男：高尔基曾经说，"世界上的一切光荣和骄傲，都来自母亲。"女性的伟大蕴含在那圣洁、博大的母爱里。

女：母爱是人的一生中享受到的最无私、最真挚的爱。有了母爱，才有了生命的肇始、事业的延续。

【10. 少儿舞蹈《宝宝会走了》】

男：看到这些天真可爱的孩子，我们总会想起母亲的呵护、母爱的温暖。贤妻良母身上有东方女性的传统美德，给人的感觉永远自然得体、健康体贴，洋溢着发自内心的幸福。

女：那种至柔至善、至坚至诚，那种淡然若水、纤尘不染，浓缩的是民族的精神，积淀的是生活的精华，就像芬芳淡雅的茉莉花，纯洁无瑕，沁人心脾。

【11. 女子乐队《好一朵茉莉花》】

女：这是日新月异的流金岁月，这是万紫千红的明媚春天。春雨中，湿了秀发，甜了微笑；春光中，美了山河，宽了大道。和煦的春风从我们的城市吹过，描出一幅生机盎然的画。

男：瞩目新时代的女性风采，恰似国色天香的盛世牡丹，雍容华贵中带着自信、激情与张扬，美轮美奂，景象万千。缕缕醉人的馨香萦绕在高高的苍穹之上，弥漫在广袤的天地之间。

【第三篇章　《1980—2010 跨越的风采》】

【12. 音诗画《盛世的华彩》】

（朗诵诗）

牡丹被世人所仰慕、所赞誉，是因为她的美。

她美得秀韵多姿，美得雍容华贵，美得绚丽娇艳，美得风华绝代。

牡丹的美是早已被世人所确定、所公认了的，春天就是她们尽情释放的天地。如果把今日女性比作娇艳的牡丹，应该感谢新时代改革开放的春天，感谢春风春潮、春光春雨。走进这个万物葱茏的季节，花姿绰约，芳香四溢，把四时的芳菲占取。

"春来谁作韶华主，总领群芳是牡丹"，牡丹带着对春色的向往与激情，在春晖里挥洒辉煌与灿烂，千朵万朵纵情怒放，排山倒海，惊天动地，那般恣意，那般宏伟，那般壮丽，那般浩荡，似乎要将自己的个性毫无保留地和盘托出。这种自我张扬的特性，也许就是"盛世中国"的诗情写意。

牡丹作为繁荣昌盛、幸福吉祥的象征，花团锦簇透出的是自豪，沉浸的是赞叹，云锦布地延展的是心的喜悦，剪裁的是梦的旗帜。

尽可以在姹紫嫣红中亲吻五彩祥云，尽可以在国色天香中领略和风雅韵。因为，中国就是一朵盛开的牡丹，让世界刮目相看、啧啧称奇。新时期中国女性如牡丹般绽放，成为几千年来最为美丽的风景！

【13. 合唱与表演《劳动者之歌》】

男：没有劳动就没有一切。只有积极地投身于劳动，凭借自己的智慧和勤劳，才能创造美好的未来，书写美丽的人生。

女：在一个个平常的日子，在一个个普普通通的岗位，我们用踏踏实实的劳动、勤勤恳恳的工作，实现人生的目标，追求不断的超越。

男：在新的历史时期，市委、市政府对妇女和妇女工作高度重视，切实保障妇女的平等地位和各项权利，充分发挥妇女的"半边天"作用，一大批卓有成就的妇女英才赢得了社会的尊重和赞誉。

女：群星璀璨展风采，百花争艳迎盛世。今天的郑州妇女，在耕耘与收获中描绘和谐的风景，绽放无限的美丽！

【14. 舞蹈《美哩吧》】

女：好一幅赏心悦目的百花图，好一卷争奇斗艳的群芳谱！是我们的时代造就了她们的美丽，是她们用美丽装点着我们的城市。

男：在我们身边，有许多平凡的女性，以自己独有的创新、聪明的才智、辛勤的工作，用实际行动诠释了人生的内涵，用不懈的努力彰显了自身的价值。

女：那么，让我们一起翻开第八届郑州市"十大杰出女性"的光荣册，掌声有请她们闪亮登场。

男：她们是（见名单）。

【15."十杰"表彰】

男：她们是时代的骄子，她们是生活的强者，她们为新时期女性形象增添了靓丽的色彩，成为新时代郑州女性的楷模。

女：同时，我们欣喜地看到，许多从这片土地走出的郑州女性，在人生的道路上走出一片炫目的风景。比如著名运动员邓亚萍、孙甜甜，著名播音员海霞，著名作家柯岩，著名电影演员向梅、赵静，等等，她们都是郑州的骄傲、郑州的荣耀。

男：在今天这为全世界妇女唱歌的节日盛典，著名运动员邓亚萍专门为全市妇女姐妹们发来了节日的祝福！

【16. 邓亚萍祝词】

女：谢谢邓亚萍！在此，我们真诚祝愿全市妇女姐妹在事业上取得更大的进步！用我们的风采装点更加美丽的家园！

【17. 歌舞《建设和谐大家园》】

女：百年的故事，筑起历史的丰碑。

男：百年的风采，连接灿烂的明天。

女：我们带着梦想上路，踏响奋进的节拍，激荡时代的潮汐。

男：我们迎着太阳出发，创造新的辉煌，续写更加壮美的巾帼诗篇。

女：郑州市纪念三八国际劳动妇女节 100 周年电视文艺晚会到此结束。

男：再次祝愿全市妇女姐妹们节日快乐，阖家幸福！

合：朋友们，再见！

国际劳动节又称五一国际劳动节，定在每年的五月一日，是全世界劳动人民共同的节日。2006 年 4 月 28 日，河南省庆祝五一国际劳动节大型文艺演出在郑州经济管理干部学院图书馆门前广场举行，全省 200 多名劳动模范代表、5000 多名一线职工在现场观看演出。5 月 1 日晚，河南电视台在黄金时间播出这台节目。

　　和通常在剧场内举办的融颁奖和领导讲话于一体的节日庆祝演出不同，这台在外场举办的庆五一文艺演出具有在节日慰问劳模和一线职工的性质，主持词在回顾五一节由来和河南工运史，向观众致以节日祝贺的同时，大力讴歌广大劳动者为河南发展奉献的智慧和汗水，为人民画像，奏响劳动最光荣的时代强音。

五月放歌

2006 年河南省庆祝五一国际劳动节大型文艺演出主持词

女：亲爱的工人朋友们，

男：各位劳模代表们，

合：大家节日好！

女：这是一个春光明媚的季节，这是一片繁花似锦的土地，带着春天的希望，岁月翻开了五月的日历。

男：这是一个百舸争流的时代，这是一部激情燃烧的乐章，带着汗水闪耀的荣光，我们迎来了让自己骄傲的节日。

女：为了给所有辛勤工作的劳动者送上节日的祝福，今天，由中共河南省委宣传部、河南省总工会、河南省煤炭工业局、河南省广播电影电视局主办，河南电视台、郑州煤炭工业集团有限公司承办的"五月放歌——2006 年河南省庆祝五一国际劳动节大型文艺演出"在这里拉开了帷幕。

男：来到演出现场的不仅有来自郑煤集团生产一线的煤炭工人，还有咱们省委、省政府，及各部门的领导同志，全省各行各业的劳模代表。在此，让我们以热烈的掌声欢迎他们的到来。同时，向对本次活动给予大力支持的郑州经济管理干部学院表示衷心的感谢！

女：是啊，掌声伴着欢笑，我们看到，五月的鲜花映红了所有劳动者的笑脸。

男：在这激情飞扬的时刻，我们听到，每一个音符都勃发着劳动者的力量。

【1. 开场节目《咱们工人有力量》】

男：咱们工人有力量。奋战在高炉前，咱们的力量像铁水钢花一样滚烫；穿行在巷道里，咱们的力量化作太阳的光芒。在日新月异的日子里，咱们用汗水和智慧描出壮丽的风景；在昂首崛起的中原大地，咱们用双手托起了工业大省的辉煌。

女：面对劳动者这个平凡而伟大、光荣又普通的名字，多少感动，多少祝愿，在心中化作深情的旋律，和五月的阳光一起放飞。

【2. 歌曲联唱《献给工人的歌》】

女：正如咱们省委领导所说，河南用发展赢得尊重。近年来，在省委、省政府的正确领导下，通过全省人们的共同努力，河南的社会经济发展取得了令人瞩目的成绩。

男：前不久，新华社向全国播发了《刮目相看新中原——中部崛起的河南答卷》的通讯，对我省在中部崛起中的重要地位给予了热情的展望。在国内各主要媒体的重要版面和时段，最醒目、最集中的一句话就是"刮目相看新中原"。

【3. 说唱组合《刮目相看新河南》】

女：带着欢歌笑语，我们相聚在这踏歌起舞的时光，一起为我们的节日祝福，为我们的明天喝彩。此时此刻，我国著名的相声表演艺术家姜昆、戴志诚也专门从北京赶到了我们的演出现场，和大家共庆节日。

【4. 相声《欢歌笑语》】

男：朋友们，中原大地是我国现代工人运动的发源地之一，河南工人具有光荣的革命传统。早在20世纪初期，李大钊等革命先驱就先后来到郑州创办工人夜校，传播马列主义，宣传革命道理，组织工人运动。发生在郑州的"二七大罢工"，在我国工人运动和工会运动史上写下了光辉的篇章。

女：接下来，让我们走进红色经典豫剧那熟悉的旋律，一起回望那段热血沸腾的火红岁月。

【5. 戏曲《红色回响》】

男：肩负民族复兴的使命，咱们工人阶级将血脉相承的光荣传统化作了爱岗敬业的热情，不但用勤劳的双手为社会主义建设做出了巨大贡献，并且为推动社会主义精神文明建设注入了强大的动力。

女：今年三月，胡锦涛同志发表的关于树立社会主义荣辱观的讲话，在工人队伍中引起强烈反响。全省各企事业单位广大干部职工自觉按照胡锦涛同志的要求，牢固树立社会主义荣辱观，把社会主义荣辱观作为行动的指南。

（《八荣八耻歌》演唱完，主持人出）

男：朋友们，站在大家面前的这支合唱团是由郑煤集团的矿工组成的，他们每天都在潮湿、黑暗的巷道里工作，奉献的却是太阳般的温暖。在这劳动者的节日里，让我们真诚地喊一声——矿工万岁！

【6. 合唱《八荣八耻歌》《矿工万岁》】

男：提起劳动者，我们首先想起的总是在机器旁工作的工人师傅，在田间耕作的农民朋友。其实，那些在实验室里埋头苦干的科学家，那些用心血浇灌祖国未来的人们教师，那些给人们送来快乐和笑声的文艺工作者……也都在用自己的智慧和双手，进行不同的劳动。

女：对，我们说劳动者普通，因为我们都是这支庞大队伍中的普通一员。我们说劳动者光荣，因为我们用劳动为世界创造着物质财富和精神财富，因为我们的劳动和祖国的强盛连在一起。

【7. 歌曲《我和我的祖国》】

女：朋友们，刚才为咱们演唱的这位歌唱家是咱们的河南老乡、军旅歌唱演员、解放军艺术学院的李双松老师。下面，她将用歌声为父老乡亲们献上一杯飘香的美酒。

【8. 歌曲《一杯美酒》】

男：我们常说，能源是经济发展的命脉，在中原崛起的进程中，煤炭行业为我省的经济起飞提供强劲的动力。据统计，去年省属国有重点煤炭企业以近50亿元的纳税总额，在全省各行业中名列前茅。

女："十一五"期间，我省煤炭行业将继续坚持科学发展观，加快河南煤炭基地建设步伐，让那闪光的太阳石为中原崛起贡献更多的光和热。

【9. 群舞《太阳石》】

女：朋友们，咱们在座的大多是来自生产一线的煤炭工人，下面，我给大家介绍一位对煤矿感情最深的歌手。他出生在中原煤城平顶山，大学毕业后就进入了中国煤矿文工团，他曾经以一首《九妹》蜚声全国，他的名字是——黄鹤翔，掌声有请！

【10. 歌曲《九妹》《跟我歌唱》】

（黄鹤翔演唱毕，游戏环节主持人出）

（主持词略）

【11. 游戏节目《劳动最光荣》】

（游戏结束，游戏节目主持人引出歌手汪正正）

【12. 歌曲《超越梦想》《送你一份吉利》】

男：我们知道，五一国际劳动节起源于一百多年前，芝加哥工人为了争取八小时之外的休息时间，而走上街头，呼唤属于自己的权益。

女：没错，努力地工作是为了更好地享受生活。在假日里，我们会打点行装，加入"驴友"一族。在闲暇时，我们会尽情 happy（开心）。我们时刻都在用爱美的心，把生活装点得五光十色。

男：接下来，请欣赏青春靓丽的"摩登女孩组合"带来的时尚歌舞。

【13. 摩登女孩组合《神秘旅程》】

男：咱们都有过这种体验，一天的辛勤工作之后，回到自己温馨的家，享受的是爱人的关怀，感受的是家的温暖，体验的是天伦之乐。

女：接下来，有请歌坛的恩爱夫妻——任静、付笛声。

【14. 任静、付笛声歌曲《知心爱人》】

女：劳动是获得财富的源泉，是生命运动的体现。只有用自己的双手，通过自己辛勤的劳动，才能创造出财富，编织出美丽的人生花环。

男：劳动光荣，劳动伟大。让我们托起时代的纤绳，喊着豪迈的号子，把祖国现代化建设的航船驶向更加灿烂的明天。

【15.《我们去远航》】

男：我们一起去远航，劳动的汗水闪耀着我们的荣光。

女：我们一起去远航，希望的航程续写着明天的辉煌。

男：朋友们，今天的演出到这里就要结束了。

女：再次祝愿大家节日快乐、身体健康、阖家幸福、万事如意！

合：观众朋友们，再见！

　　5月4日为中国青年节，是为纪念1919年5月4日中国学生爱国运动而设立的节日。2011年5月3日晚，"五月的鲜花·永远跟党走——河南省高校大学生校园文艺会演"在郑州大学中心体育馆举行，省内各高校的五千余名师生齐聚一堂，通过诗歌朗诵、唱红歌、红色歌舞、情景剧等节目形式，热情讴歌党的领导，共同迎接五四青年节的到来。主持人为钟倩、杜肖宇。

　　主持词结合五四精神，紧紧围绕庆祝中国共产党成立90周年这一主题，《热血青春》这一篇章着重表现在党的领导下，热血青年为了民族独立和解放，前仆后继，热血献身；《火红青春》这一篇章突出体现广大青年同心同力，为建设祖国奉献青春的壮怀激情；《多彩青春》这一篇章展现了改革开放以来，青年一代高举旗帜，奋发图强、自立创新的青春风采。主持词大气豪迈、充满激情地展示出当代大学生积极向上的精神风貌和永远跟党走的坚定信念。

五月的鲜花·永远跟党走

河南省高校大学生校园文艺会演主持词

男：尊敬的各位领导、各位来宾，

女：亲爱的老师们、同学们，大家——

合：晚上好！

男：欢迎大家观看由中共河南省委宣传部、共青团河南省委、河南省教育厅主办，河南电视台、郑州大学承办的"五月的鲜花·永远跟党走——河南省高校大学生校园文艺会演"。

女：今晚，来自全省的大学生代表将用丰富多彩的文艺节目，展示大学生充满朝气的时代风采，展现当代青年奋发进取的精神风貌和永远跟党走的坚定信念，向中国共产党成立90周年献礼！

男：首先，请允许我介绍出席今天晚会的领导和来宾，他们是（见名单）。

女：让我们用热烈的掌声对各位领导和嘉宾的到来表示欢迎和感谢！

男：在今天的舞台上，我们将用澎湃的激情奏响"永远跟党走"的时代主旋律。

女：在五月的花海中，我们将用青春的风采编织绚丽的花环，献给伟大的中国共产党！

【1. 歌舞《五月的鲜花》】

男：五月的春风又一次在中原大地荡漾。

女：五月的鲜花又一次和希望一起开放。

男：五月，是绚丽的花季；五月，是火热的青春。

女：我们知道，是90年前那一叶从南湖起航的红帆，把五月的鲜花辉映得更加鲜艳、更加热烈。

男：回望历史，走进中华民族苦难深重的黑夜，是中国共产党镰刀、铁锤的光辉，引领无数勇于承担历史责任的青年走在时代的最前列。

女：我们看见，热血的青春撕开白色恐怖的铁幕，在革命根据地点燃燎原之火，在二万五千里征程鏖战，在与法西斯侵略者对决，在民族解放的疆场攻无不克！

【第一篇章　《热血青春》】

【2. 军乐演奏《红旗颂》】

画外音（男）：

1919年5月4日，一场以学生斗争为先导的爱国运动如火山般爆发，共产主义思想犹如黑夜中的一道闪电，划破长空，点燃了革命的曙光！

【3. 鼓舞《曙光》】

画外音（女）：

1921年7月23日，中国共产党的诞生是中国历史上开天辟地的大事。如同林中的响箭，如同报春的惊雷，从此，中国革命的面貌焕然一新。

【4. 舞蹈《南湖的船》】

画外音（男）：

镰刀铁锤的旗帜，给灾难深重的中国人民带来光明和希望。无数热血青年沿着党指引的方向，高唱《毕业歌》，投身革命的洪流。

【5. 歌舞情景表演《毕业歌》】

画外音（女）：

南湖红船，播下革命火种；星火燎原，映红大别山区。在土地革命战争中，无数工农子弟同国民党反动派展开武装斗争，在鄂豫皖建立革命根据地，取得了辉煌的胜利。

【6. 舞蹈《八月桂花遍地开》】

画外音（男）：

红军不怕远征难，万水千山只等闲。从1934年到1936年，中国共产党领导的工农红军辗转十四省，突破几十万敌军的包围封锁，谱写了人类近现代战争史上的英雄史诗。

【7. 情景歌舞《长征颂》】

画外音（女）：

1936 年 10 月，抗日烽火即将燃起，三支主力红军在陕甘地区胜利会师。长征所完成的不仅仅是战略转移，更播下了革命的种子，为新的革命的到来酝酿了力量。

【8. 歌伴舞《山丹丹开花红艳艳》】

画外音（男）：

在中华民族生死存亡的危急关头，中国共产党领导和推动了伟大的抗日战争，成为全民族团结抗战的中流砥柱。她带领全国人民浴血奋战，赢得了抗日战争的伟大胜利。

【9. 舞蹈《黄河》】

画外音（女）：

一唱雄鸡天下白，万方乐奏有于阗。中国共产党领导人民经过二十八年艰苦卓绝的斗争，推翻"三座大山"，建立了中华人民共和国。中国人民从此站起来了！

【10. 歌舞《人民解放军占领南京》】

女：在党的指引下，前赴后继的热血青年，走过坎坷，走过长夜，迎来了共和国的灿烂黎明。

男：映着喷薄东升的朝阳，青春，就是走在社会主义大道上建设祖国的冲天干劲。

女：党旗飘扬在沸腾的大地、火红的年代。

男：青春奉献在平凡的岗位、闪光的征途。

女：放眼五月的花海，火红的青春像铁水钢花一样灼热，像麦海稻浪一样抒情。

男：青春的节拍唱响时代嘹亮的进行曲，青春的汗水描绘出中国壮丽的美景。

【第二篇章　《火红青春》】

【11. 军乐演奏《我的祖国》】

画外音（女）：

在中国的万道霞光中，有志青年唱青春之歌，走报国之路。无数普通青年劳动者，艰苦奋斗，默默奉献，在祖国发展的历史进程中留下了无悔的青春印记。

【12. 音诗画《新中国建设者之歌》】

画外音（男）：

我是一掬水，飘洒在天空，因为有了阳光我才成为彩虹；我是一粒种，播撒在大地，因为有了春风我才郁郁葱葱。党啊，无数年轻的心灵对你诉说，你就是我的太阳，我的春风。

【13. 男女二重唱《党啊，我想对你说》】

画外音（女）：

一穷二白在不息的创造中改变，无数奇迹在辛勤的汗水中诞生。走进古老的中原大地，伴着那轻盈欢快的梆子腔，映入眼帘的是梯田层层、丰收在望的山乡美景。

【14. 豫剧《朝阳沟》选段《上山》】

画外音（男）：

锦绣河山美如画，祖国建设跨骏马。中华人民共和国成立以来，社会主义建设欣欣向荣。青春的歌喉唱出时代的赞歌、昂扬的朝气，唱出战天斗地的豪情、对美好明天的向往。

【15. 经典歌曲联唱】

画外音（女）：

我们用年轻的激情汇成前进的浪潮，我们用绚丽的憧憬装点祖国的山河，我们用青春的臂膀托起崭新的希望，我们迎着朝阳同唱一首歌！

【16. 合唱与舞蹈 《中国中国，鲜红的太阳永不落》】

男：带着火红年代的奋斗激情，青春的歌声飘进万紫千红的春天。

女：伴着改革开放的和煦春风，青春的风采就是昂扬向上的乐章。

男：我们用多彩的青春写意明媚的阳光，我们用激情点燃梦想，放飞和谐的畅想。

女：我们用多彩的青春铺筑金色的路基，让改革开放的列车在中国特色社会主义的轨道上一路铿锵。

男：点击校园梦网，旗帜的色彩辉映着我们绚丽的希望。

女：瞩目盛世中国，处处都是多彩青春抒写的岁月辉煌。

【第三篇章 《多彩青春》】

【17. 军乐演奏《春天的故事》】

画外音（女）：

大地飘飞和谐颂，春风起舞和谐歌。天地相和，有普照的太阳；日月相和，有万物的生长；生命相和，有蓬勃的气象；人心相和，有幸福与欢乐。

【18. 舞蹈《和》】

画外音（男）：

祖国告诉我，跟随你要坚定执着；人民都在说，你开辟的道路越走越宽阔。党啊，我们永远跟你走，时代青年正用行动诠释着青春的承诺。

【19. 歌伴舞《永远跟你走》】

画外音（女）：

多少浪漫、多少欢快飞扬校园风采，多少诗篇、多少云彩记载青春情怀。学子写意，写意年轻的梦想，带着心中的挚爱，走向美丽的未来。

【20. 舞蹈《学子写意》】

画外音（男）：

英雄就是榜样，使命在我胸中。年轻的女警既有巾帼不让须眉的英雄气概，又有满怀梦想的万种柔情。她们听从党和人民的召唤，用青春和热血捍卫祖国的和平与安宁。

【21. 舞蹈《霞飞女警》】

画外音（女）：

雷锋的名字曾经是激励我们几代人成长的路标，雷锋的精神成为心中永远的风景。带上一份爱的真诚，一份心的温暖，让清晨的阳光拥抱文明的新风。

【22. 舞蹈《清晨的阳光》】

画外音（男）：

青春的火炬点燃生命的激情，生命的激情传递超越的梦想。超越梦想一起飞，年轻的心灵永远跟随太阳的光芒。

【23. 武术舞蹈《跟随圣火的光》】

画外音（女）：

欢聚一堂心手相牵，踏歌起舞国泰民安，民族团结洒满阳光，和谐祖国美好家园。

【24. 舞蹈《畅想和谐》】

画外音（男）：

我在你心里，你在我心上，我们的青春伴随你，希望在翱翔。同唱《旗帜颂》，道路更宽广，我们永远跟党走，大步向前方！

【25. 合唱与舞蹈　《旗帜颂》】

女：沿着闪光的足迹，我们激荡青春的热血，点燃青春的激情，挥洒青春的阳光。

男：青春如火，激情飞扬，我们在青春中原放飞着无愧于时代的青春歌唱。

女：勇于承担历史责任的我们循时代之光，勤于学习、善于创造、甘于奉献。

男："十二五"规划的蓝图美景，中原经济区建设的国家战略，在我们心中化作无穷的力量。

女："永远跟党走"，这是青春的誓言。无论是战争年代，还是和平岁月，党指向哪里，我们就奔向哪里。

男："永远跟党走"，我们高举旗帜，大步前进在中华民族伟大复兴的光辉大道上。

【26. 歌曲《走向复兴》】

女：走向复兴，创造辉煌。

男：我们迈着坚定的步伐，排山倒海不可阻挡。

女：青年朋友们，让我们坚定信念，发奋学习，勇于创新，自强不息，为中华民族的伟大复兴而努力奋斗。

女：请全体起立，齐声高唱《没有共产党就没有新中国》！

【27. 大合唱《没有共产党就没有新中国》】

定于每年6月1日的国际儿童节（又称儿童节），是为保障世界各国儿童的生存权、保健权、抚养权和受教育权，为改善儿童的生活而设立的节日。儿童是祖国的花朵，每年六一儿童节社会各界都会组织丰富多彩的活动，2013年5月30日晚，"放飞梦想——郑州市庆六一文艺晚会"在郑州艺术馆举行，孩子们用精彩的节目共迎自己的节日。

这台晚会由郑州市妇联、郑州市文明办、郑州市教育局、共青团郑州市委、郑州市关工委联合主办，郑州市妇联承办。主持词的基调轻松、欢快，充满童真童趣，展现小朋友眼里的"中国梦"，同时体现各级妇联和社会各界关心少年儿童成长所做的工作。晚会由两名小学生和两名电视台主持人共同主持，在语言风格和内容分配上，需考虑年龄和身份的不同（甲、乙为男女小学生主持人，丙、丁为电视台男女主持人）。

放飞梦想

2013年郑州市庆六一文艺晚会主持词

【1. 歌舞《梦想的翅膀》】

甲：张开梦想的翅膀，我们一起飞翔。

乙：飞进我们的节日，迎来六月的阳光。

丙：尊敬的各位领导、各位来宾，

丁：亲爱的小朋友们、同学们，大家——

合：晚上好！

甲：六一，一个闪烁童心、充满关爱的日子，

乙：六一，一个放飞梦想、充满希望的日子。

丙：在这全世界小朋友们的节日——六一国际儿童节到来之际，非常高兴能和大家在这里欢聚一堂，举办郑州市庆六一文艺晚会，给全市的小朋友们送上节日的祝福！

丁：本次晚会由郑州市妇联、郑州市文明办、郑州市教育局、共青团郑州市委、郑州市关工委联合主办，郑州市妇联承办。

甲：在这里，我们要向辛勤的老师和亲爱的爸爸妈妈、爷爷奶奶问候一声——您辛苦了！

乙：带着深深的感激，我们要向对关心少年儿童健康成长的各级领导表示衷心的感谢！

丙：少年儿童是祖国的未来，咱们全市各级政府和有关部门对少年儿童的成长高度重视，加大投入，优化儿童成长环境，切实为儿童做好事、办实事，形成了全社会关心儿童健康成长的良好氛围。

丁：今晚，就有许多领导和嘉宾亲临现场，和我们一起欢度节日。他们是（见名单）。让我们一起用热烈的掌声向他们表示欢迎和感谢！

甲：今天晚会的名字叫"放飞梦想"。我们在阳光下张开心灵的翅膀，和美丽的中国梦一起飞翔。那么，我们的梦想是什么呢？

乙：我们的梦想是在爱的怀抱里发芽的快乐梦，我们的梦想是在祖国大花园里开花的成长梦。

【第一篇章　《快乐梦·成长梦》】
【2. 舞蹈串烧《最炫民族风》】

甲：（对丁）姐姐，来参加今天的晚会，你最大的梦想是什么？

丁：那还用说，我真想回到你们的年龄，重温童年的快乐。你看，咱们市妇联和各部门一道，把儿童工作纳入《郑州市儿童发展规划》，把惠及儿童健康发展问题列入民生实事，不断优化儿童成长环境，形成了全社会关爱儿童的良好风尚，这是多么幸福呀。你的梦想是什么？

甲：我最喜欢合唱，我的梦想是和合唱团一起，登上金色大厅，走进悉尼歌剧院，让全世界都为我们鼓掌！

丁：那好，接下来，郑州市妇联和谐之声爱乐合唱团要和河南电视台少儿艺术合唱团共同演唱咱们熟悉的歌曲《白莲花般的云朵》。掌声有请著名指挥家——张蔚！

【3. 少儿合唱《白莲花般的云朵》】

乙：唱得太好听了。谢谢妇联和谐之声爱乐合唱团的阿姨和我们一起演出。

丙：对，咱们妇联非常关心少年儿童的成长，每年六一都要进行"十佳儿童"评选表彰，开展走访慰问和举办文艺晚会等活动，为少年儿童传送正能量。孔莹，好像去年的六一晚会你也参加了？

乙：参加了，去年是少儿地方戏曲专场晚会，小朋友们都非常喜欢，我不但表演了节目，还是主持人呢。

丙：下面要表演的也是戏曲节目，你给大家介绍一下吧。

乙：接下来，给我们表演的是中央电视台 2011 年春节联欢晚会年龄最小的表演者张欣怡，她要给大家表演的是京剧、黄梅戏、豫剧、评剧、越剧中的经典名段。

丙：请大家一起欣赏。

【4. 经典戏种唱段表演《梨园小精灵》】

【第二篇章　《幸福梦·和谐梦》】

乙：天空的和谐，是穿一身蓝；森林的和谐，是披一身绿；大地的和谐，是满目丰收的硕果；家园的和谐，是一种幸福的感觉。

甲：带着这样的梦想，我们呵护郑州的每一片绿，珍惜城市的每一朵花，和同学们一起去采撷每一份友情、每一片希望、每一线阳光。

丁：幸福每天相伴我们左右，回首走过的童年，我们会发现，串起我们每一寸幸福光阴的是母亲慈爱的目光。而对我们人生最美的期望，就是母亲最大的幸福梦。

丙：母爱是无私的，母爱是伟大的。我们全市每年在评选"十佳儿童"的同时，还要进行"十佳母亲"的评选表彰，今天，全市"十佳母亲"的代表也来到了演出现场。下面，就让我们怀着一颗感恩的心，把一组歌唱母亲的歌献给抚育我们成长的伟大母亲。

【5. 歌曲联唱《母亲的怀抱》】

丁：谢谢各位动情的演唱。我想，刚才的歌声不但是献给母亲的，同时也献给像母亲一样慈爱的老师，献给所有像母亲一样关爱少年儿童成长的人们。

甲：对，有父母、老师和全社会的关爱，我们才有了实现自己梦想的舞台。

丁：在这方阳光舞台上，不但有普通孩子，也有社会倾力帮扶救助的特殊儿童。这些年来，市妇联积极整合社会资源，建立起对特殊儿童群体的帮扶救助机制。多措并举，维护儿童权益；社会资助，救助贫困儿童。对残疾儿童更是倍加关爱，让他们的心中充满灿烂的阳光。

甲：同样幸福的童年，同样美丽的梦想。下面，请欣赏郑州市盲聋哑学校的同学们带来的舞蹈《少年如花》。

【6. 舞蹈《少年如花》】

　　（舞蹈结束直接起音乐）

【7. 歌曲《我是妈妈写的诗》】

　　（孔莹演唱完，主持人丙上场）

丙：孔莹，感谢你给我们带来这么动人的歌声。

乙：其实，应该感谢的是这些残疾儿童，是他们自强不息的精神感动了我。在这里，我用歌声祝愿他们奋发有为，早日圆自己的人生梦想。也祝愿咱们全市的小朋友们健康快乐，幸福成长！

丙：孔莹，刚才你说到健康快乐，幸福成长。那么，你眼里的幸福是什么？

乙：幸福首先是每一个小家庭的和睦，有了小家庭的和睦，才有社会大家庭的和谐。

丙：没错。家庭是社会的细胞，所以，市妇联把家庭教育作为加强和改进未成年人思想道德建设的重要手段，坚持做到"五抓"，使家庭教育生动活泼，使整个社会更加和谐，大家的幸福指数越来越高！接下来，我们就一起欣赏歌曲联唱《幸福歌谣》。

【8. 联唱《幸福歌谣》】

甲：记得小时候我经常问妈妈什么是幸福，妈妈总是说"幸福是什么，你慢慢就会知道"。

丁：那你现在知道了吗？

甲：知道了。只要你热爱生活，就能在生活中发现幸福。只要你追求幸福，幸福就时刻在你身边。

丁：这就是大家常说的，有梦想的人是幸福的，朝着梦想努力并实现梦想的人就更加幸福了。

【9. 舞蹈《芭蕾之梦》】

甲：刚才，我们看到的是一个在汗水中绽放的芭蕾梦。哥哥，你还记得你最早的梦想吗？

丙：在我的记忆中，最早的梦想好像是在看《白雪公主》的时候，我梦想做一个小矮人，去帮助别人。

甲：我的梦想也是从童话开始的，看完《卖火柴的小女孩》，我就想变成小女孩手里永远不会熄灭的火柴。

丙：对，童话是梦想的摇篮，童话里那些会说话的动物、精灵、仙子、公主等，会给我们插上想象的翅膀，让我们在美妙的梦想世界里飞翔。

【10. 童话歌舞剧《梦想的摇篮》】

【第三篇章　《成功梦·强国梦》】

丁：什么是中国梦？中国梦就是我们祖国的强盛梦、复兴梦，就是我们每一个人的幸福梦、成功梦。

丙：如果把中国梦比作向未来延伸的万里长城，那么我们每个人的梦想就是一块块砖石。是我们每个人的追求，垒筑起长城的巍峨。

乙：人生因梦想而高飞。梦想是生命中无形的翅膀，它引领着我们走向优秀和杰出，走向成功和辉煌。

甲：那么，让我们从小给自己一个梦想，一个远大的目标，让梦想带着自己在人生辽阔的天空自由地飞翔。

【11. 群口快板《放飞梦想》】

（两个节目连接）

【12. 诗朗诵《少年中国说》】

丙：在世界冠军邓亚萍眼里，梦想是坚持心中永不服输的信念；在飞天神女刘洋眼里，梦想是不停地探索和突破。

乙：她们的冠军梦和飞天梦告诉我们：只要你肯努力，就一定能够成功。

丙：对，每个人都有追求梦想的权力，每个人都有实现梦想的力量。我们全市建立了97所留守流动儿童之家——同时还实施"营养补助计划"，改善留守和流动儿童的营养状况；争取体育公益项目，组建体育运动队，举办体育训练营，开展各种活动，激励大家勇于梦想、追逐梦想。

乙：登封市就有一群会武功的留守儿童，他们心怀梦想，刻苦训练，多次登上了中央电视台的大型晚会。下面，他们要用精湛的表演告诉我们，梦想有多大，舞台就有多大。

【13. 武术表演《功夫扇》】

丁：无数奔跑的、奔放的、奔腾的热望，汇成黄河的巨浪。

丙：无数发芽的、开花的、结果的梦想，辉映时代的风光。

乙：带着美丽心情，我们走进森林，走进廊道，走进社区，感受郑州都市区建设的新成果、新气象。

甲：带着希望出发，我们认识郑州、热爱郑州、奉献郑州，为郑州都市区的明天贡献才智和力量！

【14. 歌舞《最好的未来》】

（歌曲后半部分，主持人上）

甲：绽放梦想，我们的世界五彩缤纷。

乙：放飞梦想，我们的未来一路芬芳。

丙：拥有梦想，就拥有一块神奇的画板，我们将用智慧与热情，用稚嫩的双手和五彩的画笔，共同描绘美好的明天。

丁：小朋友们，同学们，让我们好好学习，天天向上，依靠勤奋努力、不懈奋斗，实现自己的少年梦，实现伟大的中国梦。

甲："放飞梦想——2013年郑州市庆六一文艺晚会"到此结束。

乙：再次祝愿小朋友们节日快乐、健康幸福！

合：观众朋友们，再见！

　　7月1日是中国共产党诞生纪念日，这个光辉的节日已经深深地铭刻在全党和全国各族人民的心中，成为人们每年都会纪念的一个重要节日，也成为中国节日文化的一个重要部分。2016年6月19日、20日，"绿色周末"系列惠民演出之"旗帜飘扬——庆祝中国共产党成立九十五周年文艺演出"连续两晚在郑州艺术宫精彩上演。

　　2016年是红军长征胜利八十周年，这场晚会主持词围绕中国共产党奋斗历程和长征精神，以节目为支点，用饱满的激情追寻党的艰辛创业历程，缅怀党的丰功伟绩，讴歌革命英雄主义，赞美新时代，抒发全市人民坚定理想信念，不忘初心跟党走的共同心声。

旗帜飘扬

庆祝中国共产党成立九十五周年文艺演出主持词

【1. 歌舞《唱支山歌给党听》】

男：尊敬的各位领导、各位来宾，

女：亲爱的观众朋友们，大家——

合：晚上好！

男：欢迎来到"旗帜飘扬——庆祝中国共产党成立九十五周年文艺演出"现场，让我们一起唱响七月颂歌，向党的九十五周年华诞献上真诚的祝福！

女：为隆重庆祝中国共产党成立九十五周年，推动"两学一做"学习教育的深入开展，进一步增进对党的认识，坚定永远跟党走的信念，中共郑州市委宣传部、郑州市文广新局专门举办了本次演出。

男：今晚，来自郑州歌舞剧院、郑州市豫剧院、郑州市曲剧团、郑州市杂技团和郑州市艺术创作研究院的文艺工作者将和大家一道，以激情昂扬的姿态，歌颂党的丰功伟绩，抒发对党的炽热情怀。

女：刚才，一首深情的七月山歌唱出了我们对党的无限忠诚和热爱，接下来，请欣赏根据毛泽东主席的词谱曲的豫剧戏歌《沁园春·雪》。

【2. 豫剧戏歌《沁园春·雪》】

男：《沁园春·雪》写于红军长征部队胜利到达陕北、准备开赴抗日前线的时候，这首豪放之词气象恢宏地抒发了共产党人的革命豪情。

女：正是因为有这种指点江山的气魄，党带领全国人民前赴后继、顽强奋斗，不断夺取革命、建设、改革的重大胜利。

男：如今，一个生机盎然的社会主义中国已经屹立在世界东方，在一代伟人激扬文字的土地上，舞动着美丽家园的雅韵神采。

女：接下来，请欣赏女子群舞《国韵》。

【3. 女子群舞《国韵》】

女：国有国魂，军有军魂，党有党魂。党魂是什么？党魂的核心就是坚定的理想信念，无畏的牺牲精神。九十五年来，一代又一代的共产党人前赴后继，不惜牺牲，靠的就是崇高的理想信念。

男：方志敏烈士在英勇就义前慷慨陈词："敌人只能砍下我们的头颅，决不能动摇我们的信仰！"革命先烈的党魂之光，鼓舞我们坚定信念、砥砺前行。下面，请欣赏舞剧《水月洛神》选段《建鼓舞》。

【4. 舞剧《水月洛神》选段《建鼓舞》】

女：中国共产党九十五年艰辛而辉煌的历程，是为中国人民的自由、民主、幸福而不懈奋斗的历史。可以说，每一段都有无数感人的故事，每一节都有太多的英雄传奇。

男：在艺术舞台上，有众多红色经典作品，记录了这用血肉谱写的过往，塑造了一个个英勇的共产党人形象。下面，请欣赏曲剧《杜鹃山》《沙家浜》和《江姐》中的精彩唱段。

【5. 戏曲《红色经典》】

男：翻开中国革命的历史，长征是一次从挫折走向胜利的浴血远征。从 1934 年 10 月到 1936 年 10 月，中央红军以艰苦奋斗、不屈不挠的精神，突破几十万敌军的包围封锁，转战十四个省，最长行程长达二万五千里。

女：长征是人类近现代战争史上的英雄史诗。长征的胜利挽救了红军，挽救了党，挽救了中国革命，再次有力地证明了中国共产党和中国工农红军是一支不可战胜的力量。接下来，请欣赏男子群舞《从军行》。

【6. 男子群舞《从军行》】

女：回顾党的历史，可以清楚地看到，中国共产党之所以能由小到大，由弱到强，并成为全中国人民的领导核心，最根本点就在于一代代共产党人践行着民族独立、国家富强、人民幸福的使命担当。

男：刘胡兰、赵一曼、江姐等女共产党员用鲜血和生命换取国家和民族的未来，她们和替父从军的花木兰一样，成为永载史册的巾帼英雄。下面，请欣赏女子群舞《花木兰》。

【7. 女子群舞《花木兰》】

男：中国革命的历史是一部红色的历史，承载了国人太多红色的记忆。红，是嘉兴南湖的红色航船，是"八一"南昌的炮火连天，是井冈山上的星星之火，是雪山草地的赤胆忠心。

女：在鲜艳的党旗辉映下，今天的中国红是人民群众红红火火的日子，是社会主义中国不断提升的综合国力。带着更加美好的憧憬，在此，请欣赏杂技肩上芭蕾与绸吊《红》。

【8. 杂技肩上芭蕾与绸吊《红》】

女：文艺是民族精神的火炬，是时代前进的号角。长期以来，我市文艺工作者贯彻党的文艺政策，坚持"二为"方向和"双百"方针，创作生产了众多讴歌时代先锋、弘扬主旋律的优秀作品。

男：这些作品丰富了人民群众的精神文化生活，提升了城市的文化品位，传递了社会正能量。接下来，请欣赏豫剧《朝阳沟》《任长霞》《清风茶社》中的精彩选段。

【9. 现代豫剧优秀剧目串联】

男：回望九十五年的历史，从开天辟地的伟大瞬间，到走向复兴的伟大道路，我们看到了一个民族刻骨铭心的磨难与觉醒，一个政党矢志不渝的奋斗与探索，一个国家波澜壮阔的崛起与进步。

女：在一个个平常的日子里，我们体验着身边的变化，感受着生活的幸福，这座绿树与高楼相拥、鲜花与碧水相映的城市，四季美景宛若秀丽的画图。下面，请欣赏女子群舞《秀色》。

【10. 女子群舞《秀色》】

女：中国梦，我们的梦。在唤醒中华民族萌发出中国梦的过程中，无数仁人志士前赴后继，不懈探索奋斗。然而，真正把中国人民和中华民族带上实现民族伟大复兴中国梦的人间正道的，是中国共产党。

男：九十五年来，中国共产党始终肩负历史使命，带领全国各族人民，朝着实现中国梦一步步前进。今天的中国比任何时候都接近梦想，时代的脚步正在朝着圆梦的时刻铿锵前行。下面，请欣赏舞剧《风中少林》选段《四季》。

【11. 舞剧《风中少林》选段《四季》】

男：你用热情的色彩，让血脉澎湃滚烫；你用金色的信仰，让脚步坚定方向。

女：你用喜庆的色彩，让岁月如意吉祥；你用金色的理想，让道路铺满阳光。

男：镰刀铁锤的旗帜，飘扬在我们心中，心中春风荡漾。

女：指引方向的旗帜，飘扬在我们前方，前方风光无限！

【12．歌舞《红旗飘飘》】

男：飞扬的歌声，穿越岁月的征程，凝聚心头不变的情结。

女：激越的旋律，昂扬时代的步伐，激荡情怀不改的真切。

男：让我们在党的坚强领导下，凝心聚力、砥砺奋进，加快推进郑州国际商都建设，让中原更加出彩，为实现中华民族伟大复兴中国梦做出更大贡献。

女："旗帜飘扬——庆祝中国共产党成立九十五周年文艺演出"到此结束！

男：观众朋友们，再见！

合：再见！

　　八一建军节是中国人民解放军建军纪念日，每年8月1日和8月1日前夕都要举办各种庆祝活动。2007年适逢建军八十周年，7月30日晚，河南省庆祝中国人民解放军建军八十周年文艺晚会在省人民会堂隆重举行，省领导与驻豫部队、武警部队官兵欢聚一堂，回顾我军光辉历程，共话军民鱼水深情，庆祝光辉节日。主持人为李翔、韩燕、吴鹏、贾燕。

　　这类主持词的语言风格要求硬朗大气、情绪饱满，主持词围绕人民军队八十年的光荣历史、钢铁之师的威武形象、所向无敌的英雄气概、亲如一家的军民深情，以及驻豫部队为地方建设做出的贡献等内容展开。鉴于主持人由军地双方担任，在主持人的内容分配和表现角度上要有所不同。主持词稿中甲、乙为地方主持人，丙、丁为部队主持人。

军旗颂

河南省庆祝中国人民解放军建军八十周年文艺晚会主持词

【1. 歌舞《军威》】

甲：尊敬的各位领导、各位首长、各位来宾，

乙：驻豫解放军和武警官兵们，

丙：现场的观众朋友们，

丁：电视机前的观众朋友们，大家——

合：晚上好！

甲：欢迎大家观看河南省庆祝中国人民解放军建军八十周年文艺晚会！

乙：今晚出席晚会的省党政军领导同志有（见名单）。

丙：出席晚会驻豫部队的领导同志有（见名单）。让我们用热烈的掌声向他们表示欢迎和感谢！

丁：应邀来到演出现场的还有红军老战士、军队离退休干部、军烈属、革命伤残军人、拥军模范的代表，让我们向他们表示热烈的欢迎并致以崇高的敬意！

甲：在省委、省政府领导下，全省各地正在全面贯彻落实科学发展观，认真学习胡锦涛总书记重要讲话精神，为实现"两大跨越"、推动"两大建设"而努力工作。

在这样一个重要时期，我们怀着无比喜悦的心情迎来了中国人民解放军建军八十周年的光辉节日。

乙：中国人民解放军八十年的光辉历程充分证明，人民军队不愧是威武之师、文明之师，不愧是人民的忠诚卫士，不愧是保卫国家安全的钢铁长城。

丙：刚才，伴着雄壮的乐曲，三军仪仗队以威武的雄姿拉开了文艺晚会的帷幕。

丁：今晚，我省军地双方的文艺工作者将和全省军民一道，为人民军队八十年的辉煌喝彩，为正在崛起的中原放歌。

【2. 鼓乐《欢庆》】

丙：瞩目高高飘扬的"八一"军旗，八十年的风雨征程，党对军队的绝对领导是不变的军魂。倾听嘹亮的军歌，回荡在神州大地的是人民战士永远忠于党、永远同人民群众站在一起，永远捍卫人民利益的豪迈心声。

【3. 歌曲联唱《不变的军魂》】

【4. 诗朗诵《我们胜利了》】

乙：回顾人民军队发展壮大的历程，我们不能不提有"铁军"之称的驻豫某红军师。这是一支浓缩了人民解放军军史的英雄部队，这是一支中国共产党最早掌握的武装力量，这是一支代表着中国军队现代化水平的锐旅雄师。

甲：河南省委、省政府对部队的建设和发展十分重视。省委领导指示："要广泛宣传'铁军'、认真学习'铁军'，大力支援'铁军'"。接下来，这个由"铁军"战士们表演的小品，将让我们一起感受那"铁的信念、铁的意志、铁的团结、铁的纪律、铁的作风"的铁军精神。

【5. 小品《最佳人选》】

丁：每一个时代，每一个民族，都有属于她自己的精神高地。如果把我军八十年的历史比作一部精彩的乐章，那么英雄就是跳动的音符。您看，站在光荣榜前，英模的故事就像火种，点燃心灵深处的向往；英模的精神如同火炬，照耀着一条光荣传统的传承之路。

【6. 女子群舞《光荣榜》】

甲：科学发展已成为当代中国最鲜明的时代主题，在人民军队学习贯彻科学发展观、履行新的历史使命、加紧做好军事斗争准备、促进国防和军队建设又好又快发展的同时，人们都惊喜地发现，崛起的中原正在用发展赢得尊重，用进步赢得美名，用实力赢得地位。

乙：由经济大省向经济强省跨越，由文化资源大省向文化强省跨越。一组组振奋人心的数字让我们自豪,一个个辉煌闪光的成就让我们骄傲,放眼生机蓬勃的中原大地,处处都是军民携手描绘的和谐美景。

【7. 曲艺《军民一家亲》】

丙:军民一心,携手共进。坚如磐石的军政军民团结,密切的军政军民关系,有力地促进了河南经济社会的发展,有效地推动了驻豫部队的全面建设。

丁:一支无坚不摧的钢铁之师肩负着党和人民赋予的神圣使命,始终保持强大的精神驱动力,成为国家安全与发展利益、祖国独立富强的坚强保障。

【8. 男子群舞《砺剑》】

丙:伴随着世界军事变革诞生的预备役部队,在现代战争中发挥着越来越重要的作用。驻守在我省的两支国防新军牢记使命,身在社会、情系操场、不忘战场,一切为了打赢,时刻听从党的召唤。

【9. 歌舞《当祖国和人民需要的时候》】

乙:人民解放军是人民的子弟兵,每一个战士身后,都有舍小家、顾大家,为国防事业默默奉献的父母亲人。我们常说,一人参军,全家光荣,听说孩子在部队立了功,做父母的就更加高兴了。接下来,请欣赏著名演员郭达和他的搭档表演的小品《采访之前》。

【10. 小品《采访之前》】

甲:我们的军队,总是在危难关头挺身而出,哪里有危险,哪里就有他们的身影!此时此刻,那些奋战在淮河抗洪抢险第一线的人民子弟兵,正在用生命护卫着我们的家园,护卫着我们的父老乡亲。

乙:在这里,著名豫剧演员王惠要用豫剧《五世请缨》中的《出征》一段,表达军民一心、众志成城,夺取抗洪救灾工作全面胜利的坚定决心。

【11. 豫剧《五世请缨》选段《出征》】

丙:军旗下有了钢铁的长城,军旗下有了和平的回声。

丁:军旗下有了强大的国防,军旗下有了大地的锦绣。

丙:在这里,我们为军旗喝彩,一支在党的领导下的人民军队,必将所向披靡、无往不胜。

丁:在这里,我们为中原放歌,一方在时代春风中不断跨越的中原热土,必将书写崭新的辉煌。

【12. 歌舞《我的大中原》】

丙:回望八十年的风雨征程,我们热血沸腾。

丁:踏上又好又快的发展之路,我们壮志在胸。

甲:我们有百倍的信心迎接挑战。

乙：我们有万丈的豪情谱写新篇。

丙：党的十七大即将召开，让我们更加紧密地团结在以胡锦涛同志为总书记的党中央周围，始终不渝地坚持以邓小平理论和"三个代表"重要思想为指导，深入贯彻落实科学发展观。

丁：坚定不移地坚持解放思想，坚定不移地推进改革开放，坚定不移地促进科学发展、社会和谐，坚定不移地为全面建成小康社会奋斗。

甲：军民携手，团结奋斗，开拓进取，扎实工作，以优异的成绩迎接党的十七大胜利召开。

乙：河南省庆祝建军八十周年文艺晚会到此结束！

丙：各位领导、各位首长、各位来宾、观众朋友们，再见！

合：再见！

　　10月1日是中华人民共和国正式成立的纪念日，是中国的国庆节，全国各地都会在每年的10月1日和10月1日前夕组织庆祝活动。2009年9月26日晚，"歌颂祖国——郑州市庆祝中华人民共和国成立六十周年电视文艺晚会"在郑州艺术宫举行，郑州市领导和省会观众一同欣赏了这台视听盛宴。郑州电视台主持人刘冰、佳慧、黄洁，及郑州电台播音员大飞担纲晚会主持。

　　和其他庆典晚会一样，这台晚会用《红旗颂》《春潮颂》《时代颂》《和谐颂》四个篇章的时间推进，来表现我们的城市与祖国同奋进、与时代同步伐的历史进程，表达郑州人民对祖国、对家乡的赞美之情。作为篇章朗诵和主持词的撰写人，笔者用诗朗诵来宏观勾画郑州不同时期的城市特征和精神风貌，用主持词来表现一些比较详细的内容，与节目灵活勾连，从而做到点面结合。

歌颂祖国

郑州市庆祝中华人民共和国成立六十周年电视文艺晚会主持词

【第一篇章　《红旗颂》】

（情景朗诵）

当第一面五星红旗在天安门前冉冉升起，

映着喷薄的朝阳，

我们的城市打着腰鼓、扭着秧歌迎接新生活的到来，

建设社会主义新中国成为时代共同的心声！

昂扬的歌声回荡在嵩岳大地，

回荡在艰苦创业的风雨征程。

我们如火的激情，

化作无数的雷锋涌现在你我身边，

化作敢教日月换新天的高涨热情。

火红的时代翻开了城市的新篇，

黄河之滨矗立起编织日月的纺织新城，

一座座楼房在古老的村庄拔地而起，

漫漫黄沙化作遮天蔽日的满目绿荫，

破旧的小城变成了河南的政治、经济、文化中心，

南来北往的列车传唱着中国铁路心脏的美名。

【1. 舞蹈《红旗颂》】

甲：多少动人的音符，飞扬历史的天空，让我们热血滚烫。

乙：一个崭新的中国，迎着希望的朝阳，伫立在世界东方。

丙：面对无数先烈染红的旗帜，我们心潮澎湃、热血滚烫。

丁：面对写满骄傲和自豪的旗帜，我们满怀憧憬、无限向往。

甲：六十年，一首红旗的颂歌，在东方大地飞扬。

乙：六十年，一首祖国的颂歌，汇成民族复兴的交响。

丙：千万颗心和祖国前进的脉搏一起跳动，千万腔情伴着祖国腾飞的雄姿一起飞翔。

丁：今天，我们欢聚一堂，为共和国六十华诞祝福，献上儿女真情的歌唱。

【2. 歌曲《欢聚一堂》《九九艳阳天》】

甲：太多的情感在我们心中释放，蓬勃着主人翁的满腔热情。

乙：太多的希望在我们心中放飞，充满着建设美好家园的冲天干劲。

甲：我们以黄河的气魄，踏平了艰难坎坷；我们以嵩山的性格，谱写出日新月异的蓬勃。

乙：回望六十个闪光的年轮，处处回荡着我们激情的歌、奉献的歌。

【3. 歌曲串烧《难忘的歌》】

【第二篇章　《春潮颂》】

（情景朗诵）

当改革的春风吹遍我们的城市，

滚滚春潮把这里染成一片希望的热土。

到处都是建设的工地，

到处都是匆匆的脚步，

穿过商标和广告繁衍出的喧嚣和拥挤，

驰过车流和灯流倾泻出的效率和速度。

在春天的故事里，我们的城市，

化作"二七商战"的辉煌记忆，

化作郑交所里"郑州价格"牵动全球的数字，

化作新郑机场飞往未来的航班，

化作少林武术节威震世界的盖世功夫……

金水河如闪光的项链挂在郑州的胸前，

我们的身边飞架起立体交通的四桥一路，

一座新兴的商贸城映入世界的眼帘，

捧出月季的芬芳，一起把繁荣追逐。

【4. 舞蹈《春潮颂》】

丙：春雨写春意，春风抒春情，春光涌春潮，春花颂春晖。

丁：在改革开放的春风中，我们的城市抹去"古、土、穷"的记忆，用"鲜、活、靓"的笑颜挥洒盎然的春意。

丙：春天的故事沿着一路歌声向我们走来，美丽着我们的城市，美丽着我们的心情。

丁：我们欣慰地迈开小康的脚步，用心感受着什么叫幸福，什么叫甜蜜。

【5. 青春组合《大地飞歌》《妈妈》】

甲：走进流金的岁月，我们的家园不再是记忆中的黄土黄，在流光溢彩的舞台上，祖祖辈辈的梆子戏，也悄悄地改变了模样。

乙：变得更加现代，变得更加多彩，变得更加诗韵流淌。接下来，请欣赏郑州市豫剧院新版神话豫剧《白蛇传》选段《游湖》。

【6. 戏曲《白蛇传》选段《游湖》】

丙：我们用青铜甲骨留下的汉字书写祖国的名字，我们眷恋着大河之南生根发芽的土地。我们用勤劳建设着家园，用汗水浇灌着希望。

丁：在共和国的阳光下，中原崛起的征程上，一个生机勃勃的河南正在用发展赢得尊重，用进步赢得美名，用实力赢得地位。咱们大中原的赞歌唱得格外响亮。

【7. 独唱《好一个大中原》】

【第三篇章　《时代颂》】

（情景朗诵）

历史的车轮走进崭新的世纪，

我们靓丽的城市更加闪耀着熠熠光芒，

开放的城市踏上了通往现代化的康庄道路。

解放的思想升腾着蓬勃的生机、跨越的力量。

以人为本，展开一片和谐的风景，

科学发展，奏响又好又快的乐章。

灿烂阳光下，我们的城市，

化作郑汴融城的宽广大道，

化作祭祖大典全球华人的目光，

化作郑东新区大手笔的传奇，

化作《风中少林》的美名远扬。

当世界旅游小姐在我们的城市汇集，

当我们的客车在世界奔驰，

当我们的速冻食品在异国的餐桌上飘香，

当我们的城市站进中国八大古都的行列，

奥运圣火再一次点燃古都的激情和梦想。

【8. 舞蹈《时代颂》】

甲：从古到今，挥洒咱中州儿女多少坚毅豪爽，古往今来，留下咱中原英雄多少悲壮豪迈。

乙：走进新的时代，郑州儿女用智慧和勇敢创造出一个个传奇的故事，谱写了一曲曲英雄的赞歌。

甲：我们有人民艺术家常香玉，有乒坛女将邓亚萍，有人民的好卫士任长霞，有以李隆为代表的郑州消防抗震救灾英雄群体……

乙：这一个个闪光的名字，彰显着郑州的时代精神，讲述着大河儿女对祖国、对人民的无限忠诚。

【9. 独唱《大河儿女》】

丙：古话说：天下顺治在民富，天下和静在民乐。说起六十年的变化，全都写在咱老百姓的脸上。

丁：没错。特别是改革开放以来，在经济建设高歌猛进的同时，社会事业也在快速发展。

丙：你看现在吧，城乡义务教育费用全免，新型农村合作医疗试点全面展开，城市医疗保险全面覆盖，城市最低生活保障体系日臻完备，全民创业优惠政策频繁推出，让广大群众安居乐业、踊跃创业。

丁：近年来，咱市政府每年坚持办好为民惠民"十大实事"，件件得民心，事事合民意。说起现在的好日子，咱郑州的老百姓最爱说一句口头禅：美哩吧！

【10. 歌舞《美哩吧》】

甲：看到大家开心的笑脸，我也想说一声——美哩吧！

乙：确实是这样。说起身边的高兴事，三天三夜也说不完。（对甲）听说驻郑某部的
　　战士们正在举办国庆联欢会，要不，咱们一块去看看。

甲：走，去听听他们都说些啥。

【11. 曲艺表演《军营故事会》】

【第四篇章　《和谐颂》】

　　（情景朗诵）

　　迎着盛世中国的和风飘荡，

　　我们的城市捧出了全新的战略构想。

　　这是跃上崭新高度的新一轮冲刺，

　　蓄势而发的经济社会建设势不可挡。

　　郑州地铁，正在把我们带向更加绚丽的明天，

　　科技创新，涌动着跨越式发展的无穷力量，

　　"无线城市"的打造，让通信枢纽的地位更加稳固，

　　生态城市的愿景，擦亮我们更加美好的向往，

　　还有那如火如荼建设的航空港、铁路港、公路港、信息港，

　　正用现代观念奏响现代化城市的恢宏交响。

　　处处都有现代都市的华彩，

　　处处都是岁月描绘的辉煌，

　　当博大、开放、创新、和谐的郑州与世界握手，

　　我们踏响了"三化两型"国家区域性中心城市的铿锵脚步。

【12. 舞蹈《和谐颂》】

丙：和风吹拂我们的家园，祥云飘绕多情的土地。一派盛世欢歌之中，我们不断收获
　　着新的惊喜。

丁：我们与广州、深圳等城市并肩进入全国城市"生产总值三千亿俱乐部"，跨入
　　"世界特色魅力城市200强"行列。

丙：从郑东新区到郑州新区，这不仅是一个字的改变，而是中原城市群发展核心区域
　　建设一次新的起飞。

丁：城市快速公交的开通、地铁一号线的开建，标志着我们的城市迈出了更加青春动感的步履。

【13. 情景现代舞《绿城 80 后》】

甲：盛世和风送来一个个精彩的故事，我们的城市上演着一出出连台好戏。拜祖大典，情牵世界华人；传统武术节，吸引全球目光；电视荧屏，演绎精品迭出；文艺舞台，不断摘冠夺桂……

乙：文化强市建设激活了博大精深的文化宝库，焕发出新的艺术活力。在此，就让我们一起欣赏郑州歌舞剧院排演的大型舞剧《云水洛神》的精彩片段。

【14. 舞剧《云水洛神》】

甲：承载着郑州人的光荣与梦想，我们的城市以崭新的理念、崭新的姿态、崭新的风貌，翻开了崭新的篇章，刷新着昨天的记忆。

乙：美好在这里集结，希望在这里交汇。我们正用魅力四射的现代风华，把又好又快的节拍咏唱成和谐的旋律。在此，让我们一起用掌声欢迎著名歌唱家祖海。

【15. 独唱《和谐中国》《我家在中国》】

丙：我家在中国，这是盛世和谐的中国。

丁：我家在中国，这是巨龙腾飞的中国。

丙：江河大地上，旗帜在飘扬，辉映九州四海，一派好风光。

丁：亿万人心上，旗帜在飘扬，中华儿女奋起，担山赶太阳。

【16. 歌舞《旗帜颂》】

（出字幕）

　　国际消费者联盟组织于 1983 年确定每年 3 月 15 日是国际消费者权益日，目的在于扩大对消费者权益保护的宣传，促进各国和地区消费者组织之间的合作与交往，在国际范围内更好地保护消费者权益。自 1991 年中央电视台经济部首先推出现场直播"3·15"国际消费者权益日消费者之友专题晚会以来，全国各大电视台也纷纷跟进，笔者有幸成为河南电视台 2006 年"3·15"电视专题晚会的撰稿人。

　　"3·15"电视专题晚会是一种电视手段运用非常丰富、集中在演播厅进行的专题晚会，围绕消费者权益保护的话题，以主题性节目作为连接和情绪延伸，重点在于各环节的新闻发布、现场访谈和视频短片，曝光消费者投诉案件，揭示消费陷阱，为消费者释疑解惑，展示政府部门的市场监管行动。对于这样一档贴近百姓生活的晚会，主持词在深刻理解晚会内容的基础上，要用平实的口吻、百姓的心态、接地气的话题，引领各环节内容的推进。

河南电视台 2006 年"3·15"电视专题晚会主持词

【1. 开场《共同的节日》】

甲：尊敬的各位领导、各位来宾，

乙：现场和电视机前的观众朋友们，

合：大家好！

甲：又是一年"3·15"向我们走来，在这属于我们自己的节日里，我想，大家都在思考同一个问题，那就是怎样依法维权，让我们的生活多一些开心，少一些烦恼。

乙："3·15"晚会是我们河南电视台与观众朋友们的约会，因此，今晚我们将围绕今年"3·15"的主题"消费与环境"，从实处着手，竭诚为观众朋友们服务。

甲：今晚来到演播现场的领导和嘉宾有（介绍领导、嘉宾），让我们用热烈的掌声欢迎他们的到来。

乙：刚才咱们说到，"3·15"是消费者共同的节日，其实，"3·15"更是全社会的共同行动。

【2. 短片《"亮剑"行动》之一】

甲：刚才的行动净化的是农村消费市场，阐释的是"营造安全放心的消费环境"这一"3·15"的主题。

乙：对，每年的"3·15"都有不同的主题，也就是每年突出一个方面的内容，其核心是围绕消费者反映的热点问题，立足维权前沿。

【3. 歌舞说唱《咱们的"3·15"》】

甲："3·15"就像一把保护伞，为我们平凡的生活撑起了一片晴空。而"3·15"这个吉祥、温馨的数字，凝聚了许多人的艰辛和汗水。

乙：一年来，在省委、省政府的领导下，我省各职能部门的市场监管和行政执法效能有了新提高，整顿规范市场经济秩序取得了新成效，为我省经济社会发展做出了新贡献。下面，有请（领导姓名）讲话。

（领导讲话）

乙：谢谢。在全社会的共同努力下，我们惊喜地看到，农村的消费环境越来越好。特别是在建设社会主义新农村的政策指导下，各部门相继推出了"品牌富农、合同帮农、经纪活农、红盾护农"等兴农工程，实实在在地为农民办好事，办实事。

【4. 小品《乡情》】

甲：看到这个由真假种子引发的故事，我想，每个人感受到的都是一种温暖，一种和谐社会的温暖。那么，在春耕季节到来的时候，咱们农民朋友在购买农资的时候，还应该注意一些什么呢？

【5. 专家访谈】

乙：农村消费还包括许多方面的内容，为了让大家在日常消费中尽量避免上当受骗，我们制作了一组农村消费热点提示，请看大屏幕。

【6. 第一次消费提示（农村消费）】

乙：刚才，我们关注的是农村消费，接下来，让我们一起聚焦城市，走进都市的大小商场。大家对"买一送一"这样的字样肯定不会陌生，有的人甚至趋之若鹜。其实，那有时是商家精心设计的销售陷阱。

【7. 荒诞音乐情景剧《买一送一》】

甲：咱们身边的消费陷阱确实是防不胜防，他们不但花样翻新，而且和新的产品、新的服务同步出现。比如说，如今人们的生活水平提高了，美容行业的生意越来越火爆，随之而来的是美容行业的投诉者越来越多。今天，我们就把两位投诉者请到了现场。

（主持人甲与专家、投诉者对话）

【8. 第一次案例分析（美容问题）】

乙：美容原本是对生活的美化，而由于某些从业者道德天良的丧失，使"美容"变成了"毁容"。同样，家装本来是对生活环境的美化，谁知，咱们又不得不谨防劣质装饰材料造成的室内空气污染。

【9. 小品《难接的吻》】

【10. 短片《"亮剑"行动》之二】

甲：看到这些画面，咱们除了对造假者谴责和憎恨，就是对执法人员尊敬和感谢。作为"3·15"专题晚会，我们的目的就是要为观众朋友服务，为群众排忧解难。接下来，我们请来了两位手机投诉者，一起聚焦大家最为关注的热点话题——手机消费。

（主持人甲与专家、投诉者对话）

【11. 第二次案例分析（手机消费）】

乙：的确，作为消费者，为了维护咱们自身的权益，需要多掌握一些法律常识和消费知识。接下来，请看一组有关城市消费热点的提示。

【12. 第二次消费提示（城市消费）】

乙：从前面的案例和消费提示可以看出，随着社会的发展，往往老的问题解决了，新的问题又会接踵而来。市场上的新商品、新概念层出不穷，科技含量越来越高，危害消费者的手法也越来越隐蔽。所以说，不管是现在还是将来，不管科学如何发达，我们的生活都离不开"3·15"。

【13. 相声《未来不是梦》】

甲：在我们的日常生活中，谁都不愿为假冒伪劣商品和其他的侵权行为所困扰，但是，如果一旦碰上了该怎么办呢？我想，对于大多数人来说，大事也许会去讨个说法，小事没准就不会较真了。下面，我们就请来两位为小事较真的普通消费者，有请。

【14. 维权消费者访谈】

【15. 短片《"亮剑"行动》之三】

甲：我们常说："魔高一尺，道高一丈。"为了广大消费者的利益，咱们的执法人员时刻都睁大着警惕的眼睛。接下来，武术《亮剑》展示的就是"3·15""重拳出击，亮剑维权"的精神写照。

【16. 武术《亮剑》】

乙：朋友们，"3·15"是大家共同的事业，她召唤着更多的人加入维权打假的行列，不仅维护自身的权益，也为更多的人维护权益，为了我们的家园一天更比一天好。

【17. 歌曲《今年是好年》】

乙：是啊，今年是好年，这一个"好"字是我们用心灵感受的舒心和快乐，是我们用实际行动为生活写下的注脚。

甲：为了让更多的观众参与本次晚会，晚会组委会与《东方今报》联合举办了"短信参与中大奖"活动，共收到观众评选最满意的河南品牌、最不满意的河南品牌，以及投诉的短信××条，为了感谢观众朋友们对我们的关心和支持，晚会设立了特等奖一名，奖励轿车一辆，一等奖十名，各奖励电动车一辆。有请××上台抽出幸运观众。

（抽取幸运观众奖）

丙：朋友们，今晚的幸运观众已经全部产生了，在此，我们向各位获奖者表示真诚的祝贺，同时，再次向参与晚会的观众朋友表示衷心的感谢。

【18. 歌舞《给你》】

甲：给你一份关爱，心灵多感受一分温暖。

乙：给你一份阳光，世界多收获一分希望。

甲：社会的和谐和我们每个人的消费紧密相连，只要我们每个人都多一分良知，多一分正气，就一定能营造安全放心的消费环境，保护你我的安全权利。

乙：只要大家都坚持科学、文明的消费行为，进一步增强节约意识、环保意识和可持续消费意识，就一定减少消费对环境的负面影响，促进社会主义和谐社会和资源节约型、环境友好型社会建设，让幸福之花开遍中原！

合：观众朋友们，再见！

1985年，全国人大常委会通过了国务院关于建立教师节的议案，确定每年的9月10日为教师节。2016年9月9日晚，郑州市教育局在郑州市青少年宫举办了"感恩教师节——2016年郑州市庆祝第32个教师节文艺演出"。

本次文艺演出并不是传统意义上的庆典晚会，而是在教师节到来之际为教育工作者举办的一场学生节目会演，精选了全市11个中小学和少儿艺术机构的舞蹈、合唱、戏曲、诗朗诵、乐器演奏等不同艺术形式的文艺节目。由于节目本身大多不是直接歌颂老师的，因此在撰写主持词时围绕节目内容或节目背景，从学校素质教育、老师对学生的关爱等不同角度出发，通过学生的全面成长，来讴歌教师默默耕耘、无私奉献，用爱心、知识、智慧点亮学生心灵的崇高师德。

其中，甲和乙为小学生女、男主持人，丙和丁为中学生女、男主持人。

感恩教师节

2016年郑州市庆祝第32个教师节文艺演出主持词

【1. 管弦乐合奏《红旗颂》】

甲：尊敬的各位领导，

乙：尊敬的各位来宾，

丙：亲爱的老师们，

丁：关心支持教育事业的朋友们，大家——

合：晚上好！

甲：又是金风送爽的季节！又是大地飘香的时刻！

乙：在这风儿荡着甜蜜、脸上溢满欢笑的日子，我们迎来了第32个教师节。

丙：在这里，请让我们向各位老师和教育工作者献上最诚挚的节日祝福！

丁：祝愿你们节日愉快，身体健康，家庭幸福，

合：万事如意！

甲：老师是"人类灵魂的工程师"。

乙：教育是"太阳底下最光辉的职业"。

丙：教师节的设立体现了党和国家对教育和教育工作者的重视，体现了广大人民群众

对教师的尊重，体现了社会对教师的关怀，体现了教师职业的价值。

丁：带着对教育事业的关心和关爱，今天亲临演出现场的领导有（见名单），让我们用热烈的掌声表示欢迎和感谢。

甲：首先，让我们掌声有请（领导姓名）致辞！

【2. 领导致辞】

乙：下面，让我们掌声欢迎（领导姓名）致辞！

【3. 领导致辞】

丙：谢谢。多年来，市委、市政府坚持教育优先发展战略，在全社会的关心支持下，通过全市教师和教育工作者的不懈努力，我市各级各类教育的整体实力及发展水平领跑全省，许多工作领先全国。

丁：面对新形势和新任务，全市教师和教育工作者一定会肩负使命，不负众望，用更加辛勤的努力和更加优异的成绩，助力郑州国际商都建设，为实现中华民族伟大复兴的中国梦贡献力量。

甲：接下来，请听市回民中学学生乐团带来的管弦乐合奏《中国进行曲》。

乙：有请指挥。

【4. 管弦乐合奏《中国进行曲》】

丁：作为河南省最优秀的学生乐团之一，市回民中学学生乐团多次承担省市和全国对外文化交流演出任务，受到观众的高度评价。（问甲）在刚才这首气势恢宏的《中国进行曲》里，你听到了什么？

甲：我听到了伟大祖国大步向前的铿锵步伐和中华民族勇往直前的气概。

丁：对，这首乐曲充满了中华民族的民族自豪感和英雄豪情。接下来，请欣赏郑州四中民乐团带来的民乐合奏《沙迪尔传奇》。

甲：我听过郑州四中民乐团的演奏，他们是全省编制最全、水平最高的中学生民族乐团，还经常参加国内外重大艺术比赛及交流活动。

丁：没错，下面，就让我们掌声欢迎乐团指挥。

【5. 民乐合奏《沙迪尔传奇》】

乙：通过刚才的乐曲，我们听到了对英雄的赞颂和对未来的向往。

丙：所以说，素质教育太重要了！咱们郑州许多中学都成立了学生乐团，在校园里营造出浓厚的艺术气息，熏陶、浸染着师生的心灵。

乙：我听说郑州二中还成立了播音主持社团，不但丰富了学校的文化生活，培养了学生的文艺特长，还多次在全国比赛中获奖。

丙：对，为了庆祝教师节，郑州二中"青春飞扬"播音主持社专门创作了诗朗诵《献给老师的歌》。请欣赏。

【6. 朗诵《献给老师的歌》】

丁：加减乘除，算不尽您做出的奉献；诗词歌赋，颂不完对您的崇敬。这诗写得太好了，说出了咱们对老师的共同心声。

丙：对，学生时代每一个阶段的梦想，都源自菁菁校园，学校是点燃梦想的地方，老师就是点燃梦想的火种。

丁：梦想是人生的动力，只要我们怀揣着梦想，并为之努力奋斗，就会迎来人生中最灿烂的春天。

丙：下面，请欣赏郑州市科技工业学校带来的舞蹈《梦，开始的地方》。

【7. 舞蹈《梦，开始的地方》】

甲：（对丁）这舞蹈真的很励志，我喜欢。

丁：除了舞蹈，你喜欢看戏吗？

甲：喜欢，就是有些不太懂。

丁：我告诉你一个好消息，为了推广普及传统戏曲文化，全市"戏曲进校园"活动就要全面展开了，以后同学们都能免费欣赏优秀戏曲演出。

甲：那真是太好了！

丁：其实呀，咱们郑州许多学校早就开始了戏曲教育。就拿金水区艺术小学的"梨园蓓蕾"戏曲社团来说，先后培养了牛欣欣、黄聪等多名戏曲"小梅花奖"得主和《梨园春》小擂主获得主。

甲：这么厉害呀！

丁：对，今天他们给大家带来的就是豫剧《穆桂英挂帅》《花木兰》和《小商河》里的经典唱段。

【8. 戏曲精粹】

丙：这些小朋友们唱得真是惟妙惟肖，（对乙）我看到你刚才还情不自禁地在用手机拍照。

乙：不是拍照，我在拍视频，发到朋友圈去。

丙：在"互联网+"时代，网络上的朋友圈功能真是太强大了，渗透进了生活的点点滴滴。咱们郑州市十四中根据这个题材创作了一个舞蹈，名字就叫《圈儿》。

乙：是吗？十四中的学生舞蹈团特别棒，在第三届、第四届、第五届全国中小学艺术展演中连续获得一等奖。

丙：对，他们这个舞蹈在上个月举办的第四届"荷花少年"全国舞蹈展演上，获得了"荷花少年"奖。下面，我们就一起欣赏。

【9. 舞蹈《圈儿》】

丙：每年的教师节都有不同的主题，今年教师节的主题是：甘守三尺讲台，争做"四有"
　　老师。（问丁）你知道"四有"老师是哪"四有"吗？

丁：这难不住我，"四有"老师就是有理想信念、有道德情操、有扎实学识、有仁爱
　　之心的好老师。

丙：真不错，给你点个赞。

丁：不敢当，不敢当。这个超级赞要点给全市所有在三尺讲台上甘作人梯、献身教育
　　的老师们。

丙：带着自豪和荣耀，下面出场的是"经开区"教师合唱团，他们带来的曲目是：
　　第一首《飞来的花瓣》、第二首《崴萨啰》。

丁：有请指挥。

【10. 合唱《飞来的花瓣》《崴萨啰》】

甲：刚才，"经开区"教师合唱团的老师们唱得太好听了！

乙：那当然，我们学校的音乐老师唱得同样好听，所以，我们都爱上音乐课！

甲：你知道吗，咱们二七区艺术小学有一个舞蹈名字就是《快乐的音乐课》。

乙：这谁不知道？这个舞蹈非常有名，连续获得了第六届、第七届全国"小荷风采"
　　少儿舞蹈展演最高奖项。你看，他们来了。

【11. 舞蹈《快乐的音乐课》】

丁：在咱们郑州，有许多像二七区艺术小学这样的艺术特色学校，不但用艺术熏陶、
　　浸染着学生的心灵，还对外展示了我市艺术教育成果。

甲：不但有艺术特色学校，还有许多少儿艺术团，也都为同学们提供了艺术学习和才
　　华展示的平台，比如格华美少儿艺术团。

丁：这个团我知道，二十多年来培养了不少顶尖的艺术人才，曹芙嘉、郭乔伊等著名
　　歌唱家都是从这里走出来的。

甲：下面，格华美少儿艺术团刚从欧洲演出归来的同学们要给咱们带来歌伴舞《乘着
　　歌声的翅膀》。

丁：掌声欢迎指挥。

【12. 歌伴舞《乘着歌声的翅膀》】

乙：在少儿艺术团，同学们一起畅游音乐的海洋，乘着歌声的翅膀，飞进艺术的殿堂。

丙：没错，歌声给我们带来了无限欢乐。而对于那些身体残障的同学来说，艺术是心
　　灵腾飞的翅膀，能让他们自由而高傲地飞翔。

乙：对，郑州市盲聋哑学校有一个"心之灵"舞蹈社团，那里的聋哑学生听不到音乐，要通过老师的手势和自己的感觉去学习舞蹈，就这样他们还让自己的舞蹈登上了中央电视台，一次次获得全国大奖。

丙：通过老师和同学们的共同努力，他们用艺术让生命释放出无穷的力量，让人生绽放出更加璀璨的光彩。下面，请欣赏他们带来的舞蹈《阳光下的青春》。

【13. 舞蹈《阳光下的青春》】

丙：今晚，我们在这里欢聚一堂，共贺节日！用动听的音乐和优美的舞蹈，表达对老师的感恩之情，同时也是一次全市艺术教育发展成果的汇报和展示。

丁：今年是"十三五"的开局之年，全市教育系统锁定"做有未来的郑州教育"的发展理念，在2016至2018的三年时间里，将着重推进十七项重点工程。

丙：在十七项重点工程里，第二项就是"学校美育工程"。学校美育的改革发展将进一步加强学校美育育人功能，促进学生素质的全面提高。

丁：通过十七项重点工程的有力实施，必将带动郑州教育面向未来的全面提升！最后，请欣赏郑州市十九中带来的合唱《八骏赞》。

【14. 合唱《八骏赞》】

甲：千歌万曲，唱不尽我们对老师的深情。

乙：千言万语，道不完我们对老师的祝福。

丙：带着人民教师的光荣感和使命感，在市委、市政府的正确领导下，全市教师必将以饱满的热情，奋发进取，开拓创新，为"做有未来的郑州教育"和办人民满意的教育做出新的更大的贡献！

丁：2016年郑州市庆祝第32个教师节文艺演出到此结束！让我们再一次祝福全市所有的老师节日快乐、万事如意！

合：再见！

2000年8月1日，国务院正式批复中国记协，确定11月8日为中国"记者节"，从此，中国的新闻工作者有了自己的节日。2007年11月7日晚，"与中原同行——河南省庆祝第八个中国记者节文艺晚会"在河南电视台1500平方米的演播大厅内举行。主持人为河南电视台主持人庞晓戈、李凯。

这台晚会演出之前是2007年河南省委和省政府好新闻特别奖、一等奖，第二届河南省十佳新闻工作者的单位及个人的表彰仪式，现场观众是领导和媒体从业人员，加上主持人本身也是新闻工作者。因此，主持词通过"说""聊"自己的所历、所闻、所感，叙述记者眼中的时代变化，体现记者的职业担当，给人以亲切、自然的感觉。

与中原同行

河南省庆祝第八个中国记者节文艺晚会主持词

男：尊敬的各位领导、各位来宾，

女：中央驻豫新闻单位及全省各新闻单位的同志们，

男：现场的观众朋友们，

女：电视机前的观众朋友们，

合：大家好！

男：今天是记者节，一个以职业命名的节日，一个属于全体新闻工作者的节日。

女：在这第八个记者节里，首先请让我们向全省近四万名新闻工作者致以节日的问候。我的同行，你们辛苦了！

男：在这庆祝党的十七大胜利闭幕的喜庆气氛中，全省和中央驻豫新闻单位的广大新闻工作者在这里欢聚一堂，抒发的不仅是节日的喜悦，更是永远跟党走的豪迈心声。

女：是啊，我们放歌，我们喝彩，为这个飞速发展的时代，为这片春潮激荡的土地。

【1. 歌舞《节日欢歌》】

女：李凯，今天是记者节，你做记者多长时间了？

男：我是一名新闻战线的新兵。

女：那我问问你，你做记者后最大的感受是什么？

男：我首先感觉到的是幸福。我们每天播报来自各行各业的新闻，每天都能真切地感受到中原大地日新月异的变化，每天都能听到来自社会各界的和谐声音。你想，一个人每天都在时代的风景线上游弋，倾听时代前进的脚步声，触摸中原崛起脉搏的跳动，并把这些传达给大家，我觉得这是新闻行业最让人感到幸福的地方。所以，我幸福。

女：忙并幸福着。

男：对，每天，当我给观众朋友们播报一个个中原崛起的新成就的时候，我真的为河南自豪，为咱们是河南人感到自豪。

【2. 音乐说唱《为河南喝彩》】

【3. 短片《什么是好新闻》】

女：刚才，你说你做记者首先感觉的是幸福，是不是还有第二、第三？

男：没错，和幸福同行的，是做记者之后，肩上那一份沉甸甸的责任。我觉得我们这个职业像一座桥，这座桥不仅是人们信息交流的桥，也不仅是人们心灵沟通的桥，更是党和政府与人民群众沟通的桥。

女：说得太好了，在做好党和政府与人民群众的沟通工作上，新闻选择应充分体现民生的态度、民生的视野、民生的情怀。

男：有这么一件事，我一直记忆犹新。今年夏天，陕县（现陕州区）支建煤矿发生矿难，人们都关注着来自各种媒体的报道，关注着事件的发展。我一个朋友紧张地看过报道后，长长松了一口气，他说，有党和政府在以这么大的努力去救他们，这69个矿工一定有救。

【4. 歌曲《生命辉煌》】

女：唱响科学发展主旋律，打好正面宣传主动仗。在过去的一年里，河南新闻工作者和中央新闻单位驻豫记者，为河南的改革开放和经济社会发展，为塑造河南新形象做出了重要贡献，为实现中原崛起营造了良好的舆论氛围。

男：与中原同行，在为中原崛起鼓掌与欢呼的过程中，我省新闻战线一年来也取得了很大的成绩。张朝岑、张学文荣获"全国优秀新闻记者"光荣称号，赖谦进获得了"长江韬奋奖"，河南电视台都市频道及河南日报报业集团成为全国新闻工作先进集体。

女：是这个伟大的时代造就了时代的新闻，作为新闻工作者，把心血和汗水奉献给这个辉煌的时代是非常值得庆幸和自豪的。

男：接下来，我们年轻的新闻工作者就要以一首《欢庆》，表达庆祝党的十七大的喜悦之情。

【5. 器乐曲《欢庆》】

【6. 短片《什么是好记者》】

女：说到什么是好记者，我们不能忘记我们的前辈。在观众席里，就有我们请来的从事新闻工作三十年以上的老新闻工作者代表。在记者节这个特别的日子里，让我们用掌声向为党的新闻事业鞠躬尽瘁的老一辈新闻工作者表示崇高的敬意！

男：做一个好记者是我们每个新闻工作者努力追求的目标。老一辈新闻工作者为我们留下了宝贵的精神财富，年轻的新闻工作者同样也留下了许多感人的故事：在贵州大方县，有一个极度缺水的贫困村。2006 年 9 月，一个河南记者的到来，结束了他们背水的历史。这位记者用自己的努力为他们建造了 167 座水窖，用自己辛苦积攒的稿费救助了 14 名贫困学生和孤寡老人。他就是我们的同行张朝岑。

女：在我们的队伍中，这样的故事还有很多，它展示了新闻工作者的动人风采，体现了新闻工作者人格的光芒。

【7. 歌曲联唱《采集阳光》】

女：李凯，在你时间不长的新闻生涯中，你还有什么感触？

男：付出！人们常说，选择记者就是选择奔波，选择记者就是选择别离。我有一个同事，因为要外出报道，他只能从手机中听到新生儿子的第一声啼哭，感受到做父亲的喜悦。我身边有一个老编辑，因为夜间编辑节目，加班最多，同事们都叫他"永动机"。其实，他们也眷恋自己的家，也挚爱自己的亲人。只是，因为选择了新闻，他们把太多的情倾注到了自己的事业里。

【8. 小品《道是无情却有情》】

男：感谢演员的精彩演出，这个小品是虚构的，但其中几个细节却是真实的。我身边有这么一些兄弟姐妹，其中，有一个记者在十七大报道中因为连日奔波劳累，把手中的磁带及时交到中央台同志的手中后，晕倒在了中央台的编辑机房。有一个女记者，在中博会采访中，整整瘦了五斤。我们晚会组去采访这些记者时，他们都说，这不值一提，因为咱干的就是这一行。的确，每行每业要想干出点成绩，都要付出汗水。在这里，让我们向每一个行业、每一个爱岗敬业的人致敬。

女：是啊，只有我们每个人都牢记肩上的责任，都付出辛勤的汗水，我们的生活才能更加幸福，我们的家园才会更加和谐美丽。

【9. 歌舞《和谐大家园》】

男：在信息化浪潮席卷全球的今天，新闻宣传的作用已经达到前所未有的程度。我想，对于大部分没到过河南的人来说，对河南的印象都是由新闻媒体勾画出来的。是一篇篇文字的、有声的或带图像的新闻报道，让人们知道了史来贺、任长霞、魏青刚等这些令人骄傲的河南人，知道了肯德基的主要原料 90% 以上产自河南，知道中原城市群，知道河南已成为全国第五个生产总值超万亿元的大省。

女：党的十七大为我们描绘了小康社会的和谐美景，中部崛起的脚步震撼着神州苍穹。我们将用文字、声音和镜头，用生命的激情，演奏中原大地的盛世乐章。

【10. 舞蹈《盛世芳华》】

女：新闻记者是时代前进的"击鼓手"。能够记载中原崛起的壮丽历程，记载中原大地的灿烂辉煌，这是我们每一位新闻工作者的光荣和自豪。

男：对，每当别人问我从事什么职业的时候，我回答"记者"两个字总是答得特别响亮。我骄傲，我是记者，我们从不停歇的足迹追逐着时代的潮汐，跟随改革开放的进程，给流金的岁月传送春天的消息，让火热的时代昂扬奋进的伟力。

【11. 朗诵《我们是记者》】

女：为中原放歌，我们满怀豪情。

男：与中原同行，我们再踏征程。

女：认真学习宣传贯彻党的十七大精神，真实反映全省人民奋发昂扬的精神风貌，忠实记载各行各业改革开放的进程，是时代赋予广大新闻工作者的重任和使命。

男：让我们高举中国特色社会主义伟大旗帜，坚持唱响科学发展主旋律，打好正面宣传主动仗，为经济社会发展提供良好的舆论环境和强大的精神动力。

合：观众朋友们，再见！

贺岁迎春

元旦，即公历的 1 月 1 日，是世界多数国家通称的"新年"。元谓"始"，凡数之始称为"元"，旦谓"日"。"元旦"意即"初始之日"。每年元旦到来之时，人们都会举办众多的欢庆活动，在由各级政协举办的新年茶话会上的文艺演出轻松、大气、欢乐、高雅。2015 年 12 月 30 日上午，河南省政协在郑州国际会展中心举行新年茶话会，省领导与各界人士欢聚一堂，喜迎新年。

新年茶话会的文艺演出时长一般在 30~40 分钟，节目要求短小精悍、丰富多彩。主持词内容围绕过去一年的工作亮点，回顾发展成果，畅想美好明天，表达新年祝福。语言要求简练大气、振奋人心。

2016 年河南省政协新年茶话会文艺演出主持词

男：尊敬的各位领导、各位来宾，

女：亲爱的朋友们，大家——

合：新年好！

男：在这辞旧迎新的时刻，省四大班子领导同志与全省各族、各界、各党派代表人士在这里欢聚一堂，一起迎接崭新的年景，共话美好的未来。

女：在此，请让我们向各位领导、各位来宾，向全省父老乡亲致以新年的祝福，祝大家新年快乐，身体健康，阖家幸福，万事如意！

男：2015 年是"十二五"收官之年。在即将过去的一年里，全省人民在中共河南省委的坚强领导下，主动适应经济发展新常态，坚持调中求进、改中激活、转中促好、变中求胜，经济社会发展取得新进步，全面建成小康社会、加快现代化建设站在了新的历史起点上，展现出光明前景。

女：展开"十三五"的绚丽蓝图，我们将扬起奋进的风帆，加快推进"三大国家战略"，描绘富强河南、文明河南、平安河南、美丽河南的时代画卷！首先，请欣赏二胡齐奏《万马奔腾》。

【1. 二胡齐奏《万马奔腾》】

女：一曲热烈、奔放的《万马奔腾》描摹出中原大地千帆竞发、百业兴旺的蓬勃生机，寓意中原儿女携手共进、不断跨越、共奔前程。

男：此刻，带着美好的希望，踏进新年的门槛，我们仿佛置身春天的怀抱，清风拂面，花开心间。请欣赏歌舞《板蓝花儿开》，演唱：王园园。

【2. 歌舞《板蓝花儿开》】

男：我们知道，河南是古丝绸之路的重要发源地。近年来，我省主动融入"一带一路"建设，完善大枢纽，发展大物流，寻找对外开放新机遇，推动经济转型升级。

女："一带一路"上的河南以崭新的形象赢得世界的点赞，接下来，请欣赏根据古丝绸之路上的敦煌壁画乐舞图像创作的舞蹈《乐天舞》。

【3. 舞蹈《乐天舞》】

男：回首"十二五"，我省经济社会发展成就斐然。2014年习近平总书记两次亲临我省考察指导，今年9月李克强总理来我省考察调研，对我省近年来经济社会发展取得的成绩给予了充分肯定。

女：这些成就的取得得益于全省干部群众在中共河南省委的坚强领导下，攻难克坚、砥砺奋进；得益于全省党员干部通过"三严三实"专题教育，弘扬焦裕禄精神，为事业发展提供强大正能量。下面，请欣赏根据习近平总书记诗词谱曲的豫剧戏歌《念奴娇·追思焦裕禄》。

【4. 豫剧《念奴娇·追思焦裕禄》】

男：今年是河南省人民政协成立60周年。60年来，全省各级政协组织始终坚持中国共产党的领导，认真落实省委各项决策部署，积极投身建设新河南、探索改革路、履职尽责的伟大实践，为河南经济社会发展做出了积极贡献。

女：团结和民主是人民政协的两大主题，只有坚持求同存异、民主协商、真诚相待、肝胆相照，才能增进最大共识度，形成最大凝聚力，促进社会和谐，推进事业发展。在此，请欣赏乐舞《高山流水》。

【5. 乐舞《高山流水》】

女：2015年的河南喜事不断、捷报频传，郑州机场二号航站楼竣工投入使用、郑合高铁河南段开工建设，特别是上海合作组织成员国政府首脑（总理）理事会第十四次会议在郑州召开，更让河南成为全球瞩目的焦点。

男：这次会议的圆满成功，充分展示了河南形象，增强了全省人民的自豪感、自信心和凝聚力，提升了我省的国际影响力和知名度。接下来，请欣赏在"上合组织总理会议"欢迎宴会上广受好评的节目——豫剧舞蹈《花木兰》。

【6. 豫剧舞蹈《花木兰》】

男：2016年是"十三五"开局之年。此刻，我们在这里欢聚一堂，畅想的是美好的未来，迎来的是崭新的希望。

女：踏着欢乐的节拍，捧出心中的梦想，让我们意气风发，携手同心，再创辉煌。最后，请欣赏歌舞《明天更美好》。

【7. 歌舞《明天更美好》】

女：回首"十二五"，辉煌的篇章令人欣慰；

男：展望"十三五"，光明的新篇亟待开启。

女：让我们在以习近平同志为核心的党中央的坚强领导下，高举中国特色社会主义伟大旗帜。

男：加快中原崛起、河南振兴、富民强省，让中原在实现中国梦的进程中更加出彩。

女：2016年河南省政协新年茶话会文艺演出到此结束！

男：再次祝愿大家新春愉快，万事如意！

合：再见！

春节为农历新年，位列中国四大传统节日之首。春节的庆贺形式很多，团拜会是"团体拜年会"的意思，这种集体祝贺节日的礼仪形式，通常在农历正月初一前夕举行。2018年2月13日（农历腊月二十八），中共河南省委、河南省人民政府在郑州国际会展中心轩辕堂举办2018年春节团拜会，在郑的副省级以上现职干部和离退休老同志，以及各界人士出席团拜会，互致新春祝福。

这种高规格的文艺演出时长一般在30分钟左右，节目要求做到思想性、艺术性、观赏性的统一，主持词要求准确、凝练、充满激情。这台演出的主题是"新时代·新河南"，主持词从生态文明、经济实力、人民群众的获得感等不同角度诠释"新河南"的内涵，在此基础上，紧扣新时代新要求，激励大家担当新使命、昂首新征程。

新时代·新河南

2018年河南省委、省政府春节团拜会文艺演出主持词

【1. 开场《恭贺新春》】

女：尊敬的各位领导，

男：尊敬的各位来宾，大家——

合：春节好！

男：吉祥如意又一年，欢天喜地贺新春。

女：在这新春佳节即将来临之际，我们在此欢聚一堂，共迎新春。首先，请允许我们向各位领导、各位来宾拜年，祝大家新春愉快，身体健康，工作顺利，

合：阖家幸福！

男：回望过去的岁月，在让中原更加出彩的征程上，"四张牌"打出河南新气质，"四大攻坚战"塑造河南新形象，"三个高地"打造河南新面貌，"三大提升"展现河南新内涵。

女：正如习总书记所说"幸福都是奋斗出来的"。河南之新，最关键的一点在于全省上下牢记总书记嘱托，焕发出崭新的精神风貌，迸发出巨大的实践伟力。

男：全省广大党员干部群众高举习近平新时代中国特色社会主义思想伟大旗帜，深入学习贯彻党的十九大精神，弘扬红船精神和焦裕禄精神、红旗渠精神、愚公移山精神，传承红色基因，初心不改，牢记使命。

女：接下来，让我们乘着歌声的翅膀，追寻峥嵘岁月，重温红色记忆。

【2. 流金岁月《英雄组歌》】

女：今天咱们演出的主题是"新时代·新河南"，这个"新"字，在人民群众眼里那就是生活越来越好了，环境越来越美了，获得感越来越多了，幸福感越来越强了。

男：就拿环境治理来说，随着蓝天、清水、净土行动的实施，去年全省的空气优良天数达到了224天，一幅青山绿水、山河如画的美好图景正在中原大地徐徐展开……

【3. 舞蹈《荷风》】

男：在过去的几年里，咱们河南按照总书记指明的方向，着力打好产业结构优化升级、创新驱动发展、培育发展新优势和新型城镇化"四张牌"，走出了一条具有河南特色的出彩之路。

女：刮目相看新河南！我们看到的是全省生产总值踏上了4.5万亿新台阶的自豪，是近600万农村脱贫群众的欢笑，是"三区一群"建设的满目美景。

女：带着收获的喜悦和最美的憧憬，咱们河南以崭新的形象迎来了一个万紫千红的春天。

男：中原风光好，梨园春色浓。伴着一阵阵激越的锣鼓，那熟悉的红色经典旋律在我们耳边响起。

【4. 戏曲联唱《梨园春色》】

女：进入新时代要有新本领，进入新时代要有新精神。

男：进入新时代要有新气象，进入新时代要有新作为。

女：2018年是全面贯彻落实党的十九大精神的开局之年，是改革开放40周年，是实施"十三五"规划承上启下的关键一年，也是决胜全面建成小康社会、开启新时代河南全面建设社会主义现代化省份新征程的重要一年。

男：决胜全面小康，让中原更加出彩，使命重大，责任在肩。带着亿万中原儿女的热切期盼，我们凝聚磅礴正能量，建设现代化新河南。

【5. 歌舞《出彩新河南》】

男：放歌新时代，展望新年景。

女：出彩新河南，昂首新征程。

男：让我们紧密团结在以习近平同志为核心的党中央周围，在省委、省政府领导下，锐意进取，埋头苦干，在实现中华民族伟大复兴的中国梦进程中奋力谱写中原更加出彩的新篇章。

女：2018年河南省委、省政府春节团拜会文艺演出到此结束！

男：再次祝愿各位领导、各位来宾新春愉快，工作顺利！

女：各位领导、各位来宾，再见！

合：再见！

春节的文艺活动丰富多彩，其中，各个电视台特别是中央电视台推出的春节联欢晚会，用小品、歌曲、歌舞、杂技、魔术、戏曲、相声剧等多种艺术形式，把现场和电视机前的观众带入节日狂欢之中，已经成为广受观众欢迎的春节文化品牌。2010年2月5日，郑州电视台在郑州艺术宫进行了"盛世和韵——2010年郑州市迎新春电视文艺晚会"的录制。

这台春晚总体策划上以团圆、亲情、乡情为主题，在欢乐祥和的气氛中，融入反映郑州新成就、新变化的内容。特别是邀请著名笑星范军加盟主持人团队，使整体的主持风格更加轻松、活泼，这就要求主持词要用接地气的方式甚至是俏皮话来聊年俗、聊发展、聊幸福感，尤其是在一些话题的设计上，需要制造"包袱"，以加强诙谐幽默感，使观众融入其中，笑声不断。

盛世和韵

2010年郑州市迎新春电视文艺晚会主持词

【1. 歌舞《过年好》】

甲：尊敬的各位领导、各位来宾，

乙：现场和电视机前的观众朋友们，大家——

合：过年好！

丙：大家现在看到的是"盛世和韵——2010年郑州市迎新春电视文艺晚会"。在这新春佳节到来之际，我们四位首先要向全市人民拜个早年！

丁：要拜年就得东西南北、四面八方、男男女女、老老少少、方方面面都拜到。看我的，首先我向解放军和武警官兵拜个年，再向警察同志拜个年，然后给各个企业、商家拜个年，最后呢，我要给工作在异地他乡的郑州老乡拜个年。

甲：说了这么多，咱们该说拜年词了。

丁：那中，你先说。

甲：祝全市各行各业兴旺发达，如嵩山松柏岁岁常青！

乙：祝全市男女老少吉祥如意，像二七名塔步步登高！

丙：祝全市千家万户生活幸福，如黄河之水万古长流！

丁：祝全市改革发展再展宏图，像少林功夫虎虎生威！

乙：哎，诸位，这年也拜了，咱们下一步该干什么？

丁：那还用说，看节目。

丙：范军，那可不中，这大过年的，家家户户贴春联、挂灯笼，您这么有才，怎么着
　　也得先送大家一副春联吧。

丁：这简单，现成的！主席的诗词：风雨送春归，飞雪迎春到。

甲：横批是——

合：红梅映雪报新春。

【第一篇章】

【2. 舞蹈《红梅映雪报新春》】

甲：（对乙）春节到了，从小到大，你对过年最深的感触是什么？

乙：那还用说？团圆。一年一度的新春佳节，是咱们中国人团圆的节日。人们常说，
　　有钱没钱，回家过年。每到这个时候，每一个出门在外的人，心里都有一个强烈
　　的愿望，那就是——回家。

甲：车再挤，船再满，也要忙着往家赶；山再高，路再远，也要回家过大年。今天，
　　咱们的演出现场就来了一位刚刚从北京赶回家过年的老乡——青年歌手岳夏。

乙：在这里，她要用自己的歌声表达对家乡的情感，期待着我们的城市更加美丽。

【3. 歌曲《期待》《纪念》】

丙：谢谢岳夏带来的美妙歌声。（对甲）今年是虎年，虎在中国人的心目中是百兽
　　之王，你发现没有，许多带"虎"字的成语都是赞美之词。

甲：没错，比如说虎背熊腰、虎步龙行、虎啸风生、虎狼之势、虎略龙韬、如虎
　　生翼……不过给我印象最深的还是小时候的那首歌谣——《两只老虎》。

丙：那你在这里给大家唱唱吧。

甲：还用我唱？你看，来了——虎孩儿和虎妞儿。

【4. 相声小品《两只老虎》】

甲：观众朋友们，在这喜迎新春的盛典，看到大家一张张舒心的笑脸，我们都会发出
　　由衷的感叹，2009年，全市经济增长能够完成"保12"的目标，真是太不容易了。

乙：回首过去的一年，受国际金融危机的严重冲击，我市经济社会发展遇到了严峻
　　挑战。面对异常困难的局面，在市委、市政府的正确领导下，通过全市上下的
　　齐心协力、克难攻坚，我们战胜了危机带给我们的严峻考验，取得了保增长、
　　保态势、保民生、保稳定工作的重大胜利。

甲：在城市建设方面，快速公交的开通，地铁一号线的开建，火车站西广场的竣工，以及郑州新区的挂牌等一桩桩大事、好事，都让咱们郑州人兴奋不已。

乙：许多个流光溢彩的夜晚，唱起那熟悉的《郑州小夜曲》，咱们心情格外美丽。

【5. 女声独唱《郑州小夜曲》】

丙：范军，我们都知道这一过年，小孩就大了一岁，您今年多大了？

丁：咦，你这孩儿，哪有这样问年龄的？

丙：那该咋问？

丁：你应该问，我是属啥的？

丙：对、对，如果你说你属虎，那不是一岁就是十二岁。

丁：嗨，你这不是抬杠吗？

丙：开个玩笑。一个生肖一代人，一岁一首生肖歌。我们每个人都有各自的属相，每当新春佳节来临，人们都爱说今年是虎年，是属虎人的本命年，明年是兔年，后年则是龙年……

丁：你这一说，咱们干脆以十二生肖为内容送观众朋友一副对联怎样？

丙：是不是又和前面那副对联一样，横批比对联还长？

丁：不会，这副对联绝对有文化，我出上联：鼠牛虎兔龙蛇马羊猴鸡狗猪吉祥生肖。

丙：太简单了，下联是：子丑寅卯辰巳午未申酉戌亥好运轮回。

丁：横批是——

合：龙腾虎跃闹新春。

【第二篇章】

【6. 武术《龙腾虎跃闹新春》】

丁：你看，咱少林武术一出手，这新春闹得得劲吧。

丙：那是当然。要不中央台的春晚怎么年年要请他们去？

丁：要说这过年呀，其实过得也就是这一个"闹"字。你看，年夜饭、拜大年、贴春联、放鞭炮，哪样不是热热闹闹的？要有一台大戏就更加热闹了。

丙：嗨，还真让你猜对了。过大年唱大戏，你听，锣鼓家伙响起来了。

【7. 戏曲组合《新年新喜》】

丙：范军，看了刚才的戏曲节目，我突然想起一个问题，这戏曲在元代的时候被称为杂剧，是不是和杂技之间有着什么联系？

丁：那是当然，戏曲融合了歌舞、说唱、杂技、武术等各种元素，从它的萌芽到鼎盛都与杂技密切相关。元代之所以称戏曲为杂剧，就是因为当时戏曲与杂技经常同台演出，戏曲通过这种渠道把杂技的技巧融入自身。

丙：而现在呢，戏曲又开始反哺杂技，你看，下面这个喜庆热闹的杂技节目就融进了不少戏曲的元素！

丁：那好，让我们一起欣赏中国杂技团带来的国际金奖节目《俏花旦》。

【8. 杂技《俏花旦》】

甲：《俏花旦》的精彩之处在于一个"俏"字，你发现没有？咱们郑州也正变得越来越俏，就像一首歌里唱的"一首高亢的豫腔放飞的高天上，告诉我古都的表情，不再是黄水黄"。

乙：对，咱们郑州在七十年代就以城市绿化率的全国之最赢得了"绿城"的称号，在向"三化两型"城市的目标发力的今天，为打造生态宜居"绿城"，生态建设更是可圈可点。

甲：打量眼前的郑州，天更蓝了，水更清了，行道树更绿了，绿地游园更多了，瞩目郑东新区，碧水蓝天与绿色城市融合，真是人与自然和谐共生的"水域靓城"。

乙：更为可喜的是，随着城市的进步，市民的环保意识在不断增强，文明程度在不断地提高。相信大家对去年11月那场几十年不遇的大雪记忆犹新，下面的节目，就源自那场大雪中一个真实的故事。

【9. 音乐剧《郑州，美丽的家》】

甲：朋友们，其实今天的郑州不仅是咱们郑州人美丽的家，它还以优越的投资环境成为海内外知名企业和商家抢滩登陆的兴业平台，一座活力无限的黄河之都聚焦着世人的目光。

乙：今晚，著名的阿里郎组合也从遥远的北国给我们带来了节目的祝福，掌声有请。

【10. 阿里郎组合新春祝福】

乙：（对甲），春节是迎接春天的节日，"一年四季，以春为首"，说到春天，你的第一反应是什么？

甲：春暖花开，首先想到的当然是花。春天是万物萌生的季节，能够充分反映春天欣欣向荣风貌的，莫过于那万紫千红的花朵。

乙：历代诗人是最懂得春花烂漫中的无限春意的，他们在诗中反复吟唱春天的花，比如"等闲识得东风面，万紫千红总是春""春色满园关不住，一枝红杏出墙来"等。

甲：说到这里，您说咱们是不是也该以花为题送给观众朋友们一副对联？

乙：好啊，我出上联：姚黄魏紫牡丹艳。

甲：我对下联：桃红李白月季娇。

乙：横批是——

合：万紫千红咏新春。

【第三篇章】

【11. 舞蹈《万紫千红咏新春》】

甲：万紫千红咏新春，咏唱的是绚丽的憧憬，放飞的是崭新的希望。

乙：叩响新年的门扉，市委经济工作会议已经明确了今年的任务，锁定了13%的增长目标。

甲：迎着春光出发，我们正用追求点燃激情，用干事释放激情，用斗志挥洒激情，用成效升华激情。真可谓剑锋所指，所向披靡。

乙：接下来，请欣赏青年歌手吉喆带来的女声独唱《论剑》。

【12. 女声独唱《论剑》】

丙：范军，在您的作品里面，我最喜欢的是您的《劝驴》。

丁：那是反映改革开放农村变化的作品，人的生活条件好了，驴的生活条件也"噌噌噌"跟着往上升。

丙：您学的驴叫特别好听，比她唱的还好听。

丁：人逢喜事精神爽嘛，驴也一样，心情好了，叫起来也好听。

丙：今天是迎春晚会，在这里，您是不是也给大家叫上几声？

丁：不中不中，在迎春晚会上我这一叫，那不成叫春了？

丙：您这是典型的用词不当，这叫作驴声不断咏新春。

丁：那也不中，我心情不好。

丙：为啥？

丁：我的主人进城打工去了，生活更加富裕了。

丙：你应该高兴呀？

丁：生活好了，他们又想要离婚了。

丙：你该好好劝劝他们，给他们做做思想工作。

丁：他们没找我，找村主任去了。

丙：那咱们一块去听听，看他们都说些啥。

【13. 小品《乡村趣事》】

甲：谢谢三位给大家带来的欢笑。朋友们，在近年的歌坛，有一首歌颂母亲的歌打动了许多人的心，那就是毛阿敏演唱的《天之大》。

乙：那歌声触动着我们内心深处那份最柔软的情感，告诉我们时刻不要忘记父母的养育之恩。

甲：我们都说，春节是万家团圆的日子。过年了，不管多忙，咱们都该回家看看。如果实在不能回去，也别忘了给老人送去一声问候，捎去一份心意。

乙：在这里，让我们一起欣赏著名歌手毛阿敏带来的这首深情的歌。

【14. 女声独唱《天之大》】

丙：范军，新年到了，在新的一年里，你有什么打算？

丁：其实我的打算也很简单，就是多出几个好作品，给大家带来更多的笑声。

丙：你这打算还简单呀，每个好作品凝聚的那可都是心血和智慧。

丁：那是当然，所以说，在新的一年里，我和咱们全市的老少爷们、兄弟姐妹一样，还要再加一把劲。

丙：对，从自己做起，从小事做起，为构建和谐郑州，为加快"三化两型"城市建设多出一把力。

【15. 歌舞《盛世和韵》】

甲：奏响盛世和韵，我们激情满怀。

乙：共舞时代春风，我们再创辉煌。

丙：观众朋友们，2010年郑州市迎新春电视文艺晚会到这里就要结束了，感谢大家在电视机前陪伴我们的节目。

丁：真诚祝福各位朋友新年快乐、万事如意！再见！

合：再见！

在中国广播电视协会电视文艺工作委员会"盛视2012全国春节电视文艺晚会评选"中，获得一等奖的"龙腾中原——河南省2012年春节文艺晚会"是一台主题性很强的晚会。2011年，以《国务院关于支持河南省加快建设中原经济区的指导意见》出台为标志，中原经济区正式上升为国家战略，中原经济区建设成为晚会的鲜明主题。

对于这样一台以喜迎新春佳节为特定氛围，把中原经济区建设这一主题贯穿始终的文艺晚会来说，在晚会的节目和主持词内容上，要着力解决的是春晚这一特定形式对中原经济区主题的承载问题。我们找到的结合点就是，春节的喜庆欢乐是我们正在享受中原经济区建设成果带来的幸福，新春展望的是我们投身中原经济区建设不断创造更多的幸福。整体基调是亲情与乡情相融，深情与豪情交织。

晚会主持人分别为河南电视台节目主持人庞晓戈、关枫、马晓红、李伦。

龙腾中原

河南省2012年春节文艺晚会主持词

【1. 歌舞《盛世迎春》】

甲：尊敬的各位领导、各位来宾，

乙：现场和电视机前的观众朋友们，大家——

合：春节好！

丙：这里是河南省2012年春节文艺晚会的演播现场。

丁：在这万家团圆、辞旧迎新的时刻，首先我们要向辛勤奋战在全省各行各业、各条战线的广大干部群众，

甲：向为河南发展做出贡献的离退休老同志，

乙：向驻豫人民解放军、武警部队官兵和公安干警，

丙：向所有关心支持中原经济区建设的海内外朋友们——

合：拜年了！

丁：祝愿大家在新的一年里：身体健康、合家欢乐、工作顺利、

合：万事如意！

甲：欢聚一堂辞旧岁，歌舞飞扬迎新春。朋友们，今晚，我们河南电视台1500平方米演播厅张灯结彩、喜气洋洋。

乙：省委、省人大、省政府、省政协、省军区的领导同志也来到了晚会现场，和我们欢聚一堂，共贺新春。

丙：对咱们河南来说，2011年是很不平凡的一年。这一年，以《国务院关于支持河南省加快建设中原经济区的指导意见》的出台为标志，中原经济区正式上升为国家战略，建设中原经济区已经成为中央对河南的要求。

丁：这一年，我们确定了持续探索，走一条不以牺牲农业和粮食、生态和环境为代价的"三化"协调科学发展的路子。这是全省干部群众多年来探索实践经验的概括总结，也是贯彻落实科学发展观的必然要求，得到了中央的高度认可。

丙：这一年，以"九论十八谈"为载体的用领导方式转变加快发展方式转变，学习交流和创新实践在全省广泛开展，春风化雨，成效显著。

甲：这一年，我省明确提出了以务实发展树立务实河南形象的目标。我们所有的工作最终都落实到"做"上，经济社会发展再上台阶，务实发展的河南呈现出好的趋势、好的态势、好的气势。

乙：可以说：2011年，河南气象辉煌；2012年，中原风光更好。

【2. 插播短片《名人拜年》】

【3. 篇章短片《福泽中原春风暖》】

乙：（对甲）晓戈，过年了，你感觉春节最开心的是什么？

甲：那还用说，和家人亲亲热热地在一起拉家常，到亲戚家里拜个年，用微博、QQ和同事朋友聊聊天，那种温馨是别的时段没法比的。

乙：没错。说说去年的喜庆事，聊聊今年的新打算，人人都是神采飞扬、春风满面。特别是今年春节，中原经济区更是见面必谈的热点话题。

甲：可不，中原经济区建设是国之大事、省之大计、民之大业，咱大家伙一提起这事，一个字——美！

【4. 女声三重唱《赶上好时候》】

甲：赶上好时候，幸福天天有。不过有件事可得抓紧，我问你，你们家的年夜饭准备好了没有？

乙：还用准备？今年总算做通了我妈的工作，到酒店去吃。

甲：那你订好了没有？

乙：早订好了。一个月前酒店就给我打电话，说今年订年夜饭的特别多。

甲：没错，你看那业务员多忙。

【5. 相声《年夜饭》】

丙：你看，这么多外地客商在河南过年，这酒楼饭店可真够红火的。

丁：那是，政策好啊。要知道，国务院对中原经济区的定位和评价非常高，给的政策也很多。

丙：难怪在国务院的《国务院关于支持河南省加快建设中原经济区的指导意见》出台后，周边省份许多城市都忙着向国家发改委打报告，主动要求融入中原经济区。

丁：对，中原一家亲。咱们周边六省电视台的主持人就来到了晚会现场，和大家一起过年。

　　（山东、山西、河北、江苏、湖北、安徽六省主持人出）

鲁：我是山东电视台主持人，（方言）轩辕始祖告诉我，家在中原。

晋：我是山西电视台主持人，（方言）青铜甲骨告诉我，根在中原。

冀：我是河北电视台主持人，（方言）九曲大河告诉我，爱在中原。

苏：我是江苏电视台主持人，（方言）中国功夫告诉我，赢在中原。

鄂：我是湖北电视台主持人，（方言）富贵牡丹告诉我，福在中原。

徽：我是安徽电视台主持人，（方言）大地春潮告诉我，美在中原。

甲：盛世如花歌如海，接下来，我们就把河南和这六个省的民歌交织在一起，编成一个七彩的花篮，迎接新春的到来！

【6. 歌立方《八面来风》】

【7. 插播短片《豫商祝福》】

【8. 篇章短片《和谐中原春意浓》】

甲：这些真诚的祝福，让我想起家家户户大门上的春联。红红的春联增添了喜庆的气氛，细细琢磨那带着祝福的词句，其实都是时代的缩影。

乙：说的没错，前两天我在春联摊前转悠，嘿，别看条幅那么多，出现最多的就是两个字，一个是龙年的"龙"，一个是和谐的"和"。这个"和"字，浓缩的是家庭的和睦、生活的和美、社会的和谐。

甲：还有，咱们中原经济区建设的核心任务是积极探索出一条不以牺牲农业和粮食、生态和环境为代价的"三化"协调发展的路子，突出的其实就是一个"和"字。

乙：在过去的一年里，咱们河南务实发展，在推进"三化"协调发展方面取得了可喜的成绩，粮食生产再创新高，对外开放成绩斐然，民生得到持续改善。

甲：说起这些呀，咱们也跟丰收的农民一样，一个字——乐！

【9. 大调曲《乐丰收》】

丙：你看，今年又是丰收年，咱农民朋友多高兴。吃年夜饭时肯定要多喝几杯。

丁：晓红，你就别提年夜饭了，一说到年夜饭，那些出门在外的人可是归心似箭。

丙：是啊，出门在外，谁不想家呢？不过，我常听在外地务工的朋友说，每年春节前是既喜又忧，喜的是合家团圆，忧的是离别时的难舍难分。

丁：那都是过去时。今年回家，对于许多外出务工人员来说，意义已经大不一样了。

【10. 小品《回家》】

【11. 歌曲《妈，我回来啦》】

甲：是啊，出门的日子就盼这一刻，亲亲热热喊一声妈。从去年开始，咱们河南的农村劳动力省内转移已经超过了省外，大部门的务工人员在家门口就能找到工作，能天天和父母亲人在一起了。

乙：对，这就是生活的幸福。晓戈，你发现没有，在中国文化中，幸福和红色有一种必然的联系。

甲：可不，就拿过年来说，从红灯笼到红春联，从装压岁钱的红包到红红的中国结，一个"红"字，寄托着世世代代对幸福生活的渴望。

乙：其实还不仅是渴望。你知道信阳红吧，从信阳红开始，咱河南又有桐柏红、函谷红、牡丹红三个红茶品牌，在全国一次次掀起"红茶风暴"，这里的"红"描绘出的可是红红火火的好光景。

甲：那好，接下来，咱们就给大家献上一杯甘甜香醇的信阳红。

【12. 舞蹈《信阳红》】

【13. 插播短片《群众拜年》】

【14. 篇章短片《给力中原春光好》】

丁：看了刚才的拜年短片，我感觉到一种浓浓的乡情扑面而来，就像大年初一走在大街上，每一张笑脸都是那么亲切。

丙：你还别说，同样是拜年，我今年品出一种不同的感觉，那就是大家的话语中更多了一份自信，浑身上下洋溢着一种激情和活力。

丁：对，又是一个春天来了，全省各地及早谋划，务实运作，处处升腾着时不我待、力争上游的气势，这就应了咱们中国那句老古话"人勤春早"。

丙：俗话说"过大年唱大戏"，带着这种精神头，今年过年搭起节日的戏台，不管是豫剧还是京剧，听起来都是格外舒坦、格外得劲。

【15. 戏曲《贺新春》】

乙：好戏连台在中原，曲甜词美舞台宽。过去的一年，咱们河南的银幕荧屏和艺术舞台精品迭出、亮点频闪。

甲：敬畏文化、学习文化、振兴文化、服务文化。新的一年，咱们河南又有一台台立足传统文化、弘扬民族精神的大剧正在紧张创作之中。

乙：今天，河南电视台正在倾力打造的电视剧《大河儿女》的主创人员也来到了晚会现场，和大家一起共贺新春。掌声欢迎。

【16.《大河儿女》的主创人员上台贺新春】

（三人上台）

甲：朋友们，这位就是《大河儿女》的编剧高满堂！大家熟悉的《钢铁年代》《闯关东》等很多具有轰动效应的作品都出自他的笔下。

乙：这位是《大河儿女》的导演安建，前段时间热播的电视剧《双城生活》就是他执导的又一部力作。

甲：这位是《大河儿女》的制片主任杨振盛。杨老师、高老师和安老师组成了黄金搭档，《北风那个吹》就是他们三个人心血的结晶。

乙：高老师，作为一个"金牌编剧"，您是怎么想到要为河南人写戏的呢？

高：（重点）为河南这片厚土和热土而感动，为河南人的大气和热情而感动，所以我要为河南人写戏。

甲：安老师，在《大河儿女》里，你要塑造的是怎样的河南人？

安：（大意）我想通过《大河儿女》重塑河南人重情重义的形象，写出在苦难面前河南人一直朝前走的坚韧。

乙：谢谢。正如刚才两位老师说的，在苦难面前，河南人有着一直朝前走的坚韧。同样，在机遇面前，中原儿女有着力争先行的自信。

甲：接下来，我们河南电视台的主持人将和周边六省电视台的主持人一道，用激情的诗行，表达中原儿女凝心聚力、携手奋进的共同心声。

【17. 诗歌朗诵《凝心·聚力》】

【18. 插播短片《群体拜年》】

【19. 篇章短片《龙腾中原春潮涌》】

甲：情系大中原，声声送祝福。在这里，我们特别要向那些远离家乡的河南籍解放军指战员和武警官兵送去新年的祝福，向驻豫解放军指战员和武警官兵表示崇高的敬意。

乙：军民鱼水情。在新的历史时期，我省和驻豫解放军、武警部队大力推动军民融合式发展，军民之情持续融合，融在老百姓的心坎上，融在子弟兵的血液里，融在中原经济区的美景中。

甲：去年风景独特，今年风光更好。走进龙年的春天，龙带给我们吉祥和幸福，同时，龙更象征我们昂扬向上的力量，势不可挡的气势。

乙：把中原经济区建设成科学发展的高地，积聚财富的宝地，惠及亿万人民的福地。我们说到做到、说好做好。

【20. 歌曲《说干就干》】

丙：是啊，说干就干！中原经济区建设关键在干，关键在做，关键在实，关键在效。

丁：透过中原儿女的心血和汗水，一个自强不息、务实发展的河南，一个开放包容、和谐文明的河南，一个日新月异、充满生机的河南，正以崭新的风采，展现在——

合：世人面前！

【21. 舞蹈《风采》】

丙：今日河南的风采，就是务实河南的形象。

丁：迎着明媚的春光，放飞华夏祖地的希望。

丙：笑迎四面来风，我们风鹏正举。

丁：挺立天地之中，我们勇于担当。

【22. 歌曲《中原担当》】

甲：春风拂面满眼新，中原崛起正当时。

乙：观众朋友们，龙年之春开启了我们新的征程，中原经济区建设，又将迈开新的前进步伐。

丙：在新的一年里，让我们在省委、省政府的正确领导下，深入贯彻落实科学发展观，坚持"四个重在"的实践要领，持续求进、积极作为。

丁：在迎接挑战中把握机遇，在服务大局中加快发展，推动中原经济区建设迈出坚实步伐，以优异成绩迎接党的十八大胜利召开！

【23. 歌舞《放歌中原》】

甲：龙腾中原，我们激情满怀。

乙：龙腾中原，我们热血沸腾。

丙：龙腾中原，我们志在高远。

丁：龙腾中原，我们务实前行。

甲：朋友们，河南省2012年春节文艺晚会到这里就要结束了，谢谢大家！

乙：真诚祝福各位朋友新春快乐，万事如意！

丙：朋友们，再见！

主 题 演 出

专题活动

在 2010 年春节到来之际，为切实加强廉政文化建设，使广大党员干部时刻绷紧廉洁自律这根弦，1 月 23 日晚，由河南省纪委、河南省监察厅主办，郑州市纪委、郑州市监察局、郑州市委宣传部承办的"清风和谐满园春——省会迎新春廉政戏曲文艺晚会"在河南电视台 8 号演播厅举行。

晚会以戏曲艺术为主要形式，综合歌舞、小品、文学、电视等多种艺术元素，把"春节晚会"和"廉政题材"相结合，主持词也将廉政文化宣传融入新春祝福，从戏曲艺术延伸到中国传统文化中"梅兰竹菊"所寓意的美好品格，巧妙展现河南省特别是郑州市近年来反腐倡廉建设取得的巨大成就，以及广大党员干部勤政廉政的优良作风，使广大观众在潜移默化中接受廉政教育。

清风和谐满园春

省会迎新春廉政戏曲文艺晚会主持词

【1. 歌舞《清风和谐满园春》】

男：尊敬的各位领导、各位来宾，

女：亲爱的观众朋友们，

合：大家好！

男：欢迎光临省会迎新春廉政戏曲文艺晚会！在此新春佳节即将到来之际，请让我们向各位领导、各位来宾和观众朋友们致以新春的祝福，祝大家新春愉快、万事如意！

女：本台廉政文化主题晚会，由中共河南省纪律检查委员会、河南省监察厅主办，中共郑州市纪律检查委员会、中共郑州市委宣传部、郑州市监察局承办。

男：近年来，省委、省政府在加大惩治腐败力度的同时，切实加强预防腐败工作，高度重视廉政文化建设，出台了《关于进一步加强廉政文化建设的意见》，广泛整合社会资源，调动方方面面的积极性，有计划、分层次、全方位地推进廉政文化建设。

女：通过开展廉政文化建设，广大党员干部的廉洁理念普遍增强，全社会崇廉尚廉的社会氛围更加浓厚，在全省初步形成了以廉为荣、以贪为耻的良好社会风尚。

【2. 四平调小戏《母亲》】

（大屏：梅）

女：梅花那凌寒留香、铁骨冰心的形象，是中华民族坚强品格的化身，象征着共产党人的坚定信念和高风亮节。

男：在这里，当我看到这一簇簇报春的红梅时，我好像还看见了农家院里的一张张《村情民意》小报，看到了村民们一张张欣慰的笑脸。

女：近年来，省委把加强农村基层党风廉政建设作为一项重要工作来抓，推行"四议两公开"工作法、设立农村"三资"服务中心、推广《村情民意》小报，有力地促进了社会主义新农村建设。

男：说到这张小报，一位村民这样说道："小报虽小作用大，事事公开明白化，村干部行为受监督，干群关系更融洽。"

【3. 戏曲表演唱《魅力小报》】

男："小小一片纸，解决大问题"，如果说《村情民意》小报是监督干部的有效渠道，那么"四会一课"则是教育干部的成功实践。

女："四会一课"就是抓住干部容易产生腐败的关键时期、重要事项和重点对象，及时开展谈话教育，起到抢先一步、大喝一声、猛拉一把的教育效果。

【4. 戏歌《"四会一课"唱新声》】

女：提起"廉洁"的"廉"，人们常常会想到"莲花"的"莲"，情不自禁地吟诵起《爱莲说》中的名句："出淤泥而不染，濯清涟而不妖。"

男：对于广大领导干部来说，只有树立正确的世界观、人生观和价值观，牢牢把握党纪国法防线，不断提高"自净"能力，做到廉洁从政，才能像青莲一样亭亭玉立、叶绿花艳。

【5. 舞蹈《莲·花》】

男：莲花以其清新、高雅的形象，以其出淤泥而不染的品行，为世代所咏唱。

女：其实，做人与为官都是如此，生活追求平淡，人生追求高远，就能清清白白、堂堂正正，永葆坚定信念。

【6. 戏歌《为人与为官》】

（大屏：兰）

女：兰花最令人倾倒之处是她的素洁坚贞、甘于寂寞、长葆本性、品位高雅。我们欣赏兰花那淡淡的颜色、幽幽的清香，那润物细无声的雅致。

男：在咱们省会郑州，就有这么一个雅致的地方。在那静谧温馨的氛围里，相对而坐、侃侃而谈的，不是家人，不是亲友，而是纪检监察干部和有违纪苗头的党员干部。这就是清风茶社。

【7. 戏曲小品《清风茶社》】

男：廉洁奉公是党员干部的行为准则。在我们党的干部队伍中，涌现出一大批立党为公、执政为民的优秀人民公仆，在我们河南兰考，还出现了一位"县委书记的好榜样——焦裕禄"。

女：2009 年 12 月 13 日，中共河南省委领导专程赶赴兰考，缅怀焦裕禄同志。他说，焦裕禄对党的忠诚，对人民的热爱，突出表现在满怀对党和人民的深厚感情，始终坚持说到做到、说好做好。他的精神鼓舞、影响了几代人，特别是几代干部的成长，是激励我们前进的精神动力。

【8. 情景音画《榜样》】

（大屏：竹）

女：挺拔劲节、青翠欲滴的翠竹，既有梅凌寒傲雪的铁骨，又有兰翠色长存的高洁。

男：人们赞赏竹的"劲节"、竹的"坚韧"，更爱戴坚定操守、清正为官的党员干部。

女：刚刚过去的 2009 年，全省开展了学习实践科学发展观和"讲党性修养、树良好作风、促科学发展"教育活动，广大党员干部的廉洁从政和为民服务意识进一步增强，人民群众对全省党风廉政建设总体状况的满意度进一步提高。

男：同样，在源于生活的艺术舞台上，现代豫剧《七品青莲》也赢得了广大观众的普遍欢迎。

【9. 豫剧《七品青莲》选段】

男：在这喜迎新春佳节之际，我们以戏曲文化为载体，演绎的是廉政的鲜明主题，创造的是廉政文化的氛围。

女：中国戏曲拥有自觉的社会意识和责任意识，尤其是豫剧，以优秀的传统文化为基调，弘扬真善美，鞭挞假恶丑。

男：豫剧《穆桂英挂帅》展示的是穆桂英舍生忘死、为国尽忠的情怀，千百年来，英雄的故事就这样滋养着一代代中华儿女，浸润着民族魂魄的基因。

女：接下来，请欣赏《穆桂英挂帅》的精彩唱段。

【10. 豫剧《穆桂英挂帅》选段】

（大屏：菊）

女：菊作为傲霜之花，以其高洁坚贞的情操，在传统文化中被视为高尚人格的象征，不断提醒我们修身、实干和奉献。

男：我国自古就有崇廉、尚廉、尊廉、守廉的传统，除了"梅兰竹菊"的诗意表达，最为直接的莫过于戏曲舞台上那个铁面无私、刚正不阿的"包公"。

女：在戏曲舞台上，不但关于包公的戏很多，而且还有"包黑头"标志性的舞台形象，生动地反映了包拯清廉正直、无私无畏的可贵品格。

男：下面，我们就一起欣赏京剧《铡美案》《赤桑镇》选段。

【11. 京剧《铡美案》《赤桑镇》选段】

女：反腐倡廉，关系人民群众的切身利益；反腐倡廉，关系党和国家的前途命运。

男：事实证明，始终不脱离人民群众，坚持立党为公，执政为民，共产党人既能打下江山，又能坐好江山。

【12. 歌舞《江山》】

女：廉政文化谱迎春新曲。

男：清风正气颂和谐中原。

女：在新的一年里，让我们深入贯彻落实科学发展观，大力弘扬和实践服务群众、艰苦奋斗、求真务实、知难而进、敬业奉献的精神和作风。

男：权为民所用、情为民所系、利为民所谋，聚精会神搞建设，一心一意谋发展，为促进社会和谐、全面建成小康社会做出新的更大的贡献。

女：省会迎新春廉政戏曲文艺晚会到此结束！再次祝愿大家新春愉快、万事如意！

合：再见！

由中国文联、河南省政府主办，中国音协、中国曲协、中国舞协、中国剧协和郑州市人民政府共同承办的"爱的致意——艺术家送欢乐下基层郑州大型慈善义演晚会"于2006年1月11日在河南省人民会堂举行。义演晚会演员阵容强大，汇集了音乐、曲艺、舞蹈和戏剧影视界一批具有很高知名度的中青年艺术家，知名艺术家蒋雯丽和濮存昕担任主持。

这台慈善募捐义演活动，现场安排有慈善小天使接受捐赠，并通过电话、微信等互动，演出的过程就是捐赠的过程。主持词要用真挚的语言和情感，传递人与人相互依存的道理，弘扬团结互助、关爱奉献的慈善精神，倡导大家一起伸出热情的双手，敞开友爱的胸怀，用真诚的心编织起爱的网络，用纯洁的情温暖共同的世界。

爱的致意

艺术家送欢乐下基层郑州大型慈善义演晚会主持词

【1. 歌舞《爱的致意》】

男：尊敬的各位领导、各位来宾，

女：现场和电视机前的观众朋友们，大家——

合：晚上好！

男：一曲深情、大气的开场歌舞《爱的致意》拉开了演出的序幕，在此新春佳节即将到来之际，请让我们向河南的父老乡亲，向普天下的华夏儿女，致以新春的祝福！

女：祝愿大家阖家欢乐、万事如意！

男：是啊，眼下年关快到了，又是三九严冬——深深的寒意使人们对温饱的需求更为迫切，对幸福团圆的渴望更加强烈。看着行色匆匆的路人，我们不能不想起那些还挣扎在灾难、穷困与苦痛中的贫弱者。

女：他们翘首以盼的眼神，期待着你，期待着我，期待着他。

男：所以，今晚，我感到欣慰，因为，我能和大家一道，捧出一颗颗滚烫的爱心，点燃冬天里的一把火，用爱的致意，让那些与困难搏斗的姐妹兄弟告别生命的冬季。

女：为了让今晚的演出成为大家奉献爱心的平台，为了让更多的人参与我们的慈善事业，中国移动、中国联通、中国网通特地开通了捐赠互动电话和短信平台，电视机前的观众朋友可以通过打电话、发短信的方式进行捐赠，同时，还可以点击"郑州慈善网"进行沟通、交流。

男：（公布热线电话号码、短信发送方式、"郑州慈善网"网址。）

女：为了方便现场观众捐赠，在晚会现场，我们设置了两个募捐箱。在演出进行中，将有 14 名圣洁的慈善小天使来到您的面前。

男：授人玫瑰，手留余香。关心慈善，功德无量。让我们一起伸出热情的双手，敞开友爱的胸怀，用真诚的心编织起爱的网络，用纯洁的情创造温馨的氛围，为了你，为了他，为了我们共同的世界。

女：下面，就让我们一起跟着祖海甜美的歌声走进飘荡着幸福山歌的爱的天地。

【2. 女声独唱《幸福山歌》《爱在天地间》】

男：说到对别人的帮助，有一句话最为形象，那就是"腾出一只手"，腾出一只手给卑微者——赞扬他们，腾出一只手给狂妄者——规劝他们，腾出一只手给奋斗者——推进他们，腾出一只手给绝望者——鼓励和拯救他们。

女：去年中央电视台春节联欢晚会上中国残疾人艺术团的经典节目《千手观音》让人震撼，光与影、梦与手绽放出层层叠叠的佛光普照，博爱四射的神圣之美，是跨越语言、跨越心灵、跨越苦难、跨越生命中各种波折的"爱的主题"。

【3. 舞蹈《千手观音》】

男：又是一次掌声响起，为了心中的千手观音，为了心灵又一次爱的洗礼。其实，所有的掌声都属于我们自己，因为，只要伸出一只只友爱之手，我们就是千手观音，就能让人间的情爱无限传递。

女：对，每个人心中都有善的因子，每个人身上都有善的品质，咱们的晚会刚刚开始，就接到捐赠电话××（现场统计）个，短信××（现场统计）条，接受捐赠款项达到××（现场统计）元。

男：其中，（公布 10 万元以下捐款单位名单及捐赠金额）。在此，我们要向所有热心慈善事业的朋友真诚地说一声谢谢！

女：有一个观众在电话中对我们说："感谢你们给了我这样一个机会，因为我始终相信，帮助他人就是帮助自己。"

男：还有一位署名"打工者"的观众发来短信说："我也是一个穷人，但慈善事业，不一定就是富豪们的事。尽管我不能成千成万地捐献，但也不能对别人的苦痛麻木不仁，如果不发这个短信，今晚我肯定睡不踏实。"

女：慈善不问动机，爱心不论贫富。接下来，常贵田、王佩元就要用欢笑把真情传送到你我心底。

【4. 相声《攀龙附凤》】

女："慈善"二字，拆解开来就是慈悲和善良，表达了人类的终极关怀。慈善，就是看到别人所经受的痛苦，内心感到同情，同时帮助他们解脱痛苦。只有爱别人，才等于爱我们自己。许多年前，那英以一首《雾里看花》给了人们"一双慧眼"，今晚，她给我们带来的是一缕爱的阳光。

【5. 女声独唱《爱的阳光》《最爱这一天》】

男："人"字的结构相互支撑。在人生的舞台上，离不开友爱和互助；在艺术的舞台上，离不开配合与互补。在下面这段青年舞蹈演员吕萌和赵媛的双人舞中，当你感受到芭蕾舞的魅力的时候，其实，你感受的就是他们之间舞蹈语言的和谐与心灵的默契。

【6. 双人舞《唐·吉诃德》】

男：朋友们，今晚，我们在这里相聚，而我们的心，却牵挂着那些贫困的老人，那些无助的孤儿，那些失学的孩子，那些受灾的同胞，那些病痛的人群，我们的眼前，叠映的是期盼和渴望的眼神。

女：那些贫弱者是我们社会大家庭的成员，是我们的父老乡亲、兄弟姐妹，尽我们自己的微薄之力去帮助和抚慰他们，是我们每个人应尽的义务，是全社会共同的责任。在此，著名歌唱家、中国音协副主席廖昌永要用他无与伦比的艺术感染力，点燃爱的火焰。

【7. 男声独唱《我和我的祖国》《斗牛士之歌》】

女：爱，是人类的共同语言；爱，是构建和谐社会最基础的元素。孟子说："爱人者，人恒爱之；敬人者，人恒敬之。"人与人之间，只有把相互关系建立在爱的基础之上，"人"字才能立起来，大家才能和谐共处。人们都在呼唤爱心再多一点，社会在渴望着爱的滋润与沐浴，在此，著名小提琴演奏家薛伟要用手中的琴弦，向我们表达爱的致意。

【8. 小提琴独奏《爱的致意》】

女：观众朋友们，根据工作人员的统计，演出进行到现在，我们共接到捐款电话××（现场统计）个，短信××（现场统计）条，接受捐赠款项××（现场统计）元。

男：其中（捐款单位名单及募捐金额）。

女：接下来，让我们掌声有请部分捐赠者和捐款单位的代表。

（在捐赠者上场的同时，主持人讲话）

男：当慈善小天使来到你身边的时候，请您伸出热情的双手。

女：电视机前的观众朋友们，我们的热线电话和短信平台期待着您的声音。

（捐赠者上台发表一句话感言）

（慈善小天使在场内接受募捐）

男：谢谢，感谢大家的爱心行动。朋友们，中华民族是礼仪之邦，在堆积了岁月烟尘的戏台上，戏曲以独特的叙述方式，传递着民族文化中真善美的精义，而他外在的程式化表演，体现出一种别具一格的艺术美质。

女：说到戏曲的美，我首先想起的是那些粉妆玉琢的古代佳人们绮丽而飘逸的霓裳倩影，想起旦角那秀美娴雅的扮相，那明亮甜美的嗓音。下面，著名豫剧表演艺术家虎美玲等将一展旦角的惊艳之美。

【9. 戏曲组合《梨园春色》】

女：太阳，代表着光明，象征着温暖。如果说，大自然的太阳抚育着世间万物，而我们心中的太阳就温暖着天地人心，这一轮太阳就是我们心中的爱，人间最美的情。接下来，让我们与著名歌唱家范竞马一道，尽情拥抱我的太阳。

【10. 男声独唱《我的太阳》《乡音乡情》】

男：生命对于我们，也许是很脆弱的。自诞生之日起，人类就从没有脱离过疾病、灾难和不幸的种种困扰。然而，生命之于我们，又是坚强的。这个坚强不只在于其本身的坚韧，顽强不屈，更源于生命之间的那种关爱、扶持与帮助。生命因爱而坚强，生命因爱而美丽。请欣赏著名舞蹈演员王晓燕带来的舞蹈《大姑娘美》。

【11. 舞蹈《大姑娘美》】

女：爱心是美德的种子，是一种充满人情味的社会温情，是对他人的同情、关注和给予。爱心付出的回报就是你得到别人的爱。大家都多一份关爱，世界就多一份温馨。正是怀着为社会弱势群体做点实事的共同心愿，我们今天相聚在这里，而且，在我们的义演队伍中，还有双胞胎哥俩一块来的，他们就是著名喜剧演员刘全和、刘全利。

【12. 小品《小鸟与蜜蜂》】

男：喜爱舞蹈的朋友对黄豆豆的名字肯定不会陌生，他表演的代表作《秦俑魂》轰动国际舞坛，被称为"中国古典舞的里程碑"。今晚，当他披起盔甲展示民族文化的雄浑和厚重之时，我们想起的，应该还有我国源远流长的慈善思想，乐善好施的传统美德。

【13. 舞蹈《秦俑魂》】

女：的确，咱们民族自古以来就有"慈心为人，善举济世"的优良传统。从村落家族的义舍、义米、义塾到宗教寺院救济贫病的善行，从政府开仓赈灾到社会的慈幼济贫，我国慈善义举薪火不断，世代传承。在今天的演员里面，就有一个还在大学就读的学生，那就是"超级女生"李宇春。下面，就让我们一起感受她为朋友们带来的爱的歌谣。

【14. 女声独唱《我的心里只有你没有他》、*Eyes Like Yours*（《像你一样的眼睛》）】

男：观众朋友们，晚会进行到现在，我又想起了开场那首童谣——一个众字三个人，就是你我他；一个篱笆三个桩，一起把手拉。由于您和社会各界的积极参与，今晚收到的捐赠金额已经达到××（现场统计）万元。

女：这份爱心将为贫困的人们送去温暖的亲情，为无助的病痛者撑起晴朗的天空，为失学的孩子鼓起希望的风帆，为千百万受灾的同胞重建崭新的家园。

男：你们的善心，感天动地；你们的善举，让这个世界少了一份遗憾，让生命更加精彩。

女：接下来，为我们用心连线精彩网络的是中国曲协分党组书记姜昆和著名相声演员戴志诚。

【15. 相声《精彩网络》】

男：爱心是笔永恒的财富，这笔财富的"永恒价值"在于温暖他人的同时，能收获精神的愉悦，证明自己的价值。

女：怀揣一颗慈善之心，无论何时、何地、何年、何月，都会产生一种爱的力量，引领我们不断取得进步，克服一切艰难险阻，让身心获得全然的释放与满足。在演出临近尾声的时候，让我们掌声有请著名歌唱家宋祖英，她要捧出的是火辣辣的一腔爱，甜美美的一片情。

【16. 女声独唱《辣妹子》《爱我中华》】

男：每一份关怀都是爱的致意，每一次感动都是心的洗礼。

女：捧出人间最真的情义，生命的旅途没有冬季。

男：朋友们，今晚的演出到这里就要结束了，尽管我们的演出时间有限，但我们心中的爱是无限的。

女：在这里，让我们共同祝愿——

合：好人一生平安！

合：观众朋友们，再见！

河南电视台精品博览频道于 2005 年 11 月 18 日开播，是全国首创独家电视文摘频道。精品博览频道开全国电视媒体之先河，依托"电视文摘"这一全新的运营模式，博采海内外电视精品节目，针对河南电视收视市场空缺，进行差异化、主题化、个性化编排，实施集束式播出。

频道开播晚会把新颖的节目、温馨的祝福、精致的频道宣传片、精彩的明星祝贺表演和隆重的开播仪式融为一体，在主持风格上更为亲和。晚会的舞台分主表演区和访谈区，主表演区承担着展示、推介、表演的功能，访谈区承担着串联、点睛的功能。在访谈区，主持人通过轻松的聊天和互动表演，向观众展示精品博览频道的特点和节目设置，并巧妙地连接节目。在主表演区，主持人用大气时尚的主持方式把握晚会热烈、欢快、轻松、时尚的特色，并将频道的定位、理念融入其中。

扬帆起航

河南电视台精品博览频道大型开播晚会主持词

【1. 晚会片头】

【2. 开场《快乐时尚风》】

（主表演区，马斌及频道一女主持人）

男：各位领导、各位来宾，

女：现场及电视前的观众朋友们，

合：大家晚上好！

女：这里是河南电视台精品博览频道开播晚会现场。我是频道主持人××，这位想必大家都很熟悉——中央电视台《第一时间》栏目中天天给咱们读报的马斌。

男：在平常的日子里，我每天给大家奉献的是报纸文摘。今天，我非常荣幸能和大家一起见证全国第一家电视文摘频道的横空出世。

女：今晚，出席晚会的领导有（见名单），让我们一起用掌声感谢他们对精品博览频道的关爱和支持。

男：承蒙河南省委宣传部、河南省广电局和河南电视台领导的支持和厚爱，河南电视台精品博览频道即将以时尚的形象闪亮地展示在大家面前，成为河南荧屏的亮丽风景。下面就让我们一同见证这历史性的时刻。

女：有请（领导姓名）为精品博览频道标志揭幕。

【3. 揭幕仪式和领导致辞】

（主表演区，马斌及频道一女主持人）

女：感谢（领导姓名）热情洋溢的讲话。河南电视台精品博览频道是河南电视台根据科学的市场分析，重点扶持、倾力打造的又一个重要频道，不同于以往我们所看到的频道，她有着自己独特的魅力。

男：精品博览频道在筹备之初，就坚持了"不播新闻，不播电视剧，不播其他上星节目，不播自制节目"的原则，确立了电视文摘的品牌定位。

女：我想，有了这一独特的品牌定位，有观众朋友的关爱，精品博览频道一定能在众多的电视媒体中脱颖而出，成为大家领略时尚、感受快乐的阳光视窗。

男：百闻不如一见，请看大屏幕。

【4. 频道整体宣传片】

（主表演区，马斌及频道一女主持人）

女：马斌，你每天在《第一时间》读报，今天这可是真正的第一时间，不知你感受如何？

男：两个字，兴奋。时尚是现代生活的象征，快乐是生命活力的源泉。精品博览频道以"传播快乐、传递时尚"为核心理念，把握住了现代追求的两大支点，为今后的发展预留了广阔的空间。

女：这一理念贯穿于节目版块的设置和具体的节目之中，丰富多彩的精品节目将时尚尽收眼底，让快乐与大家相伴，七彩荧屏构成一个魅力十足的万花筒。

男：对，杂志看《读者》，报纸看《文摘》，电视就看精品博览频道。现在，就请大家先睹为快。

【5. 节目《魔星高照》视频片段】

（主表演区，马斌及频道一女主持人）

男：怎么样，够精彩吧。透过《魔星高照》，我想大家已经初步领略了精品博览频道精品节目梦幻组合的魅力。这样的频道，不为她挤出点时间实在有点遗憾。

女：其实，这仅仅是踏进时尚与快乐之门，还有更多的精彩等待着您！下面，有请红桃 A。

【6. 红桃 A 魔术表演《魔幻天地》】

（魔术节目结束后，马斌和频道女主持人上前，与魔术师寒暄）

男：您这魔术可真能唬人啊。

女：我现在还整不明白，你这到底是真的还是假的？

魔术师：真的假不了，假的真不了。不信，我现在就可以把你们俩变没了。

男：嘿，今天我还真想见识一下。

（魔术师推上一大电视机，马斌和频道女主持人钻入，魔术师一番比画后，变出特邀嘉宾主持郑琳和频道另外两个主持人甲、乙）

甲：郑老师，这魔术可真是太神奇了。

郑：我还真没这样出过场。

乙：对，我也是。我看咱们先不要感叹魔术的神奇，还是先自我介绍一下吧。

郑：好，我是上海电视台的主持人郑琳，今后我们会经常在精品博览频道的《今日印象》中见面，我会把最流行的动态抢先介绍给观众朋友。

甲：我是××，精彩天地尽在精品博览频道，感受快乐让我们一同出发。

乙：我是××，今后我们也会成为好朋友。（对魔术师）老师，刚才您把我们都从这个大电视中变了出来，现在能教现场的观众朋友两招吗？

魔术师：好。

（魔术师教观众魔术，在大家的笑声中，郑琳及频道主持人甲、乙走到访谈区）

甲：郑老师，您看咱们一出场就赢得了大家的喝彩，怪不得您主持的《今日印象》在上海能那么火。

郑：《今日印象》的成功，源于让大家在对时尚的追求中，获取生活的快乐。（推介《今日印象》。）

乙：快乐是生活幸福的源泉，而在生活节奏越来越快的今天，快乐的来源也不尽相同。

郑：对，时尚生活能带来快乐，家庭和睦能带来快乐，事业成功能带来快乐，休闲娱乐能带来快乐。

甲：说到这里，我给您介绍一下，我们频道就专门设置了一档倡导"快乐"的主打栏目，叫《娱乐全球》，由 30 分钟的娱乐资讯和 60 分钟的综艺节目两部分组成。

乙：为了能让更多的人在这里分享快乐，这个栏目的播出安排在每天晚上 8：55 的黄金时间，第二天下午 1：05 也安排了一次重播。

郑：我给你们送一句广告词吧——娱乐全球，快乐永久。

【7. 情景音乐剧《快乐驿站》】

（主表演区，马斌及频道一女主持人）

男：按照我的理解，形象地说，精品博览频道就是我们大家的快乐驿站。

女：尽管每个人对快乐的理解不尽相同，但有一点是相同的：通过对快乐的追求，带来生活的享受、心灵的愉悦。

男：娱乐和快乐互为因果，刚才郑琳他们已经聊到了"娱乐与快乐的关系"，其实在《娱乐全球》栏目，精品博览频道准备了众多能够满足不同收视群体的节目，其中，《互动歌会》是流行音乐的集萃，《男左女右》是您释放情感的空间，《评头论足》架起走近明星的桥梁，《志在必得》是您展示才艺的舞台……

女：为了让您更好地了解我们的栏目设置，请一起观看各节目的宣传片。

【8. 主推节目总体宣传片】

（主表演区，马斌及频道一女主持人）

男：通过大屏幕我们已经看到，精品博览频道安排了许多精彩的节目。在全国乃至全球最优秀的节目中选择最能传达快乐和时尚的内容，通过节目优化组合，科学化编排设置，个性化包装和主持，达到与众不同的传播效果。

女：说到个性化主持，我们的风格是主持情景化、人物角色化、内容故事化、环节互动化。主持人的造型设计充满时尚，主持语言既机智又得体，既幽默诙谐又不失品位，使主持人成为倡导"快乐""时尚"元素的重要载体。

男：其实，这种节目与节目之间、主持人与节目之间的独特组合，正是源于现代生活对时尚、快乐的崇拜。

【9. 时尚组合秀《快乐崇拜》】

（访谈区，马斌、郑琳，及频道一女主持人）

男：说到时尚，郑琳，你每天用最赏心悦目的方式与最时尚的都市人群一起做时尚深呼吸，对时尚肯定特有研究吧。

郑：谈不上研究，只是对时尚可能关注得更多一些。《辞海》上对"时尚"定义是这样的："一种外表行为模式的流传现象，表达了人们对美的爱好和欣赏……"时尚可看作习俗的变动形态，习俗可看作时尚的固定形态。

男：这么说，时尚折射出一个个历史时点上的审美情趣，而不是一阵一吹而过的风。

女：比如说前几年唐装的流行，这几年流行乐坛老歌翻唱的风行，是不是体现了经典与时尚之间存在着某种内在的联系。

郑：其实，时尚并不全是新鲜，经典本身就是一种时尚。经典名著、传世名曲我们一直在读、在听，而且今天的时尚也有可能成为明天的经典。人们从时尚的轨迹中还发现了一种规律，那就是人们审美情趣的变化是循环式的，没准今天过时的东西二十年后又流行回来了呢。

男：我看，时尚的广义性还有一种心理因素，人们对过去年代的时尚或多或少还有一种温馨的怀旧感。

女：所以，精品博览频道所定位的"时尚"不仅是年轻人的时尚，还是适合所有年龄层观众的时尚。

【10. 器乐表演《火岛》】

（主表演区，马斌及频道一女主持人）

男：同样是时尚——流行作为一种时尚，满足的是人们求新求变的心理需求；经典作为一种时尚，满足的是人们对思想深度和文化厚度的深层次需要，是对生命本身的关注。

女：其实，随着时代的发展，人们对生命的关注越来越强烈。近年来许多涵盖了文化、艺术、历史、科技等领域的自然探索类节目得到观众朋友的青睐。

男：为此，精品博览频道在精品电视文摘版块，准备了许多具有深厚文化底蕴和独特人文精髓的节目，将会使大家得到人文艺术的快乐享受。

女：每天晚上 11：10 和下午 2：45，走进《DISCOVERY 探索》《奇趣大自然》等节目，你将透过人与自然的和谐相处，得到心灵的启迪和净化……

【11. 舞蹈《月亮女神》】

（主表演区，马斌及频道一女主持人）

女：朋友们，我们精品博览频道作为全国唯一的电视文摘频道，她的开播，引起了全国电视界的极大关注，得到了兄弟电视台和演艺界人士的大力支持。（对马斌）这不，咱们中央电视台的大牌主持人就亲自来主持咱们的开播晚会。

男：这是我们电视同行们应尽的义务。我衷心祝愿咱们河南电视台精品博览频道越办越好，给大家带来更多的精彩和快乐。下面，请大家看大屏幕……

【12. 演艺明星、主打节目贺语（视频）】

（访谈区，频道一女主持人与嘉宾雅坤、岳彬）

女：感谢兄弟台和同人们的真情祝福！观众朋友们，这两位我想大家都很熟悉，中央人民广播电台著名播音员雅坤，中央电视台著名主持人岳彬。（对两位）两位老师，谢谢你们的到来！对我们这刚刚诞生的频道，还望你们多多指教！

雅：指教谈不上，我挺佩服咱们河南电视台的眼光和魄力，首开中国文摘式电视频道的先河，仅从这一点来说，你们就领先一步了。

岳：而且，咱们电视观众也确实需要一个这样的频道。随着生活节奏的加快、媒体数量的增加和新兴媒体的出现，海量的信息让大家应接不暇。于是，杂志中《读者》风行，报纸里《文摘》报热销。我想，咱们精品博览频道的收视率也肯定会扶摇直上。

雅：杂志看《读者》，报纸看《文摘》，电视就看精品博览频道。不久的将来，这句话将会成为观众的流行语。

女：谢谢，谢谢两位老师的鼓励。

（音乐起，雅坤、岳彬走向舞台中央表演诗歌朗诵）

【13. 诗歌朗诵】

（主表演区，马斌及频道一女主持人）

男：这充满激情的诗篇就像一首青春的歌，放飞着精品博览频道的绚丽希望。而托起这一希望的，是时尚、娱乐和音乐三大主要版块。

女：流行音乐不仅是快乐和时尚的载体，有时还是引领时尚的急先锋。因此，我们频道把音乐版块作为重头戏。

男：在《IN 地带》，音乐资讯盘点，当红歌星访谈，才艺展示，都是观众关注和喜爱的内容。

女：请记住，每晚 10：20，《IN 地带》为您构筑释放快乐的音乐空间。

【14. 东方闪打组合《释放快乐》】

（访谈区，嘉宾爱戴和频道两个主持人甲、乙）

甲：今天我们的开播晚会真是明星荟萃。这位就是有"灵歌天后"之称的著名歌手爱戴，同时，她还是一位广受欢迎的娱乐节目主持人。

爱：大家好！很高兴能参加河南电视台精品博览频道开播晚会。

乙：谢谢。有评论说你自由、舒展的声音，给沉寂已久的歌坛带来一份清新和高贵，为中国本土流行音乐的国际化带来了值得期待的可能。同时，你自出道起就总在舞台上大秀自己的前卫，因此被业内人士誉为在走一条独特的欧美路线。你自己是怎样看的呢？

爱：我说过许多次，我的风格是与歌曲相辅相成的。台上的我穿着和表现都很前卫，那是因为歌曲的需要，从一开始就是这样，我必须尊重歌曲营造的这个环境。台下的我也是很生活化的，经常是休闲 T 恤和牛仔裤。

甲：既然是歌曲本身的需要，那么，你对流行音乐有什么特别的见解？

爱：其实，我遵循的也就是流行音乐的三大特点：娱乐性，能够被一般的听众接受；生活性，能够直接宣泄人的情绪和感情；通俗性，歌词通俗易懂，表达的内容贴近生活。

乙：也正是基于流行音乐的这三个特点，作为频道"快乐"概念的延伸，我们音乐版块的《IN 地带》节目内容丰富、及时、新鲜，访谈轻松幽默，中间穿插嘉宾的音乐作品欣赏和才艺展示，是观众互动交流的诗意空间。

爱：我真诚地期待着能经常在《IN 地带》和大家见面。

甲：那么今天你给观众朋友带来了什么新歌？

爱：我今天要献给观众朋友的是《彩云追月》。

【15. 明星演唱《彩云追月》《黑盒子》】

（主表演区，马斌及频道一女主持人）

女：朋友们，河南电视台精品博览频道在您关注的目光中开始了青春的旅程，您的满意就是我们前行的动力，您的需要就是我们不断超越的目标。

男：电视文摘的独家原创，"传播快乐、传递时尚"的核心理念，准确的目标收视人群定位，给精品博览频道赋予了强大的生命力，携手未来，必将留下一路辉煌！

【16. 歌舞《节日》】

（主表演区，马斌、郑琳，频道主持人甲、乙、丙）

男：这是时尚的地带，这是快乐的前沿，精品博览频道——让我们一起领略时尚、感受快乐！

郑：这是精华的集萃，这是情感的浓缩，精品博览频道——让我们一起感悟生命、创造美丽！

甲：采撷精品，博览天下，请锁定全国唯一的文摘式电视频道——河南电视台精品博览频道。

乙：杂志看《读者》，报纸看《文摘》，电视就看精品博览频道。

丙：请记住我们的栏目，记住我们的时段。

合：观众朋友们，精品博览，与您相伴！

　　许昌是古许国都邑和曹魏发祥之地，享有"魏都"之称，郭沫若曾说："闻听三国事，每欲到许昌。"2007年6月1日，由许昌市人民政府主办的首届中国许昌三国文化活动周（后更名为三国文化旅游周）开幕式在市区春秋广场举行。该活动自此开始每年举办，成为许昌市品牌大型文化活动。

　　"三国文化周"在魏都许昌举办，并因体现浓郁的三国文化气息而得名。主题晚会也名副其实，所有节目都根据许昌三国文化创作。因此，主持词以三国历史为背景，以节目为点，结合遗存在许昌的春秋楼、汉魏故城、灞陵桥、华佗墓等三国时期的遗迹，景区，景点，把观众带进一个个发生在许昌的三国故事，生动地展现许昌三国文化的丰厚底蕴和独特魅力。

曹魏风云

首届中国许昌三国文化活动周主题晚会主持词

男：尊敬的各位领导、各位来宾，

女：亲爱的观众朋友们，

合：大家好！

男：黯淡了刀光剑影，远去了鼓角争鸣，眼前飞扬着一个个鲜活的面容。

女：湮没了黄尘古道，荒芜了烽火边城，岁月带不走那一串串熟悉的姓名。

男：此时此刻，我们走进许昌，情牵这曹魏发祥的风水宝地，电视剧《三国演义》的主题曲总会在耳边响起。

女：那记载着汉魏兴衰巨变的史实，那存留着三国风云沧桑的足迹，那传送出无数奇闻逸事的细节，在我们的身边化作驰骋纵横的英雄之气。

男：那么，让我们用心贴近这片土地，倾听那用激情谱写的一曲曲震撼人心的历史交响，感受那用智慧书写的一卷卷灿烂辉煌的文明史册。

女：那么，让我们的思绪回到东汉末年，遥望历史的天空中，那叱咤风云的英雄，那智慧超凡的才子，用生命描绘的一幅幅光彩夺目的恢宏画卷。

【1. 大型歌舞《魏武挥鞭》】

女：古老的许都作为三国时期的历史主舞台，见证了昔日中原群雄逐鹿的盛况，成就了曹操的雄才大略和文治武功。

男：我们忘不了古石桥头迎帝时的黄沙漫卷、旌旗飞扬，忘不了青梅亭里煮酒论英雄时的英雄气度、博大胸襟。

女：我们也忘不了赋诗楼内的激扬文字、抒怀感慨，忘不了"三曹""七子"的建安风骨、才高八斗。

男：接下来，请欣赏筹舞《子建赋诗》。其中，担任乐曲演奏的筹是一种独具特色的古老乐器，已经列入河南省非物质文化保护项目。

女：我们将以此艺术地再现建安七子酬唱吟哦、各显诗才的情景，体现"建安之杰"曹子建"骨气奇高、词采华茂"的一代诗风。

【2. 筹舞《子建赋诗》】

男：戎马倥偬的曹氏父子在这里以包容天地之气开创了苍劲雄浑的一代诗风，更开创了席卷风云的千秋霸业。丞相府内，谋士云集，战将缤纷；跃马疆场，雄兵百万，纵横天下。俗话说："曹操的兵，数不清。"下面，就让我们跟着阳刚沉雄的鼓点，回望曹操雄踞许昌、调兵演武的壮观场面。

【3. 打击乐《丞相点兵》】

女：是许昌给曹操这位"非常之人、超世之杰"提供了施展雄才大略的历史舞台。在此发布的屯田令、招贤令首先奠定了曹魏政权的牢固基业。特别是屯田制的实施，不仅解决了军粮的供给，更极大地促进了北方地区，特别是许昌农业的恢复和发展，编织出处处稻花飘香、桑叶青青的田园美景。

【4. 舞蹈《陌上桑》】

男：曹操雄踞许昌二十五年，治军理民，屯田积谷，外定武功，内兴文学，使许昌呈现出一派生机勃勃的兴盛景象。社会的空前繁荣，吸引了大批文人骚客聚集许都，开创了文人雅聚的先河，掀起了前所未有的文人诗歌创作高潮。透过一篇篇传诵千古的华章绝句，古老的诗风穿过历史的云烟，萦绕在这片人杰地灵的热土。

【5. 舞蹈《学堂诗风》】

女：在三国时期声名显赫的群英谱中，还有一位长眠于许昌的名医，那就是曹操闻名征召而来的神医华佗。千百年来，他妙手回春的医术留下了许许多多的传奇故事，他不慕高官厚爵、关心百姓疾苦的高尚医德，把"苍生大医"的情怀演绎得感天动地。

【6. 音舞诗《华佗魂》】

女：如果说，神医华佗在这片土地上用毕生心血写下的是一首生命之歌，那么，武圣人关羽在三国史册上用侠肝义胆铭刻的则是一个千古传唱的忠义传奇。

男：夜读《春秋》一点烛光灿古今，昼思汉室万丈正气贯乾坤。最能体现其忠义精神，最深地影响着华夏儿女的那一页，莫过于关羽受降入住许都，秉烛夜读《春秋》的故事情节。

女：忠耿耿，义厚厚，忠义千秋凝此楼；身在曹营心在汉，秉烛达旦读《春秋》。

男：凝视春秋楼内"关圣"的塑像，我们无不感叹其"志在春秋功在汉，心同日月义同天"的千古美名。

【7. 歌伴舞《忠义千秋》】

女：千百年来，历史将关羽的忠义辉煌书写到了极致，而成就其忠义仁勇的，除了关羽的忠肝义胆，也离不开曹操成人之美的豁达磊落。而今那座依然横卧在许昌市城西的灞陵桥就是历史的见证。接下来，情景剧《灞陵送别》将给我们再现当年曹操在灞陵桥头，为寻兄而去的降臣关羽赠袍献酒，以饯其行的情景。

【8. 情景剧《灞陵送别》】

男：一个是忠肝义胆的伟丈夫，一个是雄才大略的真英豪，两颗心在这里碰出火花，灞陵桥千古义举为后人称道。英雄此去关山迢迢，一段情伴万古英风，吹送到今朝。下面，请欣赏男声独唱《万古英风灞陵桥》。

【9. 男声独唱《万古英风灞陵桥》】

女：郭沫若曾说："闻听三国事，每欲到许昌。"灿烂的三国曹魏文化，使许昌仍然保留有昔日曹操处理军国大事的丞相府，曹操狩猎的射鹿台，煮酒论英雄的青梅亭，成就关羽忠义美名的春秋楼，曹操惜才、放才的灞陵桥，以及曹丕接受汉献帝禅让国鼎的受禅台等80多处遗迹。

男：许昌有曹魏时期独具特色的文化遗存，在全国三国文化资源中首屈一指，是曹魏文化居垄断地位的地方。只有走进许昌，才能真正探寻三国文化的渊源，感受建安文学的魅力。

【10. 快板舞《三国名胜绕许昌》】

男：许昌，是曹魏发祥的基地，是见证汉魏历史交替的圣地。千百年来，作为一代王朝的象征，许都故城生动地体现了一定历史时期的风貌和人文景观。当我们循着历史的足迹，解读"汉魏故都"，那一处处和淳朴民风相伴的曹魏遗迹，无不抒发着独特的文化品位和无限的生命活力。

【11. 女声独唱《魏都抒怀》】

女：三国的历史是民间津津乐道的不朽话题，三国的故事是文学艺术垂青演绎的重要对象。一出出三国戏家喻户晓，一个个鲜活的形象留下千秋史话。是戏曲艺术把三国文化弘扬光大，是三国传奇让民族瑰宝永放光华。

【12. 戏曲《戏曲三国》】

男：今天，我们走进许昌，领略曹魏的风云，感受三国的辉煌。

女：今天，我们贴近魏都，探寻曹操的智慧，弘扬关公的信义。

男：尽管1800年后的今天，三国时期最大的曹魏政权、帝王霸业已经灰飞烟灭，但曹氏父子创建的建安文学，曹操的经营策略，贤人志士们的传奇故事，都深留于许昌，彪炳史册，光耀千秋。

女：更令人自豪的是，在这片张扬曹魏风骨遗韵的土地上，合着时代的春潮，一座年轻的城市正带着光荣和梦想，书写着崭新的辉煌，在古老中原的版图上迅速崛起。

男：中原城市群中，闪耀着她璀璨的光芒。

女：富民强市的征程上，她正在展翅翱翔。

【13. 歌舞《飞扬，许昌》】

女：飞扬，许昌。挥洒厚重历史的风采，奏响建安文化的乐章。

男：飞扬，许昌。挥洒现代都市的光华，拥抱更快更好的希望。

女：我们追忆历史舞台上的英杰俊才和风雨沧桑，是为了留住远逝的文化记忆，彰显地域文化的魅力。

男：那么，让我们带着历史的财富，带着穿越时空的文化精华，一起去拥抱新的时代，创造新的辉煌。

女：曹魏风云——首届中国许昌三国文化活动周主题晚会到此结束！

男：热情好客的许昌人民欢迎您到许昌观光旅游，投资兴业！

合：观众朋友们，再见！

惠民慰问

真情无界，大爱无疆。四川省汶川县"5·12"地震发生后，河南省消防总队火速从郑州、洛阳、开封等支队调集407名特勤官兵和相关救援装备，奔赴四川省什邡市、绵竹市地震重灾区，投入与时间争抢生命的大营救。经过10多个日夜的艰苦奋战，河南消防救援官兵先后从废墟中搜寻出184人（其中9人生还），解救被困群众16人，安全疏散群众2100余人，谱写出一首首拯救生命的壮歌。

在英雄凯旋之后，河南省文联组织了一台慰问抗震救灾消防救援人员文艺演出。在演出中，主持词通过对十多天与死神博弈历程的回顾，将文艺节目和人物访谈有机穿插，以大气而深情、亲切而振奋的语言风格，讴歌河南消防官兵生命至上的信念、不离不弃的担当、不畏牺牲的勇气、科学营救的智慧、众志成城的力量，以及危难之中的军民鱼水之情，构成一首英雄的赞歌。

2008年河南省文联慰问抗震救灾消防救援人员文艺演出主持词

男：尊敬的各位领导、各位来宾，

女：从四川地震灾区凯旋的消防官兵们，

合：大家好！

女：这是欢笑与泪水交融的时刻，这是迎接亲人归来的节日。

男：这是荣耀与感动辉映的时光，这是欢迎英雄凯旋的盛典。

女：在这里，请让我们代表家乡的父老乡亲——

合：向你们以及所有奋战在抗震救灾一线的人们致以崇高的敬意！

男：十多个与死亡抗争的日日夜夜，你们用特别能战斗的作风，向世人展示了河南消防的形象。

女：在党和人民最需要的时候，你们用赴汤蹈火、勇往直前的行动，让时代见证了河南力量。

男：今夜，我们感动，为真心英雄喝彩。

女：今夜，我们无眠，为最可爱的人歌唱。

男：在此，首先掌声有请河南省消防总队（领导姓名）导讲话。

【1. 河南省消防总队领导讲话】

女：谢谢！接下来，有请河南省文联（领导姓名）讲话。

【2. 河南省文联领导讲话】

男：谢谢。省文联领导的讲话代表了全省艺术工作者共同的心声。在无数平常的日子，你们为了人民生命财产的安全，把血与火当作平常。

女：汶川地震发生后，你们临危受命，与解放军官兵一道，克服重重困难，一往无前，奋力开进，迅速到达救灾第一线，成为抗震救灾工作的主力军。

男：你们带着对灾区人民的深厚感情，为河南公安、为党和人民利益而战，为人民警察和消防官兵的荣誉而战，为灾区人民的生命安全而战，尽最大努力抢救人民群众的生命。

女：你们不怕疲劳，不怕牺牲，连续作战，被血汗浸泡的分分秒秒，都展现了在灾难面前万众一心、众志成城的信念和决心。

【3. 合唱《我们众志成城》】

男：就这样，带着"早到一分钟，群众就能早一分钟得救"的急切心情，由全省407名消防官兵组成的跨区域应急救援队分三批火速开往地震灾区。

女：遥望千里之外的巴山蜀水，面对道路中断、电力中断、通信中断，山体滑坡、大雨滂沱、余震频发的困境，我们牵挂着身处灾难中的骨肉同胞，我们也时刻牵挂着你们的安危。

男：当你们在废墟上用心呼唤"不论你在哪里，我一定要找到你"的时候，你们的亲人和父老乡亲们也在呼唤"你现在在哪里，我们真的好想你"。

女：在此，青年二胡演奏家郭民要用深情的旋律表达我们的思念之情。

【4. 二胡独奏《真的好想你》】

女：是啊，真的好想你，其实，我们的消防官兵何尝不思念自己的亲人？出发的时候，他们有的父母生病，有的孩子没人照顾。其中，南阳消防支队的王志博新婚第四天，就毅然加入了抗震救灾的队伍。今天，王志博也凯旋了。

（王志博上场）

女：志博，据我得知，你因为工作已经是几次推迟婚期，可以说，你欠妻子的感情债太多了。当时，怎么就忍心撇下为你辛勤操持婚事的家人和眼泪汪汪的妻子呢？

（王志博回答）

女：带着对家人的愧疚和对责任的忠诚，我们的消防官兵出发了。身处地震灾区，他们真是太艰苦了，睡的是潮湿的帐篷，吃的是面包和矿泉水，每天只有不到四个小时的休息时间。而且，在不断发生的余震中，还面临着泥石流、滚石和残垣断壁倾塌的危险。许多消防官兵每次救援回来，都悄悄地用手机存一封遗书，时刻准备再次冲上去。在这里面，就有洛阳市消防支队副支队长黄艳辉。

（黄艳辉上场）

女：黄副支队长，看到这条消息的时候，我流泪了。每次看到你们的事迹，都是一次心灵的洗礼。在这里，你可以给我们讲讲让你最感动的故事吗？

（黄艳辉回答）

女：消防官兵们的英雄之举、大爱之行时刻感动着家乡的父老乡亲，更得到了各级领导的高度评价。省委领导批示，对我省赴四川抗震救灾的消防官兵进行表扬。更令人激动的是，5月18日上午10点，胡锦涛总书记亲自到救援现场对我省消防官兵进行慰问。接下来，有请当时代表参战官兵向总书记宣誓的省消防总队副总队长、抗震救灾突击队总指挥陈新江。

（陈新江上场）

女：陈副总队长，当时，我们在电视里看到你们向总书记高呼"有信心"的时候，真是热血沸腾。我想，在现场的你们肯定更加激动。

陈：（讲述当时的情景）

女：说得太好了！这就是我们的消防官兵，总是在危难关头挺身而出。哪里有危险，哪里就有他们的身影。

【5. 女声独唱《我的士兵兄弟》】

男：刚才，一首《我的士兵兄弟》唱出了我们对广大消防官兵的一片深情。正像歌曲里面唱到的"士兵，我年轻的兄弟，当天塌地陷的关头，人们总是想起了你"，这是因为，我们的消防官兵把人民群众当作十指连心的姐妹弟兄。

女：接下来，请欣赏歌曲《姐妹弟兄》！

【6. 男女声二重唱《姐妹弟兄》】

（主持人与两位被采访人同时上场）

男：我们是十指连着心的姐妹弟兄，一起面对生命中袭来的雨和风。在地震灾区的日日夜夜，消防官兵们不停地穿行于废墟之间，寻找生命的迹象。地震造成的破坏巨大，加上气候条件恶劣，道路中断，大型工程机械很难运进，官兵们只能用手搬开、扒开、刨开断砖残渣，抢救被埋、被困人员。消防官兵们每天磨破五副手套，其中，5月15日在营救一名被废墟掩埋72个小时的工人的过程中，历经了

23 个小时的努力，30 名官兵磨破了 40 双手套。站在我身边的这位，大家肯定面熟！在电视荧屏上，我们都看到过他和战友们成功营救被埋压 104 个小时的幸存者李青松的情景。其实，在河南消防抢险队救出的 9 个生还者中，有 4 个都有他的功劳，他就是我们的抢险英雄——郑州市消防支队特勤大队副大队长李隆。（对李）李副大队长，当时的艰险情况我们有目共睹，在这里，请您给我们讲述一下那惊心动魄的营救过程！

（李隆回答）

男：就这样，我们河南消防官兵，用汗水、泪水和血水，与死神争夺生命，与时间拼抢意念，救出遇险群众 171 人，救出幸存者 9 人，救助伤员 16 人，安全疏散群众 2100 余人，成为抗震救灾队伍中一支最引人关注的劲旅。而每救出一个生还者，当地的居民都会一阵喝彩，我们的消防官兵也同样泪水涟涟。5 月 17 日，经过突击队两天的艰苦努力，被埋 124 个小时的卞刚芬被成功救出，现场指挥的郑州消防支队副政委冀新和特勤大队副大队长李隆竟同时失声大哭。站在我身边的这位就是郑州消防支队副政委冀新。（对冀）冀副政委，人们常说，男儿有泪不轻弹，请问您当时是一种怎样的心情？

（冀新回答）

男：是啊，这是一场生命的洗礼。看到这些，才知道生命的可贵和坚韧，才知道有一种爱叫作生死相拥，不离不弃。有感于河南消防官兵们舍生忘死的奉献精神，我省著名诗人马新潮挥笔写下了一首长诗。

【7. 诗朗诵】

女：朋友们，空前的地震灾难，在生死一线的营救现场，有三种颜色成为照亮废墟的生命之光。其中，橄榄绿是英勇的解放军战士，白色是救死扶伤的白衣天使，而橘红色就是能打硬仗的消防战士。

男：当橘红色在废墟上点燃生命的希望时，我省著名作曲家李仲党和词作家阮志斌专门创作了一首献给消防官兵的歌曲《橘红色，生命的颜色》，在这里，有请著名女高音歌唱家陈静把这首歌曲献给大家。

【8. 歌曲《橘红色，生命的颜色》】

男：四川地震牵动着大家的心弦，消防官兵们英勇顽强的精神震撼着我们的心灵。当歌唱家、作曲家、作家用歌喉，用音符，用诗篇为英雄讴歌的时候，书画家们同样难抑心中的激情，挥毫泼墨，直抒胸臆。

女：接下来，有请书画家向英勇的消防官兵们赠送书画作品。

【9. 赠送书画作品】

男：一幅幅饱含深情的作品，泼洒着对消防官兵的满腔挚爱。

女：消防官兵向党和人民交上的满意答卷，记载着对人民群众的无限忠诚。

男：我们用爱的奉献，奏响了一曲中华民族万众一心、团结奋斗的壮歌。

女：我们用爱的奉献，托起明天的希望，共同迎接光辉灿烂的前程！

【10. 合唱《爱的奉献》】

女：带着对人民最执着的爱，地震中，我们不离不弃。

男：带着对祖国最深沉的爱，风雨中，我们同舟共济。

女：有一种爱叫作坚强。中华民族历来具有在艰难困苦面前不屈不挠、团结奋斗的光荣传统。

男：有一种爱叫作勇气。只要我们众志成城、顽强拼搏，就一定能够克服困难，夺取抗震救灾斗争的全面胜利！

女：各位领导、消防官兵们，今天的慰问演出到这里就要结束了，我们真诚地祝愿大家——

男：身体健康、工作愉快、合家欢乐、万事如意！

合：朋友们，再见！

"情暖新春"系列文艺演出活动是由郑州市委、市政府主办,郑州市文化主管部门承办的一项文化惠民工程,已成为郑州市十分重要的春节文化品牌。豫剧、河南曲剧、综艺等16场惠民演出在2017年新春佳节期间为逾两万市民群众送上精彩暖心的文化大餐,其中的综艺专场惠民演出2月14日晚在郑州艺术宫举行。

毫无疑问,春节期间的惠民演出首先要立足春节氛围,向现场观众传递新春的美好祝愿。同时,这也是全市人民共享文化艺术发展成果的平台,主持词还要依托节目,展示各艺术院团的风貌,体现文艺工作者的责任担当。

2017年郑州市"情暖新春"惠民演出综艺专场主持词

【1. 歌舞《美丽的日子》】

男:亲爱的观众朋友们,

女:大家——

合:过年好!

男:俗话说:"没出正月都是年。"在这里,让我们给大家拜个晚年,祝愿大家鸡年大吉,万事如意!

女:为了丰富人民群众节日期间的精神文化生活,营造欢乐祥和、健康文明的节日气氛,郑州市2017年"情暖新春"文艺演出在春节前夕就拉开了帷幕。

男:作为我市文化惠民工程的重要组成部分,今年的"情暖新春"共安排了16场文艺演出。既有一台台豫剧、曲剧的传统和新创剧目,也有综艺专场演出。

女:今晚,我们欣赏的就是"情暖新春"综艺专场演出,市歌舞剧院、豫剧院、曲剧团和杂技团的优秀演员们,将用精彩的演出陪大家欢度温馨的节日之夜。

男:刚才,市歌舞剧院用一曲《美丽的日子》拉开了演出的序幕,接下来,市豫剧院和曲剧团的青年演员将给大家献上一组美妙的戏曲技巧展示。

【2. 戏曲技巧展示】

男：谢谢大家热情的掌声！在去年启动的"戏曲进校园"活动中，这一组由扇子功、手绢功、水袖功、枪花功组成的戏曲技巧展示，还受到了学生们的热情欢迎，不少小同学纷纷上台，在演员们的悉心讲解下，一招一式地学习这神奇的功夫绝活。

女：为了更好地传承中华文化基因，我市的文艺工作者不但把传统文化的种子播撒进孩子们的心田，还从传统文化中提炼题材、获取灵感、汲取养分，推出了许多优秀作品。下面，我们就一起欣赏由市歌舞剧院、豫剧院和曲剧团联袂演出的器乐与舞蹈《高山流水》。

【3. 器乐与舞蹈《高山流水》】

女：一曲《高山流水》，舞动相知情谊。那潺潺流水，幽幽青山，缓缓融入琴声，流入美妙的舞蹈，让我们的心灵洗去劳碌的风尘，走进这超凡脱俗的意境。带着这份舒心与惬意，接下来，让我们伴着市歌舞剧院的舞蹈《绿意》，一起领略我们这座"国家森林城市"用绿色笔触描绘出的诗情画意。

【4. 舞蹈《绿意》】

男：刚才大家欣赏的舞蹈《绿意》是在全省第七届专业舞蹈大赛上获得一等奖的作品。熟悉舞蹈的朋友都知道，咱们郑州歌舞剧院许多作品都在全省和全国的舞蹈大赛中夺金摘银，舞剧《风中少林》和《水月洛神》，更是树起了河南文艺精品剧目新的文化标杆。

女：同样，对于喜爱曲剧的朋友来说，对市曲剧团的《风雪配》《王宝钏》《寇准背靴》《杨门女将》等许多剧目的经典唱段都耳熟能详。下面，请欣赏市曲剧团国家一级演员孙玉香、耿梅、张娜、郭秋芳等带来的一组曲剧名段。

【5. 曲剧名家名段联唱】

男：我们知道，河南曲剧是河南土生土长的地方戏曲，在中国文学史上，汉魏时期以风骨遒劲而著称的"建安文学"的主要代表人物也长期生活在中原大地。接下来的舞蹈《建安雅颂》将用汉唐舞的表现手法，表现建安时期文人的独特风貌和"建安风骨"的独特风格。

【6. 舞蹈《建安雅颂》】

女：朋友们，刚才我们欣赏的《建安雅颂》是舞剧《水月洛神》里的精彩片段。咱们郑州歌舞剧院自组建以来，以"在中国最古老的文明古都，创建最具活力的歌舞剧院；在民族最丰厚的文化沃土，打造百年吟唱的经典歌舞"为宗旨，推出了许多浸染中原传统文化神韵的优秀作品。

男：作为我市最大的专业戏曲艺术表演团体，市豫剧院更是立足传统，不断创新，排演了许多深受观众喜爱的剧目，培养了一大批优秀青年表演人才。接下来，市豫剧院优秀演员连德志、马红艳、任三印、刘昌东将给大家带来一组豫剧名段。请欣赏。

【7. 豫剧名家名段联唱】

女：中国戏曲是一种历史悠久的综合舞台艺术样式，其中，豫剧是最大的地方剧种，京剧被誉为中国的国粹艺术。咱们郑州歌舞剧院有一个根据京剧曲牌音乐创作的舞蹈《国韵》，不但演绎出国粹的精妙，那满台飘舞的中国红更是洋溢着热情和喜庆。

【8. 舞蹈《国韵》】

男：在中国文化中，红色寓意着吉祥和喜庆，看到这满台的中国红，我们不禁会想到满眼的红春联、红灯笼、红窗花，把春节装点得喜气洋洋、红红火火。

女：这就叫红红火火过大年，欢欢喜喜迎新春。春节是迎接春天的节日，下面，市杂技团给大家带来的节目就是《春天的芭蕾》。

【9. 杂技《春天的芭蕾》】

男：我们都知道，过年的传统习俗有很多，比如：贴春联、吃饺子、守岁、拜年等，而对于土生土长的河南人来说，没有比听着地地道道的河南大戏过大年更舒心的了。在这里，市豫剧院优秀演员张海龙要用一出戏歌唱出大家的共同心声——《河南人爱哼梆子腔》。

【10. 戏歌《河南人爱哼梆子腔》】

女：作为"一带一路"重要的节点城市，郑州是连通境内外、辐射东中西的物流通道枢纽。当郑欧班列沿着新丝绸之路经济带一路向西，我们不禁会想起古丝绸之路上重要的文化宝库——敦煌石窟。

男：敦煌石窟以精美的壁画和塑像闻名于世，其中的伎乐天舞蹈是敦煌壁画的经典标志。下面，郑州歌舞剧院的舞蹈《乐天舞》，将让千年洞窟的壁画走上舞台，栩栩如生地再现一千六百多年前的美好祥和。

【11. 舞蹈《乐天舞》】

男：欢乐喜庆，好戏连台。在"情暖新春"文艺演出中，我们欢聚一堂，共享文化发展的成果，欢度喜庆祥和的新春佳节。

女：人们常说"要把日子唱着过"，让我们用舒心的音符相伴辛勤的汗水，播种希望，收获甜蜜，把每一天都过得快快乐乐、和和美美。

【12. 歌舞《情暖新春》】

女：情暖新春，在欢歌笑语中，我们带着更美的憧憬走进了崭新的春天。

男：筑梦绿城，在新的一年里，让我们为国家中心城市建设做出更大的贡献。

男：朋友们，今晚的"情暖新春"综艺专场演出到这里就要结束了。

女：祝大家节日愉快、万事如意！

合：再见！

为落实习近平总书记在文艺工作座谈会上的重要讲话精神，2015 年 1 月 27 日，中国文联组织多位艺术家来到河南兰考，开展"我们的中国梦——中国文联 2015 年'送欢乐·下基层'走进兰考慰问演出"活动。主持人为中央电视台王静、河南电视台庄园。

这是一次寒冬腊月在流动舞台车上进行的面向基层群众的慰问演出，演出地在兰考县焦裕禄纪念园。室外只有零度的气温丝毫不影响艺术家们对现场 3000 多名观众的演出热情，主持词同样激情滚烫，围绕中国梦、焦裕禄精神，及艺术与人民的关系三个核心内容展开，体现艺术家们对焦裕禄的崇敬之情和对兰考群众的挚爱之情，表达对兰考明天的美好祝愿。

我们的中国梦

中国文联 2015 年"送欢乐·下基层"走进兰考慰问演出主持词

【1. 开场舞蹈】

女：亲爱的观众朋友们，

男：兰考的父老乡亲们，

合：大家好！

女：我是中央电视台节目主持人王静。

男：我是河南电视台节目主持人庄园。

女：非常高兴在这新春佳节即将到来之际，能够和中国文联的艺术家们一道，沿着焦裕禄同志的足迹，来到焦裕禄精神的发源地——兰考。

男：肩负着为基层群众送上高品质精神食粮的责任，今天，中国文联的艺术家们来到我们兰考，心中充满了对兰考人民和这片土地的深情厚谊。

女：弘扬中国梦，是艺术家的使命所在。只有深入生活，才会触摸到托起梦想的现实土壤；只有扎根人民，才能真切感受到每一个人对梦想的追求。

男：在此，艺术家们要把广大人民寻梦的理想展示出来，追梦的奋斗表现出来，和大家一道共同演绎一曲雄阔壮丽的"中国梦"大合唱。

女：首先，掌声有请中国文联（领导职务、姓名）致辞！

【2. 领导讲话】

男：感谢！感谢中国文联和社会各界对兰考和河南的关心和关爱！

女：为了让艺术更好地丰富大家的精神文化生活，今天奉献给大家的不但有精彩的文艺演出，中国书法家协会、中国摄影家协会还要把精美的艺术作品永久地留在兰考。

男：他们分别是中国书协副主席聂成文创作的书法作品《念奴娇·追思焦裕禄》和中国摄协副主席雍和创作的摄影作品。

女：掌声有请中国书协副主席聂成文、中国摄协副主席雍和赠送作品——

男：有请兰考县委常委、宣传部部长，焦裕禄纪念园主任，张庄村张景枝老人的孙子闫春光，接受书法、摄影作品。这两幅作品将由焦裕禄纪念馆永久收藏。

【3. 赠送美术作品仪式（一）】

女：谢谢！这一幅幅作品记录着寻梦的激情、追梦的脚步，激励我们映着梦想的星光，共同托起希望的朝阳！有请青年歌唱家周鹏。

【4. 男声独唱《梦想星光》《飞得更高》】

女：中国梦是民族的梦，也是每个中国人的梦，归根到底是人民的梦。梦想的光芒辉映鲜艳的旗帜，我们的人生将更加出彩，我们的生活将更加幸福。下面，青年歌唱家虞霞给我们带来的是《红旗飘飘》。

【5. 女声独唱《红旗飘飘》《追寻》】

女：在长篇通讯《县委书记的榜样——焦裕禄》一文中，兰考给我们留下的是风沙蔽日、盐碱遍地的记忆。这次走进兰考，呈现在我们面前的是楼阁错落、一派兴旺的喜人景象，我们大家无不为兰考的巨变喝彩。

男：的确，兰考这片曾经"三害"肆虐的黄河滩，如今已变成环境优美、人民群众安居乐业、经济社会各项事业蓬勃发展的热土。接下来，我们听听著名青年相声演员曹随风、侯林林兰考之行的体会。

【6. 相声《为兰考喝彩》】

女：提起兰考，我们最先想到的就是焦裕禄。就在十多天前，习总书记同中央党校第一期县委书记研修班学员进行座谈并发表重要讲话，强调做县委书记就要做焦裕禄式的县委书记，始终做到心中有党、心中有民、心中有责、心中有戒。接下来，让我们一起欣赏著名豫剧表演艺术家贾文龙演唱的豫剧《焦裕禄》选段《百姓歌》。

【7. 豫剧《焦裕禄》选段《百姓歌》、豫剧《村官李天成》选段《吃亏歌》】

男：打天下，坐江山，一心为了老百姓的苦乐酸甜；谋幸福，送温暖，日夜不忘老百姓的康宁团圆。在我们党 90 多年的历史中，一代又一代共产党人为了追求民族独立和人民解放，不惜流血牺牲，靠的就是一种信仰，为的就是一个理想。下面，著名歌唱家黄华丽带来的是一首我们熟悉的歌曲《江山》。

（《江山》演唱完，男主持人上，拦住演唱者）

男：唱得太好了！一首《江山》大气地唱出了党和人民的鱼水之情。黄老师，听中国文联的领导说，这次来兰考之前，您刚刚录制了一首歌唱焦裕禄的新歌？

黄：对，这首歌曲的名字就叫《老焦》。

男：《老焦》，太亲切了。朋友们，在"深入生活，扎根人民"主题实践活动中，中国文联、中国音协委派音乐家专程赴兰考采风，并推出了两首新作，要在兰考首次和观众见面。下面，请欣赏著名词作家刘林和作曲家李仲党创作的歌曲《老焦》。

【8. 女声独唱《老焦》】

女：来到兰考，伫立在焦裕禄同志的塑像前，焦裕禄的感人事迹历历在目，我情不自禁地吟诵起习总书记的诗句"生也沙丘，死也沙丘，父老生死系"。

男：焦裕禄的事迹深深地感动了大家，也激发了艺术家们的灵感。艺术家们创作了不少正能量的优秀作品。在此，著名画家谭乃麟要代表中国美术家协会，把他创作的作品《永远的焦裕禄》送给兰考人民。

女：有请著名画家谭乃麟。

男：有请兰考县委常委、宣传部部长李金光，焦裕禄纪念园主任陈百行，张庄村张景枝老人的孙子闫春光，接受美术作品。这幅作品将由焦裕禄纪念馆永久收藏。

【9. 赠送美术作品仪式（二）】

女：朋友们，焦裕禄精神给了艺术家取之不尽的创作源泉，在中国文联、中国音协组织的赴兰考采风过程中，受焦裕禄事迹的感染，著名词作家车行和作曲家戚建波满怀深情地创作出了歌曲《好官是百姓的福》，今天同样是首次和观众见面。下面，有请青年歌唱家董小涵把这首作品奉献给大家。

【10. 女声独唱《好官是百姓的福》《阳光之下》】

男：说到这次兰考之行的感受，有艺术家总结为十个字，那就是"魅力新兰考，时尚新农村"。的确，随着新农村建设的展开，兰考农村不仅居住环境变得整洁了，生活习惯也发生了变化，过上了像城里人一样的时尚生活。接下来，请欣赏嘻哈帮街舞培训中心带来的街舞《耀舞青春》。

【11. 街舞《耀舞青春》】

女：我们常说：科学以理服人，艺术以情感人。而在天下所有的情感中，最无私、最伟大的莫过于父母之情。下面，请听著名青年歌唱家刘和刚演唱的歌曲《父亲》。

【12. 男声独唱《父亲》《拉住妈妈的手》】

男：说到一个"情"字，这次的兰考之行，艺术家们都怀着对焦裕禄的崇敬之情和对兰考群众的挚爱之情。接下来，掌声有请著名歌唱家宋祖英。

【13. 女声独唱《辣妹子》《同人民在一起》】

女：艺术给人以情感的震撼，同样给人以美的享受。下面奉献给大家的就是一个充满视觉冲击力的节目——杂技《东方天鹅——芭蕾对手顶》。表演者：广州军区战士杂技团青年杂技艺术家吴正丹、魏葆华。

【14. 杂技《东方天鹅——芭蕾对手顶》】

男：艺术要坚持以人民为中心，要始终把人民的冷暖、人民的幸福放在心中，把人民的喜怒哀乐倾注在自己的笔端。人民是谁？人民就是咱普普通通的老百姓！掌声有请著名歌唱家吕继宏。

【15. 男声独唱《咱老百姓》《国泰民安》】

女：生活是艺术的沃土，人民是艺术的源泉。文艺创作方法有一百条、一千条，但最根本、最关键、最牢靠的办法是扎根人民、扎根生活。

男：坚持"以人民为中心"的文艺导向，文艺工作者要把文化艺术种在基层，服务百姓，自觉为人民抒写、为人民放歌。最后，著名歌唱家殷秀梅奉献给大家的是《长江之歌》。

【16. 女声独唱《长江之歌》《一杯美酒》】

女：我们相聚兰考，共享欢乐时光。

男：我们放飞梦想，迎接崭新希望。

女：观众朋友们，"我们的中国梦——中国文联 2015 年'送欢乐·下基层'走进兰考慰问演出"就要结束了。在这里，让我们向兰考和河南的父老乡亲们拜个早年，祝愿大家新春愉快，万事如意！

男：带上崭新的憧憬，让我们弘扬焦裕禄精神，在实现中华民族伟大复兴中国梦的进程中，谱写中原更加出彩的新篇章。

女：朋友们，再见！

合：再见！

激情赛场

四年一届的河南省运动会是全省规格最高的体育盛会。2014 年 9 月 19 日下午，河南省第十二届运动会暨首届全民健身大会在焦作市太极体育中心隆重开幕。开幕式后，举行了群众文体活动展示，以群众和学生为主角的太极拳、少林棍、街舞、广场舞、健身操、盘鼓、舞龙等表演精彩纷呈，展示了厚重河南、中原文化、太极故里、活力焦作等中原元素。

本次开幕式是以体育为平台的中原文化和时代精神的展示。这一全省人民相聚、联欢、和谐、喜庆的全景式演艺活动，如同盛大的节日派对，所有的观众不仅是欣赏者，更是激情的参与者。在如此宏大的演出现场，主持人就是现场气氛的引领者、推动者。因此，主持词和现场解说词要根据每个环节的内容和现场画面，以时尚诗意、大气豪放的语言，传递主办地的深情厚谊，展示河南文化的厚重浪漫，讴歌时代中原，彰显体育精神，给人以美的享受和心灵的震撼。

聚焦梦想
河南省第十二届运动会暨首届全民健身大会开幕式解说词

【1. 全民健身展示《欢天喜地》】

（电视主持人）

男：河南电视台，焦作电视台。

女：焦作电视台，河南电视台。

男：这里是历史悠久、文化灿烂的太极故里。

女：这里是风光旖旎、景色秀丽的山水焦作。

男：现在，我们在焦作市太极体育中心体育场为您现场直播河南省第十二届运动会暨首届全民健身大会开幕式的盛况。

女：焦作历史悠久、文化厚重，古称山阳、怀州，是司马懿、韩愈、李商隐、许衡、朱载堉等历史文化名人的故里，"竹林七贤"的聚集地，陈氏太极拳的发源地。焦作风景秀丽、物华天宝，是国家园林城市、中国优秀旅游城市。云台山世界地质公园闻名遐迩，春赏山花，夏看山水，秋观红叶，冬览冰挂。焦作拥有国家5A级景区3处，是怀地黄、怀山药、怀菊花、怀牛膝的原产地，"四大怀药"以药材地道、疗效神奇成为中医药文化的瑰宝。

男：焦作农业先进，是全国著名粮食高产区，优良小麦种子繁育基地，优质果蔬加工示范基地。焦作工业基础较好，已由单一的煤炭产业发展成为以装备、汽车及零部件、铝工业、煤盐联合化工、能源和食品六个产业为支撑，以生物医药、新材料、新能源和节能环保四个新兴产业为先导的现代工业体系。

女：焦作还是一片体育热土。一代又一代体育人矢志不渝，辛勤耕耘，创造了骄人成绩，铸就了焦作体育的辉煌。这里竞技体育人才辈出，群众体育惠及百姓，篮球运动形成品牌，太极故里吸引世界。

男：作为中原经济区核心城市之一，党的十八大以来，焦作市委、市政府提出了"凝心聚力、转型攻坚、争创一流、绿色发展"的总体要求，理出了"一个战略、四个重点、十大建设"的工作思路，经济转型示范市和美丽焦作建设持续快速推进。我们相信，在焦作举办的河南省第十二届运动会暨首届全民健身大会一定能成为高水平的体育盛会和群众喜爱的全民健身盛典。

女：接下来，透过开幕式上5 000多名大中专院校的青年志愿者和普通群众带来的文体表演，我们将一起感受和见证"荣耀中原·聚焦梦想"的辉煌时刻。

男：现在，我们看到的是迎宾表演《情满怀川》。

【2. 迎宾表演《情满怀川》】

（放录音、出字幕）

多少期待的目光，点燃太行的朝霞；

多少热切的盼望，激越黄河的波浪。

中原儿女活力相约的盛会，

怀川大地汇成了欢乐的海洋。

大河两岸梦想汇聚的舞台，

云台山下放飞着真情的歌唱。

来吧，全省的运动健儿，

来吧，带上最美的向往，

河朔名邦捧出最为淳朴的热情，

化作迎宾的号角，在九月的阳光下回荡……

（一声嘹亮的小号吹响迎宾号角，号手行进中）

（电视主持人）

热情在奔放，青春在飞扬。600 名河南理工大学的男生手持闪亮的小号，吹响迎宾的号角，这充满朝气、意气风发的队列表演告诉我们：盛大赛事牵手美丽焦作，城市品格与年轻梦想相互激荡。

（小号队组成"V"字形）

（电视主持人）

场地中间，一个运动会上最常见的英文字母"V"的造型呈现在我们面前，如同焦作人民张开的热情的臂膀，欢迎来自全省各地的运动健儿，更寄托着大家对所有选手取得优异成绩的真诚祝愿。

（小号队组成 12 字样时）

（电视主持人）

现在，场上的号手组成了阿拉伯数字 12 的字样，表达出焦作人民和所有的中原儿女，祝愿河南省第十二届运动会暨首届全民健身大会圆满成功的共同心声。

（花束队进场中）

（电视主持人）

花开盛世，情满怀川。我们看到，400 名河南理工大学的女大学生手捧鲜花，迈着青春的脚步、挥洒青春的活力，朝气蓬勃地走在焦作这块古老而年轻的土地上。

（队形构成飞机图案）

（放录音、出字幕）

飞吧，所有的梦想；飞吧，所有的希望。这架展翅翱翔的飞机，象征着河南经济的腾飞，澎湃着中原崛起的激情！

欢迎你，中原体坛的精英。366 万焦作人民张开了热情的臂膀，怀川大地就是我们驰骋的赛场。

（队形构成"欢迎"字样）

（现场主持人）

各位领导、各位来宾，同志们、朋友们，河南省第十二届运动会暨首届全民健身大会开幕式即将开始，现在有请（领导姓名）主持开幕式。

【3. 开幕式仪式】

（仪式主持人）

尊敬的各位领导，同志们，朋友们，河南省第十二届运动会暨首届全民健身大会开幕式现在开始！

首先，迎中华人民共和国国旗、河南省运动会会旗、河南省第十二届运动会暨首届全民健身大会会旗。请运动员、裁判员入场。

（在国旗、会旗入场过程中）

（现场主持人）

这是庄严神圣的时刻，8名武警战士护卫着中华人民共和国国旗，迈着矫健的步伐向主席台走来。

（电视主持人）

鲜艳的五星红旗，激励着运动健儿团结拼搏、超越梦想、勇攀高峰，激励着全省各族人民为实现中华民族伟大复兴的中国梦而努力奋斗！

（现场主持人）

在鲜艳的五星红旗引领下，河南省运动会会旗及本届省运会会旗庄严地进入会场。

（运动员、裁判员入场）

（现场主持人）

朋友们，让我们用热烈的掌声欢迎参加本届盛会的运动员、裁判员入场，他们是运动场上的主角，他们是我们心中的明星。

（简介各参赛队情况）

河南省运动会是河南全省水平最高、规模最大的综合性运动会。首届河南省运动会于1959年在郑州等地举行，至今已是第十二届。本届省运会会旗上呈现的是会徽图案，会徽外形采用我们所在的焦作市太极体育中心体育场的形象，将打太极拳的人物形象巧妙引入，体现了焦作太极之乡的体育文化特点，点明了"运动盛会"的主题。而且，图案左侧场馆半弧外形取自太极图一侧的半圆，把田径跑道融入，又与"运动之火"巧妙同构，寓意着点燃运动激情，共享和谐健康。

本届省运会也是全省首届全民健身大会，除了传统的比赛项目之外，首次把登山、健步走、健身秧歌等群众日常喜爱的健身项目纳入竞赛当中，还在部分项目中首次设置老年组，使60岁以上的人也能成为参赛运动员。意在展示全省人民健康、文明、积极向上的精神风貌和健身活动成果，在全社会进一步形成热爱体育、崇尚健身、关爱健康的新风尚，推动全民健身活动，实现人的全面发展。

（裁判员入场时）

首先进入场内的是本届省运会技术官员代表团，他们代表着本届省运会××名裁判员。全体技术官员将为××个大项、××个小项的比赛服务；本着公平、公正、实事求是的态度和稳健、热情、大公无私的工作精神，统一尺度、秉公执法，全心全意为赛事护航。他们都抱着一个共同的目标：让每一位运动健儿的真实水平都得以尽善尽美地体现。

（仪式主持人）

请全体起立。升中华人民共和国国旗，唱中华人民共和国国歌！

（升国旗、唱国歌）

（仪式主持人）

请坐下。现在请（领导姓名）致欢迎词。

（领导致欢迎词）

（仪式主持人）

请（领导姓名）致开幕词。

（领导致开幕词）

（仪式主持人）

最后，我荣幸地邀请（领导职务、姓名）宣布河南省第十二届运动会暨首届全民健身大会开幕！

（领导宣布运动会开幕之后）

（电视主持人）

掌声如潮，白鸽放飞，鲜花挥舞，全场沸腾！这是群情激昂的难忘时刻，这是全民欢庆的喜庆时刻，焦作市已经进入了河南省第十二届运动会暨首届全民健身大会的时间，在接下来的 ×× 天里，将有无数的精彩在这里上演。

（仪式主持人）

请全体起立。升河南省运动会会旗、河南省第十二届运动会暨首届全民健身大会会旗，奏河南省第十二届运动会暨首届全民健身大会会歌。

（升会旗、奏会歌）

（仪式主持人）

请坐下。现在请运动员代表 ×× 宣誓。

（运动员代表宣誓）

（仪式主持人）

请裁判员代表 ×× 宣誓。

（裁判员代表宣誓）

（仪式主持人）

请运动员、裁判员退场。

下面，请欣赏群众文体表演《聚焦梦想》。

【第一篇章　《寻梦·武韵中原》】

（放录音、出字幕）

滔滔黄河，穿越混沌未开的蛮荒岁月，

茫茫中原，展开一个民族寻梦的画卷。

伴着那永不停息的坚定步履，

无数梦想点燃了文明源头最为耀眼的光焰。

透过河图洛书的神奇传说，

我们看见，太极拳把天人合一的哲理演绎得出神入化。

穿过中岳嵩山的暮鼓晨钟，

我们听见，少林拳把止恶扬善的精神彰显得威风八面。

寻梦，穿越八千年的云水悠悠，

寻梦，跨越历史时空的繁星点点，

让我们回望大河两岸那抹最为瑰丽的曙色，

一起走进文明浸润的武韵中原。

（空灵的音乐起，水幻太极表演时）

（电视主持人）

太极拳发源于陈家沟，八极拳肇端于月山寺。武术，是中原文明的重要标志；太极，是焦作文化的闪光名片。

随着一名太极高手如行云流水般精确娴熟的太极招式，600名来自焦作大学的太极表演者如波涛般涌入，恢宏壮观地进行群体太极拳表演。

招招式式、出神入化，气韵生动、旋转奔涌，形成水幻太极的感觉，充分体现了太极拳心静体松、柔缓自然、连绵不断、动静结合的神韵。

（太极球及太极扇表演融入时）

（电视主持人）

太极武术是一项在我国源远流长、在焦作最具特色的群众健身项目，同时也是一种深受大众喜爱的健康生活方式，更是东方智慧的完美呈现。

你看，由温县新宇中学的中学生组成的展示团队，正在用太极扇、太极球等不同形式，刚柔兼备地释放中华文化的魅力。

易有太极，是生两仪，两仪生四象，四象生八卦。场上由太极表演者构成的八卦图，生动地展示了天地运行的结构和规律。

（太极图出现时）

（放录音、出字幕）

太极图，阴阳轮转的模式，

太极图，万物生成的规律，

太极图，民族智慧的精华，

太极图，宇宙运化的哲理。

（转入少林功夫表演时）

（电视主持人）

少林风吼处，英雄照古今。禅武合一的少林功夫是人类挑战自我、超越极限的力量象征。我们看到，100多名来自登封少林的武术队员，正用刚强勇猛的少林拳表演彰显着中原武者的英雄情怀。

中华武术是人体运动的精华所在，是人类文明的生动传奇。习武不但能提高人的基本素质、增强人的体质，更能改善人的精神面貌、塑造勇敢刚强的意志！

（表演者形成"和"字）

（放录音、出字幕）

天地相和，阳光普照；日月相和，万物生长；生命相和，蓬勃气象。和，中华民族以和为贵的精神写照；和，中原儿女构建和谐社会的责任担当。

【第二篇章　《筑梦·激情中原》】

（放录音、出字幕）

一个孕育梦想的文明摇篮，延伸着无数寻梦的足迹。

一方升腾梦想的中原热土，成就了多少筑梦的奇迹。

走进火热的赛场，生命的激情在挑战和拼搏中迸发。

向着成功的目标，一代又一代在喝彩与期待中接力。

透过滚烫的汗水和激动的泪水，我们自豪，中原健儿用骄人的战绩为父老乡亲夺得一个又一个荣誉。

捧起金色的奖牌和闪光的奖杯，我们骄傲，中原力量让五星红旗在世界的目光中一次又一次升起。

筑梦，汇聚所有的荣光、所有的感动；

筑梦，唤醒所有的憧憬、所有的希冀。

伴着热情奔放的喝彩，向着崭新的高度跨越；

迎着震天动地的呐喊，向着胜利的方向冲击！

（600名美少女进场，表演加油舞）

（电视主持人）

激情四射，活力奔放，为你我加油，为成功鼓掌。

场上，600名来自焦作大学的青春美少女，舞动啦啦穗，唱响啦啦歌。她们的声声呐喊，传递着必胜的信念；她们的阵阵助威，燃烧着成功的豪情。

（表演乒乓舞时）

（电视主持人）

乒乓球，中国的国球，为国家赢得了巨大的荣誉！河南的乒乓球有着辉煌的历史，先后涌现了张立、葛新爱、黄亮、邓亚萍、刘国梁等世界级乒乓巨星。

（跆拳道时）

（电视主持人）

跆拳道，一项集健身、竞技，及娱乐为一体的现代体育。焦作的跆拳道运动人才辈出：陈中获得两届奥运会冠军、世锦赛和世界杯冠军，成为跆拳道界的传奇人物；王朔、贺璐敏先后在世界跆拳道锦标赛、世界杯比赛中获得金牌，实现了中国在女子跆拳道项目上的"大满贯"，被誉为"跆拳道三朵金花"。

（篮球舞时）

（电视主持人）

篮球，是焦作体育的靓丽名片。

焦作的篮球运动实力在全省堪称霸主，在全国名列前茅。2004 年焦作被国家体育总局授予"全国篮球城市"荣誉称号。焦作男女篮多次代表河南参加全国青少年篮球比赛，共夺得六次冠军。在近六届省运会中，焦作男队连续六次获得冠军，女队获得五次冠军、一次亚军。在 2013 年的全国 U13 篮球比赛中夺得冠军。焦作先后为河南省和国家队输送了王磊、薛玉洋、潘丽、李根、孙杰等一大批优秀篮球人才，其中李根获得 2013—2014 赛季 CBA 总冠军。

（足球舞时）

（电视主持人）

足球，以其最有感召力和最让人欣喜若狂的神秘力量，被誉为"世界第一运动"。《生命之杯》的音乐在这里再次响起，升腾的是中国足球冲出亚洲、走向世界的执着梦想。

（彩车出现前）

（电视主持人）

传递梦想、点亮希望。我省的竞技体育通过一代又一代人的艰苦努力，综合竞争力不断增强，综合实力位于全国中上游，重竞技、自行车、武术、田径、游泳、排球等项目在全国具有一定优势。涌现出了雅典奥运会冠军陈中、孙甜甜、贾占波，北京奥运会亚军张志磊，伦敦奥运会冠军李雪英，以及亚运会、全运会冠军等一大批优秀运动员。在 2005 年第十届全运会和 2013 年第十二届全运会上，河南代表团金牌和奖牌总数均位居全国前 12 位。

（彩车出现时）

（现场主持人）

朋友们，激动人心的时刻到了，一辆满载荣耀与辉煌的彩车正向我们开来。彩车上，一代代功勋卓著的河南籍著名运动员正在向我们挥手致意。他们分别是（见名单）。

让我们全体起立，向为祖国、为家乡争得荣誉的健儿们致敬！向所有为河南体育事业做出贡献的人们致敬！让我们发扬百折不挠、顽强拼搏、团结协作、永不放弃的体育精神，努力谱写好中国梦的河南篇章！

（场上汇成一面红旗时）

（放录音、出字幕）

所有的梦想都凝聚着对祖国的爱恋，所有的梦想都辉映着国旗的荣光。面对飘扬的五星红旗，我们每一个人都捧出心中的梦想，你的梦、我的梦、他的梦，汇成为国争光的冠军梦，筑就民族复兴的中国梦。

【第三篇章　《追梦·活力中原》】

（放录音、出字幕）

又是一个晨曦微露的黎明，绿叶含露、花儿舒展，繁华的都市刚刚从甜美的梦境中苏醒。

又是一个万物吐新的黎明，朝气蓬勃、气息清新，银色的薄雾中闪现出快乐如风的身影。

这是半城青山半城水的秀美家园，南水北调的潺潺碧波穿城而过。

这是尽享健康阳光的活力家园，美丽心情让晨练的脚步格外轻盈。

追梦的心灵用不懈的运动，诠释生活的真谛和生命的意义。

追梦的城市用黎明的动率，写意迷人的风姿和动人的风景。

清流两岸，晨练的人们踏响了清晨的节拍，

绿荫之中，奔跑的脚步正把幸福的时光引领。

（健美操表演时）

（电视主持人）

律动矫健的步伐，舞动健美的身影。清晨的阳光下，420名焦作高等师范专科学校的大学生在欢快的跃动中，化作健与美的交响，给人以洒脱的青春之美与动感的和谐之美。

（健美操表演最后形成一个奔跑的"人"字形）

（电视主持人）

现在，场上的大学生迅速组成了一个奔跑的人形图案。体现了"生命在于运动"

的理念，释放出健康中原昂扬向上的正能量。

（老年广场舞表演时）

（电视主持人）

这是今日中原最普及的运动，这是我们身边最熟悉的风景。大家看到，200多名来自焦作全市的老年朋友，正用快乐的舞步，抒发晚年幸福生活的喜悦，传递"我运动、我健康、我快乐"的全民健身精神。

（青春恰恰舞表演时）

（电视主持人）

青春都市，活力无限。焦作市职业技术学校100名青春靓丽的女生跳起了充满活力的恰恰舞，她们用行动告诉世界：健身，健康了我们的身心；运动，绽放着青春的精彩。

（吉祥物出场时）

（电视主持人）

健身是科学文明的生活方式，健身是阳光健康的社会时尚，健身是追求幸福和谐的有效途径。

伴着激越、动感的街舞节拍，现在，本届运动会的吉祥物"娇娇"和"阳阳"也出现在运动场上。"娇娇"和"阳阳"是一对"太极宝宝"，整体形象巧妙地融入了焦作市的山、水、花、太极图和太极拳等文化元素，聪明伶俐，活泼可爱。

"太极宝宝"正在召唤大家，积极参与全民健身活动，动起来，舞起来，更健康，更精彩。

（健身教练现场互动主持词略）

（全场健身互动尾声部分）

（电视主持人）

这是我们的激情时刻，这是大家的健身舞台。全场观众跟着节拍一起尽情舞动，把生命中潜藏的渴望与冲动激荡开来，升华成一种与千年的文化积淀相呼应的时代活力，汇成一片欢乐的海洋，把健身运动带来的健康和快乐表现得淋漓尽致。

全民健身引领时代潮流，全民健身提升生活品质。全民健身，我们在行动，焦作在行动，河南在行动！

【第四篇章 《圆梦·腾飞中原》】

（放录音、出字幕）

好一条转型之路，升腾着你我的梦想；

好一条大河奔流，激荡着恢宏的交响。

明媚的阳光下，怀川大地喜看好戏连台；

时代的大潮中，天地之中一派精彩飞扬。

圆梦，带着太极神韵的你我艺高胆壮；

圆梦，带着少林神功的你我能拼敢闯。

圆梦，八面来风汇聚最美的希望；

圆梦，大中原张开了腾飞的翅膀。

在新的制高点上创造河南振兴的时代传奇，

在中国梦的版图上奏响富民强省的幸福乐章！

看啊，圆梦的步伐铿锵有力；

听啊，圆梦的鼓点豪迈奔放。

梦圆今朝，气象万千。

梦圆中原，势不可挡！

（盘鼓阵表演时）

（电视主持人）

鼓声震天，鼓舞中原！现在，由河南理工大学万方科技学院600名大学生组成的中原鼓阵呈现在我们面前。这奔放的脚步，这强健的风姿，洋溢着中原儿女积极作为、锐意进取的精气神！

盘鼓是河南民间文化活动的重要组成部分，在焦作地区有着悠久的历史和传承。盘鼓节奏性强，套路多变，高昂激越，表演热烈、粗犷、豪放，无论是在音乐性上还是在舞蹈性上，都有极强的艺术表现力和感染力。

在中原民俗中，"盘鼓阵"常用于启程出征或欢庆胜利。在这里，激昂的鼓声既是运动员的出征鼓，又是运动会召开的欢庆鼓，寓意本届省运会将是一次团结、和谐、圆满的体育盛会。

人们常说：龙要神气足，擂响那三通鼓；虎要抖筋骨，擂响那威风鼓。这激越的鼓点，是团结奋进的鼓点，是跨越发展的鼓点。这铿锵的鼓点，是中原崛起的鼓点，是河南振兴的鼓点。

（18条龙出场及表演时）

（电视主持人）

18条30多米长的巨龙腾跃翻飞，冲到了表演区的正中央，开始了精彩的表演。这18支舞龙队由焦作市城乡一体化示范区苏家作村的300多名农民组成，他们要舞出新农村的喜与乐，舞出新农民的力与美。

　　鼓舞大河之南，龙腾天地之中。在这里，18条巨龙代表了河南全省18个省辖市，象征着18个地市豪情满怀，龙腾中原。寓意着中原儿女正把愚公移山精神、焦裕禄精神、红旗渠精神，化作打造"四个河南"的巨大力量。

　　龙的形象源于中国古代的图腾，被视为吉祥如意的象征。舞龙的习俗最开始与农业生产有关，古人认为龙是掌管雨的，通过舞龙祈求风调雨顺、四季丰收。

　　舞龙在中原地区是一种以自发性、娱乐性、随意性为特点的民间传统文化活动，是我国悠久历史的民间传统体育项目，是中华传统体育文化的"活化石"。据考证，在汉代就有了形式比较完整的龙舞，经过近两千年的创造发展，民间的舞龙不仅有很高的技巧性，而且表演形式也越来越丰富多彩，充分展示出龙的精气和神韵。这种气势雄伟的场面，也极大地刺激了人们的情绪，振奋了精神，鼓舞了人心。

　　（所有龙珠和龙喷火时）

　　（放录音、出字幕）

　　腾飞吧，所有的梦想；

　　腾飞吧，所有的希望。

　　让我们聚焦实施三大国家战略规划，坚持打造"四个河南"，加快推进中原崛起、河南振兴、富民强省的宏伟事业，一起逐梦中原、圆梦中原！

　　（主题歌结束后）

　　（现场主持人）

　　聚焦梦想——河南省第十二届运动会暨首届全民健身大会开幕式群众文体表演到此结束！

　　朋友们，再见！

　　（电视主持人）

　　这是欢乐的潮涌，这是激情的世界。

　　亲历这竞技体育与全民健身交融的精彩时刻，一个真正属于广大群众的健身节日，一个真正分享运动快乐的体坛盛会，将使我们把运动和健身作为生命永远的时尚。

　　在这里，让我们预祝河南省第十二届运动会暨首届全民健身大会取得圆满成功。

　　让我们一起助力省运会、共创新辉煌！

　　朋友们，再见！

河南省少数民族传统体育运动会每4年举办一届，是全省级别最高、规模最大、影响最广的民族传统体育赛事。2018年9月6日晚，由河南省民族事务委员会、河南省体育局主办，郑州市人民政府承办的河南省第八届少数民族传统体育运动会在郑州大学新校区中心体育馆开幕。

开幕式大型文艺表演充分运用地屏、冰屏、3D动画、数控矩阵球等高新技术，突出科技感和时代感。把太极、少林功夫、戏曲等传统元素，街舞、轮滑、跑酷等时尚元素和毽球、射箭、抖空竹、摔跤等民族传统体育元素有机结合。通过《和韵·大中原》《诗画·河之南》《活力·新时代》《逐梦·更出彩》四个主题篇章，诗画般回望中原历史文化，聚焦河南时代风貌，讴歌民族团结，彰显民族精神。解说词从篇章立意出发，立足文化定位内涵，着力追求语言的美感，散文诗般揭示主题思想、展示节目意境。

河南省第八届少数民族传统体育运动会开幕式文艺演出画外音

【第一乐章　《和韵·大中原》】
【1. 河洛汇流】

水是生命之源，孕育了人类文明，启迪着人类智慧。

从巴颜喀拉山的涓涓细流开始，一条被中华民族誉为"母亲河"的大河，用回旋蜿蜒的磅礴身姿，在中原大地书写了河洛文化的不朽传奇。

奔腾的黄河与湍急的洛河在这里相汇相融，这清浊分明、交融变化的巨大漩涡，就是古老中原的文化丹田，伴着河图洛书的神奇传说，涌动河洛文化之脉，蕴含着中华文化之魂。

【2. 孩子们游戏】

广袤中原自古以来就是中华民族交往、交流、交融的大舞台。各族儿女在这片丰饶的土地上守望相助、繁衍生息，共同创造了灿烂悠久的中原文明。穿越历史的云烟，追寻文明的足迹，跳方格、斗鸡、推铁环、打水漂……这一个个古朴简单的游戏，是生命活力的迸发，是劳作之余的休憩，是体育运动的发端，是祖祖辈辈最为亲切的童年记忆……

【3. 各民族运动项目】

伴着欢乐的舞蹈，现在，场上依次进行的是射箭、毽球、抖空竹、摔跤等民族体育表演。每一个项目都独具风采，每一个项目都赏心悦目。

射箭是许多民族都喜爱的运动，蒙古族更是男女老少人人喜爱，涌现出不少优秀射箭运动员。

毽球是深受各民族人民喜爱的传统民间体育活动。它从中国古老的民间踢毽子游戏演变而来，是民族传统体育宝库中一颗灿烂的明珠。

抖空竹是我国独有的体育运动之一，它不仅是锻炼身体的手段，也是一种优美的艺术表演，很具观赏性。

中国式摔跤是中国民族形式的摔跤运动，千百年来一直是我国各族人民喜闻乐见的一种健身运动，比赛激烈，对抗性强。

这些由劳动、娱乐、生活发展而成的体育运动，都是民族风情的浓缩、民族性格的体现、民族智慧的展示，重在人与自然的和谐交流，重在身心的愉悦。河南省少数民族传统体育运动会，正是中原大地各民族共同团结奋斗、共同繁荣发展、享受运动快乐的嘉年华。

【4. 民族联欢】

天地相和，阳光普照；日月相和，万物生长；生命相和，气象蓬勃。和，是中华民族心手与共的精神写照；和，是各族儿女描绘的时代画卷；和，是美丽中原闪耀的出彩神韵！

【第二乐章　《诗画·河之南》】

【5. 山水美景】

河南之美，美在博大。自然的钟情，绚烂的风物，让北方的雄奇、南方的秀美在这里融合；岁月的磨砺、文明的传承，让历史的厚重、时代的光华在这里交汇。大河之南，天地之中，这是全省各族儿女共同的家园，如诗如画，古朴灵动。

【6. 太极拳】

天下太极出河洛。水墨烟云之间，跟随这出神入化的招招式式，我们感悟的是连绵不断的生命律动，更有阴阳平衡、天人合一的东方文化精髓。

潮涨潮落，云卷云舒，这行云流水的太极神韵，演绎着圆融一体的至高境界。

【7. 少林功夫】

禅为武之主，武为禅之用。禅武合一，是少林功夫最突出的特点。习武之道，就是一条修禅之路。

少林风吼处，英雄照古今。暮鼓晨钟伴着阵阵呐喊——手眼身法步，步步似流星；刀枪剑棍拳，拳拳显奇功。这是奥岳嵩山的天地造化，这是少林古刹的旷世雄风。

春去秋来，日出月落，禅武合一的少林功夫，是人类挑战自我、超越极限的力量象征。

【8. 戏曲】

一腔一调总关情，一颦一笑皆风流。历经千年生生不息的河南戏曲，从田野乡间星星点点的山花，成为中华梨园芬芳四溢的奇葩。她是河南人情感生活的寄托与心灵的沉醉之所，渗透着中原儿女的群体性格，积淀着中原文化的根和魂。

一声声梆子响起，饮着黄河水、踏着黄土地的人们更能真正体会到其间的深情。

【9. 尾声】

穿行于中原文化的长廊，流连于名山胜水的画卷，扎根脚下这块生于斯长于斯的土地，我们不断发现河南之美，领略河南之美，带着自豪与自信，葆有一腔热爱河南的家乡情怀，不断创造新时代的河南之美。

【第三乐章 《活力·新时代》】

【10. 引子】

华夏文明的历史有多久，河南文明的足迹就有多长。根植于优秀传统文化的沃土，依托中国之中的区位和交通优势，在现代中原这中华民族交往、交流、交融的大舞台上，各族儿女汇聚强大正能量和全部智慧，以引领潮流之姿，勃发繁荣发展之活力。新时代的河南，成为中国改革开放的成功缩影。

【11. 街舞】

街舞，已经成为郑州街头的时尚风景！酷男靓女们以全身的活力带来热情澎湃的感觉，舞出了郑州这座历史文化名城的包容和开放，舞出了新时代的朝气和活力。

伴着动力十足的街舞节拍，连南贯北、承东启西的米字形高铁枢纽在这里组网成型，中国首个航空港经济综合实验区在这里风生水起。以航空港区为依托，以郑州机场为龙头，以米字形高铁为骨架，以干线公路网为支撑的多式联运大交通格局正在形成，产业、物流比翼齐飞。

【12. 跑酷】

跑酷不仅仅是一种运动，更是一种生活方式。它具有超越身心的自我挑战性和观赏愉悦性，并以其强调参与、娱乐和勇敢的理念开阔了人们对运动艺术和生活方式的解读。

心有多大，舞台就有多大。主动融入"一带一路"建设，不断提速的河南开始了新的冲刺,空中丝绸之路越飞越广,陆上丝绸之路越奔越快,网上丝绸之路越来越便捷,以郑州为中心的中原城市群,充满经济活力、迸发创新能力、彰显人文魅力。

新时代的河南,越跑越酷。

【13. 体育精神】

音符让音乐有了旋律,运动让生命充满健康。伴着青春动感的音乐节拍,现在两名阳光少年正用一连串潇洒帅气的体育动作,为大家展示独特的运动魅力,释放健康、时尚的"运动之美"。

运动之美,是朝气之美,是激情之美,是斗志之美,是团结之美,是畅快之美。生命无止境,运动无极限。参与运动,会赋予我们勇敢、拼搏的精神;参与运动,会赋予我们更快、更高、更强的力量;参与运动,会令我们拥有健康与快乐。

【14. 轮滑】

活力,在大中原升腾;风采,在新时代绽放。

党的十八大以来,河南抢抓开放新机遇,增创发展新优势,从内陆腹地走向改革开放前沿。

聚焦"三区一群",国家战略叠彩中原,构建起我省未来发展的改革开放创新支柱,打造带动全国发展的新增长极。

改革开放的动力、活力澎湃中原,乘着新一轮改革开放的春风,依托"一带一路"建设,各族儿女将在中原大地上创造一个又一个新的发展奇迹。

【第四乐章 《逐梦·更出彩》】

【15. 滚环】

这,是一个属于梦想的空间;这,是一方追逐梦想的版图。

无数梦想点燃了文明源头最为耀眼的光焰,滔滔黄河把各族儿女逐梦的足迹铭刻在天地之间。

迈动永不停息的坚定步履,当我们走进一个叫作"新时代"的意境之中,在这美丽和美妙的时间章节,"出彩"二字辉映梦想的光华,中原大地焕发出从未有过的明媚和明亮。

【16. 演员涌入】

来吧,用辛勤的汗水,让事业更出彩;

来吧,用幸福的欢笑,让生活更出彩;

来吧,用骄人的成绩,让人生更出彩;

来吧,用创造的智慧,让家园更出彩。

一个个出彩汇聚成多彩，一步步出彩凝聚成浓彩。

全省各族人民携手同心，砥砺奋进，就能汇聚起中原更加出彩的磅礴力量。

【17. 主题歌之后】

中华民族一家亲，同心共筑中国梦。

让我们紧密团结在以习近平同志为核心的党中央周围，进一步铸牢中华民族共同体意识，像爱护自己的眼睛一样爱护民族团结，像珍视自己的生命一样珍视民族团结。各民族同胞像石榴籽一样紧紧抱在一起，担当作为，争做出彩河南人。河南必将以更加开放、更加时尚、更富生机、更有魅力的出彩风姿展现在世人面前。中华民族伟大复兴的中国梦一定会实现。

河南省第八届少数民族传统体育运动会开幕式文艺演出到此结束！

朋友们，再见！

2008 年是北京奥运会举办之年。奥运圣火点燃中华民族强身健体的激情，由省委省直工委、省体育局主办的河南省直属机关第四届职工运动会于 4 月 19 日开幕、5 月 13 日圆满结束，并于当天晚上在河南电视台 8 号演播厅举办了闭幕式暨文艺颁奖晚会。

这次运动会的主题是"与奥运同行、建和谐中原"，旨在陶冶职工群众情操，提高人们健康水平，展示省直职工风采，促进和谐机关建设，以实际行动迎接第 29 届北京奥运会。主持词围绕中原儿女迎接奥运的喜悦，"更高、更快、更强"的奥运精神，以及时代中原的生机活力，展示省直机关干部职工团结、奋进、向上的精神风貌。

与奥运同行

河南省直属机关第四届职工运动会闭幕式暨文艺颁奖晚会主持词

男：尊敬的各位领导、各位来宾，

女：亲爱的观众朋友们，

合：大家好！

女：欢迎大家来到河南省直属机关第四届职工运动会闭幕式暨文艺颁奖晚会现场！

男：出席今晚闭幕式暨文艺颁奖晚会的省领导有（见名单）。

女：让我们对各位领导同志的到来表示热烈欢迎！

【1. 拉歌】

（大幕起，音乐中主持人出）

男：省直四运会夺目的光彩，一次次把我们的心感动。

女：省直四运会壮美的画面，一次次点燃我们的激情。

男：迎接奥运，与奥运同行，彰显中原文明的形象。

女：奉献奥运，建设和谐中原，展示省直职工的风采。

男：全民健身，铸成中华民族刚强的脊梁。

女：全民健身，辉映中原儿女奋进的魂魄。

男：走过芳菲的四月，省直体育健儿在拥抱同一个梦想。

女：走进火红的五月，我们在共同感受体育的快乐。

男：下面，请（领导职务、姓名）主持河南省直属机关第四届职工运动会闭幕式。

　　（领导主持上场，主持人退场）

【2. 闭幕式议程、颁奖，及领导致闭幕词】

　　（领导主持宣布文艺晚会开始，音乐中主持人上）

男：五月飞歌，笑语飞扬，中原大地绘美景。

女：群情激奋，旗帜高扬，飒爽英姿迎奥运。

男：点燃激情，传递梦想，当祥云火炬在神州大地传递的时候，我们省直机关单位的干部职工带着"更快、更高、更强"的信念，相聚在虎跃龙腾的体育赛场。

女：带着感动，带着荣光，我们用自己的行动，展示中原儿女健康、文明、积极向上的精神风貌和健身活动成果，表达参与体育运动、全面建成小康社会、期盼北京奥运会的愿望。

男：五月的阳光，见证了我们超越自我的豪情；崛起的中原，升腾着我们挑战未来的力量。

女：带着圆满完成运动会各项任务的喜悦，今晚，我们相聚一堂，一起收获拼搏的成绩，一起唱响明天的辉煌。

男：在这踏歌起舞、共享欢乐的时刻，让我们一起用动感的节奏、健康的体魄，展示我们飞扬的风采、阳光的生活。

【3. 广播体操】

男：这整齐的动作伴着时代的节拍，灿烂的微笑展示着青春的激情！似乎不仅是一种健身锻炼，更是一种艺术的欣赏。

女：生命在于运动，无论在清晨还是夜晚，无论在办公室还是在家属院、在省直机关，"全民健身活动"已经蔚然成风！

女：四年一届的省直机关运动会和我们一起英姿勃发地走进北京奥运年，迎着2008北京奥运会的钟声，我们与奥运同行，走进五月的花海，涌动奋进的力量。

男：在19天里，经过17个项目的比赛，大家赛出了成绩，赛出了风格，让时代检阅了我们在五环旗下，全民健身的成就和收获。接下来，请看大屏幕。

【4. 运动会短片】

女：回望闪光的足迹，欢笑伴着汗水。

男：生命跃动的征程，永远有希望相随。

女：踏上新的起点，未来在向我们召唤。

男：让我们超越梦想，一起展翅高飞。

【5. 歌曲《超越梦想》】

女：同一个世界，同一个梦想，一起在蓝天上飞翔。

男：相约北京，相约奥运，我们一起携手超越梦想。

女：超越梦想，带着改革开放三十周年的丰硕成果，我们走进 2008 的盛世美景。

男：超越梦想，高举友谊、团结、公平的奥运圣火，迎接我们的又是火红中国年的灿烂辉煌。

【6. 歌舞《火红中国年》】

女：火红的日子火红的年，幸福花儿开满大家园。

男：兄弟和姐妹心相连，许下个心愿好运连连。

女：捧出美丽的心情，在这里，我们祝福北京，祝福奥运。

男：带着滚烫的情怀，在这里，我们祝福祖国，祝福明天。

【7. 歌舞《祝福祖国》】

女：我们祝福祖国，流金的岁月写下太多的精彩。

男：我们祝福河南，崛起的中原踏响跨越的节拍。

女：我们拥有火样的年华，带着火样的情感，共建和谐家园，写下精彩的春秋。

男：我们走进火红的时代，飞扬更快的节奏，荡起一路雄风，牵引更美的风流。

【8. 杂技《荡杆》】

男：春潮荡漾在每一寸土地，甜蜜着我们幸福的生活。

女：希望播撒在每一个日子，染绿了我们美丽的家园。

男：中华盛世春光好，放眼神州，十三亿人民正用最甜美的微笑面对世界。我们相信，世界也会微笑着面对中国。

女：唯有牡丹真国色，瞩目中原，一朵朵绚丽的牡丹绽放舒心的笑颜，成为这个时代最为迷人的诗篇。

【9. 舞蹈《国色天香》】

女：国色天香，汇成一幅和谐的画卷。和谐，是中国文化的精髓，同样，豫剧之美，美就美在中州声韵的字正腔圆。

男：几百年来，梆子戏演绎人间的真情，梆子腔唱出生活的酸甜，让人越听越痴迷，越唱越舒畅。

女：今天，悠扬的豫腔放飞在高天上，唱出的是河南的魅力，是中原人的活力。

男：此刻，贴心的乡韵在耳边响起，它唤醒我们心中最深厚的故土情怀，一起去装
　　点美好时光。

女：接下来，请欣赏著名豫剧表演艺术家王惠、青年豫剧表演艺术家张海龙、"梨
　　园春"小擂主孔莹给我们带来的精彩表演。

【10. 戏曲联唱】

男：这是一片积淀着深厚历史文化的土地，五千年文明给了她灿烂的东方古韵。

女：这是一片孕育着无限希望的土地，时代的春风赋予她朝气蓬勃的生机和活力。

男：这就是我们的河南，无数奔腾的、奔放的、奔跑的热望，相约在正前方。

女：这就是我们的中原，无数发芽的、开花的、结果的梦想，相聚在莽原上。

【11. 歌舞《好个大中原》】

女：好个大中原，一幅博古通今的绚丽画卷。

男：好个大中华，一派龙飞凤舞的盛世风光。

女：精彩中国，正奏响一部和谐的新乐章，带着我们梦想的翅膀，在历史的新起点，
　　向着明天、向着太阳，展翅飞翔。

男：科学发展，就是写给未来的宣言书，在她的扉页上，一条飞向明天的巨龙，正载
　　着无数个绚丽的梦想奔向未来，铸就辉煌。

【12. 武术《中国龙》】

男：从历史深处走来，少林武术带着中原文化的古韵，张扬着禅武结合的博大精深。

女：向美好未来走去，中国巨龙带着华夏儿女的激情，编织着民族复兴的锦绣前景。

男：告别今宵，我们带着欢歌和笑语；与奥运同行，我们一起心向北京、瞩目奥运。

女：拥抱明天，我们带着点燃的激情；与希望同行，我们一起叩响未来、高歌猛进。

【13. 歌舞《高歌向明天》】

女：今天，激情相伴希望，飞越嵩山黄河。

男：今天，真情相约未来，超越梦想无限。

女：我们生活在这壮丽的年代，伟大的祖国给了我们无穷的力量。

男：让我们在奥运五环旗下，和世界人民一道，共同创造美好的生活。

女：我们相信，在党的正确领导下，用科学发展观指引前进的方向，迎接我们的必将
　　是光辉灿烂的未来。

男：我们相信，我们的明天一定会像奥运精神一样：更高，更快，更强。

女：河南省直属机关第四届职工运动会闭幕式暨文艺颁奖晚会到此结束！

男：各位领导、各位来宾，朋友们，让我们相约省直五运会！

合：朋友们，再见！

颁奖典礼

　　"河南省道德模范"评选表彰活动旨在集中展示全省公民道德建设的丰硕成果，更广泛地动员人民群众支持和参与道德建设。2009年12月1日晚，"向您致敬——河南省第二届道德模范颁奖典礼"在河南电视台1500平方米的演播厅举行。主持人为河南电视台节目主持人庞晓戈、关枫、韩燕、李伦。

　　道德模范评选分为诚实守信模范、助人为乐模范、孝老爱亲模范、见义勇为模范和爱岗敬业模范五类，每类两名依次颁奖，中间穿插文艺节目。此类颁奖晚会最重要的就是通过凡人故事展示崇高精神，因此撰稿人要详细了解人物，从他们的事迹中提炼出独特的闪光点，诠释其精神实质，特别是在人物访谈的时候，设计问题要抓住能给人情感冲击的小事和细节，使大家的心灵受到震撼、洗礼，化感动为力量。

向您致敬

河南省第二届道德模范颁奖典礼主持词

【1. 舞蹈《向您致敬》】

甲：观众朋友们，当我踏上今天的主持台的时候，心中有一种特别的感动，因为，我们今天要相聚在道德的旗帜下，走近道德的楷模，向河南省第二届道德模范致以崇高的敬意。

乙：党的十七大指出，要充分发挥道德模范榜样的作用，推动公民道德建设深入发展，促进社会主义核心价值体系建设。为适应道德建设发展的实际，从2007年开始，两年一届的全国道德模范评选表彰活动举办后，我省也启动了道德模范评选表彰活动，到今年已经是第二届了。

丙：由中共河南省委宣传部、省文明办、省军区政治部、省总工会、共青团河南省委、省妇联共同主办的河南省道德模范评选，是我省规模最大、规格最高、选拔最广的道德模范评选。在18个省辖市推荐的5400多名候选者中，通过群众投票、专家讨论和领导认可，最终评选出5大类共10名第二届河南省道德模范。

丁：在评选活动中，全省广大干部群众积极行动、踊跃参与，在全社会形成了评模范、学模范、颂模范、争当模范的浓厚社会氛围。我们不仅评选出了一批感动中原的河南省道德模范，在全国道德模范评选中，谢延信、魏青刚、王一硕、洪战辉、周国允、吴新芬等六位同志先后获得第一届、第二届全国道德模范的光荣称号。道德模范评选结果充分证明——河南人，好样的！

甲：在颁奖仪式开始前，首先请让我介绍出席今天颁奖典礼的领导（见名单），对他们和所有来宾的到来，我们表示热烈的欢迎！

乙：道德模范的评选，不但充分展示了我省公民道德建设的丰硕成果，而且对于深入持久地运用榜样的力量弘扬中华民族传统美德，激发人民群众参与道德建设的热情，构建社会主义和谐社会，都具有十分重要的意义。

丙：道德是灵魂，道德是精神，道德是温暖人心的阳光，道德是构建和谐的力量。在公民道德体系中，诚信作为做人的基本道德修养，是维系社会整体良性发展的重要行为准则。

丁：首先，让我们一起向诚实守信模范致敬！

【2. 大屏片花《诚实守信》】

甲：什么是诚信？诚，就是真诚、诚实；信，就是守承诺、讲诚信。诚信的基本含义是守诺、践约、无欺。

乙：在我们的获奖者中，有这样一位山村女教师，她信守着心中"让山里娃都能像城里娃一样读书"的诺言，扎根在山区讲台，35个春夏秋冬，35载呕心沥血，用残疾之躯搏击多舛的命运，谱写出一曲曲感人肺腑的教坛乐章。

【3. 大屏短片《王生英》】

甲：朋友们，这位就是如傲雪凌霜的红梅，默默地绽放在大山深处，散发出全部幽香的王生英老师。

乙：王老师，此时此刻，电视机前肯定也有您曾经教过的学生，您最想对他们说的是什么呢？

　　（王生英回答大意：我经常对我的学生说，诚信是为人处世之根、安身立命之本。信守自己的诺言，不是做人的负担，而是人生的动力。）

甲：说得太好了。组委会给王生英的致敬词是……

【4. 宣读致敬词】

乙：言必信，行必果。为了年轻时立下的一个誓言，王生英老师用了半生的全部精力。同样，在开封市，一个下岗女工，靠着诚信经营，用一块块质优价廉的彩色豆腐，开创了事业的成功之路。

【5. 大屏短片《夏红月》】

甲：夏红月的彩色豆腐店开得红红火火。从她的经历我们可以看出，诚信对于经营来说，是一笔巨大的无形资产，比任何商业广告都具有更强的感召力。在这里，我们想问夏总经理的是，在您事业一帆风顺的时候，怎么会想到搞免费培训呢？

（夏红月回答大意：我的真诚换来了收获，其实这不仅是诚信的全部，诚信还应该用自己的所得，来报答、支持帮助自己的人，回报全社会。）

乙：对，您的培训学校不但传授制作技术，更传播诚信的理念！组委会给夏红月的致敬词是……

【6. 宣读致敬词】

（音乐中，两位获奖者上场）

甲：有请（见名单）为诚实守信模范林州市横水镇卸甲平村学校教师王生英，开封市夏红月豆腐店总经理、开封市夏红月职业培训学校校长夏红月颁奖。

【7. 颁奖】

丙：一言九鼎，一诺千金。中华民族历来以讲究诚信著称于世。同样，助人为乐也是中华民族的传统美德之一。儒家文化重视"仁者爱人"的精神涵养，强调"厚德载物"的道德思维，提倡"推己及人"的行为准则。

丁：的确，任何人都是社会的人，都不能脱离他人的帮助而存在，也不能脱离他人的关心而生活。人与人之间需要相互关心、相互帮助。在这里，让我们一起向助人为乐模范致敬！

【8. 大屏片花《助人为乐》】

【9. 小品《买世蕊》】

丙：观众朋友们，这位就是咱们的"好人"买世蕊。她把别人放在亲人的位置上，对别人那么大方，对自己的儿子却那么小气。（对买世蕊）买经理，是因为您把有限的收入都拿去资助别人了，还是另有想法？

（买世蕊回答）

丙：谢谢。评委会给买世蕊的致敬词是……

【10. 宣读致敬词】

丁：助人为乐要有善良的动机和出发点，同时帮助别人要有实实在在的结果。买世蕊出于对他人的爱心和关心，尽己所能，解决身边的老人和孩子的困难。而有一个人，他长年累月、坚持不懈地帮助他人，他却不知道他帮助的到底是谁，这是怎么回事呢？

【11. 评书《冯会军》】

丙：站在我身边的这位就是8年来献血180多次，献血总量达到7万多毫升的冯会军。冯师傅，为了保证血液质量，据说你坚持不吸烟、不喝酒，难道你就没碰到那些非喝不可的场合吗？

（冯会军回答）

丁：没错，向着一个坚定的目标，就没有克服不了的困难。评委会给冯会军的致敬词是……

【12. 宣读致敬词】

（音乐中，两位获奖者上场）

丙：有请（见名单）为助人为乐模范新乡市糖业烟酒有限责任公司董事长、总经理买世蕊，郑煤集团超化矿职工冯会军颁奖。

【13. 颁奖】

甲：助人为乐，是构建和谐的民族美德；孝老爱亲，是人间真情的永恒旋律。百善孝为先，敬老爱老是我们义不容辞的责任，关爱家人更是为人之本。

乙：孝敬老人，关爱家人，不分时间和地点，更和条件无关。爱，就得从眼前做起，就是实实在在的行动。在这里，让我们向孝老爱亲模范致敬。

【14. 大屏片花《孝老爱亲》】

甲：在准备这次颁奖典礼之前，我曾经看到这样的言论，说孝老爱亲是人性的内在要求，似乎用不着特别倡导与表彰、奖励。但是，当我翻开"嫂娘"范占先的事迹材料后，我深深地为她的义举而震撼，她身上所体现出来的道德价值观令我肃然起敬。

【15. 大屏短片《范占先》】

甲：朋友们，这就是我们可敬的"嫂娘"范占先！当我握住她这写满沧桑的双手的时候，我真不知道该再问什么，因为，握紧这双手，我就触摸到了一颗温暖而坚强的心。

乙：带着感动和敬意，有请（捐赠单位领导姓名）。

（领导捐赠及讲话）

甲：让我们一起祝愿好人一生平安。评委会给范占先的致敬词是……

【16. 宣读致敬词】

【17. 歌舞《爱在天地间》】

乙：爱在天地间！今天，我们面对的都是平常人，而我们走进的却是一个个不平常的故事，"嫂娘"范占先30多年的人生历程，诠释着人间大爱。而一个带着婆婆改嫁的女人，她给我们诠释的又是什么呢？

【18. 大屏短片《王淑贞》】

甲：现在我手里拿着的就是大家在短片中看到的王淑贞给婆婆梳头的梳子，在来郑州之前，她也没有忘了给婆婆梳过头才出门。王阿姨，20多年了，您这样日复一日地照顾婆婆，婆婆经常给您念叨些啥？

（王淑贞回答大意：谁都会有老的时候。她经常对我说，她要告诉我的儿媳妇，等我老了的时候，也要像我照顾她一样地照顾我！）

乙：俗话说"婆媳亲，全家和"，孝道做到了，婆媳自然亲，家庭自然和！评委会给王淑贞的致敬词是……

【19. 宣读致敬词】

（音乐中，两位获奖者上场）

甲：有请（见名单）为孝老爱亲模范孟州市谷旦镇张村村民范占先、漯河市源汇区空冢郭乡赵岗村村民王淑贞颁奖。

【20. 颁奖】

丙：如果说，孝老爱亲是时间长河中爱心的累积，那么，见义勇为就是在一个个时间节点上人格的闪光！

丁：该出手时就出手。见义勇为者面对灾难和死神大义凛然、知险而上，把平安和生机留给他人。在这里，让我们向见义勇为模范致敬。

【21. 大屏片花《见义勇为》】

丙：见义勇为总是和惊心动魄联系在一起，首先，让我们的记忆回到那个惊心动魄的时刻：2007年3月21日的上午。地点：上海外滩。

【22. 快板《崔运宗》】

丁：崔运宗一跳震动了申城，上海多家媒体争相报道，把崔运宗连同河南的形象，烙印在上海的记忆里。在这里，让我们再次把掌声献给咱们的平民英雄。（对崔运宗）运宗，跳进黄浦江的一瞬间你肯定来不及多想。今年四月，当你手捧相当于两个月工资的5000元奖金的时候，你怎么没想到给自己和家人买点什么，而是捐给希望工程？

（崔运宗回答）

丙：又是一个舍己救人的故事，又是一个来自咱们河南的农民工兄弟。谢谢。评委会给崔运宗的致敬词是……

【23. 宣读致敬词】

丁：刚才，我们讲述了一个发生在黄浦江上的英雄故事，接下来，让我们的记忆回到2008年5月12日。当四川汶川特大地震的冲击波传到中原大地，河洛汉子李顺卿和他的二十几位农民工兄弟，义无反顾地开始了奔赴灾区、抗震救灾的壮举。

【24. 大屏短片《李顺卿》】

丙：就这样，在祖国需要的时候，李顺卿把河南人的拳拳爱心带到了四川灾区，用实际行动表达了一个农民工的爱国热情。其实他这样做不图扬名，不图回报，但他们的事迹还是被媒体广为传颂，他们的救援队被网民誉为"最牛的救援队"。在这里，让我们一起听听李顺卿对"最牛"二字是怎样理解的！

（李顺卿回答）

丁：李顺卿的义举平凡而伟大，让人感动，让人动容。评委会给他的致敬词是……

【25. 宣读致敬词】

（音乐中，两位获奖者上场）

丙：有请（见名单）为见义勇为模范濮阳市南乐县谷金楼乡孟郭村村民崔运宗、洛阳强辉土石方工程有限公司董事长李顺卿颁奖。

【26. 颁奖】

甲：刚才的见义勇为模范们用勇于奉献的实际行动，成为我们的楷模！而奉献和敬业又常常是联系在一起的，下面，我们走近的就是"敬业奉献模范"。

乙：什么是敬业奉献，敬业奉献其实就是蜡烛的精神。只要你需要，它会不停地发光，是为"敬业"；它放尽每一缕光芒，却毫无怨言，是为"奉献"。在这里，让我们向敬业奉献模范致敬。

【27. 大屏片花《敬业奉献》】

甲：宋朝朱熹说"敬业"就是"专心致志，以事其业"，就是用一种恭敬严肃的态度对待自己的工作，认真负责，一心一意，任劳任怨，精益求精。

乙：咱们的育种专家程相文就是这样，从 1964 年至今，他有一半时间是在海南的玉米地里度过的，克服了常人难以忍受的困难，坚持玉米新品种选育事业。

【28. 大屏短片《程相文》】

甲：站在我身边的就是育种专家程相文和她的女儿程永梅。（对程永梅）永梅，为了育种，你爸爸独自在海南岛度过了 34 个春节，爸爸不在家的日子，你和妈妈是怎样过来的呢？

（程永梅回答）

乙：评委会给程相文的致敬词是……

【29. 宣读致敬词】

【30. 豫剧《吃亏歌》】

甲：带着这种甘于吃亏、勇于奉献的精神，程相文用双手绘制农业科技发展的宏伟蓝图，为党和人民再创新的佳绩。而接下来的这位英雄，却用生命演绎了奉献的含义。

【31. 大屏短片《武文斌》】

乙：朋友们，武文斌离我们而去了。但他的精神却永远激励着我们，无数的武文斌就在我们的军营，在我们的身边。

甲：评委会给武文斌的致敬词是……

【32. 宣读致敬词】

（音乐中，获奖者上场）

乙：有请（见名单）为敬业奉献模范河南省浚县农科所所长兼鹤壁市农科所副所长程相文、济南军区铁军某师炮指连士官学员武文斌颁奖。其中，武文斌烈士的奖项由其父亲武中林代领。

【33. 颁奖】

丙：每一个道德模范的背后都有一个不同寻常的故事，它们或轰轰烈烈，或平平淡淡，但每一个故事都书写着时代的感动。道德模范们用自己的行动感召着社会，用自己的所为诠释着道德的真谛。

丁：为了推动全国道德模范学习宣传活动深入开展，从 2008 年起，中央文明办开展了"我推荐、我评议身边好人"活动，其中，我省已经有 50 多人荣登每月一次的"中国好人榜"。

丙：他们只是我们身边的平凡人，没有什么丰功伟绩。但一次次践行道德的义举，传递道德的力量，让他们有了一个共同的称谓——好人。

丁：下面，让我们掌声有请河南省第二届道德模范提名奖获得者代表和"中国好人榜"上榜代表上场。

【34. 少先队员献花】

甲：好人，是一个普通的称谓；好人，同时又是一个无价的荣誉。平凡的名字，平凡的面容背后，是不平凡的坚持，不平凡的勇毅。他们是我们身边的平凡人，也是我们道德之路上的前行者。

乙：他们的故事告诉大家，任何一个人都可以成为好人。可以从自己做起，从点滴做起，从身边小事做起，点点滴滴积累起来，描绘出的就是和谐社会的美好蓝图。

【35. 歌舞《建设和谐大家园》】

甲：最由衷的赞誉，献给我们的道德模范。

乙：最衷心的致敬，献给我们的道德模范。

丙："士有百行，以德为首。"道德的力量如春风化雨、润物无声，构成国家发展、社会和谐、人民幸福的重要力量。

丁：让我们以道德模范为榜样，做一个道德高尚的人，并以此汇聚成无穷的道德力量，为构建和谐社会，加快中原崛起做出更大的贡献。

甲：河南省第二届道德模范颁奖典礼到此结束！

乙：各位领导、各位来宾，观众朋友们，再见！

合：再见！

2017 年 12 月 1 日，河南省有史以来规模最大的豫菜盛宴——河南省第二届豫菜品牌大赛在"中国食品名城"漯河市举行，共有 1167 名选手参赛。经过三天的激烈角逐，大赛于 12 月 3 日落下帷幕，当晚在漯河大剧院举办了电视颁奖晚会。晚会由著名主持人刘仪伟和河南电视台主持人徐冰主持。

豫菜是全国重要菜系之一，同时食品工业与餐饮业有着不可分割的天然联系。主持词结合颁奖环节，对本次大赛的盛况和漯河食品工业的优势进行了综述，并从豫菜出发，延伸到河南从"中原粮仓"到"国人厨房"的跨越，既介绍了豫菜的鲜明特色，揭示了其蕴含的丰厚中原文化，又体现了河南餐饮业和食品工业的迅猛发展。由于节目中穿插了厨艺绝技的比拼，加上由《天天饮食》栏目的主持人刘仪伟担当主持，所以主持词风格偏向亲和、平实、生动、风趣。

香满中原

河南省第二届豫菜品牌大赛电视颁奖晚会主持词

男：尊敬的各位领导、各位来宾，

女：现场和电视机前的观众朋友们，

合：大家晚上好！

男：这里是"中国食品名城（漯河）杯"第二届豫菜品牌大赛颁奖晚会现场。

女：欢迎大家和我们一起相聚中国食品名城漯河，共同体验中原饮食文化的博大精深。

男：大家都知道，漯河是食品加工主导产业优势明显的城市，有"双汇"等一大批食品加工企业和农业产业化龙头企业，相继被确定为全省食品工业基地市、无公害食品基地市和"中国食品名城"。

女：第二届豫菜品牌大赛在漯河举办，不愧是豫菜与漯河的天作之合。本届比赛对弘扬河南饮食文化，对豫菜的振兴，对河南烹饪技术整体水平的提高，都将起到积极的推动作用。

男：没错，河南省第二届豫菜品牌大赛是河南餐饮业发展历史上，以豫菜为主题的规模最大、水准最高的一次大型主题赛事活动。全省共有 26 个代表团、1000 多名选手参加了比赛。经过三天的激烈角逐，38 个奖项都已经产生。今晚，我们将亲历这隆重的颁奖盛典。

【1. 电视短片《大赛综述》】

男：真可谓高手云集，盛况空前，不但展示了河南餐饮名师的大师风采，彰显了河南烹饪文化，还让我想起了河南"大粮仓""大厨房"的美誉。我们都知道这么一句古话："河南熟，天下足"，河南用占全国1/16的耕地生产出占全国1/10的粮食，不愧是"天下粮仓"。

女：从上世纪90年代开始，河南提出"围绕农业上工业，上了工业促农业"的发展战略，把农副产品加工增值作为新的经济增长点来抓。如今，河南已经成为全国最大的面及面制品、肉类和调味品生产基地，成为千家万户离不开的"国人厨房"。

【2. 开场歌舞《大粮仓、大厨房》】

女：从中国粮仓到国人厨房，河南在贡献里发展，在开拓中成长。走进这盛产美味的大厨房，我们自然不会错过食盈天下的豫菜。

男：那是当然，说到豫菜，我是太有感情了，在《天天饮食》里，我给大家介绍的不少美味就属于豫菜。

女：豫菜借中州之地利，得四季之天时，调和鼎鼐，包容五味，以几十种技法炮制数千种菜肴，品种技术南下北上影响遍及神州，美味脍炙人口。

男：我们平民百姓喜欢豫菜，其实，不少海内外知名人士对豫菜也十分向往。比如鲁迅先生，不管在北京还是在上海，去得最多的餐馆就是豫菜馆，最爱吃的是豫菜中的"酸辣肚丝汤""炸核桃腰""糖醋软熘鲤鱼焙面"和"三鲜铁锅烤蛋"。可见河南豫菜是真解馋啊。

【3. 表演唱《河南豫菜真解馋》】

女：刚才的表演唱出了河南豫菜这么多美妙之处，我都已经垂涎三尺了。

男：这个节目更精彩的是还穿插着厨艺表演，这就告诉我们，豫菜这么好吃，主要原因是厨艺高超啊。接下来，让我们有请大赛烹饪类的获奖者上场。

女：获得"中国食品名城(漯河)杯"第二届豫菜品牌大赛烹饪类一等奖的是(见名单)。
　　(礼仪小姐引导获奖选手上场)

男：有请颁奖嘉宾(见名单)为获奖者颁奖。
　　(礼仪小姐引导颁奖领导上场为获奖选手颁奖)

【4. 颁奖：烹饪类】

女：看到这闪光的奖杯和激动的笑脸，我想起了一句古话："台上一分钟，台下十年功。"

男：对，烹饪可是一门大学问，咱们的餐饮大师就是日复一日地在锅碗瓢盆的交响中，烹饪出美味、烹饪出餐饮文化、烹饪出豫菜品牌。

【5. 舞蹈《锅碗瓢盆也交响》】

男：（对女主持人）欣赏完这《锅碗瓢盆也交响》，你感受最深的是什么？

女：味道好极了。

男：就算正确吧。接下来请接题，咱们豫菜的特点是什么？

女：这谁不知道，豫菜作为中原烹饪文明的代表，虽然在南宋以后成为中国烹饪的地方帮派，但因地处九州之中，一直秉承着中国烹饪的基本传统：中与和。

男：对。"中"是指豫菜不东、不西、不南、不北，而居东西南北之中；不偏甜、不偏咸、不偏辣、不偏酸，而于甜咸酸辣之间求其中、求其平、求其淡。"和"是指融东西南北为一体、为一统，融甜咸酸辣为一鼎而求一味，而求一和。

女：豫菜的"和"也就是"和谐"的"和"，所以说，咱们锅碗瓢盆交响的是幸福与祥和。

【6. 歌曲《有一种幸福叫祥和》】

【7. 电视短片《豫菜》】

男：（对女主持）通过这个短片，咱们品尝了一席豫菜大餐。提起"豫"字，我首先想到了两个词：一个是豫菜，另一个是豫剧。接下来，你给大家来一段豫剧怎么样？

女：不行不行！正好，听说今天在漯河举办豫菜大赛的颁奖晚会，咱们的豫剧名家也闻香而来了。

【8. 豫剧选段】

男：这豫菜也吃过了，豫剧也听过了，咱们言归正传，为获奖者颁奖。

女：获得"中国食品名城（漯河）杯"第二届豫菜品牌大赛面点类一等奖的是（见名单）。

（礼仪小姐引导获奖选手上场）

男：有请颁奖嘉宾（见名单）为获奖者颁奖。

（礼仪小姐引导颁奖领导上场为获奖选手颁奖）

【9. 颁奖：面点类】

女：（对男主持）主持今天的颁奖晚会，你有什么感想？

男：感慨万千！

女：比获奖者还激动？

男：那是当然，就拿面食来说，河南的小麦产量占全国总产量的1/4，河南有这么多名扬天下的面点，咱们能不感谢这些技艺高超的面点师？

女：说得没错，接下来，咱们一起欣赏相声《感慨万千》。

【10. 相声《感慨万千》】

女：谢谢艺术家们的精彩表演，刚才他们的感慨中，有对获奖选手的祝贺，也有对漯河发展成就的祝贺，更有对豫菜美好前景的祝贺。

男：那是。据资料记载，中华人民共和国成立后，周恩来总理就亲自决定采用河南菜为国宴菜，直到现在，国宴仍旧是以河南菜为基准烹调的。

女：河南有一句土话："唱戏的腔，做菜的汤"，说明豫菜对于制汤非常讲究。豫菜的烹调方法共有 50 多种，扒、烧、炸、熘、爆、炒、炝别有特色，葱椒炝和㸆，独树一帜。其中扒菜更为独到，素有"扒菜不勾芡，汤汁自来黏"的美称。

男：人们常说："一招鲜，吃遍天。"河南豫菜有这么多的独到之处，当然会闻名遐迩，香飘天下。

【11. 歌曲《华夏一招鲜》】

男：看完他们的绝招，我感觉不是一招鲜，而是招招都鲜。你看这些食雕，分明就是艺术收藏品，演出完我得带几件回去。

女：那你得托运了。

男：怎么说？

女：这些表演者仅仅是食雕类获奖者的代表，他们的作品太多了。

男：那咱们赶紧给食雕类颁奖吧，让我也早点见识一下这些艺术家们。

女：获得"中国食品名城（漯河）杯"第二届豫菜品牌大赛食雕类一等奖的是（见名单）。
　　（礼仪小姐引导获奖选手上场）

男：有请颁奖嘉宾（见名单）为获奖者颁奖。

　　（礼仪小姐引导颁奖领导上场为获奖选手颁奖）

【12. 颁奖：食雕类】

　　（颁奖后，获奖者退场，男主持跟着也想下去，女主持一把拦住）

女：哎，你怎么也下去了？

男：我得赶紧跟他们学几招呀。

女：那也得主持完节目呀！

男：对了，这一激动，我还差点忘了我是来干什么的。接下来，请欣赏一组歌唱幸福生活的歌曲联唱。

【13. 歌曲联唱】

女：（对男主持）咱们今晚一边谈论着美味的豫菜，一边欣赏着美妙的歌曲，是不是有点对酒当歌的感觉？

男：说到对酒当歌，咱们漯河人可是开山鼻祖。在漯河市舞阳县的贾湖遗址，就发掘出土了 8000 年前的酿酒遗址和用猛禽骨管制作的七音骨笛，美酒伴仙乐，这是何等的浪漫、何等的惬意！

女：咱们漯河的饮食文化可谓历史长久。近年来，漯河凭借迅速发展的食品产业，利用沙河、澧河带来的丰富自然资源，发展起了自己的水产、禽类、野菜、菌类系列养殖产业，这些新鲜品种很快成了漯河人餐桌上的新宠，带动了漯河饮食业的迅速发展。

男：食品名城与豫菜的关系真是太密切了。接下来，请看短片。

【14. 电视短片《中国食品名城——漯河》】

男：通过这个短片，咱们对漯河有了一个大致的了解。通过本次豫菜品牌大赛，我对漯河人的盛情更是有了切身的体会。

女：你在这里就给大家详细说说吧。

男：不用我说，用咱们漯河人对本次大赛最爱说的一句话就全部概括了——举全市之力、集全市之智。

女：总结得太好了。在这里，让我们掌声有请（漯河市领导姓名）致辞。

【15. 领导致辞】

男：谢谢领导的精彩致辞。今晚咱们讲述的是中原餐饮文化，我不由自主地想起了老子的那句名言——"治大国如烹小鲜"，可见，小鲜要烹好也真不容易。

女：是啊，就拿刀工来说，咱们豫菜就有"切必整齐，片必均匀，解必过半，斩而不乱"的传统技艺。接下来，就让我们一起欣赏烹饪高手们精湛的厨艺大比拼。

【16. 现场表演《东西南北厨艺大比拼》】

男：朋友们，欣赏完这些刀法精湛、出神入化的厨艺表演，我们的晚会就进入了第四次颁奖。在这个时段，我们要颁发的是餐饮服务类和烹饪教育类奖项。

女：获得餐饮服务类奖项的是（见名单），获得烹饪教育类的是（见名单）。
　　（礼仪小姐引导获奖选手上场）

男：有请颁奖嘉宾（见名单）为获奖者颁奖。
　　（礼仪小姐引导颁奖领导上场为获奖选手颁奖）

【17. 颁奖：餐饮服务类、烹饪教育类】

男：观众朋友们，本次豫菜品牌大赛盛况空前，在全社会引起了巨大的反响，不但我闻香而来，有一位大家熟悉的著名歌手也来了。

女：她是谁呢？让我们掌声有请。

【18. 外请歌星演唱】

男：谢谢这美妙的歌声。如同艺术界明星云集一样，咱们河南豫菜同样名厨众多，从古到今，一代代名厨称雄一时，名震一方。

女：值得一提的是第一个被中国烹饪协会命名为"中国厨师之乡"的长垣县，拥有数万厨师，自明清开始，上至御厨官府，下到酒楼饭店，远至日本、美国和欧洲，厨师们均有上乘表现。

男：众多名厨不但让豫菜的美名传遍天下，更让豫菜与时俱进，不断发扬光大。为此，本次大赛特地设立了豫菜烹饪最高成就奖，奖励为发展豫菜做出突出贡献的中国烹饪大师。

女：获得本届豫菜烹饪最高成就奖的是（见名单）。

（礼仪小姐引导 3 名获奖选手上场）

男：有请颁奖嘉宾（见名单）为获奖者颁奖。

（礼仪小姐引导颁奖领导上场为获奖者颁奖）

【19. 颁奖：豫菜烹饪最高成就奖】

男：朋友们，中华饮食文化源远流长、博大精深。近年来，随着社会经济的快速发展，改革开放的进一步深入，餐饮业已经成为一个潜力巨大的朝阳产业。

女：在河南这个农业大省、人口大省，发展豫菜、发展餐饮业，对农产品的加工转化，对经济结构的布局和劳动力结构的调整，对其他相关产业的发展都有着重要的推动作用。

男：民以食为天。豫菜品牌为了人民创新，发展豫菜品牌的成果由人民共享。

女：和风飘送，香满中原，我们的社会将会更加和谐，我们的生活将会更加美满。

【20. 歌舞《和谐中国》】

女：崇尚文明、追求和谐是中华民族的精神品格。

男：五味调和、质味适中是河南豫菜的特点和精髓。

女：作为中国传统烹饪文化的符号，豫菜最为全面地反映了中国烹饪文化的基本精神，始终如一地诠释着中国味道。

男：我们相信，在历史与现实的交融中，豫菜这朵中华饮食文化的奇葩一定会长盛不衰，更加艳丽。

女："中国食品名城（漯河）杯"第二届豫菜品牌大赛颁奖晚会到此结束！

男：观众朋友们，再见！

合：再见！

文 化 时 空

文化交流

　　2007 年 11 月 14 日至 16 日，"中原文化天津行"活动在天津举行，精彩纷呈的中原文化"秀"，让天津人民逐渐认识了河南，感知了河南。作为活动的重要组成部分，"情系海河·感知河南——中原文化天津行文艺晚会"14 日晚在天津礼堂大剧院上演。

　　对于这样一台兼具文化交流和推介展示功能的演出，主持词首先是要找到两地在文化、情感上的契合点，拉近与观众的心理距离，其次是通过真实可感的内容，把一个历史厚重的河南、一个开放发展的河南、一个美丽富庶的河南展现给天津的观众。此外，这次演出的主持由河南电视台和天津电视台的主持人担纲，撰写主持词时要区分主人与客人不同的身份。其中，男为河南电视台主持人、女为天津电视台主持人。

情系海河·感知河南

中原文化天津行文艺晚会主持词

【1. 歌舞《黄河》】

男：尊敬的各位领导、各位来宾，

女：亲爱的观众朋友们，

合：晚上好！

男：欢迎大家来到"情系海河·感知河南——中原文化天津行文艺晚会"现场。"中原文化天津行"活动是我省首次在天津举办的大型文化交流、集中宣传和综合形象展示活动。开展这次活动，是为了学习天津等沿海开放地区的先进经验，向天津、向全国宣传推介河南，进一步增进天津社会各界对河南的了解和支持，推动天津与河南在经贸、科技、文化等领域的交流与合作。

女：在此，我们向河南朋友的到来表示热烈的欢迎！天津与河南两地有着长期友好的合作关系，在新的历史时期，河南与天津更是优势互补，互惠双赢，在携手合作中，迎来广阔的发展空间。仅以交通运输为例，去年，以天津港和河南公路港为平台，两省联手打造"无水港口"，实现了内陆港口与沿海港口的无缝对接。这是津豫合作的"天作之合"。

男：的确，山山水水隔不断两地人民的合作与交往。据统计，到目前为止，河南在天津仅建筑企业就有75家，建筑大军达六万多人。今天，在我们的演出现场，就请来了长期在天津生活的河南老乡、河南在津务工创业人员、河南外出在津企业的代表。

女：他们用智慧和汗水，为天津的建设和发展做出了贡献，为河南赢得了荣誉。在此，让我们用热烈的掌声向他们表示欢迎和感谢！

男：我们相信，随着经济合作、文化交流的不断深入，两地人民将在心与心的对接中，编织更加美好的明天。

【2. 开场舞《编花篮》】

男：一条艺术的彩带，连接着跨越时空的心灵相约。一方艺术的舞台，见证了两地文化的交往历程。

女：没错，豫剧名家陈素真就是在天津学习京剧表演，将京剧的艺术精华融入豫剧，以她独树一帜的表演风格成为豫剧"五大名旦"之一。

男：上世纪30年代，年轻的河南坠子女艺人乔清秀就是在天津获得"坠子皇后"的桂冠，形成了名扬全国的"乔派"坠子。

女：带着对河南与天津的真挚情意，今天，河南深受全国观众欢迎的著名相声演员范军、于根艺也来到了演出现场。掌声有请。

【3. 相声】

男：古往今来，天津与河南人民用淳朴和热情描绘着梦想，编织着幸福。

女：时代春风中，中原儿女用勤劳和智慧，编织着中原崛起的蓝图，编织着和谐美丽的家园。

男：喜看今天的河南，经济持续快速健康发展，经济总量不断突破，农业生产量持续提高，工业经济提速增效，文化产业连创佳绩。

女：盛世中原，和风吹送，一派生机蓬勃，处处曲美歌甜。

【4. 曲艺组合《曲苑风和》】

女：曲苑风和歌盛世，津豫携手情更深。

男：带着中原父老的情意从黄河走来，我们感受的不仅是海河儿女的热情豪爽，更感受着一个正从渤海走向全球的活力天津。

女：作为环渤海湾最大的经济区，从区域发展战略到纳入国家整体发展战略，经过 10 多年高速发展，天津滨海新区在新一轮的开放开发中，正以其大手笔的创意，成为中国北方经济发展的引擎。

男：同唱发展歌，共奏和谐曲。接下来，请一起欣赏天津杂技团和天津歌舞剧院带来的杂技《肩上芭蕾》。

【5. 杂技《肩上芭蕾》】

男：刚才这美妙的杂技，真像一首流动的诗，一首动人的歌。

女：（对男主持人）说到歌呀，在这里你能不能给我们介绍一下河南民歌。

男：河南民歌实在是太丰富了。河南地处中原，北有太行山，南有伏牛山，平野山坳，处处都有劳动者悠扬的歌声，豫腔豫韵，把日子唱得有滋有味。今天，我们就特地给大家安排了一组豫南地区的民歌。

女：请一起欣赏。

【6. 民歌组合《豫韵》】

男：（对女主持人）提起河南文化，你的第一印象是什么？

女：那还用说？少林武术。

男：没错，河南是武术之乡，在这片充满创造活力的土地上，黄河之南的少林寺催生了至刚至猛的少林功夫，黄河北岸的陈家沟孕育了亦动亦静的太极拳。少林与太极，一动一静，一刚一柔，效法天地自然，诠释万物至理。

女：那好，接下来，就让我们在少林与太极的组合中，探寻中华武术的无穷魅力。

【7. 武术《少林与太极》】

女：确实名不虚传，虎虎生威的河南功夫凸显了河南人的刚勇强悍。

男：对，"一方水土养一方人"，在戏曲舞台上，河南戏曲的粗犷豪迈也同样展示了中原儿女热情豪爽的性格。

女：说到戏曲，天津与河南都是戏曲之乡。天津，是京剧、评戏、河北梆子等地方剧种的重要发源地，也是久负盛名的戏曲演出大码头。

男：接下来，河南和天津两地的戏曲名家将联袂演出一组豫剧、京剧经典剧目的著名唱段，请欣赏。

【8. 戏曲组合《盛世梨园》】

男：观众朋友们，当我们感佩于岳飞的精忠报国，惊叹于花木兰的巾帼传奇，不知您是否知道，有一个千年传唱的爱情故事，也诞生在河南这片多情的土地。

女：对，梁山伯与祝英台，就是传说中河南汝南县的一对恋人，他们为了至真至美的爱情，化作如梦的蝴蝶，在岁月之河翩然舞动。

男：在这里，就让我们跟着动人的音乐，再次走上这缠绵浪漫的爱之旅。

【9. 器乐与芭蕾《梁祝》】

女：欢歌和笑语回荡在耳边，浓情的秋意洒遍海河两岸。

男：喜庆与祥和陪伴着我们，丰收的喜悦荡满中原大地。

女：在和谐的故事里，我们品味富裕和美满。

男：在时代的足迹中，我们留下舒心与甜蜜。

女：接下来，掌声有请出生于河南新乡牧野村，从天津唱响全国的著名女中音歌唱家关牧村。

男：让我们伴着欢快的歌声，一起举杯。

【10. 歌曲《祝酒歌》】

女：今天是个好日子，我们相聚津门，放歌海河，一起亲近那积淀着深厚历史文化底蕴、孕育着无限生机的中原大地。

男：明天又是好日子，我们在十七大精神的指引下，坚定不移地走科学发展之路，开拓进取，昂首未来。

【11. 歌舞《中原风·海河潮》】

男：中原文化天津行，黄河水连海河情，

女：欢歌笑语聚今宵，携手合作奔前程。

男：在这里，让我们一起为河南与天津的明天祝福。

女：祝愿我们的友谊地久天长！

男：祝愿我们的未来更加美好！

女："情系海河·感知河南——中原文化天津行文艺演出"到此结束！

合：观众朋友们，再见！

2010年7月13日上午，以"中原风情·魅力河南"为主题的上海世界博览会河南活动周开幕式在上海世博园宝钢大舞台大演出区隆重举行，开幕式演出为观众带来了开封盘鼓、少林功夫、豫剧和歌舞等精品节目，在世人面前展开了一幅中原大地的瑰丽画卷。

开幕式演出作为开幕式的重要组成部分，在非常紧凑的演出时间里，撷取最具河南特色的文艺节目，构成河南周的碰头彩。因此主持词要显得大气、热情、庄重，简明扼要地向观众传递底蕴深厚的河南历史、独具魅力的中原风情和时尚现代的河南形象。

中原风情·魅力河南

2010上海世界博览会河南活动周开幕式文艺演出主持词

【1. 领导宣布上海世博会河南活动周开幕】

【2. 盘鼓表演】

女：尊敬的各位领导、各位来宾，

男：女士们、先生们，

合：大家上午好！

女：欢迎来到2010上海世界博览会河南活动周开幕式文艺演出现场。在此，我们向出席仪式的各位领导，向来自海内外的嘉宾和各兄弟省、自治区、直辖市的代表们表示热烈的欢迎和衷心的感谢。

男：上海世博会打开了一扇让世界了解河南的窗口。走进以"国之中·城之源"为主题的河南馆，您能了解到一个积淀厚重文化底蕴、充满现代创造活力的河南。

女：为期五天的河南活动周，将向世界集中展示独具魅力的中原风采和地域特色，体现出激情豪迈的时代精神，演绎一幅绚丽多姿的"中原风情、魅力河南"画卷。

男：刚才，这拥有一千多年历史的开封盘鼓以激越的鼓点和宏大的气势拉开了我们演出的序幕，喜爱中国戏曲的朋友都知道，锣鼓响过，好戏就要开场了。

女：没错，好戏连台的河南是文化资源大省，地方戏曲剧种繁多、剧目荟萃、名家辈出、流派纷呈，自然质朴的河南豫剧更名列中国四大地方剧种之首。

男：下面，就请欣赏国家一级演员、戏剧梅花奖获得者魏俊英和国家一级演员张春玲联袂带来的豫剧名剧《花木兰》选段。

【3. 豫剧《花木兰》选段】

女：说到河南的特色文化品牌，人们形象地总结为"一文一武"，"文"是中原大地的戏曲艺术，"武"是名扬九州的少林功夫。

男：天下功夫出少林。少林功夫源远流长，博大精深，作为人类挑战自我、超越极限的力量象征，融汇了东方智慧之精华，集合了中华武术之大成。

女：少林功夫不但是中华民族珍贵的精神财富，也是全人类共享的文化遗产。

男：下面，来自登封少林的武林精英将一展雄风，表演精彩的少林绝技。

【4. 少林武术表演】

女：古往今来，中原儿女用淳朴和热情，编织着梦想，编织着幸福；时代春风中，中原儿女用勤劳和智慧，描绘着河南振兴的蓝图，建设着和谐美丽的家园。

男：改革开放三十多年来，河南完成了令世人瞩目的向全国主要经济大省、全国新兴工业大省、全国有影响力的文化大省和全国第一粮食生产大省的历史性跨越，实现了伟大的中原崛起。

女：新世纪的阳光下，呈现在世人面前的不只是一个厚载着中华历史文明的河南，更是一个文明、开放、魅力无穷的河南，一个自尊、自信的河南。

男：在此，请欣赏由国家一级演员、著名女高音歌唱家陈静演唱的歌曲《我的大中原》。

【5. 女声独唱《我的大中原》】

男：盛世和谐大中原，精彩尽在河之南。朋友们，在全面建成小康社会、奋力实现中原崛起的道路上，河南人民正以豪迈的情怀，实现着新的跨越！

女：得中原者得天下，知河南者知中华。勤劳善良、热情好客的河南人民热情欢迎各位朋友到河南观光览胜、投资兴业、合作发展、共创未来。

合：朋友们，再见！

为积极落实中韩两国领导人关于"2010中国访问年"的共识，进一步扩大河南省与韩国的旅游交流，实现河南省韩国入境旅游人数"倍增计划"，河南省旅游局与焦作市人民政府2010年4月18日在焦作市云台山景区举办"豫韩文化旅游交流年河南启动仪式"。启动仪式后，组织了由豫韩艺术家们共同表演的文艺节目会演"春天的约会"。

这是一台豫韩双向文化交流活动，主持词在立足主场的基础上，兼顾对豫韩的文化介绍。演出中，豫韩两地节目交错进行的节目编排，要求撰稿人找到节目之间的连接点，承上启下，进行自如转换。河南电视台节目主持人李伦担任中文主持。

春天的约会

豫韩文化旅游交流年河南启动仪式文艺演出主持词

尊敬的各位来宾，女士们、先生们、朋友们：

大家上午好！

中原山水含深情，云台起舞迎嘉宾。今天，我们相约中原，在美丽的云台山共同亲历了这激动人心的时刻，迎来了豫韩文化旅游交流史上一个万紫千红的春天。这是一次春天的约会，这是一个崭新的起点。在此，豫韩两地的艺术家们将捧出心中的激情，放飞最美的憧憬，一起为友谊歌唱，一起为希望喝彩！

首先，让我们跟着焦作市歌舞团带来的歌舞《云台恋曲》，用心灵感悟云台山由沟谷溪潭、飞瀑流泉、奇峰异石和云海林涛构成的曼妙之态和奇异之境。

【1. 歌舞《云台恋曲》】

如果说云台山风光是灵山与秀水的诗画写意，那么，接下来的长鼓舞就是"兴致"与"英姿"的美妙统一。长鼓舞是韩国最具代表性的传统舞蹈之一，舞姿随着旋律的起伏而变化，时而轻盈，时而紧凑，典雅飘逸，美不胜收。下面，就请欣赏由韩国传统艺术团的艺术家们表演的长鼓舞。

【2. 长鼓舞】

谢谢韩国艺术家们带来的精彩演出。朋友们，我们现在所处的焦作市背倚巍峨葱翠的太行山，面临伟岸宽广的母亲河，展示给世人一幅仙境般的山水画卷。同时，焦作孕育了灿烂辉煌的历史文化，是中华民族传统文化瑰宝——太极拳的发源地，先后被中国国家武术管理中心授予"太极圣地"和"中国太极拳发源地"的称号。

太极拳是中华民族辩证思维与武术、艺术的完美结合，是高层次的人体文化，具有中正安舒、刚柔相济的特点，让人在诗的意境和美的享受中消病化疾、娱心健体。

下面请欣赏由吉尼斯世界纪录保持者王战军、焦作大学太极学院和温县陈家沟武术院带来的精彩太极拳表演《魅力太极》。

（演出时画外音）

王战军是陈式太极拳第十二代传人、陈家沟武术院执行院长，20余年来获得40多次太极擂主，被同人誉为"常胜将军"；2008年在央视武林大会擂台争霸赛上夺得年度总冠军；创造"丹田弹抖"吉尼斯世界纪录；位于陈家沟太极八大天王之首，绰号"霸天王"。

【3. 太极拳表演】

刚才，太极拳用行云流水般的形体语言诠释了天人合一的中国传统文化。下面，韩国艺术家表演的伽倻琴三重奏将用音乐艺术展示韩国多姿多彩的文化风情。伽倻琴是朝鲜族的传统乐器，具有丰富的表现力，尤其适于演奏轻快活泼的民间音乐作品。

我们欣赏的第一个曲目是《Canon变奏曲》，第二个曲目是《Jaba民谣》。

【4. 伽倻琴三重奏】

人们常说：天下功夫出少林。我想，大家对少林功夫肯定心仪已久。少林功夫就源于河南境内的千年古刹——少林寺。作为中华武术的象征，少林功夫将佛教禅宗的修炼方法引入武术之中，将禅与武融会贯通，使武功达到超乎寻常的境地。少林武术经过漫长历史的检验，不断地去芜存精，流传下来的套路，都是非常珍贵的精华，少林功夫中的硬气功更被人称为神功绝技。

下面，就请欣赏嵩山少林寺武术馆带来的正宗少林功夫表演。

【5. 少林功夫表演】

少林功夫是中华民族重要的精神财富，是全人类共享的珍贵文化遗产。接下来，我们要欣赏的是被列入韩国无形文化遗产的民间艺术——太平舞。太平舞是表达对丰收的祝愿和对太平盛世的祈福的韩国传统舞蹈，舞蹈风格体现出步法多变、端庄轻快的特点。

在这踏歌起舞的节日盛典，韩国的艺术家们将以此祝愿豫韩文化旅游交流取得更加丰硕的成果，祝愿中韩两国人民友谊长存、幸福常在！

【6. 太平舞】

带着对美好未来的向往，我们相聚中原，共同翻开豫韩文化旅游交流的崭新篇章。河南地处中华腹地，历史文化积淀深厚，自然景观丰富多彩，陆空交通四通八达，并且打造了数十条精品旅游线路，为国外游客制定了多项便利措施。热情好客的河南人民时刻欢迎韩国及世界各地宾朋的到来。

到了河南，您就感受到了中国文化的博大精深；到了河南，您就感受到了中原大地的无限魅力。最后，请欣赏郑州移动艺术团表演的歌舞《心上中原》。

【7. 歌舞《心上中原》】

各位嘉宾、女士们、先生们——欢歌笑语聚中原，友谊花盛开；豫韩两地情常在，携手向未来。我们相信，通过我们的密切合作，将进一步增进中韩两国人民的友谊，为豫韩两地旅游业的发展注入新的活力。在这里，我们衷心地祝愿豫韩文化旅游交流活动如春常在、似花常开，衷心地祝愿我们的明天更加美好！

豫韩文化旅游交流年河南启动仪式到此结束，朋友们，再见！

> "文化中国·四海同春"是国务院侨务办公室和中国海外交流协会为满足海外侨胞的精神需求，增进世界人民对中华文化的了解和认知而倾力打造的有全球影响的春节系列文化品牌活动。2017年1月29日，由国务院侨务办公室派出的"文化中国·四海同春"欧洲艺术二团在伦敦特拉法加广场给在英华人华侨及英国友人上演了一场春节文化庆典。
>
> 对于这样一台面向华人华侨的春节慰问演出，主持词立足共度中国年，在喜庆热烈的氛围中，以节目内容为依托，展示中华文化的独特韵味，给华人华侨送上祖国人民的祝福，凸显侨胞同祖国的情感联系。

2017年"文化中国·四海同春"伦敦特拉法加广场演出主持词

【1. 开场舞《欢天喜地》】

女士们、先生们，亲爱的华侨华人朋友们：

大家晚上好！

非常荣幸在这喜庆时刻，和大家欢聚一堂，共度中华民族的传统节日——春节。首先，请让我们向旅居英国的全体侨胞致以亲切的问候和诚挚的祝福，并向你们多年来对祖国发展给予的关心和支持表示崇高的敬意和衷心的感谢！

春节是亲人团聚的节日，凝聚了亲情友情，寄托着崭新的希望。今天，由中国国务院侨务办公室组派的"文化中国·四海同春"艺术团带着祖国人民对广大侨胞的深情厚谊和美好祝福，来到美丽的伦敦，与大家一起分享新春佳节的欢乐。

今晚演出奉献给大家的每一个节目，都浸染着中华文化的韵味和祖国人民的深情。刚才，大家欣赏了河南歌舞演艺集团的舞蹈演员和嵩山少林寺武僧团武者表演的节目《欢天喜地》，接下来，请欣赏青年演奏家郝晓东带来的民乐演奏。首先，他将用唢呐演奏一首表现春满人间、百鸟争鸣的中国乐曲《百鸟朝凤》。

【2. 唢呐独奏《百鸟朝凤》】

刚才，大家欣赏的是用中国传统民族吹管乐器唢呐演奏的乐曲。在中国西南地区，还有一种在傣族等少数民族广为流行的吹奏乐器，名叫葫芦丝。葫芦丝音色轻柔细腻、圆润质朴、柔美迷人，接下来，请欣赏用葫芦丝演奏的乐曲《月光下的凤尾竹》。

【3. 葫芦丝独奏《月光下的凤尾竹》】

朋友们，提起中国功夫，大家肯定会想到少林寺。驰名中外的少林寺就在我们河南境内。那么，在少林功夫中，你们都知道哪些武术动作呢？（与观众互动）

在少林功夫中，还有一种以模仿动物或人的某种动作特征为主的拳术——象形拳，包括猴拳、鹰爪拳、蛇拳、螳螂拳、醉拳等。下面，就请欣赏精彩的象形拳表演。

【4. 武术《象形拳》】

中国是一个十分重视亲情的国度。亲情是温暖的，亲情是幸福的。春节是传达亲情的良机，春节是感受亲情的日子。在这共享亲情的美好时刻，有请青年女高音歌唱家王园园为大家献上一首具有浓郁的中国传统节日味道的贺岁歌曲《美丽的日子》。

【5. 歌舞《美丽的日子》】

我们常说少林武僧功夫了得，那是因为僧人们入寺后要精通各种武艺，才能出寺下山。而且下山前必须"闯山门"，也就是由少林寺的武僧们排开特定的阵势，闯关人用武功和智慧来破阵，破阵出关后才算正式"毕业"。下面，功夫精湛的武术演员将给大家带来少林寺最具传奇色彩的功夫表演《打山门》。

【6. 少林武术《打山门》】

谢谢少林武者惊心动魄的精彩表演。人们常说：父爱如山，母爱如水。父亲是大山，挺拔了我们的人生；母亲是溪流，滋润了我们的心扉。在这万家团聚的新春佳节，青年歌唱家诺尔曼献给我们的是一首歌颂父爱的歌曲《父亲的目光》。（第二首演唱者自报。）

【7. 独唱《父亲的目光》《妈妈的声音》】

大家知道，在中国武功高手的手里，随便一把扫帚、一个板凳，哪怕平常的扇子也可成为所向无敌的兵器。其实，少林寺武僧还有许多神奇的功夫，比如模仿醉汉的动作特征创造的武术动作，看起来踉踉跄跄，实则灵活巧妙，威力无比。下面，就请欣赏精彩的少林醉功表演。

【8. 武术《少林醉功》】

魔术在中国民间源远流长，已经有两千多年的历史。变魔术的方法很多，有人形象地概括为四句话："听起来神出鬼没，演起来偷梁换柱，看起来捧腹大笑，点破了恍然大悟。"下面，让我们一起睁大眼睛，欣赏著名青年魔术师丁德龙表演的神奇魔术。

【9. 魔术表演《360度飞牌》《百变红包》】

谈到中国功夫，必提少林禅寺。少林寺已经有一千五百多年的历史，它不仅是中国功夫的发源地，还是佛教禅宗的发祥地。习武和修禅的结合，成就了千年少林的功夫传奇。下面，让我们跟着武者的表演，一起探寻功夫的奥秘。

【10. 武术《少林禅拳与童子功》】

中国风景秀丽的地方很多，大家都去过哪些地方呀？（互动）

在这里，我要告诉大家，内蒙古自治区的呼伦贝尔大草原千万不能错过。呼伦贝尔大草原被评为"中国最美的六大草原"之一，这里地域辽阔、水草丰美、河流纵横、湖泊众多，构成了一幅风光旖旎的画卷。下面，著名歌唱家布仁巴雅尔送给大家的歌曲就是《呼伦贝尔大草原》。

【11. 独唱《呼伦贝尔大草原》《天边》】

朋友们，"文化中国·四海同春"是中国国务院侨务办公室自2009年来精心打造的品牌，在全球六大洲华人华侨聚居的国家和地区举办慰侨演出等系列文化活动，在海外华侨界及当地主流社会都集聚了相当高的"人气"，成为春节慰侨访演和中国文化传播的重要品牌，被誉为全球华人的"海外春晚"。

今天，我们相聚这里，和全体华侨华人一起在节日的氛围中共话亲情、祈福新春，迎接更加幸福的明天。接下来请欣赏"吉祥三宝"组合带来的一首生机盎然的歌曲《春天来了》。

【12. 吉祥三宝组合《春天来了》】

少林功夫，是中国古代人体运动的精华所在，是人类文明的生动传奇。作为中国武术中历史最悠久、门类最多、体系最大的一个流派，少林功夫体系中有十八般兵器和七十二绝技。最后，让我们通过武术演员令人惊叹的表演，再次领略少林功夫的无穷魅力。

【13. 武术《少林雄风·十八般兵器》】

谢谢大家热情的掌声。通过这次伦敦之行，我们亲身感受了广大侨胞对祖国亲人的深情厚谊。感受到我们华人华侨无论走到哪里，心都和祖国连在一起。在这里，让我们一起祝愿中英两国友谊之树常青，祝愿全体侨胞身体健康、事业兴旺、阖家幸福、万事如意！

演出到此结束，朋友们，再见！

文化赛事

由中国广播电视协会主办、电视文艺工作委员会承办的中国电视戏曲"兰花奖"是代表中国电视戏曲最高级别的专家奖项,从 2009 年开始,"兰花奖"的评选及颁奖活动落户河南。2009 年 12 月 27 日,第六届中国电视戏曲"兰花奖"在郑州揭晓,河南电视台《梨园春》栏目举行了隆重的颁奖晚会。晚会由河南电视台《梨园春》栏目主持人倪宝铎、庞晓戈、关枫、朱冰主持。

这是一台用颁奖仪式作为整体构架的电视戏曲颁奖晚会,节目丰富,奖项较多,而且穿插了对获奖者的访谈。撰稿人必须对戏曲知识和演员、获奖者有深入的了解,才能使主持词有血有肉、丰满生动。

兰花赋

第六届中国电视戏曲"兰花奖"颁奖盛典主持词

【1. 开场京歌《兰花赋》】

甲:尊敬的各位领导、各位来宾,

乙:全国电视戏曲艺术界的同行们,

丙:长期以来关心、支持中国电视戏曲事业发展的社会各界朋友们,

丁:现场和电视机前的观众朋友们,

合:大家晚上好!

甲:这里是河南电视台 1500 平方米演播大厅,现在给您直播的是《梨园春》特别节目——第六届中国电视戏曲"兰花奖"颁奖盛典。

乙:电视戏曲"兰花奖"是由中国广播电视协会主办的针对全国电视戏曲专业的唯一一国家级专家奖项,从 2004 年创办至今,已经走过了六个年头,它满载骄傲与荣耀,成了每个电视戏曲工作者心中的最高梦想。

丙：非常荣幸的是，这一中国电视戏曲界一年一度的盛典，河南电视台《梨园春》栏目已经先后承办了首届及第四届，并获得了社会各界广泛的好评。

丁：经中国广播电视协会、河南省委宣传部、河南电视台协商决定，从2009年开始，电视戏曲"兰花奖"的评选及颁奖活动落户河南，由河南省委宣传部与中国广播电视协会共同主办，河南电视台承办。

甲：本次晚会是"兰花奖"落户河南的第一次灿然吐芳，她不仅是一个颁奖的盛典，也是全国电视戏曲工作者真情相聚的盛会，还是一次中国电视戏曲成就的集中展示。

乙：在这里请允许我们代表河南电视台向中国电视戏曲界的艺术家、向来自全国各兄弟电视台的同行们、向全国各地获奖节目的代表、向关心支持电视戏曲的各级领导、各界朋友表示热烈的欢迎和诚挚的祝福！

丙："幽兰香风远，蕙草流芳根。"在本次以"兰花"命名的中国电视戏曲大奖的评选中，共有36个单位选送的150多个节目参评，经评委会投票并报中国广播电视协会批复，共产生特殊贡献奖2个、一等奖6个、二等奖23个、三等奖35个，同时评选出单项奖6类共13个。

丁：现在，我们颁发的是专题类及电视剧类一等奖。有请颁奖嘉宾——著名作家二月河。

（大屏开启，颁奖嘉宾二月河上场）

（二月河致颁奖词）

（获奖作品VCR）

（颁奖）

【2. 第一轮颁奖：专题类及电视剧类一等奖（共6个）】

丙：在这里，让我们再次把掌声献给所有获奖单位及编创人员。晓戈，刚才我们颁发的是专题和电视剧类的奖项。我们知道，电视剧作为观众喜闻乐见的艺术形式之一，是记录每个时代特殊情感和集体记忆的最好载体。

丁：没错，电视剧记录了每个时代的大众情感和大众故事，同时，也让我们记住了一个个风格各异的影视剧演员。在下面这个节目中，我们要请出的这位嘉宾，在非常多的热播电视剧中扮演过我们熟悉的人物形象，还参演过张艺谋导演的电影作品《大红灯笼高高挂》。

丙：许多观众，是在电影、电视剧中认识她的。其实在进入影视圈之前，她是一个戏曲演员，还是越剧"五朵金花"之一。

丁：接下来，掌声有请何赛飞！她带来的是越剧《双珠凤》的经典唱段《春已暮》。

【3. 越剧《双珠凤》选段《春已暮》】

（主持人采访何赛飞，接下一节目）

【4.《大宅门》剧情短片与电视剧《大宅门》独白朗诵】

甲：谢谢何赛飞老师的精彩表演。朋友们，正如我们为何老师的演出喝彩一样，票友、戏迷们往往把声声叫好送给了名旦名角。其实，我们的掌声也要献给台边打鼓拉胡的乐手们。正是因为有了这铿铿锵锵的伴奏声，国粹才能流光溢彩。

乙：戏曲行有这么一句话："戏从槌下起，韵自鼓中来。"在戏曲表演中，锣鼓音是绾结故事的连线，是宣泄情愫的端口，是酝酿冲突的催化剂，是引发共鸣的撞击点。许多资深票友，能闻锣鼓音而知剧情，察锣鼓音而识演出之优劣。

甲：正因为锣鼓音对于戏曲艺术如此重要，所以在戏曲伴奏中便有了一个行当叫司鼓。司鼓不仅是乐队的灵魂，还是整台演出的总指挥。演员的唱念做打，一举手、一投足、一侧目、一闪腰，都是在司鼓的敲敲打打中完成的。可以说，没有司鼓，就唱不成戏。

乙：因此，接下来，我们的舞台就要交给一个打鼓佬。当然，他不是真正的鼓师，他将用别具一格的舞蹈形式表现戏曲司鼓艺术的神韵。请欣赏。

【5. 舞蹈《打鼓佬》】

丁：关枫，说到锣鼓，你听过这句话吗？"锣鼓一响，脚底板痒。"

丙：这谁不知道，你说的锣鼓，是开场锣鼓。民间戏台演大戏之前，都要吹打一阵，告诉人们这里的戏要开演了。

丁：刚才打鼓佬上过场，咱们下面的戏是不是也要开场了？

丙：对。在这里我先给大家透露一下，接下来上场的是大家非常熟悉的豫剧名家小香玉，她表演的是豫剧《抬花轿》选段。

丁：说起《抬花轿》，小香玉还是20多年前在香港演过，后来再也没演过，这次专门根据她的特点重新复排了一个小片段。更为重要的是，这一版《抬花轿》和以前的大不一样。具体有什么不同呢？大家一看就知道。

【6. 豫剧《抬花轿》】

乙：观众朋友们，您现在收看的是正在现场直播的河南电视台《梨园春》特别节目——第六届中国电视戏曲"兰花奖"颁奖晚会。这是电视戏曲艺术的盛事，也是咱们电视观众的盛会。

甲：正是有了观众朋友们对电视戏曲的热爱，才有了电视戏曲幽兰争春的肥沃土壤，才有了我们不断前行的动力。那么，您挚爱的哪些节目和栏目能够获奖呢？接下来，颁发的是戏曲晚会类一等奖。有请颁奖嘉宾——中央电视台著名主持人海霞。

（大屏开启，颁奖嘉宾海霞上场）

（海霞致颁奖词）

（获奖作品 VCR ）

（颁奖）

【7. 第二轮颁奖：晚会类一等奖（共5个）】

甲：带着祝福和喜悦，今晚的河南电视台1500平方米演播厅高朋满座、欢聚一堂，可以说是电视戏曲同人们的月圆之夜。

乙：提起月亮，在中国文化的长河中，处处荡漾着如水的月光，李白的"举头望明月，低头思故乡"，杜甫的"露从今夜白，月是故乡明"等诗句，都是千古绝唱。

甲：一轮圆月给了我们无限的遐想。圆，在东方人眼中是美的极致，她象征着家庭的美满、社会的和谐、事业的成功、人生的幸福。

乙：接下来，我们奉献给大家的是一个名家云集，以月亮为主题的戏曲、诗歌、舞蹈组合，在新的一年即将到来之际，以此向所有的嘉宾和观众们致以最诚挚的祝福！

【8. 音诗画《举杯邀明月》】

丁：在月光流淌的诗情画意中，皎洁的月光传达的是一种融融的情感。而就节目形式来说，诗朗诵、京剧、豫剧、舞蹈等不同艺术形式的融汇，也给了大家一种全新的艺术感受。

丙：确实如此。不过，下面节目中的艺术融合，就更让大家意想不到了。

丁：是吗？怎么个融合法？

丙：来自非洲尼日利亚的歌手郝歌你知道吧？

丁：太知道了，他从《星光大道》走进大家的视野。

丙：你听过他自己弹着大键盘唱《少年壮志不言愁》吗？

丁：从没在电视上看过。

丙：更让你难以置信的是，他还要和胡希华合作一段新版《屠夫状元》。你想想，一个是时尚的外国歌手，一个是地道的戏曲名家。中外合璧，流行元素和民族元素结合，会是一种什么感觉？

丁：这倒要好好看看。

【9. 歌曲《少年壮志不言愁》】

【10. 曲剧《屠夫状元》】

乙：谢谢，谢谢二位给大家带来的欢乐。其实，传承民族艺术精华，丰富百姓文化生活，正是我们电视戏曲的目的所在。让大家喜欢，让大家满意，是我们所有电视戏曲艺术人的不懈追求。

甲：在下面的节目中，我们请出的是两位大家非常熟悉的，我们《梨园春》栏目的老朋友，喜剧笑星赵丽蓉的关门弟子，有"小赵丽蓉"之称的著名评剧、小品演员李玉梅，还有一位是豫剧大师常香玉的弟子——著名相声演员范军。有请。

【11. 小品】

丁：朋友们，今晚，我们在这里感受电视戏曲艺术的繁荣，一起为电视戏曲艺术的明天喝彩。什么是电视戏曲，电视戏曲就是古老的戏曲艺术与现代电视艺术的结合，是艺术的融合赋予了它旺盛的生命力。

丙：艺术的发展之路就是艺术的融合之路。就拿戏曲与杂技来说，中国戏曲熔歌舞、说唱、杂技、武术于一炉，从它的萌芽到鼎盛都与杂技密切相关。

丁：对，元代之所以称戏曲为杂剧，就是因为当时戏曲与杂技经常同台演出。戏曲也正是通过这种渠道把杂技的技巧融入自身，丰富了自身的做、打手段。

丙：在这里，就让我们一起欣赏中国杂技团青春实力派演员赵晗龙表演的杂技《拍球》。

【12. 杂技《拍球》】

甲：刚才这段极富魔幻色彩的杂技表演以炫目的速度和节奏给人以视听的享受。同样，我们今天所处的时代是一个日新月异的时代，各个艺术门类，包括电视戏曲艺术在内，都是在继承当中不断地创新，求进步，谋发展。

乙：说到创新，我想，下面这个节目绝对够创新。你看，现场的戏曲表演与戏曲flash（动画）的结合是前所未有的，少儿表演的《花木兰》不仅在音乐上使用现代编排，在剧情上还把花木兰延伸到现代的环境，用说唱演绎当今女性的生活，荒诞、搞笑、有趣。

甲：同样值得期待的是，表演者孔莹、牛欣欣、马跃、刘道阳这几个孩子，都是《梨园春》目前当红的、最火的小童星。

乙：下面，就请一起欣赏少儿动画戏曲《花木兰》。

【13. 少儿动画戏曲《花木兰》】

丙：谢谢大家的掌声。其实，如何让古老的戏曲艺术更接近当代观众的审美情趣，一直是艺术家们探索的课题。新版京剧《大唐贵妃》就是这样一台集交响乐与大歌剧元素于一体的交响京剧。

丁：同时，她还运用现代声光和舞台技术，用宏伟的布景和辉煌的灯光，再现如梦如幻的大唐盛世和梨园胜景，使全剧洋溢着浓郁的史诗气质。在此，剧中杨贵妃的扮演者、梅派传人史依弘将给我们带来优美的主题曲《梨花颂》。

【14. 京剧《大唐贵妃》选段《梨花颂》】

甲：此曲只应天上有，人间哪得几回闻。朋友们，欣赏完史依弘表演的精彩绝伦的《梨花颂》，我们又要进入颁奖时段了。

乙：最后，我们颁发的是戏曲栏目一等奖和特别贡献奖。有请颁奖嘉宾——河南大学知名教授、中国古典文献学博士生导师王立群。

（大屏开启，颁奖嘉宾王立群上场）

（王立群致颁奖词）

（获奖作品 VCR ）

（颁奖）

王：每一个电视戏曲栏目，都是观众心中的一方乐土，当我颁发栏目一等奖的时候，我已经感受到了这份荣誉的分量。一个优秀的电视文艺栏目，不仅体现在收视率上，更要具有社会责任感，在以优秀的作品丰富人们文化生活的同时，用主流媒体的影响力倡导一种积极、健康的社会风尚。我在《梨园春》栏目组看到过这样一封观众来信，说是在《梨园春》播出的周日晚上，他们村里几乎看不到有人走动。但有一天突然停电，情急之下，老百姓把各家的拖拉机全都开到场院里，集体发电看《梨园春》，大家可以想象这是一种怎样的场面。信里还说，自从有了《梨园春》之后，村里打麻将、赌博的风气也消失了，大家都去唱戏，还拉起了剧团，建起了文化大院……这就是一个电视栏目的影响，一个电视栏目社会价值的体现。接下来我们要颁发的是特别贡献奖。颁奖之前，我想请大家和我一起看个短片。

（袁厉害短片）

王：看完这个短片，我心里有一种感动、一种欣慰，为袁厉害生活的改变，更为一个电视栏目弘扬民族美德的自觉行动。如果说我前面所讲的故事是他们用栏目自身的艺术魅力征服了观众，那么，在这里，他们就是在有意识地为栏目赋予人文关怀的温暖，在全社会倡导一种爱心奉献的社会风尚。事实也证明，他们的行动影响了多数人的思想和行为方式，在栏目里走出了许多的爱心明星。所以，特别贡献奖这个沉甸甸的奖项同样应当由全社会的普通观众来颁发！下面，我们就请出其中的代表、短片的主人公袁厉害。

（袁厉害上场）

（王立群与袁厉害共同颁特别贡献奖）

【15. 第三轮颁奖：栏目一等奖（共5个），特别贡献奖（共2个）】

甲：兰香蕙馨意高远。

乙：梨园流韵荧屏间。

丙：花开盛世又一年。

丁：电视戏曲谱新篇。

甲：观众朋友们，第六届中国电视戏曲"兰花奖"颁奖晚会到这里就要说再见了！

乙：言有穷而意无尽，这份喜悦、这份真情、这份祝福、这份温馨，伴着幽兰的雅韵，将永远萦绕在你我心底。

丙：我们相信，有大家的悉心呵护，电视戏曲这株素雅的兰花明天会散发出更加迷人的馨香。

丁：感谢各位的光临和观看，朋友们，再见！

合：再见！

由《小小说选刊》《百花园》《小小说出版》杂志社、郑州小小说学会联合设立的"小小说金麻雀奖"，是中国文学界具有全国性、权威性和公正性的重要奖项之一。2007年5月23日晚，"今夜属于你——中国郑州·第三届金麻雀小小说节开幕式暨颁奖晚会"在郑州艺术宫举行，来自海内外的200多名小小说作家、文学评论家参加了颁奖晚会。

这是一次以颁奖为主要内容、兼具开幕式性质的文艺晚会，是属于小小说作家、评论家的情感时空。为体现文学赛事的高雅品位，主持词用诗朗诵的形式回顾了小小说特别是金麻雀奖的发展历程，以及小小说作家、编辑和评论家们的辛勤耕耘与丰硕收获。

今夜属于你

中国郑州·第三届金麻雀小小说节开幕式暨颁奖晚会主持词

【1. 舞蹈《五月的鲜花》】

（舞蹈流动中，朗诵主持人出）

五月的鲜花，盛开在郑州，用诗意的语言，诉说着这座城市的盛情。

五月的鲜花，缤纷在眼前，用灿烂的笑脸，把一个属于小小说（即微型小说）的盛大节日装点。

大幕已经拉开，徜徉在五月的花海，我们看到，火热的阳光下，每一朵鲜花，都是一顶斗笠在歌唱，歌唱金色的麦穗，歌唱丰收的景象。

创作的历程都是辛勤的劳作，把腰再弯些，贴着土地，用手中的笔耕耘风雨，心贴着老百姓的胸膛。

劳动的季节绚丽地绽放，这是一种生命的礼赞，就如脊背上滚动的汗珠，汗水洒向庄稼，田野就会金波荡漾。

成功的日子如约到来，这是对劳作者最高的奖赏，每一朵鲜花都飘荡着用勤奋和智慧酿造的芳香，抚慰着手上的老茧，甜蜜着你我的梦乡。

走进开满鲜花的五月，我们每个人脸上都灿烂着阳光。

走在鲜花簇拥的走廊，我们每个人心里都点燃新的向往。

（舞蹈毕，颁奖主持词略）

【2. 第一次颁奖：小小说原创作品奖、新世纪小小说风云人物榜】

（朗诵主持人出）

这是中国文学天空"金麻雀"的第三次展翅，

她飞翔出新时期中国小小说的精彩和精美。

沿着那道在时代阳光下不断攀升的轨迹，

我们的思绪，应该从郑州、从那片不断开拓的《百花园》开始……

上个世纪 80 年代，市场经济大潮的冲击，

给了中国期刊冲破藩篱、重建格局的历史机遇，

独具慧眼的《百花园》选择了小小说，

选择了这种最具生机和活力的文学样式。

1982 年 10 月，《百花园》"小小说专号"亮相中原，

在低迷的纯文学期刊市场演绎了"洛阳纸贵"的传奇。

1985 年，《小小说选刊》正式创办。

1991 年，《百花园》成为小小说原创作品的专门园地。

历经 20 年的创业，历经 20 年的风雨，

在文学期刊发行量整体滑坡之时，

这一极具智慧和胆魄的决策，

不仅使《百花园》和《小小说选刊》脱颖而出，

淋漓尽致地展示了新时期文学期刊的朝气和活力，

更凝聚了全国小小说创作的中坚力量，

催生了令人关注的"中国小小说现象"，

引领着中国小小说事业的迅速突起。

1995 年，首届当代小小说作家作品研讨会在北京举办。

1999 年，当代小小说繁荣与发展研讨会在郑州召开。

2002 年，小小说庆典暨理论研讨会在北京举行。

2004 年，中国小小说大家族联谊会在郑州成立……

如果说，这一系列活动是推动中国小小说之舟不断前行的浪涛，

那么，从 2003 年开始，两年一度的"中国小小说金麻雀奖"，

就是新时期小小说不断走向辉煌的里程碑。

【3. 歌曲《中不中》】

（颁奖主持词略）

【4. 第二次颁奖：小小说优秀作品奖、责任编辑奖】

（朗诵主持人出）

在金麻雀耀眼的光环里，闪烁着小小说作者的荣耀；

在金麻雀起飞的历程中，凝聚着小小说编辑的汗水；

在金麻雀展翅的风姿里，回荡着小小说读者的喝彩。

今天的骄傲，属于每一个挚爱着小小说的人，

小小说事业的繁荣，是作家、编者和读者对小小说爱的交响。

多少个日日夜夜，

把生活中的一段段思辨，挤压出水分和空间，

将高雅的文学品质融进朴素的平民意识。

凝练出成熟，酝酿成智慧，

用文字积木构筑出精巧的楼阁亭榭。

让人们的思维长醉于其间，

让人笑、让人哭、让人思索、让人回味。

——这就是我们的作者，

总是在苦苦的追求中，

走出一段亮丽的过程，

凝结出惬意舒心的收获。

多少次春晓秋暮，

把所有时间浸泡在稿件的海滩，

敏锐的眼睛，总是在觅寻最为秀美、最为亮丽的珍珠。

当一件件闪光的圆体映入眼帘，

一次次激动，撞击着收获的喜悦，

然后，用助产师的手，

小心翼翼地，为幼嫩的新活体催生问世。

——这就是我们的编者，

不停地沙里淘金，不停地采撷贝壳，

从而，用智慧装饰了读者的眼睛。

还有更多的人，

那是一伙到田野收割的男人，

那是一群到田野拾穗的女人。

他们用目光，收割了一片又一片田垄，

他们提起用思维编织的竹篮，快乐捡拾起散落的麦穗。

饱满的穗粒透露出万般风情，

老汉仿佛回忆起如梦的童年，

老妇好像在品味昔日的热恋，

小伙子收割了姑娘的温柔，

姑娘拾起了青春与爱情的馈赠。

——这就是我们的读者，

丰收的田野里，

留下了一行深一行浅的脚印，

他们的足迹里洒落下的，

是对小小说深深的爱恋。

【5. 歌曲《透过开满鲜花的月亮》】

（颁奖主持词略）

【6. 第三次颁奖：小小说佳作奖】

（朗诵主持人出）

我常常为"金麻雀奖"这绝妙的名字叫好，

因为，麻雀就是小小说最好的象征。

麻雀自由自在，无拘无束的天性，

就是小小说挥洒自如、灵动活泼的魂魄。

麻雀无处不在，普通熟悉的身影，

永远离樊笼最远，离人间烟火最近。

正如麻雀是天空中的平民一样，

小小说就是文学天空的麻雀。

因为它的作者大多来自基层，

胸中涌动的平民力量，

使它多了些随意，少了些虔诚，

多了些洒脱真挚，少了些高深莫测。

于鸿篇巨制的参天大树，

小小说就是小花小草。

它用平民艺术的质朴与单纯、简洁与明朗，

构成滋润心灵的一片片绿地。

当我们流连其间，

在平和之中感受着艺术的趣味，

在亲和之中触摸着生活的真实。

这就是崛起于民间的小小说，

这就是平民意识浸入骨髓的小小说。

用平民的视觉观察着生活的缤纷缭乱，

用平民的语言演绎着生活的华彩片段。

它像邻家小妹、亲朋好友一样，

出入于平常的日子，装点着普通的生活。

就像民歌、民谚、民间故事、民间戏曲一样，

相守岁岁年年、相伴花开花落。

【7. 戏曲组合】

（颁奖主持词略）

【8. 第四次颁奖：小小说金麻雀奖】

（朗诵主持人出）

这是一个耐人寻味的文学现象，

在文学艺术日渐式微的今天。

经过有识之士的倡导规范，

经过报刊编辑的悉心培育，

经过数以千计的作家们的创作实践，

经过两代读者的阅读认可，

小小说，这种具有鲜明时代特色的文学新品种，

以其独特的身姿跻身于中国文学的神圣殿堂。

一次次注目"小小说"前面那个"小"字，

从那个不起眼的"小"字里，我读出了小中见大的含义。

汪曾祺说：

小小说是一串鲜樱桃，一枝带露的白兰花，
本色天然，充盈完美。
王蒙说：
小小说是一种敏感……捕捉住了小说
——一种智慧、一种美、
一个耐人寻味的场景、一种新鲜的思想。
冯骥才说：
最难写的是小小说，
它是一种独立的、艺术的、有尊严的存在。

珍珠虽小，亦是珍宝。
在小小说一两千字的篇幅里，
有血肉丰满的人物，有一波三折的故事，
有缜密无懈的细节设计，有令人赞赏的文学趣味。
就这样，小小说以这种独立的、艺术的存在，
诠释着浓缩就是精华的至理。

没有大事情，只有大手笔。
小小说以清浅带深厚，以平易带精湛，
以精短的系列描绘时代画卷，演绎人间真情，
抒写着人类永恒的主题。
小小说就这样有尊严地存在着，
它以无可比拟的灵动和快捷，
及时感知生活的潮动，
体现出自身新鲜的生命活力。

就这样，
小小说一路走来，
以思想内涵、艺术品位和智慧含量，
以它无以替代的艺术冲击力，
写出了无愧于时代、无愧于读者的大格局。

【9. 武术《少林风》】
（颁奖主持词略）

【10. 第五次颁奖：小小说事业推动奖】

（朗诵主持人出）

这是令人激动的时刻，

把金光灿灿的金麻雀揽在了怀里。

金麻雀的象征意义令人心动，

麻雀不光五脏俱全，

更因其旺盛而坚韧的生命力而长存于世。

风景这边独好——

众多的小小说作家，

数不胜数的小小说作品，

庞大的小小说读者群，

共同编织了一道极其亮丽的风景，

展示了小小说独特的艺术魅力。

这是大众文化时代的必然，

求短、求好、求精，成为现代社会的审美趋势。

小小说所坚持的大众性和平民视点，

小小说所固守的短小和精悍，

小小说所追求的尖锐和犀利，

小小说所突出的商品性质和时尚意味，

必然立于大众文化需求的高端，

成为社会阅读的时尚之一。

现代生活的变化，

为小小说的发展提供了前所未有的机遇。

短信文学、网络文学的兴起，

都成为小小说崭新的传播载体。

一个新的时代的来临，

呼唤着我们把荣耀交给昨天，

进行归零之后的又一轮新的进击。

此时此刻，我们有太多的真情、柔情和豪情。

此时此刻，我们用心品味着相知、相识和相聚。

当谢幕的音乐在耳边响起，

谁都不想说再见，

那么，让我们把这份情感用心珍藏，

相映月缺月圆，温暖岁月的记忆。

【11. 歌舞《我不想说再见》】

（朗诵主持人）

五月的郑州，见证了金麻雀在阳光下的又一次展翅；

五月的鲜花，成了小小说事业最为抒情的赞美诗。

当我们走下领奖台，告别这个夜晚的时候，

我们的行囊里，不仅有闪光的金麻雀，

有《百花园》杂志和所有同人的深深祝福，

更承载着一份责任、一种使命。

朋友们——

让我们挽起这个时代，

去收获小小说更为丰硕的果实。

让我们和人民同行，

一起迎接小小说事业更加美好的明天。

我们期待再次相聚在小小说的旗帜下，

让金麻雀在文学史上留下我们共同的印迹。

影聚天下客，根连四海亲。由中国电影家协会、中共郑州市委宣传部和郑州市文联联合主办的"根亲中国"微电影大赛（第三届已升格为"根亲中国"微电影节）是黄帝故里拜祖大典的重要文化活动之一，已经成为国内外较有影响力的影视活动品牌。2017 年 3 月 28 日，第三届"根亲中国"微电影节颁奖典礼暨华夏文明传承与影视创作高峰论坛在河南艺术中心隆重举行。典礼由郑州电视台主持人王晓燕主持。

"根亲中国"微电影节获奖作品包括以"根亲文化""亲情文化""人间大爱""家乡情怀"为主题的微电影、微剧本、微纪录、微动画、音乐 MV、网络电影等作品，主持词在充满亲和力的同时，要兼顾各项仪程的庄重感和颁奖仪式的热情奔放。

第三届"根亲中国"微电影节颁奖典礼主持词

【1. 播放 VCR：活动总片头】

【2. 新派豫腔《家在黄河边》】

尊敬的各位领导、各位来宾，女士们、先生们：

大家好！

这里是位于郑州市郑东新区的河南艺术中心，您现在看到的是第三届"根亲中国"微电影节颁奖典礼。我是郑州电视台节目主持人王晓燕，感谢大家的光临！在网易河南收看我们网络播出的朋友们，也欢迎你们的加入！

影聚天下客，根连四海亲。作为黄帝故里拜祖大典的重要文化活动之一，"根亲中国"微电影节自 2015 年以来，已经连续举办了两届，吸引了全国各地的影视工作者、影视制作团队，以及微电影爱好者们的积极参与，呈现出许多弘扬家国情怀、讲述人间真情的暖心之作。在黄帝故里拜祖大典组委会和中共郑州市委宣传部的高度重视和中国电影家协会的大力支持下，从今年开始，"根亲中国"微电影大赛正式升格为"根亲中国"微电影节，面向全中国征集以"根亲文化""亲情文化""人间大爱""家乡情怀"为主题的微电影作品。值此丁酉黄帝故里拜祖大典盛大启幕的前夕，在社会各界期待的目光中，我们迎来了第三届"根亲中国"微电影节的颁奖典礼！

首先，请允许我荣幸地介绍出席本次典礼的各位领导和嘉宾，他们是（见名单）。欢迎各位的光临！

春风又绿黄河岸，黄帝故里迎嘉宾。下面，掌声欢迎（领导职务、姓名）致欢迎词。

【3. 领导致欢迎词】

谢谢这情真意切的致辞。本届"根亲中国"微电影节由中国电影家协会、中共郑州市委宣传部和郑州市文联联合主办，它凝聚了全国微电影人的热烈情感，离不开中国电影家协会的关心和厚爱。下面，让我们掌声欢迎（领导职务、姓名）致贺词。

【4. 领导致贺词】

谢谢。感谢中国电影家协会领导对"根亲中国"微电影节和全国微电影事业的关爱。

说到爱呀，"根亲中国"微电影节是中国第一个以"爱"为主题的微电影盛会。在本届从去年十二月份开始的作品征集中，来自北京、上海、山东、山西、云南、河北、天津、重庆、广东、浙江、江苏、江西、福建、四川、湖南、安徽、湖北、河南、新疆，以及香港等地区的六百多部作品，分别从不同的角度讲述了关于"爱"的中国故事，每部作品都带着满满的正能量，给人以情感的冲击和心灵的温暖。

带着这份爱的情怀，本届"根亲中国"微电影节邀请国内知名影视专家担任组委会主席，对参赛作品进行认真评审，结合网友们的网络投票结果，本届的所有奖项已经全部产生。接下来，我们就一起亲历这激动人心的荣耀时刻。

现在，让我们一起瞩目获得"优秀作品奖"的作品。

【5. 播放 VCR: 优秀作品影片片花】

获得第三届"根亲中国"微电影节"优秀作品奖"的是（见名单）。

有请获奖者上台领奖。掌声有请颁奖嘉宾（见名单）为"优秀作品奖"颁奖。

（颁奖仪式）

祝贺所有的获奖者，感谢颁奖嘉宾！

（获奖者及颁奖嘉宾退场，主持人请来自新疆的舒三峡留步，访谈）

舒老师，祝贺您获奖。提起新疆，对于影迷朋友来说，马上就会想起天山电影制片厂，想起《冰山上的来客》《买买提外传》等影片。在微电影市场风生水起的今天，我想大家最想知道的是咱们新疆微电影发展的现状。在这里请您给大家介绍一下。

（舒三峡回答）

谢谢。祝愿咱们新疆推出更多更好的作品，利用新媒体讲好中国故事。

（舒三峡退场）

各位朋友、各位来宾，接下来我们要揭晓的是"十佳作品奖"。

【6. 播放 VCR：十佳作品影片片花】

获得第三届"根亲中国"微电影节"十佳作品奖"的是（见名单）。

掌声欢迎获奖者登台领奖。有请颁奖嘉宾（见名单）上台为"十佳作品奖"颁奖。

（颁奖仪式）

祝贺各位获奖者，谢谢颁奖嘉宾！

（获奖者及颁奖嘉宾退场）

我们知道，微电影是互联网时代的产物，数字技术带来的制作成本的降低，网络时代带来的传播和观看的便捷，都极大地推动了微电影的迅速发展。网络平台是微电影的母体，网络人气无疑成为衡量作品水平的重要指数。为此，本届"根亲中国"微电影节专门设立了"最佳网络人气作品奖"。

【7. 播放 VCR：最佳网络人气作品影片片花】

获得第三届"根亲中国"微电影节"最佳网络人气作品奖"的是（见名单）。

有请获奖者上台领奖。有请颁奖嘉宾（见名单）为"最佳网络人气作品奖"颁奖。

（颁奖仪式）

掌声祝贺获奖者，同时也感谢颁奖嘉宾！

（获奖者及颁奖嘉宾退场）

朋友们，郑州被誉为"山水之城"，其中，"水"是中华民族的母亲河——黄河，"山"是中华文化的父亲山——嵩山。在 20 世纪 80 年代，一部电影《少林寺》，让嵩山少林寺享誉海内外，嵩山的年游客量一度超过 200 万人。这，就是电影艺术的神奇力量！在这里，我们就一起欣赏本届微电影节评委、著名导演、也是著名歌唱家钟萱带来的电影《少林寺》的插曲《牧羊曲》。掌声欢迎。

【8. 歌舞《牧羊曲》】

谢谢钟萱老师美妙的歌声，把我们带到了电影《少林寺》风靡全球的岁月，带进了雄奇秀美的嵩山美景。为了感谢电影《少林寺》为嵩山旅游做出的特殊贡献，2001 年，郑州市政府向《少林寺》剧组的导演、主演和主题歌曲作者颁授了"郑州市旅游发展突出贡献奖"。所以说，这条用爱浸染的光影之路，是通向成功的追梦之路。

接下来，我们再次回到充满梦想和荣光的颁奖时间。现在，我们要颁发的是最佳微剧本、最佳纪录片、最佳动画片、最佳音乐 MV 和最佳网络电影奖。

【9. 播放 VCR：最佳微剧本、最佳纪录片、最佳动画片、最佳音乐 MV 和最佳网络电影获奖片花】

获得第三届"根亲中国"微电影节最佳微剧本奖的是（见名单）。

获得第三届"根亲中国"微电影节最佳纪录片奖的是（见名单）。

获得第三届"根亲中国"微电影节最佳动画片奖的是（见名单）。

获得第三届"根亲中国"微电影节最佳动音乐MV奖的是（见名单）。

获得第三届"根亲中国"微电影节最佳网络电影奖的是（见名单）。

欢迎获奖者上台领奖，掌声有请颁奖嘉宾（见名单）为获奖者颁奖。

（颁奖仪式）

谢谢颁奖嘉宾，祝贺各位获奖者！

（获奖者及颁奖嘉宾退场）

朋友们，下面我们即将迎来颁奖典礼最激动人心的时刻，那就是揭晓本届的最佳微电影奖。让我们掌声有请开奖嘉宾——中国电影基金会副会长、中国电影家协会理事、本届微电影节评审团成员、中国著名导演翟俊杰。

（翟俊杰上场）

我们知道，翟老师曾经亲手执导了《艺术的翅膀在古城起飞》《共和国不会忘记》《血战台儿庄》等知名影片，那么，今天他开出的这个大奖将花落谁家呢？让我们一起来看一看。

【10. 播放VCR：最佳微电影影片片花】

（翟俊杰导演宣布最佳微电影获奖名单）

现在，让我们以热烈的掌声请出最佳微电影奖得主上台领奖，有请颁奖嘉宾（见名单）为获奖者颁奖。

（颁奖仪式）

再次祝贺获奖者，也真诚地感谢所有的开奖嘉宾和颁奖嘉宾！

大家都看到了，所有获奖者手里捧着的奖杯都是一棵树的造型，这棵树就是黄帝故里拜祖广场上的祈福树。丁酉黄帝故里拜祖大典将于3月30日举行，本届微电影节获得最佳微电影奖、最佳微剧本奖、最佳纪录片奖、最佳动画片奖、最佳音乐MV奖、最佳网络电影奖、最佳网络人气作品奖和十佳作品奖的主创人员将受邀参加黄帝故里拜祖大典，与来自海内外的各界知名人士共拜始祖轩辕。可以说，这是"根亲中国"微电影节的最高奖励。

黄帝故里是全球华人"根亲文化"的圣地。提起"根亲文化"，我们不禁会想起习近平总书记说过的那句充满诗意的话，"什么是乡愁？乡愁就是你离开这个地方会想念这个地方。"可以说，乡愁的方向就是家的方向，就是黄河岸边这片魂牵梦萦的中原沃土。今天，我们微电影人相约心灵老家，感受中原文化的深厚积淀，领略中华文明的辉煌灿烂，深深地体会到坚守中华文化立场、传承中华文化基因，是我们全体微电影人的责任担当。

下面，中国电影家协会秘书长、中国电影评论学会会长饶曙光将和全体获奖者一道，宣读中国微电影"郑州共识"。

（所有宣读者上场，宣读"郑州共识"）

回望历史，我们感恩先贤；展望未来，我们重任在肩。让我们留住血缘根脉，厚植家国情怀，传承民族美德，讲好中国故事。

朋友们，第三届"根亲中国"微电影节颁奖典礼到这里就要谢幕了，我们共同见证了微电影艺术的魅力，见证了微电影人的荣耀。微电影人的梦想永不落幕，更多的精彩值得期待。接下来，第三届"根亲中国"微电影节高峰论坛即将闪亮开启。

有请论坛主持人——国家一级导演、著名影评人、中国艺术节评委黄海碧。

【11."微电影高峰论坛"环节】

谢谢各位老师，感谢朋友们的热情参与。

文化是民族的血脉，是人民的精神家园。在实施中华优秀传统文化传承发展工程的今天，怎样从中华文化资源宝库中提炼题材、获取灵感、汲取养分，把中华优秀传统文化的有益思想、艺术价值与时代特点和要求相结合，运用丰富多样的艺术形式进行当代表达，是微电影人也是所有文艺人需要长期探索的课题，我想，我们大家会用自己的作品做出最好的回答。

第三届"根亲中国"微电影节高峰论坛到这里就要圆满结束了。"根亲中国"微电影节是心头有梦、心中有光、心底有爱的微电影人交流展示的平台，一部部作品宛如闪烁的星辰，构成了"根亲中国"微电影节这片璀璨的星空。朋友们，期待大家明年再次相聚郑州！

由中国宝玉石协会、国土资源部珠宝玉石首饰管理中心、中国珠宝首饰进出口公司、上海黄金交易所、上海钻石交易所五家机构联合主办的 2004 上海国际珠宝首饰博览会珠宝首饰形象代言人河南赛区选拔赛从元月份开始启动，经过初赛和复赛，60 名活力四射的优秀选手脱颖而出。

这场决赛暨颁奖晚会以决赛为主，最后才是紧凑的颁奖仪式。决赛阶段主要包括形体展示（泳装）以及配合珠宝的内衣、职业装、晚礼服展示。为避免展示过程中枯燥、单调的解说，主持词将内衣、职业装、晚礼服展示分为"晨光""日光""星光"三个部分，用散文诗的手法，通过从清晨起床到上班再到夜生活的时间流程，把服饰之美化作生活之美，让人在美的展示中流连忘返。

2004 上海国际珠宝首饰博览会珠宝首饰形象代言人河南赛区决赛暨颁奖晚会主持词

现场的各位嘉宾、各位观众，电视机前的观众朋友们：

大家好！

这里是 2004 上海国际珠宝首饰博览会珠宝首饰形象代言人河南赛区选拔赛决赛暨颁奖晚会现场，欢迎大家走进这道由珠宝和美女编织的绚丽风景。

高贵脱俗的珠宝光彩夺目，气度不凡的美女令人心动，我想今天的晚会肯定会成为明天大家共同的话题，成为心中永恒的典藏。

到 2001 年，国内珠宝首饰的销售额高达 900 亿元人民币，也就是说，咱们全国在珠宝首饰的消费上，人均近 90 元。

正因为珠宝首饰已成为大众关注的时尚，"美女经济"半个多世纪经久不衰，在珠宝首饰营销领域普遍缺乏自己的模特之际，河南省演出公司演艺中心主办了这场选拔赛。

这次大赛将珠宝美和人体美结合起来，在神韵的流动中向公众演示人类的创造之美，培养适合珠宝首饰行业的模特群，促进河南珠宝业的稳步发展。

这次大赛在社会各界的支持下，历时两个多月，经过初赛和复赛，60 名活力四射的优秀者从众多的选手中脱颖而出，挤进了今天的决赛，其中的入围者还将于3月25日参加在上海举行的国际珠宝首饰博览会珠宝首饰形象代言人选拔赛总决赛。

在这里，我们衷心祝愿选手们能取得优异成绩，走上总决赛的舞台，为河南老乡增光。

记得法国作家安德烈·莫洛亚在《生活的艺术》一书中曾说过："最朴素的往往最华丽，最简单的往往最时髦，素妆淡抹常常胜过浓妆艳服。"

下面，让我们和身着泳装的选手们一起来到诗韵流淌的夏日海滩，展示天然雕琢的形体之美。

（在音乐中，主持人逐个介绍选手的身高、体重、三围和来自地区）

提到人体美，记得有这样一段记录：当苏格拉底问希庇阿斯什么是美是时，希庇阿斯首先想到的是"一位年轻漂亮的小姐"。

的确，在人们的心目中，"美"的核心内涵是"美丽""漂亮"，多用来形容女性的容颜。所以，那位掌管爱情的漂亮女神阿芙洛狄忒才被当作"美"的化身。

无论是希腊女神雕像还是中国仕女图都不会像一位活生生的美女那样受今人的欢迎，因为她们的一颦一笑、一次次的表演，向我们展示了一种包含着生理与文化、个人与社会、现实与梦幻的生命状态。

下面，让我们告别夏日的海滩，带着美的希冀，走进她们平常的生活——

【1."晨光"（内衣）开始】

这是一个美丽的清晨，草叶上晶莹的露珠最早把晨曦放大在梦醒的眼帘，在小鸟的欢叫和花香的飘逸中，我们的城市从睡梦中醒来。于是，晨练者在公园和街头起舞，车流在大街上渐渐汇成长河。

对于大部分的年轻人来说，此时刚刚告别昨夜的美梦，带着一份惬意，在自己温馨的小巢里，开始每天必做的早课。

或者想起了昨天的约定，给朋友或是同事打个电话，相约今天的行程；或者在洗漱间里任清流洗去一夜的慵懒，恢复青春活泼的本色；或者在化妆台前精心描画，揣着一份美好的心情；或者在健身房里挥汗如雨，显示的是不可阻挡的生命活力；或者在锅碗瓢盆的交响中，把生活烹饪得有滋有味。

这就是我们的清晨，一切从希望中醒来，一切在希望中开始。

此时，朝阳从窗前洒落，每一个脚步都是美的符号，每一个动作都是美的剪影。

带着这一份美好，伴着轻松、欢快的旋律，我们和晨光一起在心中奏响一支拥抱生命、享受生命的迷人乐章。

【2."日光"（职业装）开始】

如果说晨光中的内衣装扮演绎的是生活的自然、随意之美,那么,当我们走出家门,展示的就是风姿各异的青春魅力。

你看,一身自然大方的职业装穿在身上,青春的姿态中又多了一份端庄和成熟。

在车水马龙的街道上,匆匆的脚步踏响现代生活的快节奏,和香风一起扑面而来的是自信和坚定。

在宽敞明亮、气派非凡的写字楼里,苗条靓丽、充满青春活力的白领女士忙碌中透出的是优雅和从容。

是啊,生活大舞台,舞台小世界。职业女性在人生目标的追求中把自己内在和外在的美展示给世界。而在休闲生活中,这种美像阳光般四射,把人生的旅程装点得绚丽多彩。

你看,在依依杨柳之间,在点点鲜花之中,一个个踏青的少女或妩媚俏丽,或温柔性感,春天的美景似乎成了她们舞台的背景。

你看,在琳琅满目的购物场所,商品的美聚焦在她们的举手投足之间,因她们而光彩夺目,因她们而兴致盎然。

卞之琳曾经在《断章》一诗中写道:"你在桥上看风景,看风景的人在楼上看你。明月装饰了你的窗子,你装饰了别人的梦。"在现实生活当中,正因为有了这道流动的风景,才使阳光下的我们不断体验如沐春风的感觉。

【3."星光"（晚礼服）开始】

一天的时光在忙碌或休闲中度过,转眼又是夕阳西下,夜幕降临。抬头望去,天空繁星点点;放眼我们的城市,已是华灯闪耀。

穿过万家温馨的灯火,洗去满身风尘的人们,又开始了充满浪漫色彩的夜生活。

灯红酒绿的大酒楼里,身着高贵华丽的晚礼服的女士款步迈入旋转门,在嘉宾云集的酒会上举杯致意,那高雅的气度、不凡的修养,让多少人羡慕,让多少人赞叹。

在彩灯旋转的歌舞厅,踏着或缠绵或激越的音乐,一段优雅的探戈、一段飘摇的交谊舞、一段火爆的迪斯科,放射的是令人倾心的魅力。

当烛光摇曳、咖啡飘香、音乐轻柔低回、晚餐香味弥漫时,绵绵的爱语在耳边回响,这种心动的感觉让人留恋不已。

正如夜色遮不住满天的星光,夜幕下的人们敞开了心扉,此时的美因朦胧更加心动,因心动更加迷人,一种甜蜜、一份梦想,伴着心仪的身影,在满意的笑容中延续……

【4."星光"（晚礼服）结束时】

人体的美就是这样,一颦一笑都像是一种引力、一种召唤,忽而闪现又稍纵即逝,吸引着我们的注意，唤起我们内在生命的跃动。

在欣赏完参赛选手的表演后，我想，我们每个人心中都有自己选定的最佳选手。下面，让我们掌声请出今天的嘉宾，伴着精彩的文艺节目，一起期待优胜者的产生。

【5. 文艺节目后】

观众朋友们，最激动人心的时刻就要到了，经过评委们的紧张工作，评选的全部奖项已经产生。

有请开奖嘉宾（介绍身份和姓名）上场。

（开奖嘉宾宣布获奖名单）

（颁奖）

【6. 颁奖结束后】

观众朋友们，晶莹剔透的珠宝首饰辉映出女人美丽动人的气质，给我们的生活增添了一抹靓丽的色彩。

同样，青春美丽的容颜又让珠宝多了一份特有的韵味，多了一种内在的含义。

伴着欢歌笑语，历时两个多月的 2004 上海国际珠宝首饰博览会珠宝首饰形象代言人河南赛区选拔赛到此就要结束了，留给大家的是对美的追求和对幸福生活的向往。

那么，让我们一起闪亮幸福，成为潮流的代言人，为自己的人生增添一道更加亮丽的风景。

观众朋友们，再见！

校园文化

"2005河南青少年读书节"是由河南省委宣传部、共青团河南省委等主办的以青少年为主体，以读书为载体，以文化为内涵的河南青少年新世纪读书计划创新活动。作为"2005河南青少年读书节"活动的重要内容，"经典回响——河南青少年美文吟唱会"于10月31日晚在郑州市青少年宫举行。著名表演艺术家于同云，著名曲艺艺术家张剑华，以及范杰、王玥担任节目主持。

经典回响美文吟唱会分《古之韵》《域外风》《世纪歌》和《中原颂》四个篇章，由独颂、青少年联诵、配乐诗朗诵、歌曲、舞蹈等多种节目形式组成。为传递中华传统文化和中外经典美文的魅力，主持词要求格调高雅，并与节目情景交融。结合演出主要面向少年儿童观众的要求，篇章之间设置一老一少的情景对话式节目连接，使节目介绍通俗易懂、富有情趣。

经典回响

河南青少年美文吟唱会主持词

男：尊敬的各位领导、各位来宾，

女：亲爱的观众朋友们，大家——

合：晚上好！

女：欢迎大家在这迷人的夜晚，相聚郑州青少年宫，参加由共青团河南省委、河南省青少年发展基金会举办的"经典回响——河南省青少年美文吟唱会"，一起漫游中外经典美文的长河，共同感受文化的魅力，青春的气息。

男：作为河南省青少年读书节的闭幕式演出，今晚的美文吟唱会旨在通过优秀传统文化的传播，弘扬爱国主义精神，促进青少年全面成长，为建设文化河南贡献青春的力量。

女：今晚来到我们演出现场的领导和嘉宾有（介绍领导、嘉宾）。

男：让我们用热烈的掌声欢迎他们的到来！

【1. 一女孩朗诵《三字经》】

【2. 群诵《新三字经》】

【3. 群颂《论语》六章】

（孩子们在《论语》的吟诵声中退场，男女主持人上）

女：聆听这清脆稚嫩的童声，我们真切地感受到，脍炙人口的名篇佳作负载着中国的人文精神，经百代而不衰，永葆魅力。

男：是源远流长的传统文化铸造了民族灵魂，哺育了华夏儿女。

女：它使我们这个泱泱大国经历了五千年的风风雨雨，依然巍然屹立于东方，光照世界。

男：那仁善的古训，礼让的相处，自强不息的志气，精忠报国的情怀，都通过结构精巧、意境优美的篇章，流淌在我们的血脉中。

女：随着时光的推移，古代文人学士飘逸的身影渐行渐远，而他们抑扬顿挫的吟咏之声，和我们的心灵越来越近。

男：走进古朴典雅的"古之韵"，我们一起领略的是屈原和乐府的风采，共同感受的是唐诗和宋词之美妙。

女："蓝墨水的上游是汨罗江。"下面，我们行吟的思绪就从和汨罗江水一起流淌的诗行开始。

【第一篇章　《古之韵》】

（古筝音乐起）

【4. 独诵《离骚》】

孩：爷爷，我听老师说过"路漫漫其修远兮，吾将上下而求索"。这是屈原的《离骚》。

老：对，这是屈原在当时南方楚国民歌基础上创作的忧国忧民的壮丽诗篇。民歌是民间艺术的精华，历朝历代的文学家都特别注重从民歌中汲取营养。在汉代还专门设立了收集民歌的机构，叫"乐府"，收集来的诗歌就叫"乐府诗"。爷爷也背一首给你听听！

（朗诵《长歌行》）

青青园中葵，朝露待日晞。

阳春布德泽，万物生光辉。

常恐秋节至，焜黄华叶衰。

百川东到海，何时复西归？

孩：（诵读）少壮不努力，老大徒伤悲。

老：咱们中国是一个诗的国度，诗歌发展到唐代的时候达到了古代诗歌的高峰，留下了许多脍炙人口的名篇。

孩：还有许多著名的诗人：李白、杜甫、白居易、王维、杜牧、孟浩然……

（箫乐起）

【5. 话外音独诵《月下独酌》】

【6. 话外音独诵《望岳》】

（《相见时难别亦难》音乐起）

【7. 双人舞《无题（相见时难别亦难）》】

（联诵音乐《春江花月夜》起）

【8. 少儿唐诗联诵《咏鹅》《春晓》《悯农》《相思》《登鹳雀楼》《江雪》《山行》《回乡偶书》《游子吟》】

（琵琶音乐起）

【9. 独诵《琵琶行》】

孩：爷爷，这些唐诗写得真好。

老：那当然，要不人们咋一说古代文学就必提唐诗宋词，这宋词呀，是古代文学里可以和唐诗媲美的奇葩，到宋朝时进入鼎盛时期。

孩：爷爷，唐诗和宋词有啥不同呀？

老：词又叫"曲子词"，就是歌词的意思，是一种配合音乐来唱的诗，每首词都是根据曲牌来填的，吟诵起来别有一番风味，你听——

（吟诵：明月几时有？把酒问青天。不知天上宫阙，今夕是何年……）

【10. 歌伴舞《水调歌头（明月几时有）》】

（辛弃疾扮演者进）

【11. 独诵《破阵子·为陈同甫赋壮词以寄之》】

【12. 群舞《精忠报国》】

【13. 独诵《满江红·写怀》】

女：用心灵解读这些千古名篇，是诗，是词，是歌，是画，是人生的情怀、生命的境界。

男：那世代传承的爱国主义精神，那热爱人民、热爱生命、热爱大自然的精神，那高妙的语言艺术，是我们饮之不竭、无可替代的精神乳汁。

女："会当凌绝顶，一览众山小。"探寻博大精深的中国文化，其卓越的成就源于兼容并蓄的开阔胸襟。

男：大唐盛世，日趋频繁的国际文化交流，给唐代诗歌垒起了跨上巅峰的台阶。

女：吟唱宋词，在平仄构成的曲牌中，我们分明听到了外来音乐的弦外之音。

男：海纳百川，有容乃大，人类历史就是不同文明交融的过程。在世界已成为地球村的今天，我们脚踏历史文化的波涛，更应以博大的胸怀，笑揽八面来风。

女：走进外国文学的长廊，经典寓言、童话将把我们带回童年的时光；熟悉的散文、诗句，荡起的是爱的涟漪，点燃的是理想的光芒，激发的是信念的力量。

【第二篇章　域外风】

孩：爷爷，刚才阿姨说我们走进世界文学的长廊，长廊在哪啊？

老：你看，那是啥？

孩：我知道，这是《龟兔赛跑》。

【14. 寓言表演《龟兔赛跑》】

老：妞妞，你看这是啥？

孩：《狐狸和乌鸦》。

【15. 寓言表演《狐狸和乌鸦》】

孩：哈哈，这个我学过，《两个兵和强盗》。

【16. 寓言表演《两个兵和强盗》】

孩：这个我也知道，《毛驴与狼》。

【17. 寓言表演《毛驴与狼》】

孩：爷爷，我来考考你，你知道下一个节目是什么吗？

老：这个爷爷可不知道。

孩：我知道，你看，他们来了。

老：在哪啊？

孩：那不是？白雪公主。

【18. 国外童话剧表演《白雪公主和七个小矮人》】

孩：爷爷，寓言、童话好看吗？

老：好看，这些寓言、童话呀，每一个都告诉我们一个道理，《龟兔赛跑》说的是不要骄傲，《狐狸和乌鸦》说的是不要被漂亮话迷惑……《安徒生童话》以深邃的思想、博大的爱心、独特的个性、高超的艺术赢得全世界儿童和成人们的尊敬。其实，外国文学可不光是童话、寓言，还有散文、诗歌、小说，许多许多……

【19. 国外名著联诵《飞鸟集》选段、《野蔷薇》《我愿意是激流》《海燕》《我有一个梦想》《钢铁是怎样炼成的》选段】

男：触摸这些跨越国界、跨越时间的文化经典，我们再次感悟到经典的内涵，它们是人性的画像，是生命的注解，是人生旅程中一道不变的风景。

女：在转瞬即变的时空里，在人生无以反复的过程中，经典是打败了时间，超越了空间的文字、声音和表情。

男：每一方水土在这里浓缩着自己的性格，每一个时代在这里刻写下自己的印记。翻开中国现当代文学史，我们感受的不仅是形式的变化，更有内容的革新。

女：它以新的姿容、新的理念、新的意识、新的观点向我们走来，那些坦诚的语句，那些无畏的呐喊，那些人类精神的思考，唤醒了我们曾经的期望，增加了我们的勇气。

【第三篇章 《世纪歌》】

老：（吟诵）北国风光，千里冰封，万里雪飘。望长城内外，惟余莽莽；大河上下，顿失滔滔……

孩：爷爷，我会背这首词，是毛泽东爷爷的《沁园春·雪》。

老：对，这首词大气磅礴，意境优美，用咱们河南豫剧谱上曲，更能唱出其恢宏的气势。

【20. 演唱《沁园春·雪》】

男：一首豪迈高亢的《沁园春·雪》在我们耳边久久回荡，瞩目灿若星河的中国现当代文学长卷，多少激情与智慧交融的文字，让我们心生向往。

女：这里有鲁迅在黑暗中的呐喊，有臧克家对真善美的弘扬，有闻一多用心血点燃的红烛，有冰心笔底流淌的希望，有郭沫若烈火般的叛逆精神，有余光中对海峡彼岸的相思。

【21. 独诵《无题》二首、《有的人》】

（小提琴《思乡曲》音乐起）

【22. 童声合诵《红烛》节选】

【23. 女独诵《绿的歌》】

【24. 童声合诵《乡愁》】

女：中国现代文学发端于"五四"新文化运动和文学革命。而最早向封建旧文学展开进攻的是诗歌创作。代表新诗创始期最高成就的郭沫若，集中表现了"五四"时期狂飙突进的时代精神。

男：在他诗风雄浑豪放、具有典型浪漫主义风格的《凤凰涅槃》中，凤凰的自焚是和旧世界彻底决绝的反抗行动，是叛逆精神的强烈爆发和燃烧。

（接交响乐曲）

【25. 领诵、合诵《凤凰涅槃》选段】

女：畅游中外经典美文的长河，我们接受的是心灵的洗礼。在文字留存的记忆中，我们更加关注脚下这片古老而年轻的土地。

男：你家在哪里，我家邙山头。"中原"，这两个简单而朴素的方块字，蕴含着中华民族五千年文明史沉淀下来的思想哲学、地理历史、文学艺术和民风民俗等文化精髓。

女：中原文化之厚重，并不仅仅表现在风雨剥蚀的名胜古迹和深埋于地下的文化遗存。透过那些代代相传的名篇佳作，历史的辉煌在心灵的底片清晰地显影。

男：清新的"郑风""卫风"从《诗经》中徐徐吹来，《野有蔓草》如同一首古朴的情歌，许穆夫人的《竹竿》勾勒出一幅清溪垂钓的山水画。

女：如果说王维的《宿郑州》是田园生活的写照，刘禹锡的《赏牡丹》就是"花开时节"京城的留影。

男：优美的文字穿行在历史的云烟，范仲淹的《和人游嵩山》再现了嵩山的美景，张钺的《汴河新柳》飘逸着古郑州春天的气息。

【第四篇章 《中原颂》】
【26. 音乐《诗经》《郑风·野有蔓草》】
【27. 音诗画《诗经》《郑风·野有蔓草》】
【28. 联诵《竹竿》《宿郑州》《赏牡丹》《和人游嵩山十二题其三·二室道》《汴河新柳》】

男：一方中原厚土，就是一卷千古华章，承载着传统的文化，守护着纯粹的精神，延续着不灭的理想，传递着深切的关怀。

女：这些美妙的诗句用文字给我们构建了一个中原大地亘古以来的美好空间，在这个空间里，与绚丽的向往同在的，是中原儿女生生不息的创造活力。

【29. 独诵《愚公移山》】
【30. 独诵《县委书记的榜样：焦裕禄》选段】

女：一曲悠长的豫腔放飞在高天上，告诉我中原的表情，不再是黄水黄。

男：放眼中原大地，一片锦绣山川奏响中原崛起的乐章。此时此刻，放歌黄河，我们耳边响起的是著名诗人贺敬之那激昂的诗行。

（《三门峡畅想曲》音乐起）

【31. 女领诵、合诵《三门峡——梳妆台》】

（《黄河大合唱》音乐起）

男：无数遥远的辉煌，重生在中华版图上。血脉中流淌着"爱国、忠诚、正义"文化基因的中华儿女，正张开自信的臂膀，迎接华夏民族的伟大复兴。

女：这是孕育幸福和美丽的土地，这是开辟光明和未来的时代，改革开放的春风中，正奔跑着前进着一个朝气蓬勃的"少年中国"。

【32. 全体演员上场齐诵，主持人领诵梁启超《少年中国说》】

女：观众们，经典回响——河南青少年美文吟唱会到此就要结束了。这是一次中外经典名作的荟萃，一次陶冶情操，净化心灵的精神之旅！

男："书声琅琅，开卷有益，文以载道，继往开来。"融汇在千古名篇中的智慧、风骨、胸怀和操守都将成为我们重建人生信念的重要资源，给民族的未来播撒希望的种子。

女：读千古美文，做文明新人。

男：传承中华文化，立志学习成才。

女：让我们在吟咏诵读中接受博大精深的文化滋养，全面提高人文素质。

合：做华夏赤子，创造中华民族更加美好的明天！

合：观众朋友们，再见！

桃李芬芳满天下，又是一年毕业时。2015年6月8日晚，由河南师范大学团委、学生会主办，音乐舞蹈学院承办的"青春不毕业——河南师范大学欢送2015届毕业生文艺晚会"在西校区塑胶操场举行。校领导、教师代表及2015届全体毕业生等共计一万多人观看了文艺晚会。

晚会分为《致青春》和《致梦想》两个篇章。青春不毕业，梦想不散场，在这真情相依的时刻，主持词在上篇《致青春》中把老师和同学们带回那段充满欢笑、喜悦、青春和激情的校园岁月，在下篇《致梦想》中抒发了毕业生带着真诚的祝福，对开启新的追梦旅程的美好憧憬。

青春不毕业

河南师范大学欢送 2015 届毕业生文艺晚会主持词

【1. 开场舞】

甲：一面面飞扬的旗帜，舞动青春的记忆。

乙：一阵阵激情的鼓声，荡起往事的回响。

丙：今晚的世界，聚焦在这一方炫彩的舞台。

丁：今晚的你我，预备着对一段岁月的歌唱。

甲：四年之前，青涩的我们怀揣"河南师大"的录取通知书，走进这座梦想的校园。

乙：四年之后，青春的我们手捧"河南师大"的毕业证书，把熟悉的校园深情凝望。

丙：四年之中，我们承载了太多的关怀与企盼，在这里有过欢笑，流过泪水，经历磨炼，得到成长。

丁：四年后的今天，我们带着太多的祝福与思念，在这里重温难舍的故事、青春的过往。

甲：那么，让我们打开心扉，用舞姿，用歌声，回忆那纯洁友谊，那寒窗苦读，那情窦初开的时光。

乙：那么，让我们倾诉情感，用掌声，用心语，讲述那谆谆教诲，那殷切期望，那恩师的语重心长。

丙：让所有的舞步，合着心跳的节拍，舞出青春记忆属于校园时光的最美风景。

丁：让所有的音符，染上阳光的色彩，唱出心灵深处情牵老师同学的最真收藏！

【第一篇章　《致梦想》】
【2. 通俗联唱《十年》《老师》、*Halo*、《同桌的你》】

甲：歌声响起，往事历历在目。

乙：六月到来，别离近在咫尺。

甲：此刻，我想起徐志摩的《再别康桥》，"轻轻的我走了，正如我轻轻的来；我轻轻的招手，作别西天的云彩……"

乙：然而，此刻的我们没有徐志摩的超然，在行囊中，我们装进了太多对这座校园的情愫。

甲：广袤的牧野大地，给我们的青春涂上了厚重的底色；美丽的卫水之波，给我们的梦想洗去了浮躁的灰尘。

乙：当《诗经》中的"卫风"穿越千年时光向我悠悠飘来，牧野大地展开典雅的画轴，流淌着古朴的诗意……

【3. 舞蹈《诗画牧野》】

丙：牧野的风再一次吹来，有一种湿润从眼角向心底荡漾。因为，明天的我们就要挥手告别，从此天各一方。

丁：我们期待下一次的相逢，更在对真情的体味、对人生的感受中，忐忑而兴奋地憧憬着青春的又一次起航。

丙：明天是一个新的起点。我们虔诚祷告，彼此祝福，张开高飞的翅膀，去追逐那越来越清晰的梦想。

丁：我们的梦与民族复兴"中国梦"紧紧连在一起，我们的梦永远萦绕着那轮最亲最美的中国的月亮。

【4. 歌伴舞《中国的月亮》】

甲：校园的月亮是柔情的，她见证了小路上你我青春的心语，浪漫的诗行。

乙：校园的月亮是慈祥的，她陪伴着教室里你我人生的思索、知识的滋养。

甲：穹顶之下，当我们相聚在体育场，任由思绪把校园的时光丈量，我们发现，"厚德博学，止于至善"那八个大字深深地刻在心上。

乙：是啊，我们用"厚德"与"博学"扩展着生命的宽度、高度和厚度，"止于至善"则像智慧的火炬，把生命的前程照亮。

甲：紧跟时代，我们在现代科学的海洋中尽情畅游。

乙：走进经典，我们从《弟子规》中汲取心灵鸡汤……

【**5. 舞蹈《弟子规》**】

丙：六月的花，似乎格外娇艳，每一朵花瓣上都能看到曾经的过往。

丁：六月的雨，似乎格外多情，每一颗雨滴都满怀即将失去的感伤。

丙：六月的阳光，似乎格外温暖，每一丝都好像是同学间的深情。

丁：六月的清风，似乎格外轻柔，每一缕都不忍带走心中的珍藏。

丙：同学们，不要让泪水打湿笑脸。四年前，我们告别曾经的母校、曾经的同学，飞驰的列车把我们带到这里，激越青春、欢乐成长。

丁：明天，当我们告别大学校园、大学同窗，飞驰的列车把大学的故事交给历史，迎面而来的又是一番美妙风光。

【**6. 笛子二重奏《列车飞驰》**】

甲：记得在很久以前，我就记住了这样两句歌颂老师的歌词："小时候我以为你很美丽，领着一群小鸟飞来飞去。"如今，曾经的小鸟已经练就了翱翔的翅膀，梦想召唤着他们飞向更加广阔的天地。

乙：尽管，同学们都希望时间能够停止，不再向前流动；尽管，老师们的心中有着太多的牵挂和不舍。然而，一千次叮咛、一万次嘱咐之后，还是要轻轻地挥一挥手："同学们，放心去飞……"

【**7. 情景互动《放心去飞》**】

丙：没有谁能挡住时光的脚步，没有谁能留住这一场盛宴，当这一天在不知不觉中到来，我们将感恩的心、激动的泪和深情的爱化作两个字——再见。

丁：再见，我们把一份份虔诚的祝福无言地表达，这份祝福共地久天长。再见，我们把一份份最真的情感融进青春的血脉，这份情感共秋水长天。

【**8. 歌伴舞《秋水长天》**】

甲：中心花园，勤政楼前，曾铭记我们共同的回忆。

乙：明德、正学、倡和、出新，曾凝聚我们共同的向往。

甲：四年的光阴，对于校园，意味着你我的青春散发着迷人的芬芳。

乙：四年的成长，对于你我，意味着青春的年华积蓄着超越的力量。

甲：升腾中流击水的勇气，澎湃浪遏飞舟的豪情，未来的大门已经向我们敞开。

乙：青春与时代同步，足迹与未来相连。让我们在新的起点砥砺前行，为青春的未来续写灿烂的诗行。

【**第二篇章　《致梦想》**】

【**9. 舞蹈《前进之舞》**】

丙：曾经的青葱岁月，似水流年，一次次在眼前闪现：在教室里偷偷地玩手机，在寝室里悄悄地说知心话，在操场上追逐打闹，在校园里谈清纯的爱恋。

丁：如果拥有一台时光机器，真想回到最初遇见的地方。那些美好的曾经，总在脑海里萦绕，一段曾经，一段记忆，一段浪漫，如月光般纯净，如阳光般温暖。

丙：那树荫下的牵手、草坪上的相拥、校门前的留影，想起来都是诗情画意；那纯美的话语、灿烂的笑容让幸福成为永恒。

丁：重拾过去的风景，回首校园的爱恋，一首《峡江情歌》，让我们把思绪带回那相识、相知、相恋的从前……

【10. 女声二重唱《峡江情歌》】

甲：今晚，我们以告别的名义，致我们一起走过的校园青春。

乙：今晚，我们以真情的相聚，迎接青春故事的又一段开启。

甲：青春是蓝色的，像深远的晴空，像迷人的海洋。

乙：青春是红色的，是喷薄的朝阳，是明媚的笑脸。

甲：青春是一段不了的情，青春是一条爱恋的河。

乙：青春是一首不老的歌，青春是一团不灭的火。

甲：有了青春那爱的波浪，生命就蓬勃着朝气和活力。

乙：有了青春那热情的火焰，生命就有了无穷的续航力。

【11. 歌伴舞《斗牛士之歌》】

丙：此刻，我们再一次重温那些感动过我们的人和事，因为，那些最美好的回忆，在我们的生命里画下一道美丽的风景线。

丁：又一个四年轮回之后，在同样微风习习的夏夜，你是否会记起校园里的梧桐树，你是否会记起日记本里的书签？

甲：会的，这里有我用过的课桌，这里有我睡过的床铺，这里有我永恒的怀念……还有许多珍贵的东西永远地留在了这里。

丁：该翻过的一页就要翻过去了，那么，让我们把发生在建设东路46号的故事再次讲述。

【12. 诗朗诵《最美的回忆》】

　　（诗朗诵结束，直接歌曲演唱）

【13. 原创歌曲《毕业歌》】

甲：一首深情的《毕业歌》在向我们倾诉，倾诉时光的美好，倾诉同学的友情，倾诉对母校的留恋、对老师的感恩。

乙：其实，母校同样在感谢大家。感谢你我当初的选择与加入，让学校更具活力；感谢你我的勤勉和朝气，令学校更添魅力。

甲：大学生活的结束，昭示着人生里程新的开始。走向社会这个更为广阔的舞台，相信你我会变得更加坚强，更加神采奕奕。

乙：老师和母校更在激情期待大家，点燃心中的英雄情怀，志存高远，直面挑战，开拓出一片真正属于自己的天地。

【14. 舞蹈《红色英雄》】

丙：母校是什么？母校是依恋的港湾，是记忆的地标，这里曾留下求索的脚步，这里曾记录年轻的心跳。

丁：母校是什么？母校是心灵的老家，是青春的旧巢，走得再远，飞得再高，也要在这里落脚。

丙：还记学校夺得中国舞蹈"荷花奖"时的欣喜，还记得全国教学技能创新大赛学校三名选手全部获奖时的自豪……一项项的奖项给了我们太多的骄傲。

丁：还有咱们学校的合唱团，是CCTV青歌赛优秀奖得主，是中国音乐"金钟奖"大赛的翘楚，每一次提起都底气十足。

丙：那么，就让我们用恢宏的合唱为2015届的全体同学送行。

丁：愿大家伴着美妙的音乐，奏响人生更加华美的青春乐章。

【15. 合唱歌剧《浮士德》选段《喧闹的集市》、《长征组歌》选段《大会师》】

甲：今晚，我们一直围绕着一个词，那就是"毕业"。这个词有些酸楚，因为，毕业意味着和老师、同学离别。

乙：今晚，我们大声说出这个词，那就是"毕业"。这个词充满感动，因为，毕业意味着人生崭新的跨越。

丙：我们不用感伤，因为毕业是圆满完成学业的证明。今天的离别，会让明天的世界更加开阔。

丁：我们应该欣慰，因为毕业是攀登更高台阶的开始。学习的毕业，并不意味青春的毕业。

甲：是的，我们的青春永不毕业，我们要用青春把更美的未来续写。

乙：是的，我们的青春永不毕业，我们青春的记忆永远把母校铭刻。

丙：在我们青春的记忆中，有一首忘不了的歌，它伴随着四年的光阴，给我动力，给我启迪，时刻萦绕在心窝。

丁：此时此刻，让我们打开情感的闸门，再一次唱起这首歌，这就是最为动听的校歌。

【16. 歌曲《河南师范大学校歌》】

甲：今晚的时光，欢歌、泪水和祝福，化作心中难忘的记忆；

乙：青春的故事，激情、动感和活力，铸就人生亮丽的风景。

丙：年轻的我们追逐心中的梦想，用青春和力量点燃绚丽的希望；

丁：自信的我们唱出青春的主张，用智慧和创新绽放耀眼的光芒。

甲："青春不毕业——河南师大2015届毕业晚会"到此结束。

乙：各位老师、各位同学，再见！

合：再见！

为进一步弘扬中华优秀传统文化，推动传统戏曲传承发展，丰富校园精神文化生活，2016年10月14日上午，郑州市"戏曲进校园"活动启动仪式暨首场演出在二七区政通路小学礼堂举行，为广大师生带来了一场戏曲文化盛宴。活动由郑州电视台主持人刘冰、晓燕主持。

这是一场戏曲知识的普及性演出，不但有戏曲功夫展示和经典豫剧、曲剧、京剧的精彩片段，还安排了孩子们表演的戏曲节目，穿插了戏曲艺术家与孩子们互动。因此，以讲解戏曲知识为内容的主持词，要求主题集中、内容生动，并以口语化的语言风格，让师生感受戏曲文化魅力。

郑州市"戏曲进校园"活动启动仪式文艺演出主持词

【1. 戏曲功夫展示】

男：尊敬的各位老师，

女：亲爱的同学们，大家——

合：下午好！

男：刚才呀，大家看到的是王希玲艺术学校的同学们带来的把子功、跟头功等戏曲基本功表演，你们说精彩不精彩啊？

女：没错，戏曲具有独特的魅力和深厚的群众基础，是表现和传承中华民族优秀传统文化的重要载体。上千年来，那优美动听的唱腔、多姿多彩的造型，备受观众的欢迎。

男：为了弘扬传统文化，普及戏曲知识，让大家感受戏曲的魅力，使我们的戏剧艺术代代相传，从今天开始，郑州市"戏曲进校园"活动就正式启动了。

女：今后，咱们的校园里不但会开来舞台演出车，播放戏曲电影，还会有专家来给大家讲戏曲课，通过多种多样的普及形式，相信大家会对戏曲产生更加浓厚的兴趣。

男：说到戏曲呀，那可真不是一句话能讲清楚的。就拿戏曲种类来说，全国各地共有戏曲剧种360多种，全国五大核心剧种分别是：京剧、豫剧、越剧、黄梅戏和评剧。

女：同样，河南作为戏曲大省，地方剧种有60多种，数量之多在全国也是少见的，其中豫剧、曲剧和越调是河南的三大主要剧种。

男：河南戏曲来源于生活，具有浓郁的乡土气息和灵活多样的表现形式，受到观众的普遍欢迎，尤其是豫剧唱红了大半个中国，连台湾现在都有豫剧团。

女：好了，说了这么多，我们说得再好也不如演员们唱得好。接下来，就请大家欣赏几段豫剧和曲剧里的经典唱段。不过，在听戏之前，我们还要布置一道小小的作业题。

男：大家可能听说过，戏曲演员的角色分工分为四种行当，分别是生、旦、净、丑。请大家在看戏时留心分辨一下，看看他们分别属于哪个行当。

【2. 戏曲联唱】

女：同学们，刚才大家看到的都是咱们豫剧和曲剧里耳熟能详的唱段，如果你们留意的话，在公园里和河边上经常能听到爷爷奶奶、大婶大伯们有滋有味地演唱。

男：对，咱们的长辈们都非常喜欢戏曲，我想不少同学对戏曲知识也有所了解。下面，我们就请出刚才这几位演员，让大家猜猜他们扮演的都是什么行当。

（请同学现场举手回答，互动）

女：好，大家的回答非常踊跃。那么，哪个答案是对的呢？接下来，我们就请出今天的裁判——郑州市曲剧团的国家一级演员张兰珍老师。

（张兰珍对着演员逐个介绍生、旦、净、丑）

男：谢谢。张兰珍老师刚才给我们介绍了戏曲的四大行当，她还说到了"四功五法"，所谓"四功"，就是演员必须具备四项基本功——唱、念、做、打，它们是戏曲舞台上一刻也离不开的表演手段。

女：其中，"唱"指歌唱，是戏曲表演中最重要的表现手法，演唱最基本的要求是字清腔纯、节奏准确、以字生腔、以情带腔。"念"是念白，念白要有节奏感和音乐性，铿锵悦耳，与唱互相协调。

男：而"打"呢，顾名思义就是武打，是传统武术的舞蹈化。开场节目里的把子功、跟头功就属于这一类。一个合格的戏曲演员要求样样精通，实在是太不容易了。

女：咱们还有重要的一项没介绍呢，那就是"做"。"做"是戏曲区别于其他表演艺术的主要标志，包括各种形体表演技巧，包括手、眼、身、步的多种动作，还有扇子、手绢、水袖等不同的技法绝活。

男：这些绝活可都是咱们的老祖宗留下来的宝贝，接下来，咱们就一睹为快。

【3. 戏曲技巧组合 】

女：大家刚才看到的是郑州豫剧院和市曲剧团的艺术家们带来的功夫绝活，里面有扇子功、手绢功、枪花功和水袖功，令人目不暇接、赏心悦目。

男：的确，一把普通的扇子、一块平常的手绢能舞出这么多的花样，实在是太神奇了。我想，大家肯定都想知道里面的诀窍。下面，我们就请出手绢功的表演者常盼娣和枪花功的表演者霍奇。

（采访常盼娣和霍奇，简要讲述手绢功和枪花功的技术要领）

女：同学们，刚才常老师和霍老师给咱们大家传授了功夫秘籍，你们想不想也上台来实践一下？

（现场举手，请出两个同学上场，互动体验）

【4. 戏曲技巧体验 】

男：谢谢。伴着欢乐的笑声，现场参与的不仅仅是这两个上台的小同学，咱们所有的同学也都近距离体验了一把戏曲绝活。

女：接下来，咱们要了解的是京剧。京剧被称为"国剧"，是全国影响最大的剧种，它和豫剧的不同体现在以下几个方面：第一，京剧是国剧，豫剧是全国最大的地方戏；第二，京剧的主弦乐器是京胡，豫剧的主弦乐器是板胡；第三，京剧用的是北京方言，豫剧用的是河南方言；第四，音乐唱腔上的不同。

男：还有重要的一点，就是艺术风格上的不同。咱们河南的豫剧质朴通俗、本色自然，紧贴生活，地方特色浓郁；而京剧的乡土气息相对较淡，词曲更加典雅，韵味更加醇厚。

女：下面，我们就一起欣赏京剧《大唐贵妃》的主题曲《梨花颂》，品味一下京剧和豫剧不同的韵味。

【5. 京剧《大唐贵妃》选段《梨花颂》 】

女：同学们，这段京剧美不美啊？

男：的确，《梨花颂》回味悠长，感人肺腑。在这里我还要告诉大家，刚才的表演者是一位男演员——来自郑州豫剧院的著名男旦连德志。

女："男旦"是戏曲里的一个专用词，简单地说就是戏曲里男扮女装、男唱女腔的角色，京剧大师梅兰芳就是名扬海内外的著名男旦。咱们的戏曲源远流长、博大精深，还有许多知识大家在"戏曲进校园"活动中会慢慢了解。

男：其实，受浓郁的戏曲文化影响，咱们郑州有许多学校已经开了戏曲兴趣课，成立了学生剧社，丰富了同学们的课余生活，提高了同学们的艺术修养，还培养了不少的《梨园春》小擂主。

女：下面，我们就欣赏铭功路小学的同学们给大家带来的一组经典豫剧联唱。

【6. 小学生戏曲联唱】

男：刚才，铭功路小学的同学们带来了各自的拿手唱段，一招一式有板有眼，字正腔圆的唱段赢得了大家热烈的掌声。

女：受现场气氛的感染，我看在座的许多同学也都跃跃欲试。接下来，咱们就进行一次名家和同学们的互动表演。首先，让我们掌声请出郑州豫剧院国家一级演员张艳萍。

男：张艳萍是中国戏曲最高奖——梅花奖的获得者，相当于戏曲赛场上的奥运冠军，她接下来和同学们演唱的是传统豫剧《花木兰》选段《刘大哥讲话理太偏》。有谁愿意上场演唱的，请举手。

女：在座的同学们也可以跟着一起唱。

（挑选两到三名同学和张艳萍一起演唱）

【7. 名家与学生互动表演：豫剧《花木兰》选段】

女：谢谢，唱的太棒了。再次掌声鼓励！

男：同学们，刚才大家演唱的《花木兰》是经典的传统戏，演绎的是古代巾帼英雄花木兰的故事。其实，在戏曲舞台上还有许多描写现代生活的现代戏，最有名的豫剧现代戏就是《朝阳沟》。

女：《朝阳沟》的许多唱段我想大家都听过，下面我们就请出郑州豫剧院的国家一级演员马刚良，她要和同学们一起演唱豫剧《朝阳沟》选段《上山》。

男：请会唱的同学踊跃举手。

（挑选两到三名同学和张艳萍一起演唱）

【8. 名家与学生互动表演：豫剧《朝阳沟》选段】

男：谢谢两位艺术家。同学们，这两段豫剧唱段可是经典中的经典，学会之后不管是班上会演还是家里来客人了，来上一段绝对加分。所以说，回去之后大家还要好好练。

女：对，戏曲行里有一句俗语："台上一分钟，台下十年功。"今天咱们看到艺术家们的表演这么精彩，其实他们每天都要练功，在不断的磨炼中提高自己的表演水平。

男：世上没有谁能够随随便便成功，农民伯伯的"秋收万颗子"要经历"汗滴禾下土"的辛勤劳作，咱们解一道难题也要经过"山重水复疑无路"的艰难过程，才能出现"柳暗花明又一村"的喜悦。

女：下面，郑州市豫剧院国家一级演员张海龙的戏歌《台上一分钟》要告诉我们：宝剑锋从磨砺出，梅花香自苦寒来。

【9. 戏歌《台上一分钟》】

男：生旦净丑走进校园。

女：唱念做打精彩无限。

男：从大家这饱满的精神和热情的掌声中，我看到了同学们对戏曲艺术的喜爱。我们相信，通过戏曲进校园活动，戏曲艺术的种子将在同学们心中发芽、开花、结果。

女：最后，请大家一起欣赏著名豫剧表演艺术家虎美玲老师带来的豫剧《穆桂英挂帅》选段《出征》。

【10. 豫剧《穆桂英挂帅》选段《出征》】

女：尊敬的各位老师，同学们，郑州市"戏曲进校园"活动启动仪式文艺演出到这里就要结束了。

男：愿同学们在戏曲艺术的大花园里接受优秀传统文化的熏陶和启迪，全面发展、健康成长！

合：再见！

企业文化

为了增强企业员工的凝聚力，丰富企业文化生活，表达企业对员工的关怀与问候，在新春佳节将至之际，很多企业都会举办春节联欢会。对于河南高速公路发展有限责任公司这样一家经营范围涉及服务区、高速公路工程施工、道路养护、交通机电、油品等领域，拥有2万名员工的大型企业来说，春节联欢更是各部门员工代表真情交融的平台。

这次联欢会的主持人、演员和观众都是公司的干部职工，对于企业内部节日联欢晚会的主持词来说，最显著的特点是灵活、自然，营造出欢聚一堂、恭贺新春的喜庆氛围，在此基础上体现一年来企业的发展成绩和大家做出的辛勤努力，一起畅想更加美好的未来。

河南高速公路发展有限责任公司 2013 年春节联欢会主持词

【1. 舞蹈《天天好时光》】

甲：尊敬的各位领导，

乙：亲爱的同事们，

合：大家过年好！

丙：迎新年，接新年，在辛勤忙碌中我们送走了成绩斐然的一年。

丁：祝新春，贺新春，在欢歌笑语中我们迎来了充满希望的春天。

甲：在这新春佳节即将到来的时候，请让我们首先给大家拜个早年。祝愿大家：新春愉快、身体健康、工作顺利——

合：阖家欢乐！

乙：天天好时光，人人喜洋洋。在这喜庆祥和的欢笑声中，我们"河南高发"的干部员工在这里欢聚一堂，恭贺新春佳节，迎接希望的春天。

丙：过去的一年是满载丰收的一年。在交通运输厅、交通集团的正确领导下，在社会各界人士的大力支持下，我们取得了不平凡的业绩。

丁：过去的一年是硕果累累的一年。我们以"建路求发展，管路树形象，用路求效益"为总体目标，坚持建设、管理、经营三者并重的方针，立足实际，找准定位，突出重点，高歌猛进，风鹏正举。

甲：我们骄傲，"河南高发"以好的态势、好的趋势、好的气势，继续保持全省高速公路建设管理主力军地位。

乙：我们自豪，我们用青春的汗水，铸就出中原崛起的大地脊梁，延伸着通向幸福的高速之路。

【2. 男女声对唱《为老百姓做事最幸福》】

乙：刚才这首歌曲的确唱出了咱们"河南高发人"共同的心情——幸福。

甲：对，2012年，咱们公司承担了全省一半以上的高速公路建设项目，而且通车项目占全省高速公路通车项目的四分之三以上，确保了全省高速公路通车里程连续七年全国第一，咱们能不幸福？

乙：去年年底豫西五条高速公路全部通车，如今从郑州到栾川去玩，开车只要两个半小时，"驴友"们听说后都欢呼雀跃，山区的老百姓欢喜之情更是溢于言表。看到这种场景，我真是太幸福了。

甲：没错，路通财通百业兴。在咱们为河南高速的发展欣欣歌舞的时候，其实，还有一部分人也在偷着乐呢。他们是谁呢？你看，来了。

【3. 小品《逃费》】

丁：这就叫"魔高一尺，道高一丈"。在这里，让我们一起为智勇双全的路政人员赞一个，为咱们的打逃堵漏工作赞一个。（掌声）

丙：要赢得这掌声真是太不容易了。在过去一年里，咱们公司深入开展打逃堵漏，建立健全了一系列行之有效的工作机制，保持了打逃堵漏的高压态势。

丁：在高速交警、地方公安和军队督察等的密切配合下，公司全体干部职工付出了艰辛的努力，治理的工作成果显著，确保了通行费收入的"颗粒归仓"。

丙：一分汗水一分收获，当我们擦去额头的汗水，抖落一路的风尘，相聚在这共享欢乐的舞台，青春的舞步和着时代的旋律，尽情抒发着感动，激扬着理想。

【4. 舞蹈《摩登舞》】

甲：河南的高速公路是河南政治、经济、文化发展的纽带和助推器，同时，更是咱们中原崛起、服务全国的"形象代言"和"文明窗口"。

乙：我们肩负光荣使命，擦亮行业文明窗口。收费人员的热情笑脸、路政人员的文明执法、养护人员的严格细致、施工人员的吃苦耐劳，充分展示了"高发人"的风采，为河南高速交通赢得了更多人的满意。

甲：而在这一张张靓丽的河南名片后面，是我们"河南高发人"对事业的热爱，对生活的热情。在闲暇时，我们也会放松心情，在假日里，我们也会尽情 happy（开心）。

乙：刚才，我们的摩登舞青春时尚、动感十足，接下来，我们的歌声同样是"中国好声音"。

【5. 男女对唱《不要告别》】

丙：因为节日的相聚，我们分享这快乐的时光；因为春天的相约，我们承载着无尽的祝福。

丁：在这迎接春天的盛典，在这你我团圆的时刻，相信今天的节目，会给大家留下深刻的记忆，相信今天的欢聚，会相伴快乐的一年。

丙：没错，咱们"河南高发"点多、线长、面广，大家各自在自己的岗位上忙碌，难得相聚。所以，每次文艺活动都成了各个单位展示文化风采的平台，大家都铆足了劲。

丁：您看，为了参加交通系统的文艺演出，咱们"高发"公司的职工们踊跃报名，正在内部招标，搞起了海选呢。

【6. 群口相声《非常高速》】

乙：怎么样，从掌声可以看出，这三个人都能入选。

甲：对，不但艺术形式好，更重要的是，在节目中体现了咱们"高发人"对岗位的热爱、对工作的执着，对"河南高发"的强烈自豪感！

乙：正是带着这种情感，我们在压力面前不低头，在委屈面前不掉泪，再苦再难任劳任怨，风雨兼程永不停息。

甲：是这种情感成就了人生的梦想，是这种情感描绘出事业的辉煌。哪怕在今天的舞台上，跳起节日的舞蹈，也是这种情感的如歌倾诉。

【7. 女子舞蹈《蝶恋花》】

丁：2012年，对于"河南高发"来说，意味着凝神聚力、攻坚克难、持续求进、多措并举，公司各项工作实现新的跨越。

丙：2012年，对于"河南高发"来说，意味着乐于奉献、勇担责任、风鹏正举、奋力先行，为助力中原经济区建设做出新的贡献。

丁：这一年，我们的项目建设捷报频传，双节保通夺取胜利，收费管理稳步实施，路产管理严格规范，养护管理扎实开展。

丙：这一年，我们的多种经营齐头并进，路域经济开发成效明显，企业建设取得进展，和谐企业彰显新风，廉政建设不断加强。

丁：中原大地，矗立起"河南高发"的时代形象。

丙：天地之中，回荡着"河南高发"豪迈的颂歌。

【8. 配乐诗朗诵《高速颂歌》】

甲：春节，是三百六十五个收获的盘点；春节，是三百六十五个希望的放飞。在这里，我们朗诵起高速颂歌，心中激情澎湃，眼前春风万里。

乙：春节，是三百六十五个欢乐的约会；春节，是三百六十五份亲情的汇聚。在这里，我们捧出真诚的祝福，心中温馨荡漾，眼前笑脸甜蜜。

甲：此时此刻，我们开开心心坐在一起，共享欢乐就是我们共同的感动。

乙：同舟共济，我们心手相连拥抱前程，相亲相爱就是我们永恒的主题。

【9. 歌曲《相亲与相爱》】

丙：和谐幸福的生活，总是和高速公路连在一起。为了更好地方便群众假日出行，拉动假日经济，从去年国庆节开始，全国收费公路在重大节假日期间免收小车通行费。

丁：面对汹涌的车流，我们把它当作一项政治任务来对待，抓督导、抓重点、保畅通、保服务，所辖路段没有发生大规模、大面积、长时间的拥堵现象，圆满完成了任务，得到上级的表彰和社会各界的好评。

丙：而在这成绩的背后，凝结了"河南高发"许许多多工作人员牺牲休假、延期婚礼、带病上岗、超负荷运转等诸多的艰辛与付出。

丁：回想起那难忘的八个日夜，大家累并快乐着。在紧张的工作间隙，有个收费站还展开了一场激烈的现场辩论会。

【10. 小品《现场辩论会》】

甲：欢歌和笑语回荡在耳边，把盎然的春意洒满舞台上下。

乙：喜庆和祥和陪伴着我们，把浓浓的情意留在我们心底。

丙：在节日的欢乐里，我们品味幸福与祥和。

丁：在时代的浪潮中，我们用激情点燃斗志。

丙：带着决战决胜的信心和勇气，我们铭记自己的历史使命，当好中原崛起的基石，当好"交通先行"的排头兵。

丁：在党的坚强领导下，我们要用四通八达、更好更快的高速路，助力小康社会早日建成，助力我们的民族走向复兴。

【11. 大合唱《走向复兴》】

甲：带着对幸福生活的畅想，流金岁月更加如意吉祥；

乙：带着对美好未来的希望，河南高发再创新的辉煌。

丙：河南高发公司 2013 年春节联欢会到此结束！

丁：再次祝愿大家新春愉快、万事如意！

合：各位领导、同事们，再见！

2009年9月8日，是中国移动通信集团河南有限公司郑州分公司（简称郑州移动）成立十周年纪念日。10年来，郑州移动砥砺奋进、改革创新，谱写了傲然崛起的壮丽篇章。为感谢社会各界的大力支持，公司举办了十周年庆典答谢会。

对于这么一个带有庆典、联欢性的答谢会来说，参加者除了东道主，主要是各级领导、各有关部门代表和客户代表，主持词要渲染庆典的隆重感和联欢的亲切感，围绕公司的发展成果和社会各界的帮助，体现郑州移动人激动的心和感恩的心，以及与全社会一道携手未来的情怀。

中国移动通信集团河南有限公司郑州分公司十周年庆典答谢会主持词

【1. 歌舞《激情欢动》】

男：尊敬的各位领导，

女：各位来宾，

男：长期以来关心、支持和帮助郑州移动发展的社会各界朋友们，

合：大家好！

男：我们每个人都会记住今天，记住这个郑州移动与各位来宾共享真情的盛典。

女：我们每个人都会记住此刻，记住这段郑州移动与各位朋友心灵沟通的时光。

男：带着岁月的欢乐与感动，点燃生命的激情和向往。在这喜迎共和国六十华诞的日子，在这共贺郑州移动十周年的时刻。我们相聚一堂，共抒心曲，一起见证郑州移动的光荣与梦想。

女：同赴真情的相约，共享真诚的关爱。此刻，相约郑州移动十年庆典活动，我们感知的是郑州移动"成为卓越品质创造者"的企业愿景，见证的是郑州移动"正德厚生，臻于至善"的文化理念。

男：今天，出席庆典活动的领导和嘉宾有（见名单）。出席今天庆典活动的还有省市

各大新闻媒体的朋友们，以及来自金融、交通、电力行业的集团合作单位的嘉宾，让我们用热烈的掌声向各位领导和各位嘉宾的到来表示欢迎和感谢！

女：在此，让我们首先掌声有请中国移动通信集团河南有限责任公司郑州分公司贾大春总经理致辞。

【2. 郑州移动公司领导致辞】

男：谢谢贾总热情洋溢的致辞！接下来，掌声有请中国移动通信集团河南有限责任公司郑州分公司集团客户代表、中国建设银行河南省分行李政先生致辞。

【3. 郑州移动公司客户代表发言】

女：谢谢李政先生精彩的发言。接下来，有请郑州市人民政府（领导姓名）讲话，掌声有请！

【4. 领导致辞】

男：谢谢（领导姓名）热情洋溢的贺词。

女：一路相随，感谢有你。十年耕耘，铸就了郑州移动辉煌的业绩，磨砺了郑州移动人开拓创新的精神，积淀了企业深邃的文化底蕴，留下了丰富的奋斗结晶。

男：回顾十年的发展历程，郑州移动的客户由分营之初的30多万增加到600多万。我们欣慰，我们激动，因为它不只是一个抽象的数字，而且是郑州移动挥写的不断奋进、飞速发展的华彩篇章。

【5. 书法舞】

男：郑州移动的十年辉煌，贯穿于郑州移动每一个脚踏实地的足迹——搭建无数的基站，建成畅通的传输网、打造精品网络、提供一流服务。

女：在一个个平常的日子里，您许多次听到话务员亲切的声音，感受到营业员热情的笑脸，看到网络维护员忙碌的身影，享受客户经理贴心的服务。

男：他们忙并骄傲着，因为，他们的付出让沟通没有距离。

女：他们忙并快乐着，因为，他们的奉献能够造福千万人。

【6. 表演唱《快乐的移动人》】

男：所有的快乐辉映着郑州移动的骄傲，所有的快乐饱含着广大客户的信任。当郑州移动怀着一颗感恩的心，报答客户和社会，咱们的客户朋友们同样想起了客户经理细致服务的点点滴滴，想起了郑州移动带来的舒心和满意。

女：在郑州移动成立十周年之际，（领导姓名）对郑州移动十年来取得的辉煌成就做出重要批示。全文如下：郑州移动十年发展成绩显著，为郑州市经济社会发展做出突出贡献，特致谢意。希望郑州移动再接再厉，在实现信息化方面发挥自己的独特优势，做出更大的贡献。

男：谢谢，谢谢（领导姓名）热情的鼓励。尽管（领导姓名）因为公务今天不能亲临活动现场，但我们所有移动人都已经感受到了领导的关怀和期望。此外，社会各界也纷纷为郑州移动十周岁生日送来了真诚的祝福。请看大屏幕。

【7. 大屏幕呈现客户祝福】

女：谢谢。面对来自社会各界的衷心祝福，我们所有移动人都在用心回答，为了客户的满意，我们会继续努力。

男：记得在十多年前，许多人都在纳闷，这手机没有电线，怎么也能通话呢？今天，当3G开通的时候，又有人惊奇于小小手机的神奇魔力。

女：没错，从优秀走向卓越的移动通信就像变魔术一样，让世界越变越精彩，让生活越变越自在。

男：接下来，有请特邀嘉宾——"金牌魔术师"李苏阳带来的金奖魔术作品《红白幻象》。请欣赏。

【8. 魔术表演】

（魔术完，直接起下一节目的朗诵）

【9. 音舞诗画《移动情怀》】

男：移动的情怀就是爱的情怀。郑州移动的服务无处不在、无所不能，为了让全体市民都能尽享数字郑州的服务，如今，郑州移动又挑战自我，大手笔地将郑州打造成一个具有通信枢纽地位的"无线城市"。

女：责任铸就卓越，奉献永无止境。郑州移动履行着做"优秀企业公民"的庄严承诺，勇担责任，关怀社会民生，关注民众福祉，倾情回馈社会，服务地方发展。接下来的这首乐曲，表达的就是移动人对党的无限深情和爱恋。

【10. 器乐演奏《唱支山歌给党听》】

女：捧出心中的喜悦，我们在这里相聚，抒发相通的情感，庆贺共同的节日。此时此刻，尽管我们郑州移动许多员工还坚守在工作岗位，但他们怀着同样激动的心情，送来了节日的祝福。请看大屏幕。

【11. 大屏幕呈现员工祝福】

男：在这里，我们感谢各位员工真诚的祝福，感谢全体员工辛勤的付出。正是大家的共同努力，让移动通信消除了沟通的障碍，丰富了人们的生活。

女：没错，移动的优质品牌，凝聚着一代代移动人的心血。在一次次新老交替中，不变的是确保客户满意的承诺，传承的是追求卓越的品质。

男：许多老一辈的移动人尽管离开了工作岗位，但他们无时不在牵挂着郑州移动，牵挂着咱们的客户。

女：在此，郑州移动老年艺术团要用一曲喜庆的舞蹈，祝愿咱们郑州移动基业长青、再创辉煌，祝愿在座的各位朋友们幸福美满、万事如意！

【12. 舞蹈《好日子》】

（节目完，在主持人的话语中，工作人员搬上注酒设备）

男：开心的锣鼓敲出年年的喜庆，好看的舞蹈送来天天欢腾。

女：阳光的油彩涂红今天的日子，生活的花朵是我们的笑容。

男：郑州移动的十年风采，凝聚着各级党委、政府的亲切关怀，凝聚着社会各界的大力支持，凝聚着广大客户的关爱，凝聚着全体移动人的聪明才智和辛勤汗水。

女：千番厚爱，缘聚今朝，万般谢意，无言感激。下面我们要进行的是冰雕注酒仪式。掌声有请（注酒领导名单）。

（领导注酒过程中，主持人解说）

男：现在，象征着高贵、文化和品位的红酒正在注入冰雕之中，体现着郑州移动带给大家美好生活的愿景，意味着大家所有的日子红红火火。

女：带着对社会各界的感激之情、感谢之意，郑州移动将一如既往地为广大客户提供人性化、人情化、人文化的服务，让大家尽享自由沟通、自在生活。

男：承载630万客户和全社会的厚爱和期望，郑州移动将怀着更加坚定的信念、卓越的追求和强烈的责任感，致力于信息化社会建设，为中原经济崛起、为郑州"三化两型"建设、为打造"数字化郑州"做出更大的贡献。

女：我们看到，冰雕之中已经出现了六个红色的、晶莹剔透的大字"携手共创未来"。

男：它寓意着郑州移动与全社会携手同心，跨越十年辉煌，共同创造更加美好的未来。

（注酒仪式完，各位领导请大家共同举杯）

女：朋友们，让我们共同举杯，为郑州移动的辉煌十年庆贺，为郑州移动灿烂的明天祝福。

男：祝福大家事业进步、生活幸福！祝愿我们的城市蓬勃发展、鹏程万里！

【13. 歌伴舞《举杯吧，朋友》】

女：美酒飘香，滴滴情浓。酒杯和酒杯相触，就是郑州移动和社会各界朋友的心灵触碰、情感沟通。

男：一声声祝福，一句句感谢，让我们陶醉于爱的热度、情的浓度，为这美好的时刻深深感动。让我们一起记住这一刻，分享这一刻。

女：庆典文艺演出到此结束，祝各位领导、各位来宾用餐愉快。

男：谢谢大家！

2010年10月16日下午，许继集团成立四十周年庆祝大会在位于许昌经济开发区的许继高科技电气城隆重举行。会后，与会领导、嘉宾和许继员工一起兴致勃勃地共同观看了一场精彩的音乐激光灯光焰火晚会，绚丽多彩的焰火与精彩纷呈的节目表演，点燃了所有观众的激情与活力，将整个庆祝活动推向高潮。

激光焰火晚会由分篇章的焰火表演和主题性文艺节目构成，解说词结合篇章布局，在渲染现场气氛的同时，通过企业四十年的砥砺前行、四十年的创新求变、四十年的丰硕收获，富有激情地体现了企业精神，抒发了全体许继人向着更高目标进发，续写辉煌的美好憧憬。

庆祝许继集团成立四十周年大型音乐激光灯光焰火晚会解说词

（开场前，主持人旁白）

今天，是属于我们的节日；此刻，是属于我们的时光。

在这里，四十年的岁月奏响音乐的华彩，四十年的收获辉映灯光的璀璨，四十年的激情点燃绚丽的焰火，四十年的追求化作炫目的激光，追逐梦想，拥抱明天的辉煌！

庆祝许继集团创立四十周年大型音乐激光灯光焰火晚会现在开始！

【1. 开篇激光灯光音乐焰火秀】

（开篇激光灯光音乐焰火秀介绍）

电气新城搭舞台，动地欢歌心中来。此刻，烟花腾起，礼花升空。金秋的许继绽放着灿烂的笑容，见证辉煌奇迹，铸造荣耀巅峰。

伴着40发惊天雷响彻耳畔，数百发银龙笛直冲苍穹，跟着音乐的节拍和爆裂的礼花，我们的思绪徜徉在岁月的长河，回溯到激情开启的起点。沿着许继四十年的集体记忆，我们似乎看到第一代许继人拓荒的脚步、创业的艰辛。

这火树银花之中有创业者汗水的闪光，这流光溢彩之中有先行者奠基的辉煌，我们的热血为之奔流，我们的心灵为之震撼。带着敬意、带着感恩，我们把追求卓越的誓言，书写在夜幕上。我们把争创一流的豪情，辉映在天宇间。

【2. 开场鼓乐《中国龙》】

（开场鼓乐《中国龙》完，主持人旁白）

四十年砥砺前行，四十年深厚积淀，四十年风雨兼程，贯穿许继发展始终的是创新求变。

走进这个四十年化蛹为蝶的传奇，品读这个四十年凤凰涅槃的故事，呈现在我们面前的是一次次成功的跨越，一次次自我的挑战，一次次华丽的转身，一次次精彩的变脸。

【3. 小组合《变脸》】

【4. 第二篇激光灯光音乐焰火秀】

（第二篇激光灯光音乐焰火秀介绍）

礼花花开心扉，激光激情闪耀。这是许继的光彩，这是许继的赞歌。灯光辉映激光，许继电气城在演奏光的交响、火的旋律，呈现出火树银花的梦幻世界。

烟花升腾，激光四射，点亮了我们四十年的激情岁月。穿越时空，在曲折起伏的发展之路上，我们看到一代代许继人拼搏的身影，我们听到一代代许继人奋斗的壮歌，那震撼的节奏，激荡曹魏之都的时代风云，激荡许继事业的奔腾血脉。

争奇斗艳的礼花，传递盛世庆典的欢乐；五彩缤纷的焰火，显现生气勃勃的动感。拼搏贯穿四十年，创新成就四十年，今天的欢乐，属于所有拼搏奉献的员工，属于所有竭诚合作的伙伴，属于所有关心、支持许继发展的社会各界的朋友们。

（第二篇激光灯光音乐焰火秀完，主持人旁白）

许继的事业与美好同在，许继的脚步与绿色同行，解读许继"用清洁能源设备缔造美好家园"的承诺，浮现在我们眼前的世界，是小桥流水的诗意，是茉莉芬芳的温馨……

【5. 新民乐组合《茉莉花》《眉飞色舞》】

（新民乐组合完，主持人旁白）

四十年来，许继孜孜不倦地为人类文明插上腾飞的翅膀，她那以员工共同价值观、共同精神理念为基础的整体文化氛围，是持续健康发展的生命源泉、核心动力。许继是许继人的许继，许继是世界的许继，当那熟悉的歌声响起，捧出的是我们共同的心语……

【6. 时尚说唱、街舞、炫技《生日快乐》】

【7. 第三篇激光灯光音乐焰火秀】

（第三篇激光灯光音乐焰火秀介绍）

星河璀璨在人间，欢歌笑语满天际。今夜，我们将丰收的美景化作绽放的礼花，将心中的喜悦呈现在世界面前。

四十年的岁月，我们筑起一座耸立的丰碑。四十年的故事，我们写就一段辉煌的传奇。我们拥有了强大的产品配套和集成能力、灵活的管理机制、优秀的人才队伍、完善的质量保证体系、遍布全球的营销和客服体系。在南北美洲、欧洲、大洋洲、非洲、中东、南洋，在电力、石化、煤炭、水利、环保、航天、轨道交通、海运，都有我们的产品在为人类文明进步添砖加瓦。

此刻，让我们尽情欢呼，这一时间是许继狂欢的时间。今夜星光灿烂，让我们与八方来客、四海宾朋一道，共享辉煌许继的无限精彩、好戏连台。

（第三篇激光灯光音乐焰火秀完，主持人旁白）

当我们和世界一起瞩目许继隆起的电气谷，我们骄傲地看到：许继，在奥运鸟巢熠熠闪光，在西电东送高擎大旗，在秦山核电完美运行，在三峡工程尽显威力……今天，我们唱起这节日的欢歌，舞动的不但是许继今天的风采，更是许继明天的美丽！

【8. 舞蹈《节日欢歌》】

【9. 尾篇激光灯光音乐焰火秀】

（尾篇激光灯光音乐焰火秀介绍）

多彩的焰火升腾在苍茫的天穹，让我们充满了无限的向往。今夜，许继激情奔泻、许继豪情万丈。

许继，一个覆盖电力系统各环节、综合成套能力最强、国内最具竞争力的电力装备制造和集成企业及电力系统解决方案提供商，一艘从中原大地起航，致力于为人类提供低碳高效能源设备，向着国际化、高科技进发的电气航母，正在科学发展、又好又快的航程上全速前进。

星河璀璨在人间，疑是银河落九天。我们接受热情的祝贺，我们把光明洒满人间。

激情跨越四十年，百尺竿头奔一流。我们矢志不渝，承前启后，打造百年长青基业。我们鉴往知来，大展宏图，向着更高的目标进发，一路同行，精彩无限。

（尾篇激光灯光音乐焰火秀尾声处，致谢幕词）

焰火、激光、灯光，炫目、神奇、灿烂，赋予我们智慧的灵感。

歌声、音乐、笑脸，欢欣、欢乐、欢腾，书写盛世庆典的诗篇。

共享这份欢乐，我们回首往事，让这份最真的情感在梦里化作永恒。

带着这份欢乐，我们携手希望，让许继的明天鹏程万里、创意永远。

朋友们，庆祝许继集团成立四十周年大型音乐激光灯光焰火晚会到此结束，再见！

广 阔 舞 台

音乐会

2007 年 4 月 25 日晚，"中部交响——著名华人音乐家经典音乐会"在河南省人民会堂举行，让参加第二届中国中部投资贸易博览会的两千余名中外嘉宾在优美的歌声和琴声中领略了音乐的魅力。中央电视台著名主持人刘芳菲现场主持。

作为一台荟萃名家名作的交响音乐会，在主持词的处理上主要立足乐团、指挥、演唱演奏者，及曲目介绍。作为东道主为与会嘉宾举办的主题性音乐会，在体现对嘉宾的热情的同时，还要合理地融入一些地域文化的内容。

与多主持人的主持词不同，只有一个主持人的主持词在情绪饱满、追求唯美的同时，语言可以轻松、亲和一些，给人娓娓道来的感觉。

中部交响

著名华人音乐家经典音乐会主持词

各位领导、各位来宾，女士们、先生们：

大家晚上好！

和风伴君来，雅韵迎嘉宾。

很荣幸在这美好的夜晚能够与光临第二届中国中部投资贸易博览会的朋友们相聚在古都郑州，共同度过这难忘的时光。

中国有一句古话："有朋自远方来，不亦乐乎。"这个"乐"字有高兴的意思，同时也是音乐的乐。因此，我们要用一组中外经典音乐作品，向参加博览会和长期关心帮助河南发展的各位领导及新老朋友表示热烈的欢迎和衷心的祝福！

应邀担任本次音乐会演奏的乐团是中国爱乐乐团和广州交响乐团。中国爱乐乐团是一支国家级交响乐团，以推动中国的交响音乐事业为使命，在国内外进行了广泛的巡演，与国内外许多优秀的作曲家有过成功的合作。同样，广州交响乐团一贯注重自身艺术品位与艺术水平的提高，不断拓展演出空间，足迹遍及世界五大洲，已进入中国优秀交响乐团的行列。

担任音乐会指挥的是上述两大乐团的艺术总监、中国爱乐乐团首席指挥余隆。余隆先生是活跃在当今国际乐坛的最杰出的中国指挥家之一，曾应邀在世界许多国家和地区担任客席指挥。并先后获得法国政府授予的"法兰西文学艺术骑士勋章"、意大利政府颁发的"共和国骑士勋章"和德国的"万宝龙卓越艺术成就奖"。

在此，让我们掌声有请著名指挥家余隆。

【1. 管弦乐曲《节日序曲》】

刚才，我们欣赏的是苏联著名作曲家肖斯塔科维奇为歌颂祖国胜利而创作的一首管弦乐曲。接下来，我们要给大家请出的是著名男中音歌唱家廖昌永。廖昌永先生是目前活跃于世界歌剧舞台的最杰出的中国歌唱家之一，多年来，不断获得国际声乐大奖，特别是在多明戈世界歌剧大赛中获得第一大奖，实现了亚洲歌唱家在此项赛事中零的突破。多明戈大师盛赞廖昌永是他所见过的最优秀的男中音。掌声有请廖昌永先生。

【2. 歌曲《我和我的祖国》】

【3. 歌剧《塞维利亚的理发师》选曲《快给大忙人让路》】

朋友们，在中国的民族情怀中，始终奔流着一条河，一条被喻为"母亲"的大河——黄河，当我们相聚在大河之滨的古都郑州，不仅能在厚重的历史文化底蕴中倾听到黄河的波涛，我们的耳边同样会回荡起震撼人心的民族解放史诗——钢琴协奏曲《黄河》。

在这里，我们把这首乐曲奉献给大家，寓意中部崛起的大气魄如同黄河的浪涛，震撼古老的苍穹。

担任乐曲钢琴演奏的是著名青年钢琴演奏家郎朗。这位钢琴家 12 岁就在第四届国际青少年钢琴比赛中赢得桂冠并获杰出艺术成就奖，已经与世界许多重要的交响乐团有过成功的合作。掌声有请著名钢琴家郎朗。

【4. 钢琴协奏曲《黄河》】

下面是中场休息时间，请大家休息十五分钟。

（中场休息）

谢谢大家及时回到自己的座位，在短暂的休息后，继续我们的音乐之旅。下半场我们首先要听到的是我国著名女高音歌唱家、中央歌剧院首席女高音歌唱家幺红带来的歌剧《茶花女》选曲《为什么他的话使我心激荡》。

【5. 歌剧《茶花女》选曲《为什么他的话使我心激荡》】

作为中国三大女高音之一，幺红是当今在国际乐坛上最为活跃的中国百灵鸟。人们常用"出谷黄莺""响遏行云"这样的词形容幺红的现场演唱。她堪称不折不扣的女高音天后，她那经过高度锻炼的音色，精确的技巧，过人的记忆力与不差毫发的音准，是她穿梭于世界乐坛的法宝。接下来，请一起欣赏歌曲《我爱你中国》。

【6. 歌曲《我爱你中国》】

两首美妙的歌曲之后，下面要为我们演奏的是从河南走向世界的著名小提琴大师薛伟。薛伟在多项国际知名小提琴比赛中赢得殊荣，经常同世界最著名的乐团和指挥合作，举行过上千场的音乐会，得到了高度评价。他今天带来的是小提琴协奏曲《梁山伯与祝英台》。

梁祝的爱情故事不知感动过多少人，可是您是否知道，梁祝故里就在河南省汝南县的马乡镇，那里至今还有梁山伯与祝英台生活过的村庄——梁庄、祝庄，还有马家所在的马庄。在这里，请欣赏薛伟用小提琴给我们讲述这个动人的爱情故事。

【7. 小提琴协奏曲《梁山伯与祝英台》】

最后，请大家欣赏的是柴可夫斯基的《1812 序曲》。

【8. 交响乐《1812 序曲》】

音乐，能激发人们创造生活的热情；音乐，能唤起人们对美好未来的向往。今晚，我们在这里感受音乐，一起感受真挚的友情；今晚我们在这里拥抱音乐，一起拥抱心中的希望。朋友们，让我们伴着中部崛起的节拍，与欢乐同行，与美好同在，共同谱写"促进中部崛起，构建和谐社会"的辉煌乐章。

祝第二届中国中部投资贸易博览会取得圆满成功！祝各位领导、各位来宾身体健康，工作顺利！

朋友们，再见！

> 郑州市"绿色周末"特别节目："2009 郑州新年音乐会——俄罗斯经典电影歌曲交响音乐会"于 2008 年 12 月 30 日、31 日在郑州艺术宫举行，由俄罗斯国立交响乐团和中国音乐家协会合唱团演出。
>
> 这是一场带有浓郁怀旧色彩的欣赏性音乐盛会，对于中老年观众来说，许多作品都耳熟能详，无须过多介绍。同时，鉴于音乐会作品较多，逐个报幕又会人为制造欣赏的破碎感，因此将所有曲目分为五个版块。每个版块演出前以散文诗般的语言集中概要介绍曲目，注重引发欣赏者的情感共鸣。

2009 郑州新年音乐会

俄罗斯经典电影歌曲交响音乐会解说词

尊敬的各位领导、各位来宾，女士们、先生们：

大家晚上好！

欢迎光临"绿色周末"特别节目："2009 郑州新年音乐会——俄罗斯经典电影歌曲交响音乐会"。

在岁月的长河中，有许许多多的往昔都在慢慢消失。而当熟悉的旋律在耳边响起，仿佛昨日重现，当初与这些乐曲相伴的情境又会在心头回闪。站在时间河流的彼岸深情遥望，一切都是那么温馨，那么亲切。

这些歌在昏黄静谧的雨夜，你听到过；在夏日回家的路上，你听到过；在满溢浓香的咖啡馆，你听到过；在朋友聚会的时候，你听到过。

都是一些熟悉的曲调，许多怦然心动的感触融化在我们的血液里。在这美好的夜晚，您首先听到的是歌曲《共青团员之歌》《灯光》《喀秋莎》《海港之夜》，以及交响乐曲《胡桃夹子》。

歌曲《共青团员之歌》创作于 1947 年，是苏联话剧《路途的起点》的一首插曲，它以激昂的音调、行军般的速度，呈现了卫国战争时期青年们告别亲人、奔赴前线的出征场面。

创作于 1943 年的歌曲《灯光》，旋律朴素简单，是一首略带感伤的探戈曲，最早于 1944 年在乌克兰第一战线和第二战线广为流传，后来成为影片《解放》的插曲。

歌曲《喀秋莎》是大家熟悉和喜爱的苏联歌曲之一。1938 年，著名诗人伊萨科夫斯基的一首八行诗，所洋溢的诗情、纯真和音韵美打动了作曲家布朗介尔，于是，这支曲调优雅的歌曲很快诞生，传遍世界。

歌曲《海港之夜》创作于 1941 年。一天，作曲家和词作家在海堤上漫步，月光下，一个戴着蓝色头巾的姑娘正在和一个水兵低声话别。此情此景，给了他们极大的灵感。两天之后，就诞生了《海港之夜》。

交响音乐《胡桃夹子》是作曲家柴可夫斯基于 1892 年为同名梦幻舞剧创作的音乐，也是柴可夫斯基三部芭蕾舞剧代表作品之一。舞剧的音乐充满了单纯而神秘的神话色彩，具有强烈的儿童音乐特色。

下面，请一起欣赏。

【1. 第一部分演出】

这是一道音乐的盛宴，这是一次情感的交响。接下来，大家听到的是歌曲《出发》《草原》《三套车》和《苏丽珂》。

影片《马克西姆·别列别利察》的著名插曲《出发》是为纪念卫国战争胜利 10 周年而作，1959 年荣获苏联最高奖——列宁文艺奖。

俄罗斯民歌《草原》是流传最广的一首车夫之歌。我们知道，俄罗斯地广人稀，马车夫奔波在渺无人烟的草原上，在寂寞的长途中唱出的歌声总是那么悠远而苍凉。

优美深沉的《三套车》洋溢着浓郁的俄罗斯民族风情，聆听此曲，眼前仿佛浮现出皑皑的白雪，一辆三套雪橇疾驶而来，年轻的马车夫正把自己的忧伤低声吟唱……

深情忧郁的《苏丽珂》是产生于 20 世纪 20 年代的格鲁吉亚语民歌。"苏丽珂"在格鲁吉亚语中是"心爱的"的意思。这首歌曲以一种纯洁而善良的美质，征服了无数的听众，也成为斯大林最喜爱的歌曲。

在此，请一起欣赏。

【2. 第二部分演出】

的确，随便倾听哪一首歌曲，随便牵动哪一串旋律，时代和情感都从那个点上，弥漫出来。

接下来，我们要欣赏的是歌曲《草原骑兵歌》《山楂树》《红莓花儿开》和交响乐曲《天鹅湖》。

《草原骑兵歌》又名《田野》，是苏联红军近卫第一骑兵军的军歌。当年，苏联红军的骑兵就是高唱着这首歌曲，挥舞着军刀抗击德国法西斯的进攻。

脍炙人口的《山楂树》是一首带有典型乌拉尔民歌风格的歌曲，我国电影《山楂树之恋》曾用它作为插曲，电视剧《布尔什维克兄弟》还把它作为片头曲。

《红莓花儿开》是苏联音乐喜剧片《幸福的生活》中的插曲。歌曲以俏皮而风趣的口吻，歌唱青年男女之间纯真的爱情。

交响组曲《天鹅湖》是柴可夫斯基最著名的代表作之一。它如同一首首具有浪漫色彩的抒情诗篇，每一场的音乐都极出色地完成了对场景的抒写和对戏剧矛盾的推动，用听觉手段实现对各个角色性格和内心的刻画，具有深刻的交响性。

下面，请大家顺序欣赏。

【3. 第三部分演出】

朋友们，在短暂的休息之后，接下来请大家欣赏的是歌曲《远在小河对岸》《纺织姑娘》《夜莺》和《莫斯科郊外的晚上》。

《远在小河对岸》是20年代最早的共青团歌曲之一。这首战地浪漫歌曲的曲调取自一首老歌，是电影《保尔·柯察金》的插曲，后来电视剧《钢铁是怎样炼成的》也用该曲作为片头曲。

俄罗斯民歌《纺织姑娘》那亲切而质朴、平和而深挚的歌声，将带我们一起走近那位金发辫垂肩、低头沉思的少女，伴着淡淡的忧伤，感悟她的深情。

与此不同的是，歌曲《夜莺》采用了俄罗斯城市浪漫曲的音调，第一段深情婉转，第二段活跃奔放，歌曲吸引了千千万万人的心，成为世界上雅俗共赏的歌曲。

而我们熟悉的《莫斯科郊外的晚上》是纪录片《在运动大会的日子里》的插曲。歌曲音调结合了俄罗斯民歌和城市浪漫曲的某些特点，在素雅中显露出生动的意趣，被译成多种语言流传全世界。

下面，请一起欣赏。

【4. 第四部分演出】

在音乐会的最后，大家要欣赏的是歌曲《伏尔加船夫曲》《神圣的战争》《卡林卡》、交响组曲《瑶族舞曲》《蓝色多瑙河》和《拉德斯基进行曲》。

《伏尔加船夫曲》表现了伏尔加河上的船夫们迈着沉重步伐拉纤的劳动场面，在忧郁、深沉之中透出艰辛和坚毅，在沉重、叹息之中隐藏着反抗的力量。

歌曲《神圣的战争》是电影《斯大林格勒保卫战》的插曲，也是响应伟大的卫国战争的第一首歌曲，在苏联音乐史上有极其重要的地位，被誉为"苏联卫国战争的音乐纪念碑"。

歌曲《卡林卡》是一首享誉全球的俄罗斯民歌。"卡林卡"的俄文意思是"雪球花"，通常被用来比喻美丽的女性。这首歌曲热烈欢快，充分表现了小伙子对爱情的渴望。

在三首交响音乐中,《瑶族舞曲》是我国管弦乐形式的舞曲中具有代表性的作品。乐曲生动描绘了瑶族人民欢庆节日时的歌舞场面。抒情优美的音调和浓郁的民族色彩,给人以美的享受。

大家耳熟能详的《蓝色多瑙河》是维也纳新年音乐会的保留曲目,这首象征维也纳生命活力的圆舞曲被称为"奥地利第二国歌"。其格调高雅、优美动听,渗透着对祖国和人民的热爱之情。

同样,老约翰·施特劳斯最著名的代表作之一《拉德斯基进行曲》,以其脍炙人口的旋律和铿锵有力的节奏征服了广大听众,成为流传最为广泛的进行曲。每年维也纳新年音乐会也总是以这首乐曲作为结束曲。

接下来,请一起欣赏。

【5. 第五部分演出】

观众朋友们,今晚的音乐会到这里就要结束了,让我们与音乐相伴,与欢乐同行,一起走进更加辉煌的年景!

祝大家新年愉快,万事如意!再见!

为庆祝中华人民共和国成立70周年，由河南省教育厅、河南省文化和旅游厅、河南省财政厅主办，河南省音乐家协会、河南理工大学承办，河南省音乐家协会钢琴专业委员会演出的"'高雅艺术进校园'钢琴知识解读音乐会"走进河南各大高校，为师生们奉献一场场钢琴艺术的盛宴。主持人为河南省话剧院著名朗诵家于同云。

顾名思义，钢琴知识解读音乐会的重点在寓教于欣赏，目的是通过不同的曲目和演奏形式向非钢琴专业的师生解读钢琴知识，因此，在主持词的撰写上要处理好简约与详细的关系。毕竟音乐会不同于讲课，主持词要根据曲目和演奏形式进行知识点的合理布局，抓住重点，详略得当。

"高雅艺术进校园"钢琴知识解读音乐会主持词

【1. 钢琴合奏《在希望的田野上》】

尊敬的各位老师、亲爱的同学们：

大家好！

非常高兴和大家相聚在"'高雅艺术进校园'钢琴知识解读音乐会"的现场。今天，我将和大家一起，在音乐家们的引领下，走近钢琴，了解钢琴，畅游音乐的海洋，感悟经典的魅力。

2005年7月29日，国务院总理温家宝在看望我国杰出的科学家、航天科学的奠基人钱学森先生的时候，钱老曾对温总理说过这么一段话："一个有科学创新能力的人不但要有科学知识，还要有文化艺术修养。没有这些是不行的。小时候，我父亲就是这样对我进行教育和培养的，他让我学理科，同时又送我去学绘画和音乐。就是把科学和文化艺术结合起来。我觉得艺术上的修养对我后来的科学工作很重要，它开拓科学创新思维。"

为了活跃大学校园文化生活，提高大家的艺术修养，为庆祝中华人民共和国成立70周年营造喜庆祥和的氛围，河南省教育厅、河南省文化和旅游厅、河南省财政厅主办，河南省音乐家协会和河南理工大学承办了本次活动。

刚才，我们欣赏了杜非霏、赵颖惠、仇昕、迟冰带来的钢琴合奏《在希望的田野上》。接下来，大家听到的是钢琴独奏《百鸟朝凤》。上个世纪 70 年代，我国著名作曲家王建中根据吹打合奏曲《百鸟朝凤》创作了同名钢琴独奏曲。乐曲在保留原唢呐曲特点的基础上，充分运用钢琴语言，表现出传统音乐的特征和钢琴文化的语境。

《百鸟朝凤》乐思直接来源于大自然，以欢快的旋律和百鸟争鸣之声表现大自然生机盎然的景象。标题含义单纯且明确，乐曲按照意境和情趣分为第一段：山雀啼晓；第二段：春回大地；第三段：莺歌燕舞；第四段：林间嬉戏；第五段：百鸟朝凤；第六段：欢乐歌舞；第七段：凤凰展翅；第八段：并翅凌空。

演奏者张琼。掌声欢迎。

【2. 钢琴独奏《百鸟朝凤》】

平时，我们习惯了唢呐吹奏或民族吹打合奏的《百鸟朝凤》，听到钢琴对这首民族传统乐曲的全新演绎，肯定会眼前一亮。

钢琴有丰富的表现力，被称为"乐器之王"。首先因为它音域宽广，涵盖了音乐中使用的所有 88 个乐音。其次它的音量洪亮而宽阔，因为它的发音体和传声体都是钢材，用坚硬木材所做的共鸣箱也相当宏大，音量强弱变化非常鲜明。再次是音色自然动听，丰富而统一。低音区浑厚深沉饱满，中音区优美抒情如歌，高音区清脆明亮飘逸，富有穿透力。最后，钢琴延音的长短也是渐变的，低音长而高音短。

说了这么多，下面请欣赏著名作曲家王建中的另一首作品《浏阳河》。这首作品是根据唐璧光创作的同名歌曲改编而成的钢琴独奏曲，那充满中国韵味的音调使其一直延续到现在，经久不衰，家喻户晓。

演奏者李媚佳。掌声欢迎。

【3. 钢琴独奏《浏阳河》】

习近平总书记曾说"文明交流互鉴是推动人类文明进步和世界和平发展的重要动力"，咱们今天的演出就是中国作品和钢琴这种西洋键盘乐器的结合。

我们常说，艺术的出路在于融合。在 20 世纪 60 年代，我国舞蹈艺术家将西方芭蕾的技巧与中国民族舞蹈的表现手法结合，创造出了一部民族芭蕾的世纪精品，并成就了中西文化在芭蕾艺术领域完美融合的世界奇迹，这就是中国现代芭蕾舞剧《红色娘子军》。

这部舞剧的第四幕《在红军营地上》中有一段名叫《快乐的女战士》的五人舞曲，由著名作曲家杜鸣心作曲，这首乐曲广泛流传，而且流传最广的就是钢琴改编曲。

《快乐的女战士》表现了红军女战士的天真活泼，军营中团结友爱的气氛。乐曲节奏明快、旋律流畅，充满了跳跃的音符，赢得了中国"四小天鹅舞曲"的美称。接下来，我们就一起欣赏赵静静带来的钢琴独奏《快乐的女战士》，掌声欢迎。

【4. 钢琴独奏《快乐的女战士》】

前面，我们欣赏了几首钢琴独奏的中国乐曲，接下来要欣赏的是钢琴艺术世界里的一朵奇葩——四手联弹。四手联弹这种演奏形式是怎么产生的呢？早在18世纪，或者说在20世纪唱片出现之前的日子里，人们如果想在家里听音乐，只有一个办法，那就是自己演奏。在当时有一定知识水平的家庭里，都会有几位能演奏乐器的成员，他们负责给整个家庭带来娱乐。因此，作曲家、出版商为了这个市场，都会涉足这些有着社交用途的音乐领域，于是钢琴四手联弹也就应运而生了，并以其独特的演奏方式和艺术魅力给广大音乐爱好者们留下了十分深刻的印象。

下面我们要欣赏的是由何占豪、陈钢作曲的《梁山伯与祝英台》。演奏者付佳、艾赛赛。

《梁山伯与祝英台》是中国古代民间四大爱情故事之一，讲述了活泼好动的女孩祝英台与清秀斯文的梁山伯在旧时的学堂同窗共学，陷入恋情后，两人克服重重的阻碍，最终化成翩翩彩蝶，双双飞向天际的故事。《梁山伯与祝英台》可谓家喻户晓，流传深远，被誉为爱情的千古绝唱。请欣赏。

【5. 四手联弹《梁祝》】

钢琴被称为"乐器之王"，一个重要的原因就是它在西方古典音乐的演奏中占有极其重要的地位。无论是舒伯特、柏辽兹，还是肖邦、舒曼、贝多芬，这一位位在音乐史上如雷贯耳的音乐家都和钢琴有着不解之缘，可以说在钢琴成就了他们伟大的音乐的同时，他们的音乐也使得钢琴"乐器之王"的地位更加稳固。

贝多芬在一生中最痛苦的时期，病痛的折磨和失恋的双重打击，使他开始了一次旺盛的创作高潮。他的《c小调第五交响曲》（作品67号）创作于1804至1808年。贝多芬在给朋友的信中说："我要扼住命运的咽喉，它绝不能把我完全压倒。"乐曲开始的四个音符，刚劲沉重，仿佛命运敲门的声音。这部作品因此被称作《命运交响曲》。《命运交响曲》所表现的如火如荼的斗争热情，具有强大的感染力。歌德听了门德尔松在钢琴上演奏的《命运交响曲》第一乐章后大为激动，他说："这是壮丽宏伟、惊心动魄的，简直要把房子震坍了。如果许多人一起演奏，还不知道会怎么样呢？"

接下来，我们就欣赏张琼、刘莎莎、王莺、牛思萌四个人带来的双钢琴四手联弹《命运交响曲第一乐章》，掌声欢迎！

【6. 双钢琴四手联弹《命运交响曲第一乐章》】

感谢艺术家们的精彩演奏，让我们感受到了音乐强大的震撼力，感受到了艺术经典的永恒魅力。

成功的音乐作品是由作曲家的思想动机推动灵感创作，使作品富有深刻的思想内涵，具有想象力和表现力。通过演奏家十分娴熟的演奏技巧将好的音乐作品传达给观众，其音乐表现是由情感来支配的，是感性与理性的结合。如果一味地炫耀技巧，那是没有灵魂的音乐，只有两者结合才能达到理想的艺术效果。

下面，我们将要欣赏的是由陈莉娜带来的钢琴独奏《彩云追月》。《彩云追月》原曲是音乐家任光、聂耳于1935年创作的一首优秀的民族管弦乐曲。1975年，钢琴作曲家王建中将这首独特、节奏轻快的民族管弦乐曲改编为同名钢琴曲。乐曲描绘了夜空中云月相映的美好意境，它不仅体现了中国的传统民族文化风格，还将西方的探戈节奏特色融入创作，使作品具有将西方与中国传统两者相结合的艺术特色。请欣赏。

【7. 钢琴独奏《彩云追月》】

钢琴发源于欧洲。18世纪初，意大利人克里斯多佛利发明了一种类似现代钢琴的键盘式乐器，已有300多年的历史。钢琴作为乐器出现，是人类社会生活的需求，钢琴的发展更从一个侧面反映了人类社会精神生活不断发展的状态。钢琴在18世纪的欧洲有着相当显赫的位置，而今天的中国已成为全球最大的钢琴生产国和消费国，这也从一个侧面生动地体现了中华人民共和国成立70年来的发展变化和辉煌成就。

带着这种自豪，下面，请欣赏赵颖惠、仇昕带来的双钢琴演奏《茉莉花》。

《茉莉花》是一首大家都非常熟悉的中国民歌，起源于南京六合民间传唱的《鲜花调》，由军旅作曲家何仿汇编整理而成。这首歌曲先后在香港回归祖国政权交接仪式、雅典奥运会闭幕式、南京青奥会开幕式，以及北京奥运会宣传片等重大场面上演出，在中国及世界广为传颂，是中国文化的代表元素之一，被誉为中国的"第二国歌"。这首民歌由著名作曲家储望华改编为钢琴曲，中段还加入了爵士风格的碰撞，给大家带来耳目一新的感觉。请欣赏。

【8. 双钢琴《茉莉花》】

朋友们，提起中国的著名钢琴音乐作品，我想，大家肯定会想起钢琴协奏曲《黄河》。

黄河是中华民族的母亲河。抗日战争时期，著名诗人光未然、作曲家冼星海创作的《黄河大合唱》，以中华民族的发源地黄河为背景，热情地讴歌了中华儿女不屈不挠、保卫祖国的必胜信念，成为激励中华民族前进的号角。

钢琴协奏曲《黄河》就取材于《黄河大合唱》，1969年由殷承宗、储望华、刘庄、盛礼洪、石叔诚和许斐星六人改编而成。这部钢琴协奏曲在创作中运用了西洋古典钢琴协奏曲的表现手法，在曲式结构上又融入船夫号子等中国民间传统音乐元素，不仅在当时的国内引起了强烈的反响，还因为其史诗的结构、华丽的技巧、丰富的层次和壮阔的意境，成为世界音乐史上最为著名的一首中国协奏曲。

下面，掌声欢迎任超、赵宁把这首气势磅礴的乐曲带给大家。

【9. 钢琴协奏曲《黄河》第四乐章】

（结束曲《拉德斯基进行曲》乐声中）

老师们，同学们，观众朋友们，80年前，黄河咆哮发出的是民族救亡图存之声，80年后黄河奔腾吹响的是民族伟大复兴的号角。

10多天前，习近平总书记在纪念"五四"运动100周年大会上的重要讲话中，对新时代青年提出了新的更高要求，为大家指明了努力的方向，划定了奋斗的坐标。

奋斗是青春最亮丽的底色。让我们积极拥抱新时代、奋进新时代，在激扬青春、开拓人生、奉献社会的进程中奏响无愧于时代的黄钟大吕。

音乐会到此结束，谢谢大家！

诗歌朗诵会

> 诗言志，诗传情，祖国就是一首诗。为庆祝中华人民共和国六十周年华诞，由郑州市委宣传部主办，郑州市广播电视局、郑州人民广播电台承办的"祖国颂"——大型交响乐诗歌朗诵会2009年9月8日晚上在河南人民会堂浓情上演。
>
> 这场演出名家汇聚、气势宏大、主题鲜明、阵容整齐，大型交响乐和诗歌两种艺术形式交相辉映。根据整场演出史诗性的艺术编排，主持词配合诗歌内容——讲述从中华人民共和国成立前的浴血奋斗到改革开放带来的美好生活，从中国60年的沧桑巨变到中原大地的迅猛发展，表达郑州儿女对祖国母亲的深情挚爱，以及建设家乡的激情与豪情。

祖国颂

庆祝中华人民共和国成立六十周年大型交响乐诗歌朗诵会
主持词

女：尊敬的各位领导、各位来宾，

男：亲爱的观众朋友们，

合：晚上好！

女：欢迎大家在这金桂飘香的夜晚，在喜迎中华人民共和国六十华诞的欢歌笑语中，相聚河南省人民会堂，光临祖国颂——庆祝中华人民共和国成立六十周年大型交响乐诗歌朗诵会。

男：本次活动由中共郑州市委宣传部主办，郑州市广播电视局、郑州人民广播电台承办。今晚，我们将伴着熟悉的音乐，饱含炽热的情感，一起漫游诗歌的长河，献上一首首给祖国母亲的颂歌。

女：作为郑州市庆祝中华人民共和国成立六十周年系列活动之一，在这里，我们将唱响共产党好、社会主义好、改革开放好、伟大祖国好的时代主旋律，激发省会人民的爱国之心、报国之情和强国之志，为加快郑州现代化、国际化、信息化，以及生态型、创新型城市建设，做出更大的贡献。

男：今晚亲临演出现场的领导和嘉宾有（介绍领导、嘉宾），让我们用热烈的掌声欢迎他们的到来！

女：现在，祖国颂——庆祝中华人民共和国成立六十周年大型交响乐诗歌朗诵会正式开始！

【1. 管弦乐《红旗颂》】

女：中华儿女的心血和汗水在五星红旗上凝聚，五星红旗把亿万赤子的心拥抱在自己怀里。

男：从第一面五星红旗在天安门前冉冉升起，到一个骄傲的民族昂首迈步新世纪的春光万里，60年风雨征程，五星红旗和共和国血脉相依。

女：此刻，当我们放歌和谐中国的无限精彩，我们没有忘记为了共和国的江山抛洒热血的革命前辈，我们不能忘记60年前的腥风血雨。

男：倾听历史的回响，那些用鲜血、用信念挥写的诗行就是生命永远的誓言，燃烧着炽热的爱国情怀，激荡在我们记忆的最深处。

【第一篇章 《回响》】
【2.《囚歌》】
【3.《刑场上的婚礼》】
【4.《我爱这土地》】

男：中国革命的艰难曲折，造就了政治家毛泽东；中国革命的严酷悲壮，造就了军事家毛泽东；中国革命的惊涛骇浪，造就了诗人毛泽东。品读毛主席那大气而沉稳、雄浑而豪迈、朴素而真实的诗行，她弥漫着战争岁月的烽火硝烟，彰显出胜利者的从容与气魄。

【5. 毛泽东诗词诵读】
【6. 小提琴独奏《金色的炉台》】

女：今晚，我们站在黄河之畔的古都郑州，倾诉着对祖国母亲的情感。浩荡东去的黄河如同一条金色的水袖，飘舞在盛世花开的中原。

男：今晚，我们沿着共和国的辉煌足迹，把你我的真情用诗行、用音符串起，我们的心灵共振着黄河的浊浪、黄河的咆哮。

女：九曲十八弯的黄河和我们一起走来，滔天巨浪在一次次咆哮中唤醒沉睡的大地，演绎英雄壮烈的故事。

男：这条金色的巨龙承载着华夏民族的光荣与梦想，一曲浩荡长歌起伏回响，诠释着不屈和坚韧、执着和顽强。

【第二篇章　《聆听母亲河的声音》】
【7.《黄河大合唱——船夫曲》】
【8.《黄河大合唱——保卫黄河》】

女：《黄河大合唱》是中华民族光荣历史的热情颂歌，《黄河大合唱》是中国人民坚强不屈的恢宏交响，塑造出中华民族巨人般的英雄形象，奔涌着黄河儿女创造的力量。

男：放眼中原，历经苦难的黄河两岸已变成山川锦绣的乐土，高亢的豫腔唱响的是民族复兴的乐章。走进社会主义建设时代，放歌黄河，我们耳边响起的是著名诗人贺敬之那激昂的歌唱。

【9.《三门峡——梳妆台》】

女：我们用青铜甲骨留下的汉字书写我们的名字，我们眷恋着大河之南生根发芽的土地。从古到今挥洒咱中州儿女多少坚毅豪爽，古往今来留下咱中原英雄多少悲壮故事。在中原崛起的今天，一个生机勃勃的河南正在用发展赢得尊重，用进步赢得美名，用实力赢得地位。咱们河南人的名字叫得格外响亮。

【10.《我们光荣的名字：河南人》】

女：翻开毛泽东的诗集，有人曾说，他的诗韵点燃了中国革命的星星之火，承载了历史前进的步伐。

男：其实，诗人毛泽东还有一首没有被收进诗集的短诗，它只有四个字，那就是用洪亮的湖南口音高呼的——人民万岁！

女：人民，只有人民才是真正的英雄。在党的领导下，是人民推翻了压在过去一代代历史创造者身上的统治阶级，成了历史和社会的主人。

男：在共和国六十个闪光的年轮中，凝聚着人民的智慧、人民的汗水、人民的创造、人民的深情。

【第三篇章　《英雄》】
【11.《人民万岁》】
【12.《老人与海》】

男：观众朋友们，刚才，童自荣老师用他充满磁性的声音，给我们塑造了一位令人尊敬的老人和一片春天的海洋。作为中国著名配音表演艺术家，童老师曾经为上千部国内外影视片的男主角或配角配音，可以说，我们在座的很多人都是在电影院听着童老师的声音长大的。在这里，请童老师为我们表演一段，大家说好不好？

（童自荣表演）

女：谢谢童老师精彩的表演。接下来，掌声有请我们熟悉的邻家大嫂，电视剧《渴望》中刘慧芳的扮演者、著名表演艺术家凯丽。她给我们带来的是一首献给祖国的情歌。

【13.《祖国，我亲爱的祖国》】

男：凯丽老师，您好！在90年代初期，您饰演的刘慧芳用温柔和善良深深打动了我们，今天，您又给我们演绎了这么动情的诗句。可以说，一个"情"字让您的形象烙印在我们心里，这次来到郑州，不知道郑州在您的心底留下了怎样的印象？

（凯丽谈郑州的发展变化）

男：谢谢！接下来，我们再采访两位嘉宾，一位是刚才《人民万岁》的朗诵者、著名朗诵家、话剧表演艺术家张家声，一位是青年朗诵家、表演艺术家徐涛，掌声有请。

（张家声、徐涛上场）

男：张老师，您好，很荣幸能邀请到您参加我们庆祝共和国六十华诞的演出。说到这六十周年，人们谈得最多的词就是"发展""变化"。在这里，请您围绕这两个词，谈谈对郑州的感受，好吗？

（张家声回答）

男：谢谢！徐老师，可以说，我已经很多次在郑州欣赏到您的朗诵艺术了。在我的印象中，你们三位中您来郑州是最多的，那么，每一次来到郑州，您都有什么新的发现呢？

（徐涛回答）

男：谢谢！其实，不用说外地人，就连咱们郑州人也常常为身边的变化吃惊。从黄沙漫天到绿树成荫，从简陋的小巷到漂亮的社区，从偏僻的小路到繁华的街道，从低矮的平房到耸立的高楼。60年来，我们城市的变化让人目不暇接、数不胜数。在这里，请允许我荣幸地与三位老师一道，引领大家一起"倾听郑州"。

【14.《倾听郑州》】

【第四篇章　　《礼赞》】

【15.《好个大中原》】

女：我们骄傲，我们是光荣的河南人，我们生活在华夏九州的中央。

男：我们骄傲，我们是勇敢的河南人，我们奔驰在中原崛起的征程。

女：我们骄傲，为我们悠久的文明。

男：我们骄傲，为我们再度的辉煌！

【16.《我骄傲，我是河南人》】

【17. 合唱《祖国颂》】

女：六十年，一首深情的歌谣，抒怀着亿万儿女对祖国母亲的爱。

男：六十年，一部恢宏的交响，演奏着一个民族伟大复兴的乐章。

女：今夜诗情汹涌，今夜激情澎湃，我们向祖国献出最真挚的爱。

男：唱响祖国颂，纵情为中华喝彩，希望的民族拥有灿烂的未来！

女：请全体起立，共同高歌《歌唱祖国》！

【18. 全场合唱《歌唱祖国》】

2016 年 4 月 26 日晚，"我是青年，我是诗——'五四'特别节目暨河南省大学生第五届诗歌朗诵大赛颁奖晚会"在河南电视台 1500 平方米演播厅举行。来自河南大学、河南工业大学、中原工学院、郑州师范学院、许昌师范学院的大学生们与著名朗诵艺术家瞿弦和、殷之光等，一同用诗歌点燃了全场的热情，博得热烈的掌声。

这是一次青春与诗歌的碰撞，主持词的情感基调是浪漫、激情、奋斗、希望。同时，导演组根据诗歌篇目内容，将朗诵会分为《热血青春》与《复兴之梦》上下两个篇章，主持词围绕上篇"五四运动"开启的追梦之旅和下篇新时代的复兴之路的主题，串联起诗歌篇目。主持人为河南电视台主持人马晓红、李伦。

我是青年，我是诗

"五四"特别节目暨河南省大学生第五届诗歌朗诵大赛颁奖晚会主持词

女：尊敬的各位领导、各位来宾，

男：亲爱的青年朋友们，大家——

合：晚上好！

女：这里是"我是青年，我是诗——'五四'特别节目暨河南省大学生第五届诗歌朗诵大赛颁奖晚会"的演播现场，欢迎大家相聚在这美丽的夜晚，在青春中原激扬我们无愧于时代的青春诗行。

男：点燃火热的激情，放飞最美的向往。河南省大学生诗歌朗诵大赛已经走过了五年的流金岁月。

女：第五届河南省大学生诗歌朗诵大赛自启动以来，数千名大学生经过七站初复赛的精彩角逐，终于迎来了隆重的颁奖盛典。

男：我是热血青年，我是青春的诗。在这"五四"青年节到来之际，我们在青春的旗帜下集合，在诗歌的海洋里踏浪。首先，让我们一起来见证诗歌的荣耀，瞩目青春的光芒。

【第一篇章 《热血青春》】

女：在青春的诗歌中，"五四"是一首中华民族的青春史诗。爱国，是它永恒的主题；进步，是它推动历史前行的动力。

男：在那风雨如晦、长夜难明的岁月，国家和民族处在危亡之中，无数仁人志士肩负救亡图存的民族使命，不懈奋斗，上下求索。

女："青年者，国家之魂。"是一批先进青年和知识分子，带着爱国救国的满腔热情，揭开了反帝反封建的崭新篇章。

男：他们点燃爱国与进步的火炬，划破了重重黑暗；他们高举科学与民主的大旗，迎来民族复兴的曙光。

【1.《新青年》演讲】

男：新文化运动的思想启蒙，促进了马克思主义在中国的传播，中国共产党应运而生。一代代有志青年在党的领导下，为了民族的解放和国家的发展奉献青春和热血。回望九十五年波澜壮阔的奋斗历程，长征，是我们永远的精神丰碑！

【2.《丰碑》】

女：长征的英雄们以不惧任何牺牲的英雄气概，在极端危险的时刻，挽救了中国革命。在抗日的烽火中，中华儿女浴血奋战，取得了近代以来中国抗击外敌入侵的第一次完全胜利。1938年10月，八名东北抗日联军女官兵，在背水一战至弹尽的情况下，面对敌人的逼降，用如花的青春生命，捍卫民族的尊严。

【3.《八女投江》】

【第二篇章 《复兴之梦》】

女：从历史的记忆中走来，"五四"的精神融进了我们的血液，先烈的故事在脑海中更加清晰，鲜艳的党旗在心中飘扬，崇高的信念在生命中成为永恒。

男：今天的中国站在新的历史起点上，青春的我们比历史上任何时期都更接近实现中华民族伟大复兴的梦想，比任何时候都需要激情的奋斗、青春的奉献。

女：我们尽情挥洒青春的力量，把青春的梦想融入中国梦。在全面建成小康社会的决战中，青春的汗水在闪光；在出彩中原的画卷里，青春的华彩构成最美的风景。

男：面对祖国，我们青春无悔；面对世界，我们可以骄傲地说——我是中国人。

【4.《我骄傲，我是中国人》】

女：我们为自己是中国人而骄傲，因为，我们的青春和祖国紧紧相连。在祖国飞速发展的节拍中，在家园日新月异的变化里，我们收获着事业的成功，收获着生活的幸福，收获着甜蜜的爱情。

【5.《时空信笺》】

男：爱情，不仅是花前月下的低吟浅唱，更是两颗相爱的心携手未来、追逐梦想的开始。"一带一路"为青年才俊施展才华搭建了巨大的平台，我们把青春的活力化为创造的灵感，在新丝绸之路经济带上，用青春的脚步踏出一路如歌的风景。

【6.《丝路新语》】

女：青春，永远在路上，在一代一代青年的脚印里，在行进者的精神接力中。面对纷繁的世界，如何循着"五四"精神的指引，托举起实现中华民族伟大复兴的中国梦？我们可以从焦裕禄身上找到答案：焦裕禄就是青年最好的榜样，焦裕禄精神就是青年思想的压舱石、价值的定盘星。

【7.《桐花处处香》】

女：我是青年，今天是属于我们的，今天需要我们去创造。

男：我是青年，未来是属于我们的，未来需要我们去书写。

女：今天，时代故事的主角，再一次选中青年。创新创业的舞台，托起我们的青春梦、中国梦。

男：最具创新活力的我们，最具实干精神的我们，挺立在时代的风口浪尖之上，争做时代的弄潮儿，将未来握在手中。

女：我们朝气蓬勃，我们继往开来。

男：我们开拓进取，我们铸就辉煌！

【8.《青年与未来》】

女：敲响未来的大门，青年永远与希望同在。带着诗歌的温度，青年永远与美好同行。

男：观众朋友们，"我是青年，我是诗——'五四'特别节目暨河南省大学生第五届诗歌朗诵大赛颁奖晚会"到这里就要和大家说再见了。

女：让我们挥洒青春的智慧，迸发青春的力量，共建美好家园，成就美好梦想，在出彩中原的诗篇中留下更加精彩的诗行！

合：朋友们，再见！

个人演唱（奏）会

李金枝是著名豫剧表演艺术家，主攻闺门旦、花旦、青衣行当，先后获得第八届中国戏剧"梅花奖"、文化部第一届和第十二届"文华表演奖"，她的许多精彩唱段广为传唱。2011年6月5日，河南电视台《梨园春》栏目专门制作了一期"流金岁月花枝俏——李金枝从艺30年戏曲演唱会"。主持人为央视主持人白燕升和河南电视台《梨园春》主持人关枫、朱冰。

因为这是一台带有个人艺术人生回顾性质的电视晚会，此类主持词的撰写下力点是通过不同的曲目引出不同的侧重点，从而把艺术家的成长历程、艺术追求、艺术成就、艺术风格等介绍内容完美地融入演出。

流金岁月花枝俏

李金枝从艺30年戏曲演唱会主持词

关：尊敬的各位领导、各位来宾，

朱：现场和电视机前的观众朋友们，

合：大家好！

关：这里是河南电视台《梨园春》第638期，"流金岁月花枝俏——李金枝从艺30年戏曲演唱会"的直播现场。首先，让我们向来到现场和守候在电视机前的观众朋友们表示热烈的欢迎和衷心的感谢！

朱：今年是中国共产党成立90周年，也是豫剧表演艺术家李金枝从艺30周年，本次演唱会不仅是对李金枝30年艺术人生和艺术成就的巡礼，更是在党的生日到来之际，给党的九十华诞的献礼。

关：在党的领导下，戏曲艺术伴随着中华人民共和国的脚步，与时俱进，日益繁荣，并且从市井街巷、剧场舞台，登上电视荧屏，进入网络世界。今晚，戏曲人将用艺术成果表达对党、对祖国、对人民的无限热爱和忠诚。

朱：本台晚会是在河南省委宣传部的直接关怀下举办的，得到了河南省文化厅的大力支持，以及河南电视台、河南省豫剧一团、河南歌舞演艺集团交响乐团和社会各界的鼎力帮助，在这里，让我们致以真诚的谢意！

关：今天，出席晚会的领导和嘉宾有（见名单），让我们用热烈的掌声表示欢迎和感谢！

朱：朋友们，知名豫剧表演艺术家李金枝的代表剧目大家或许如数家珍，李金枝的精彩唱段大家或许耳熟能详，走进李金枝 30 年的艺术人生，我们将更多地了解她的艺术追求和艺术才情。

【1. 电视短片】

关：刚才，这四幅照片可以说是李金枝 30 年艺术人生的缩影。回顾我们大家的成长历程，都是伴着一首首红色歌曲、一个个英雄故事长大的，这些英雄的故事深深地烙印在我们心底，不仅勾起对往事的回忆，而且给人以振奋和激励。

朱：同样，李金枝从小就对女英雄江姐敬慕不已，成为专业演员后，一直梦想能够扮演江姐。2005 年，金枝戏曲艺术发展中心一成立，她就把创作排演豫剧《江姐》列上议事日程。通过艰辛的努力，她终于成为第一位豫剧"江姐"。

关：在庆祝中国共产党成立 85 周年的时候，李金枝在省人民会堂倾情上演了现代豫剧《江姐》。她塑造的江姐既是一个对党无限忠诚的共产党员，也是一个情感十分丰富的知识女性，特别是《绣红旗》一段，李金枝把江姐对党的深情和对祖国的情怀表现得感天动地，让许多观众情不自禁地流下了热泪。

朱：接下来，就请欣赏李金枝演唱的豫剧《江姐》选段《红岩上红梅开》和《绣红旗》。演奏：河南歌舞演艺集团交响乐团，指挥：李宏权。

【2. 豫剧《江姐》选段《红岩上红梅开》和《绣红旗》】

关：观众朋友，今天的演唱会高朋满座、嘉宾云集。其中，不仅有各级领导、专家和喜爱李金枝的戏迷朋友们，还有一位我们非常熟悉的老朋友也来到了演出现场。

朱：掌声有请中央电视著名节目主持人白燕升。

（白燕升上场）

白：大家好，我是各位戏迷朋友的老朋友，同时也是李金枝的铁杆戏迷，今天非常荣幸能参加李金枝的个人演唱会。提起李金枝 30 年的艺术成就，有一部戏我们不得不提，那就是她出道之初一举成名的古装悲剧《泪洒相思地》。在这部戏里，年方 17 岁的李金枝不但向观众展示了她清秀娇好的形象和甜美悦耳的嗓音，还以她对女主角王怜娟的准确把握，展示了她出众的艺术天赋。这部戏当年一口气从洛阳演到郑州、北京，场场爆满，引起轰动，为她赢得了"洛阳小牡丹"的美誉，成为引人瞩目的"科里红"。更可贵的是，这部戏作为李金枝的保留剧目，30 年来久演不衰，共演出了 3000 多场，由此可见其艺术魅力。今天在座的观众有的可能还记得 30 年前演出时的场景，唱到"当初他甜言蜜语将我骗"时，台上的演员热泪盈眶，台下的观众也泪流满面。

【3. 豫剧《泪洒相思地》选段《当初他甜言蜜语将我骗》《诸多事》】

白：朋友们，参加今天李金枝个人演唱会的还有一位和我一道从北京赶来的朋友，他就是国家京剧院副院长兼艺术指导、著名京剧表演艺术家于魁智。

（简短访谈，引出于魁智演唱）

【4. 京剧《将相和》选段】

朱：李金枝老师以她韵味浓郁的唱腔和精湛传神的表演得到观众的一致好评，而一个演员的形象是靠一台台剧目和一个个舞台人物深入人心的。关枫，你在这里能说出多少李老师主演的剧目？

关：那太多了。你看，《泪洒相思地》《孙成打酒》《洛河儿女》《金鸡引凤》《风流女人》《峨眉女》《王屋山下》《山乡秋红》《魂断上河图》《江姐》《常香玉》等，塑造了一系列栩栩如生的人物。而且，有的还拍成了电影、电视剧。

朱：对，1983 年的时候，《金鸡引凤》由北京电影制片厂拍摄成戏曲电影艺术片。1997 年，《泪洒相思地》和《山乡秋红》由咱们河南电视台拍成了戏曲电视剧，不少观众肯定记忆犹新。

关：在这里，我想年龄稍大点的观众肯定想重温记忆，而像我们这种年龄的观众也有同样的期待，下面，就让我们一起走进她的早期作品《金鸡引凤》，一睹她当年的风采。

【5. 电影《金鸡引凤》选段】

关：告别那张稚嫩的面孔，从当年的"洛阳小牡丹"到今天豫剧事业的栋梁，30 年来，李金枝一台剧目一个基石，一个人物一层台阶，执着于自己的艺术追求，不断超越自己。

朱：而对于观众来说，李金枝的每一个剧目都给人以惊喜，每一个人物都让人难以忘记。今天，当人们提起李金枝塑造的人物形象，还会想起那个名叫秋红的山村民办女教师……

【6. 豫剧《山乡秋红》选段】

朱：记得在 1991 年获得"梅花奖"的时候，评委们曾给李金枝以高度的评价，其中有一点就是既能演古装戏也能演现代戏。的确，在古装戏里，李金枝能用人物的命运关照普通百姓的好恶爱恨，在现代戏里，能把人物的性格和时代主题融为一体。

关：带着第八届中国戏曲梅花奖、首届文华表演奖，及豫剧"十大名旦"等荣耀，走进新世纪的李金枝，首先带给观众的是一个流落风尘却不乏气节、千娇百媚又情感真挚的李师师。尽管在剧中只是第四号人物，她却以对人物的准确把握，成为全剧最出彩的一个。

【7. 豫剧《清明上河图》选段《月儿弯弯照当空》】

白：朋友们，人们常说："一个篱笆三个桩，一个好汉三个帮。"河南的豫剧事业之所以能够新人辈出、好戏连台，在于有一个精诚团结、通力合作的团队，有一种相互信任、相互支持的氛围。就拿今天李金枝的演唱会来说，就有不少河南戏曲界的领导和同人来到演出现场，为李金枝喝彩、助威！下面，就让我们掌声有请中国戏剧家协会副主席、河南省文联副主席、河南省戏剧家协会主席、著名豫剧表演艺术家李树建。

（简短访谈，引出李树建节目）

【8. 豫剧《清风亭》选段】

白：纵观李金枝 30 年来的艺术成就，如果说在时间的坐标轴上，一座座奖杯是李金枝艺术人生的一个个里程碑，那么，我们会发现，其中有两处高峰，一处是1991 年的第八届中国戏曲梅花奖和首届文华表演奖，一处是 2007 年的文华表演奖和第八届中国艺术节观众最喜爱演员奖。1991 年，登台仅有 10 年、年龄仅仅28 岁的李金枝就以在豫剧《风流女人》中的出色表演，摘取了第八届中国戏曲梅花奖和文化部首届文华表演奖的桂冠。造就这种奇迹的，是她极富特色的艺术表演和出类拔萃的艺术才华！

【9. 豫剧《风流女人》选段《好乡亲齐上阵致富有方》】

白：对于自己取得的艺术成就，李金枝曾说："最想感谢的人是自己的恩师常香玉，是她那戏比天大、爱国爱民的思想鼓舞了我。"30 年来，李金枝和豫剧大师常香玉有着不解之缘。早在从艺之初，怀揣梦想的李金枝就对常香玉大师的艺术造诣和高尚人格极为仰慕。1984 年，她如愿以偿地成为常香玉大师的弟子。更令她没有想到的是，在豫剧《常香玉》中，她还有幸扮演自己的恩师，并且凭借该剧又一次夺得了文华表演奖，还赢得了第八届中国艺术节观众最喜爱演员奖。其实，在当初排演豫剧《常香玉》的时候，与老师音色相差很大的李金枝对是否能够演好自己的老师是心存顾虑的。是老师当年反对她死搬硬套、保留自己声腔特色的教诲给她以启示，让她根据自身条件，去揣摩、领会、把握和演绎常老师。特别是对常老师年轻时少女的声音、1949 年后少妇的声音、中年时成熟的声音，她都加以区别，进行了细腻的表现。因此出色地完成了常香玉从 18 岁到 40 多岁的 20 多年跨度的表演，得到了大家的一致认可。

【10. 豫剧《常香玉》选段】

关：一枝一叶一世界，一腔一调总关情。朋友们，今晚，李金枝采撷自己艺术人生中几束最为绚丽的花朵，用心编织成五彩的花篮，这是对党的九十华诞的献礼，也是对所有支持、关爱她的观众朋友们的真诚感谢！

朱：如今，作为艺术家的李金枝尽管肩负着众多的社会职务，但她把责任化为动力，踊跃投身社会公益事业，积极做好戏曲艺术的传承，推动豫剧事业的不断发展。

白：正如常香玉大师所说的，学艺先做人。我们相信，炉火纯青，并时刻把艺德放在第一位的李金枝，必将在未来的艺术道路上，踏出一路更加炫目的风景！

关：观众朋友，"流金岁月花枝俏——李金枝从艺 30 年戏曲演唱会"到这里就要结束了，感谢大家的光临和收看，再见！

河南民族乐团著名二胡演奏家郭民以第一位演奏家身份入选河南艺术名家推介工程。作为工程项目的组成部分，"国风民韵——郭民二胡演奏音乐会"于2016年11月16日晚在河南艺术中心音乐厅举行。主持人为河南歌舞演艺集团主持人韩亮。

这是一台以欣赏性为主的个人演奏会，《祝福》和《感恩》两次视频短片穿插已经将个人演奏会的情绪色彩烘托出来，故而主持词的内容侧重于曲目内容与演奏家艺术追求、艺术风格和艺术成就的结合。

国风民韵

郭民二胡演奏音乐会主持词

尊敬的各位领导、各位来宾，亲爱的观众朋友们：

大家晚上好！

河南文化花开万树，出彩中原硕果满枝。

近年来，我省文化事业蓬勃发展，舞台艺术一派繁荣，在精品力作不断涌现的同时，推出了一批有重要影响力的艺术领军人物。特别是在全国具有示范性意义的"河南艺术名家推介工程"的持续推进，极大地提高了河南艺术家及作品在全国的知名度和美誉度。

今晚，我们相约河南艺术中心音乐厅，聚焦"河南艺术名家推介工程"。带着喜悦、带着敬佩、带着喝彩、带着祝福，让我们一起瞩目"河南艺术名家推介工程"中的第一位器乐演奏家。

【1. 视频短片《祝福》】

掌声有请今晚的主角——二胡演奏家郭民先生。掌声有请今晚友情执棒的著名指挥家张烈先生！

（郭民与张烈上场）

首先，请欣赏二胡曲《山村小景》。《山村小景》是郭民的恩师、二胡大师陈耀星先生创作的二胡名曲，具有浓郁的乡土色彩和强烈的生活气息。

【2.《山村小景》】

观众朋友们，今年是红军长征胜利80周年，提起长征的胜利，我们不禁会想起中央红军到达陕北的时候，人民群众打着腰鼓、扭着秧歌欢迎红军的喜人情景。接下来，就一起欣赏陈耀星先生创作的一首著名秦派二胡曲《陕北抒怀》，乐曲抒发了红军老战士重游故地时的无限感慨。

【3.《陕北抒怀》】

通过刚才这两首乐曲，我们领略了郭民二胡演奏的独特韵味。中原这片民族文化的沃土，不仅造就了郭民这样的二胡演奏大家，还有许多的年轻民乐演奏家脱颖而出，中国歌剧舞剧院的许昌籍青年竹笛演奏家马云鹤就是其中的代表。90后的她在CCTV民族器乐电视大赛中的出色表现，曾经给观众留下了深刻的印象，今晚，作为友情出演嘉宾，她给大家带来的是笛子协奏《鹧鸪飞》。

【4. 笛子协奏《鹧鸪飞》】

谢谢马云鹤的精彩演奏！朋友们，说到二胡名曲，首先回荡在我们耳边的应该就是《二泉映月》那熟悉的旋律。《二泉映月》已经成为华人音乐的经典，成为民族音乐的符号，可以说，有中国人的地方就会有《二泉映月》。接下来，我们欣赏的就是在郭民的琴弦上悠悠流淌的《二泉映月》。

【5.《二泉映月》】

琴弦上这委婉深情的吟揉，阐释出二胡名曲的内在魅力，让人感悟到中国艺术中蕴含的人生感喟。作为知名二胡演奏家，郭民就是这样，一次次在国家大剧院、在全国各大音乐厅、在世界各地的音乐舞台上，以娴熟的技巧、丰富的内涵，给人以深刻的艺术享受。

在2015年举办的全国"金胡琴奖"大赛中，他以一曲豫韵浓烈的《河南梆子腔》，受到众多评委的高度赞誉，夺得了小型作品银奖第一名。《河南梆子腔》是郭民根据作曲家耿玉卿先生作曲的豫剧《斗笠县令》中的两段唱腔改编创作的，表现了一个古代廉吏的亲民情怀和高风亮节。在这里，让我们跟着郭民的演奏，一起品味二胡诠释的豫风豫韵。

【6.《河南梆子腔》】

去年12月，《河南梆子腔》捧回了我省二胡作品近年来在全国比赛中的最高级别奖项。喜讯传来的时候，河南民乐团有一个二胡节目在上海合作组织会议上大放异彩、广受好评。这就是由八名青春靓丽的女子联袂出演的二胡齐奏《万马奔腾》。今年3月，刘延东副总理出访埃及的时候，这个节目也随访问代表团赴埃及演出。

《万马奔腾》原名《新赛马》，是二胡名曲《战马奔腾》的曲作者陈耀星和青年二胡演奏家陈军改编创作的。下面，我们就一起欣赏！

【7.《万马奔腾》】

激情的演奏，青春的风采，这就是《万马奔腾》给我们的视听震撼！朋友们，记得《河南梆子腔》获奖归来时，郭民曾这样对记者说："能获得荣誉应该归功于厚重的中原文化。"

的确，郭民是中原文化的挚爱者，也是中原文化的守望者。长期以来，他钻研豫剧、曲剧、越调，在河南丰富的戏曲音乐中汲取营养，通过对戏曲唱腔的把握和对其中精华的提炼，融入自己的审美倾向与艺术品位，逐步显现出自己富有浓郁河南地域特色的独特音乐风格。

郭民在豫派二胡艺术之路上不断探索，最近他又把作曲家汤其河先生作曲的豫剧《风雨故园》中的一段著名唱段成功地移植改编为二胡独奏曲《小蜗牛》。乐曲描述了一个在封建礼教束缚下的小脚女人常年独守空房、凄苦愁怨的心路历程。今晚，郭民先生就把这首乐曲首次奉献给家乡的父老乡亲。

【8.《小蜗牛》】

《小蜗牛》赢得的掌声再次告诉我们：植根于民间音乐和戏曲音乐的土壤，才有广泛的群众性，有强烈的艺术感染力。接下来，请欣赏根据陕北民歌《兰花花》创编而成的二胡叙事曲《兰花花叙事曲》。

【9.《兰花花叙事曲》】

一曲曲感人至深的乐曲，让我们通过两根充满灵性的琴弦，走进郭民的艺术世界和情感世界，感触他心中那一朵朵纯洁的情感浪花。其中有亲情、友情、爱情，有乡土之情、时代之情、人文之情，更有深深的感恩之情。

【10.视频短片《感恩》】

郭民常说，他只是一个喜欢二胡的人，二胡是他一生的追求。正是对二胡的挚爱、对音乐的执着，让他扎根中原沃土，名扬长城内外。最后，请欣赏《长城随想曲》三、四乐章。

【11.《长城随想曲》三、四乐章】

国风民韵情飞扬，弦动中原谱华章。

观众朋友们，精彩的演奏相伴热烈的掌声，华彩的旋律相伴真诚的祝福，"国风民韵——郭民二胡演奏音乐会"到这里就要结束了。

怀着对中原文化的深厚情感，肩负弘扬发展中原文化的艺术使命，我们相信，在河南文化大繁荣大发展的时代浪潮中，郭民的豫派二胡探索之路会越走越坚实、越走越宽广，将会给大家奉献更多的精品力作，给大家带来更多的惊喜。

朋友们，再见！

　　王光姣是 2001 年度《梨园春》年度总决赛金奖擂主和《梨园春》五年擂主争霸赛银奖获得者,她在专注戏曲演唱的同时,在声乐方面也有成功的探索。2014 年 1 月 11 日晚,"中国梦·宛商情——《梨园春》明星擂主王光姣 2014 新年演唱会"在河南艺术中心大剧院上演。中央电视台戏曲节目资深主持人白燕升、河南电视台《梨园春》栏目制片人庞晓戈、中央电视台中文国际频道主持人吴鹏、河南电视台《中原记录》栏目副制片人李可担任演唱会主持人。

　　作为王光姣的个人演唱会,主持词配合视频短片着力勾画她从一个农村小姑娘到家喻户晓的梨园名人的追梦历程。鉴于演出中出场助兴嘉宾较多,需要逐一介绍(或访谈),为避免晚会节奏拖沓,也为了有效营造高雅的艺术效果,曲目介绍采用诗歌式旁白进行。

中国梦·宛商情

《梨园春》明星擂主王光姣 2014 新年演唱会主持词

男：尊敬的各位领导、各位来宾,

女：现场和电视机前的观众朋友们,

合：大家新年好!

男：欢迎来到"中国梦·宛商情——《梨园春》明星擂主王光姣 2014 新年演唱会"的现场!

女：本次演出得到了(见名单)的鼎力帮助,得到了各级领导、专家和社会各界的关心支持。

男：今晚,亲临演出现场的领导和嘉宾有(见名单)。

女：在此,让我们用掌声对各位领导和嘉宾表示热烈的欢迎,对支持关心本次演出的朋友们表示诚挚的感谢!

男：下面,掌声有请南阳商会会长曹国营先生致辞。

【1. 曹国营先生致辞】

【2. 视频《王光姣：追梦之旅》】

【3. 歌曲《南阳女儿情》】

（四位主持人出场）

甲：秀丽的白河水，赋予了她的甜美和聪颖。

乙：神奇的玉石山，造就了她的纯洁和刚毅。

丙：《梨园春》的舞台，托起了她明星擂主的荣耀。

丁：无数热情的观众，见证了她化蛹为蝶的传奇。

甲：王光姣，一个从南阳乡村走出来的女孩，她的每一个脚步都是那样自信和自如，
　　她的每一次转身都令人惊叹和惊喜。

乙：今天，作为一个业余演员，她站在了河南最高的艺术舞台，再一次成了业界的聚点。

丙：其实，她想到的只是报答，用她的歌、她的戏，回报亲人、老师和朋友们的关
　　爱和支持。

丁：带着一颗拳拳赤子之心，接下来，就让今晚的精彩，在曲剧《风雪配》那美妙的
　　唱腔中延续。

　　（《风雪配》旁白）

　　洞房夜，夜深沉，

　　本是鸳鸯共良辰，

　　青哥何故秉烛读？

　　秋芳趁灯探夫君……

　　委婉细腻的表演，

　　清新悦耳的声韵，

　　羞曼曼，一颗女儿心，

　　意切切，一腔娇妻情……

【4. 曲剧《风雪配》选段《洞房》】

　　（《白蛇传》旁白）

　　烟雨迷蒙的西子湖，

　　漫步苏堤的油纸伞，

　　人间情爱的千年传唱，

　　化作这声情并茂的《小青妹且慢举龙泉宝剑》。

　　感人深彻的，是如梦的柔情，

　　梦醉千回的，是似水的娇美……

【5. 曲剧《白蛇传》选段《小青妹且慢举龙泉宝剑》】

　　（二位主持人上场）

甲：感谢大家热情的掌声。《小青妹且慢举龙泉宝剑》作为观众朋友最喜欢的唱段之一，

按王光姣的粉丝们的话来说，那就是听着舒服、看着养眼。

乙：没错，通过戏曲舞台，观众朋友们认识了王光姣，认可了王光姣，认准了王光姣。那么，艺术名家眼里的王光姣又是怎样的呢？掌声有请中国戏剧家协会副主席、河南省文联副主席、河南省戏剧家协会主席、河南省豫剧院院长、著名豫剧表演艺术家——李树建。

【6. 李树建祝贺演出】

（《王宝钏》旁白）

十八年相思之苦，唱断人的心弦，

十八年寒窑之难，唱碎人的心田，

血指修书，滴滴血，化作祝福，

鸿雁传书，行行字，融合思念，

温柔婉转，唱的是情之浓，

慷慨激昂，唱出那爱之坚！

【7. 曲剧《王宝钏》选段《鸿雁传书》】

【8. 视频《祝贺》】

（《父老乡亲》旁白）

丹江水，荡漾在王光姣的记忆，

伏牛山，烙印在王光姣的年轮，

一个倔强地从农村走来的女孩，

用不懈的努力迎来了今天的梦想成真。

此刻，站在这七色的舞台，

她想起了逆境中那一双双拉她的手，

她想起了困境中那一个个帮她的人，

她要把最深情的歌声，

献给养育她的土地，献给所有的父老乡亲！

【9. 歌曲《父老乡亲》】

（歌曲演唱毕，王光姣的女儿上场献花，一位主持人上）

主：哇，这么小的小粉丝啊。

女：对，我是我妈妈的铁杆粉丝，我的同学们也都是我妈妈的粉丝。

主：你是王光姣的女儿？

女：对呀。

主：你妈妈会唱戏，你会吗？

女：会。

主：是妈妈教的？

女：妈妈也教，老师也教，我还跟《梨园春》学呢。

主：是吗？咱们的《梨园春》在戏曲的传承上真是功不可没。那今天你敢不敢跟妈妈
　　比试一下，看谁唱得好。

女：敢。

主：你听，多自信。来，掌声鼓励。

【10. 豫剧《穆桂英挂帅》选段《辕门外三声炮》】

（《香魂女》旁白）

一出《香魂女》，

勾画出女性命运的嬗变轮回；

一场"送环环"，

折射出内心深处人性的光辉。

这一段香魂塘边的咏怀，

与其说是香嫂的心灵独白，

不如说是王光姣敞开了自己善良的心扉……

【11. 豫剧《香魂女》选段《送环环自由身》】

（二位主持人上）

丁：观众朋友们，今天的演唱会高朋满座、嘉宾云集。其中，不但有各级领导、专家
　　和喜爱王光姣的戏迷朋友们，还有一位我们非常熟悉的老朋友也来到了演出现场。

丙：掌声有请河南省文联副主席、河南省曲艺家协会主席、河南歌舞演艺集团董事、
　　青年表演艺术家范军。

【12. 范军祝贺演出】

（《梨花颂》旁白）

梨花开，春带雨，

梨花落，春入泥……

一曲《梨花颂》，

曾让我们一次次沉醉于梅派的醇厚流丽。

在这段王光姣用心演绎的行腔中，

我们不但能体验她的意境幽深、丰富含蓄，

还能感悟到宁静、纯美、超脱的人生真谛！

【**13. 京剧《大唐贵妃》选段《梨花颂》**】

【**14. 视频《祝贺》**】

（《活出个样来给自己看》旁白）

一身风雨走来，一路坎坷相伴，

王光姣，一个用生命歌唱的南阳女儿，

每一步都走得那么艰难……

但是，她从来没有退却，越走天地越宽，

因为，她心中有一个不变的信念，

那就是——

活出个样来给自己看！

【**15. 歌曲《活出个样来给自己看》**】

（《青藏高原》旁白）

青藏高原，如梦幻般神奇的土地；

青藏高原，伸手就能摸到蓝天的地方！

聆听王光姣演唱的《青藏高原》，

我们能听到她的大气、她的深情，

她音域的开阔、她胸怀的宽广，

更能感触到她梦想的高度，

在高原之巅，在雪山之上。

【**16. 歌曲《青藏高原》**】

（两位主持人上场）

乙：一首《青藏高原》，唱得激情四射、酣畅淋漓，由此可见王光姣出色的嗓音条件和极高的艺术感悟力。

甲：对，喜爱王光姣的朋友都说，她学什么像什么，唱什么是什么。要知道，她在戏校学的是曲剧，豫剧和歌曲都是她业余摸索出来的。

乙：记得在拜曲剧大师王秀玲为师的仪式上，王光姣曾激动地说："我用了8年时间实现了这个愿望。拜师只是开始，我要踏踏实实地跟老师学习曲剧艺术，将曲剧艺术发扬、传承下去。"

甲：接下来，我们请出的就是著名曲剧表演艺术家胡希华老师。

【**17. 胡希华祝贺演出**】

（两位主持人上场）

丙：我们常说人生要懂得感恩。感恩，不一定是感谢大恩大德，而是一种生活态度、一种善良的人性美。

丁：怀着一颗感恩的心，早在 2006 年，王光姣就用个人演唱会的全部所得，捐助了
　　20 名贫困学生，以此感谢父老乡亲对她的支持和厚爱。

丙：这么多年，王光姣之所以能越过一道道沟，翻过一道道坎，是因为她心里装着人
　　们给她的爱，她要用事业的成功作为最好的报答。

丁：在演出的最后，她要把一首《报答》献给所有的朋友们。

【18. 歌曲《报答》】

　　（演出尾声，四位主持人上场）

甲：有感恩的心，才会有积极的心态，才能发现更多的美好。

乙：有执着的梦，就会有前行的动力，就会攀上更高的巅峰！

丙：心有多大，舞台就有多大。让我们一起祝福王光姣在更大的艺术舞台上，展示出
　　更加靓丽的风采。

丁：观众朋友们，"中国梦·宛商情——《梨园春》明星擂主王光姣 2014 新年演唱会"
　　到这里就要结束了，感谢大家收看！

合：再见！

其他演出形式

　　漯河是北方少有的秀美水城，淮河的两大支流沙河、澧河贯穿全境并在市区交汇。2011 年 5 月 15 日晚，第九届中国（漯河）食品博览会迎宾晚会在秀美如画的沙河公园沙滩举办，为中外嘉宾展现出梦幻沙澧的独特魅力。

　　这次活动打破了舞台概念，将沿河区域变成舞台，采用先进的舞美灯光音效和多变的艺术手法，在沙河上空营造了如梦如幻的美丽场景。水上摩托艇、桑巴舞、花式调酒、水上花样焰火、沙画、瑜伽、街舞等节目精彩纷呈，充满震撼力和冲击力。主持词也与舞台演出的风格不同，既有仪式性的介绍，又有主持人出场的串联，更多的是与表演同步进行的旁白，实现了仪式性的庄重、节目串联的灵活和表演旁白的诗情画意的自如转换，相得益彰。

第九届中国（漯河）食品博览会迎宾晚会主持词

　　（画外音）

　　五月漯河花盛开，水韵沙澧迎客来。这里是风光旖旎的沙河之畔金沙滩人工浴场，第九届中国（漯河）食品博览会迎宾晚会的现场。相伴碧波、明月、绿树、沙滩，今晚，热情好客的漯河人民将用激情点燃焰火，用心弦奏响欢歌，迎接第九届中国（漯河）食品博览会海内外嘉宾的到来！

【1. 全景焰火展示】

　　一束束炫目的光焰从江面喷射，一朵朵璀璨的礼花在夜空绽放，如同激情的旋律、动人的音符，在演奏真情的交响、欢乐的乐章。

　　大自然厚爱漯河，两条清澈的河流在市区交汇，穿城而过。勤劳智慧的沙澧儿女没有辜负上苍的恩赐，以河串湖，以堤串珠，造园绿化，在沙澧河两岸打造出融自然性、生态性、亲水性、人文性于一体的风景长廊、生态长廊和休闲长廊。

今天，我们在碧波荡漾的沙河之畔，举办第九届中国（漯河）食品博览会迎宾晚会，展示的就是漯河的风光之美、时尚之美，以国际化时尚之都的风采，敞开胸怀，迎接四海宾朋。

（焰火音乐结束，主持人出）

尊敬的各位领导、各位来宾，女士们、先生们：

大家晚上好！

清风明月迎嘉宾，激情绽放传真情。置身于这椰树摇曳、棕榈成林的浪漫沙滩，相信您已经感受到时尚漯河的秀美，领略到漯河人民的热情。今晚，就让我们一起携手沙澧情缘，用和谐音符谱写第九届中国（漯河）食品博览会的盛世华彩。

首先，请允许我荣幸地介绍出席晚会的领导和嘉宾，他们是（见名单），在此，让我们以热烈的掌声表示欢迎和感谢！

下面，有请（领导职务、姓名）致欢迎词。

【2. 领导致辞】

谢谢！接下来，就让我们走进精彩，共享欢乐。

【3. 3D 多媒体表演】

（画外音）

水是漯河城市性格的表达，船是漯河城市故事的载体。现在，3D 多媒体讲述的就是漯河之舟的岁月传奇。

一声汽笛长鸣，穿越历史云烟。您看，漯河之舟从历史之河的源头扬帆起航，伴着八千年的悠悠骨笛，迎着贾湖遗址的文明曙光，一路踏浪而歌，走向富庶与文明。

早在商周时期，漯河小镇就已经形成。这里双河汇流、舟楫便利、商旅群集、日渐繁盛。明代有诗云："沙河东流碧，螺湾汇双河。舟行此焉薄，估客南来多。江淮百货萃，此处星辰罗。"

伴随着城市的兴盛，在这片诞生了《说文解字》，留下了小商桥、许慎陵园、受禅台、三绝碑等历史文化遗存的土地上，旱船舞、农民画、剪纸、心意六合拳等丰富多彩的民间艺术，正在诉说着这座城市生生不息的创造活力。

云卷云舒，潮起潮落。一叶云帆承载着漯河人的光荣与梦想，更记录着漯河人的坚韧与执着。一次次风吹浪打，浇不灭激情如火，一曲曲浩荡长歌，演绎着上下求索。

今天，漯河之舟将一个开放、和谐、创新、发展的魅力漯河带进了最为炫目的岁月华彩，25 周年的成就在这里铸就丰碑，"十二五"开局的自信召唤着我们不息开拓。激流勇进的沙澧之舟满载着你我的憧憬与祝福，让精彩的故事在天地间传播。

【4. 水上摩托艇表演】

（画外音）

在轰鸣的马达声中，河面上几艘摩托艇飞驰而来。现在，大家欣赏的是中国国家青年摩托艇队特别精心编排的节目。中国国家青年摩托艇队是亚洲顶级的摩托艇队，他们将摩托艇的刺激惊险与优美漂亮的造型完美结合，为大家上演一幕幕令人难忘的水上大戏！

摩托艇自由式花样表演极具观赏性，运动员们驾驶着"水上坐骑"在江面踏波逐浪、飞驰狂飙，进行空翻、潜水、倒骑、射流等一系列特技表演。摩托艇编队换位追逐、单人摩托艇花样表演、单人摩托艇特技表演精彩热烈，惊险刺激，令人陶醉。单人摩托艇如游龙戏水，似闲庭信步，自在无比；多人组合如水上飞梭，你来我往，难分彼此；编队组合魅力无比、美丽动人。一场完整的摩托艇滑水表演有如一场水上歌舞盛宴，充满刺激，给人带来全新的美的享受！

运动员们劈波斩浪，以风驰电掣般的速度制造了浪花翻滚的场面，激情摩托艇的非凡动力激荡着沙河波涛，这是一场激情的碰撞，一项速度的挑战，一种狂野的冲击！从这场壮观激烈、惊心动魄的视觉盛宴中，我们好像看见了漯河人民劈波斩浪、勇立潮头的风采，看见了漯河人时不我待、奋勇争先的豪情。

【5. 桑巴舞】

（画外音）

接下来，让我们瞩目沙滩上的表演场地，一同在桑巴舞中延续激情。这支由俄罗斯皇家舞蹈团演员组成的桑巴舞表演团队，将用时尚、靓丽、青春、火爆的表演，在你我心中留下最炫的记忆。

【6. 外籍乐队表演之一】

（画外音）

现在，我们西侧的舞台上呈现的是由来自世界不同国家的歌手和乐手组成的芭比天团带来的视听享受。

他们首先奉献的是由六名男歌手表演的拉丁风格的乐曲。

【7. 花式调酒表演】

（画外音）

一曲热烈欢快的乐曲，感染着在座的你我。现在，伴着激情的音乐，时尚、前卫的花式调酒表演已经开始。

风靡全球的花式调酒起源于二十世纪的美国。节目在英式调酒过程中加入许多花样调酒动作以及魔幻般的互动游戏，给酒文化注入了时尚元素，让酒吧的气氛更加活跃。今天我们非常荣幸地请到了 CCTV 时尚中国花式调酒大赛冠军孟哲和第二、三、四名获得者，他们将用炫目的花式调酒技术和时尚的风情表演，给大家带来全新的美的享受。

在漯河的贾湖遗址中，我们不但发现了世界上最早的乐器——骨笛，同时还发现了世界上最古老的酒。音乐与酒，都是人类情感的结晶，所以说，我们眼前的花式调酒，调出的不仅是漯河时尚之都、食品名城的风采，更是漯河人的一片赤诚。

（主办地领导为嘉宾献酒）

美酒飘香歌绕梁，歌伴美酒献亲人。当您举起手中的酒杯，您将品味到漯河的文化、漯河的情意！在这鲜花盛开的五月，沙澧河再一次见证，我们以周到的服务、真诚的笑容，让所有朋友在漯河体验一届成功、精彩、难忘的食博会。

【8. 水上花样焰火】

（画外音）

现在，伴着轻松欢快的乐曲，沙河水面上流光溢彩、如梦似幻，令人陶醉的水上花样焰火表演呈现在大家面前。

许多次华灯初上的时候，我们置身于夜沙河的怀抱，各色往来的船灯在蒙蒙水雾中缓慢穿行，一种怡然自得之感油然而生。灯光、树影、流水、星辰，天上人间，竞相辉映，自是别有韵味，宛若夏威夷的浪漫风情。

此时此刻，在这碧波与光焰构成的盛大舞台上，我们把灵感与欢乐相融，在沙河的曼妙中感悟岁月的美好。我们让情谊盈满心间，在生命的交响中演绎携手共赢的情缘。

心驰这流光溢彩的光影世界，激光四射，激情迸发。中原欢迎你，四海宾客；漯河欢迎你，五洲朋友！

【9. 外籍乐队表演之二】

（画外音）

今晚，开放、自信的漯河敞开汇聚世界、共襄盛举的博大怀抱；今晚，我们听到热情友好的远方朋友们和我们一起搏动的心跳。现在，西侧舞台上为我们表演的是芭比天团六名天使般的女歌手，她们将献上浪漫、抒情的乐曲。

【10. 沙画】

（画外音）

现在，让我们把目光收回到金色沙滩上这片神奇的表演区域和沙河东岸的漯河之帆。

大家看到的是近几年刚刚兴起的沙画表演。这种与舞台艺术相结合的表演形式，通过现场沙画与投影展现的结合，带给观众梦幻般的感觉和前所未有的视觉享受。

细心的观众肯定已经发现，与沙画同步进行的，还有沙滩上表演区心神合一的瑜伽表演。

与此同时，眺望场地两侧悬挂音箱的高高塔臂，两名杂技演员正在进行高难度的高空杂技表演。

沙画的变幻、影像的呈现、瑜伽的境界、杂技的惊险，就这样，我们将视觉与心灵沟通，让时尚与典雅相映。

伴着优美抒情的音乐，沙画用独特的语言在轻巧的变幻中给我们展现漯河这座时尚、活力、文明的"食品之都"的城市美景。

沙澧二水曾经亲历了这座北方水城商贾云集、樯帆林立的繁华和风流。在新世纪的阳光下，沙澧碧波辉映的是这座因食品工业而闻名天下的中原内陆城市的诗意与抒情。

伴着沙河二期景区建设的如歌行板，高楼与蓝天在这里对话，碧波与绿树在这里相融，沙澧河水讲述的是春天的故事，漯河美景荡漾的是家园的温馨。

【11. 街舞】

（画外音）

动感十足的音乐在耳边响起，热力四射的街舞表演已经在金色沙滩上活力登场。

现在为我们表演的郑州嘻哈帮是中国顶级街舞团队，他们以焕发的朝气、澎湃的热情成为街头文化的领跑者。

街舞这项运动以它激越奔放的节奏，挥洒自如的舞步深受青少年的喜爱。街舞诠释的是生命的热情、力量的勃发。

现在，为我们表演的是漯河本地一群十三四岁的小姑娘，她们把时尚的气息带给我们，传递的是漯河的活力、漯河的年轻、漯河的创新、漯河的激情。

挡不住的青春，挡不住的魅力。今天的漯河如同青春的舞者，表达着城市的朝气、青春和开放的活力，表达着开拓进取、勇于挑战的城市精神。

【12. 外籍乐队表演之三】

（画外音）

朋友们，现在，芭比天团在我们西侧的舞台上闪亮登场，火爆热烈的乐曲将再次刺激你我的视听极限。

（演唱尾声处）

独特的音乐、魅力四射的表现，生动地体现了新时代的漯河海纳百川的开放仪容，她将与世界各国的朋友们一道，秉承"绿色、健康、合作、共赢"的理念，引领新的生活方式，推动食品产业的全面发展。

【13. 全景烟火表演】

（画外音）

沙河两岸搭舞台，动地欢歌心中来。此刻，《威仪堂堂进行曲》震撼着我们每个人的心灵，升腾的全景焰火奔涌着心中的激情。

多彩的礼花在沙河东岸升起，五彩的云霞辉映着碧水清波，如虹的长桥勾勒出美妙的线条。升腾而上的礼花，五彩斑斓的焰火，显现生机勃勃的动感，诉说着相聚盛会的祈愿！

今宵，漯河以诗一般的语言、火一般的激情，笑迎四海宾朋。今宵，踏着欢乐的节拍，我们流连于时尚漯河的风采；今宵，炫动活力的舞步，我们体验沙澧风情的魅力。

欢歌在这里倾洒，欢笑在这里流淌；热情在这里燃烧，真情在这里沸腾。在光影的变幻、真情的传递中，我们把对"绿色、健康"的认同，书写在夜幕上，我们把"合作、共赢"的主题，辉映在天宇间。

（尾声处，主持人上场）

一年一度聚漯河，食博盛会传欢歌，

相聚良宵情常在，和谐共赢更红火。

朋友们，第九届中国（漯河）食品博览会迎宾晚会到此就要结束了，在这里，让我们共同祝愿，祝愿我们的生活更加幸福、美满！祝愿第十届中国（漯河）食品博览会更加成功、更加精彩！

今夜有约，今夜无眠，我们相约明年再相见！

　　根据国家文化部安排，应越南文化部邀请，由河南省文化厅组派，郑州歌舞剧院和河南登封塔沟武校共选派20余名演职员组成河南文化艺术团，在2014年4月12日开幕的第八届越南顺化国际艺术节进行了精彩表演。其中，郑州歌舞剧院的旗袍秀把艺术气质和生活元素融合到一起，不仅展示了中国的服饰之美，更传播了中国的文化之美。

　　根据旗袍秀的艺术编排，主持词以旗袍所承载的中国文化为依托，以"梅兰竹菊""青花瓷""荷花""牡丹""龙凤"等艺术形象，从不同角度展示中国传统文化的美质，凸显"以和为美"的精神。

第八届越南顺化国际艺术节河南文化艺术团旗袍秀主持词

　　观众朋友们，现在您看到的是中国河南文化艺术团带来的旗袍秀。旗袍是当代中国女性的礼服，出现在各种国际社交礼仪场合。本次表演根据不同的设计风格，分为5大系列。

【1. "梅兰竹菊"系列】（4人表演）

　　走在最前面的四个人呈现的是"梅兰竹菊"系列。

　　梅花、兰花、翠竹、菊花，在中国被称为"花中四君子"，是中国人感物喻志的象征，也是咏物诗和文人画中最常见的题材，体现出一种对审美人格境界的神往。其共同特点是自强不息、清华其外、淡泊其中、不做媚世之态。

　　在这里，我们用牡丹代替菊花，在设计上利用四种植物的形态之美进行刺绣的艺术创造，在颜色上也是根据植物的颜色来进行搭配，力求完美和谐。

【2. "青花瓷"系列】（4人表演）

　　紧随"梅兰竹菊"的是"青花瓷"系列。

　　多姿多彩的瓷器是中国古代的伟大发明之一，"瓷器"与"中国"在英文中为同一词，充分说明精美绝伦的中国瓷器完全可以作为中国的代表。其中，青花瓷釉质透明如水，胎体质薄轻巧，洁白的瓷体上敷以蓝色纹饰，素雅清新，充满生机，具有宁静、悠远的神韵。

在这一款式的颜色设计上，我们借鉴了青花瓷本身固有的色彩——群青，利用青花瓷云锦缎面料，使整套服装活像一组灵动的青花瓷，并采用拼接、串珠等时尚的表现手法来表现青花的美质，简洁、优雅，寓意着东西方文化的融合。

【3.“荷之韵”系列】（4人表演）

和“青花瓷”的沉静之美相映衬的是极具高雅之美的“荷之韵”系列。

荷花是中国的传统名花，花叶清秀、花香四溢、沁人肺腑，有迎骄阳而不惧，出淤泥而不染的气质。所以荷花在人们心目中是真善美的化身，吉祥丰兴的预兆，是佛教中神圣净洁的名物，也是友谊的种子。

同时，由于“荷”与“和”“合”谐音，中华传统文化中，经常以荷花作为和平、和谐、合作、合力等的象征，以荷花的高洁象征和平事业、和谐世界。

“荷之韵”系列设计以改良旗袍的款式为主，利用手绘来表现中国特有的水墨感与服装的艺术结合，力求有飘逸、朦胧之美。

【4.“国色天香”系列】（4人表演）

紧随清幽高洁的“荷之韵”的是“国色天香”系列。

牡丹是中国特有的花卉之一，素有“国色天香”“花中之王”的美称。雍容华贵的牡丹被中国人视为富贵、吉祥、幸福、繁荣的象征，而且，河南洛阳作为中国牡丹的发源地之一，拥有“洛阳牡丹甲天下”的美誉。

牡丹在中国人民心中有特殊的地位，受历代诗人的赞美，有丰富的文化象征意义。因此，牡丹成为中国画花卉中经常描绘的题材，同时也成为家居或公共场所装饰的艺术品之一。

这一组的旗袍设计款式以颜色鲜艳夺目、刺绣完整密实、烫钻搭配美观为设计重点，凸显牡丹的高贵气质。

【5.“龙凤呈祥”系列】（2人表演）

最后大家看到的是“龙凤呈祥”系列。

在中国文化中——龙是中国的图腾，象征着力量和成功；凤是百鸟之王，象征着美丽和祥瑞。龙和凤的结合，是力量与美丽的结合；龙和凤的对应，是如意和吉祥的对应。

在这组“龙凤呈祥”系列中，第一款是由传统民俗嫁娶穿着的凤冠霞帔改良的旗袍礼服，重手工，刺绣精致。第二款是传统民俗嫁娶穿着的旗袍，颜色传统且设计新颖，完美地展现了龙凤呈祥。

【6. 五组共同表演】

朋友们，现代常见的旗袍图案为织锦缎，再配以传统的中国纹饰，如双鱼、富贵花、梅花等。这里我们还用中国水墨画手法描绘的花卉图案设计旗袍，将中国古典文化与现代文明完美地融合在一起。

也许有人会说，旗袍是中国女性传统服饰文化的象征。其实，旗袍是在二十世纪上半叶根据中国满族女性传统旗服，采用西式剪裁方法设计的一种时装，是东西方文化的融合。如今，旗袍在国际时装舞台频频亮相，并被作为一种具有中国民族代表意义的正式礼服。

大凡生命和艺术的"境界"，都是将有限的内在的精神品性，升华为永恒无限之美。朋友们，这一系列旗袍秀把艺术气质和生活元素融合到一起，不仅展示了中国的服饰之美，更传播中国的文化之美，寄托了我们最真诚的祝福——祝福大家吉祥如意，祝愿世界和平、天下大同！

由中华人民共和国文化部和河南省人民政府主办的第十届亚洲艺术节于 2008 年 9 月
26 日至 10 月 8 日在郑州市举办。9 月 26 日晚，第十届亚洲艺术节开幕式在河南省体育中
心进行，23 辆风格各异的花车成为本届亚洲艺术节开幕式上一道流动的风景，它流淌的
是亚洲各国和中华民族、中原地区的文化风情，聚焦的是世界的目光。

解说词抓住第十届亚洲艺术节"和谐亚洲，欢聚河南"的主题，重点在于对亚洲各国
特色花车所展示的文化风情、本省各地主题花车所承载的文化内涵做点睛式的提示，引领
观众更好地领悟花车的设计理念，欣赏花车上的艺术表演。

第十届亚洲艺术节开幕式花车巡礼解说词

（先导礼宾车队上）

女：观众朋友，伴着热烈、欢快的乐曲，最先映入我们眼帘的是由 10 辆摩托车组成
　　的先导礼宾车队。它将引领 23 辆搭载着来自亚洲不同国家及河南各地艺术家的
　　花车依次入场，为我们展示出亚洲国家和谐共生的人文风情以及中原文化的博大
　　精深、浪漫雄奇。

【1. 亚洲雄风】

男：紧随先导礼宾车队的是"亚洲雄风"。花车上 33 面迎风招展的国旗，代表 33 个
　　亚洲国家的艺术家们在中原大舞台的闪亮登场，寓意着本届艺术节"和谐亚洲，
　　欢聚中原"的鲜明主题。

【2. 吴哥神韵】

女：下一辆是"吴哥神韵"。作为柬埔寨民族的象征，被列为世界文化遗产的吴哥古迹，
　　是柬埔寨历史文化中最杰出、最辉煌的代表，被誉为"东方四大奇迹"之一。这
　　片土地上特有的风土景致，飘散着神秘、久远和淳朴的魅力，令人叹为观止。

【3. 辽阔中亚】

男：千里冰封、万里雪飘。紧接着给大家展示的是一个晶莹剔透的世界。地处中高纬

度的吉尔吉斯斯坦五分之四是重峦叠嶂的山地，群山之中雪峰、谷地错落成趣，风光如画。这里民族众多、文化悠久，独特的民俗风情令人神往。

【4. 印度风光】

女：这是别具特色的恒河风光，这是绚丽多姿的舞蹈王国。印度是世界四大文明古国之一，歌舞是印度人民生活中不可或缺的组成部分，他们用异常丰富的歌舞艺术表达对大自然的赞美，对生活的热爱。

【5. 印尼歌舞】

男：紧接着向我们走来的是富有东南亚风情的"印尼歌舞"。在这个素有"千岛之国"之称的国度，相伴蓝色的海岸线和旖旎的热带风光，人们好像是天生的舞者，用优美抒情的舞蹈，享受生活的诗意和浪漫，传递生命的快乐和激情。

【6. 樱花之舞】

女：樱花是日本的国花，樱花是勤劳、勇敢、智慧的象征。独特的地理条件和悠久的历史，孕育了别具一格的日本文化。曼美的樱花之舞中，和服、俳句、清酒、茶道等传统文化与现代文明的结合，创造了现代经济的发展奇迹。

【7. 马来风情】

男：地处太平洋和印度洋之间的马来西亚，漫长的海岸线和风格独具的地域文化成为丰富的旅游资源，阳光、海浪、沙滩、椰林，数不清的海景风光和极具风采的民族歌舞，构成如诗如画的梦幻景象，成为酷爱大自然者神往的天堂。

【8. 奔腾草原】

女："蓝蓝的天上白云飘，白云下面马儿跑。"这是绿波千里、一望无垠的蒙古草原，这是绿草与蓝天对话、白云与鲜花共舞的世界。蒙古包飘出奶茶的芳香，马头琴在旷野上悠悠回荡，伴着悠扬的蒙古长调，马在奔腾，鹰在翱翔。

【9. 金塔之光】

男：走进"佛塔之国"缅甸，以仰光大金塔为代表的一座座佛塔，镶嵌在乡间旷野，耸立在都市中央。精湛的佛塔建筑艺术和世代传承的佛塔文化，充分显示了缅甸劳动人民的智慧，展现了"佛塔之国"佛教文化的灿烂辉煌。

【10. 巴国狂舞】

女："巴国狂舞"，舞动心灵。巴基斯坦人民能歌善舞，民间舞蹈在数千年历史的演变中兼容并蓄，形成了独特的风格——奔放而优美，华丽而神秘，传达的是一种喜悦而平和的心境。

【11. 金色泰风】

男：置身于这风情万种的画卷，让我们一起领略"金色泰风"。在泰国这犹如睡莲般清雅洒脱的神秘国度，佛塔林立，寺庙遍布，佛教文化形成了自己独特的篇章。一座座造型典雅、飞檐尖顶的佛寺建筑，在热带阳光的照射下，金碧辉煌，蔚为壮观。

【12. 土耳其风】

女：走过暹罗湾的"黄袍佛国"，一股神奇的土耳其风从小亚细亚飘来。这里有清真寺宣礼塔的华丽肃穆，这里有特洛伊城遗址的历史回响，这里有卡帕多西亚的奇妙景象，这里有土耳其舞的激情绽放。

【13. 斗笠风韵】

男：伴着深情款款的斗笠舞，呈现在我们眼前的是《斗笠风韵》。越南属东南亚热带国家，这里河流纵横、棕榈摇曳、胶林滴翠、绿竹婆娑，迷人的田园美景，浓郁的民族风情，使这片土地如彩霞般绚丽多姿，如诗画般宁静秀美。

【14. 人文始祖】

女：回望华夏文明的历史源头，伫立着炎黄二帝巍峨的身影。五千年前，滔滔黄河穿越混沌未开的蛮荒岁月，中原大地走来了中华民族的人文始祖。伴着美丽神奇的传说，轩辕黄帝用智慧点燃了文明之源最为耀眼的火光，辉映着古老中原最为灿烂的曙色。

【15. 殷墟遗风】

男："洹水安阳名不虚，三千年前是帝都。"安阳，中国八大古都之一，作为甲骨文的故乡、《周易》的源头和世界文化遗产殷墟所在地，甲骨文和司母戊大方鼎是先民智慧的闪光，今天的红旗渠是安阳人民刻在太行山岩上的精神丰碑。

【16. 龙门牡丹】

女："若问古今兴废事，请君只看洛阳城。"洛阳是中国八大古都之一，以洛阳为中心的河洛地区是华夏文明的重要发祥地。名列世界文化遗产的龙门石窟和富丽端庄的洛阳牡丹都是其灿烂的文化名片，诠释着"十三朝古都"的厚重与浪漫、梦想与活力。

【17. 清明上河】

男：这是清明上河的立体画卷，这是富丽无双的东京梦华。名列中国八大古都的开封，迄今已有4100余年的建城史和建都史，先后有八个王朝在此建都。人杰地灵的古城开封以其深厚的历史文化底蕴、浓郁的现代文化氛围，正日益成为一座秉承传统、富有特色的文化强市。

【18. 灵秀嵩山】

女：嵩山是中华民族的文化圣山，它居中原而冠五岳，以古老而蕴奥秘。这里有儒、释、道不同文化的和谐共存，这里有历史文化上众多的"唯一"和"第一"。那禅武合一的少林功夫，更是名扬天下、雄风万里。

【19. 商城新貌】

男：作为中国八大古都之一，郑州，依中原千古文明，挟嵩山雄风浩气，在这片3600年前享有"中国最早辉煌都市"美誉的土地上，实现了一座现代化都市的迅速崛起。带着"博大、开放、创新、和谐"的城市精神，郑州在时代的浪潮中，续写着现代文明的辉煌传奇。

【20. 民族盛会】

女：由京剧脸谱、天坛祈年殿等民族文化符号构成的花车，汇成了中华文化的盛会。中华文化是世界上持续时间最长的文明，深深熔铸在中华民族的生命力、创造力和凝聚力之中，推动中华民族的伟大复兴，促进世界文化的不断发展。

【21. 梦圆奥运】

男：百年奥运，圆梦北京。忘不了鸟巢中奏响的同一个世界的经典，忘不了水立方荡漾的同一个梦想的绚烂。"中国印""金镶玉""祥云焰"，把五千年的文明灿烂向世界展现；古希腊的圣火照耀珠峰之巅，和平发展的中国永远和世界携手并肩、阔步向前。

【22. 世纪放歌】

女：这是祥和欢乐的"世纪放歌"，这是灿烂花开的盛世中国。鲜艳的紫荆花在香江之畔绽放，素雅的白莲花在"大三巴"前飘香，绚丽的蝴蝶兰在祖国宝岛斗艳争芳。这是民族统一的华彩，这是中华腾飞的乐章。

【23. 中华腾飞】

男：指南针的故乡自有不变的方向，世世代代总有腾飞的梦想，青铜巨鼎燃烧着我们的激情，祥瑞金龙勃发着腾飞的力量。龙在飞龙在舞，龙的豪情在东方大地上升腾；龙呼风龙唤雨，龙行盛世，国泰民安，处处春潮激荡。

女：23辆风格各异的花车是本届亚洲艺术节开幕式上一道流动的风景，它流淌的是亚洲各国和中华民族、中原地区的文化风情，聚焦的是世界的目光。

男：亚洲艺术节的举办，是为了向世界展示全新的、整体的亚洲文化形象，为亚洲各国的不同艺术形式提供更多的交流机会。自1998年创办以来，一年一度的亚洲艺术节已经成为亚洲地区知名的区域性国际艺术节，得到广大观众及国际艺术界的广泛关注。

女：我们相信，第十届亚洲艺术节的举办，将加强我国与亚洲各国的文化交流与合作，丰富人民的文化生活，推动文化的大发展大繁荣。

　　"盛世梨园——河南戏曲名人坊"是由河南省委宣传部全程策划并组织指导，省文化厅、省广电局具体承办，联合省内9家演出单位共同参与打造的一台集合了戏曲名家演唱名段的精品戏曲荟萃，作为驻场演艺项目，于2009年5月19日在河南电视台8号演播厅开始公演。演出的节目内容全部取自河南戏曲曲目中的经典片段，采用戏曲名家现场演唱，大型交响乐队现场演奏的方式，在传承传统戏曲文化的基础上利用了现代化灯光、音响、舞美等多元化手段进行立体展现。

　　为让现场观众感受到博大精深又诗意的河南戏曲风韵，配合每个节目表现出来的舞美意境，节目介绍采用诗歌式的字幕呈现，烘托每个节目不同的意蕴。

盛世梨园

河南戏曲名人坊大型演出字幕词

《序曲》

字正腔圆，弓行弦走；

水袖曼舞，光泻影流。

唱念做打，生旦净丑；

梨园风采，美不胜收。

戏比天大，曲比水柔；

情深意无穷，韵美唱不休……

《红娘》

才子佳人话西厢，

犹忆伶俐红娘。

传书递简，勾连多情相思，

设计周旋，躲过无情棍棒。

聪明机智红线牵，

俏皮风趣热心肠。

《白蛇传》

人间情爱越千载，
千古绝唱自此开。
烟雨迷蒙西子湖，
漫步苏堤结缘来。
一对人儿一把伞，
浪漫传奇常咏怀。

《七品芝麻官》

帽翅儿一颤一抖，
八字胡一挑一翘。
小眼睛滴溜溜转的都是机巧，
大脑袋晃悠悠想的都是高招。
好一个为民做主的芝麻官，
滑稽之中见情操。

《朝阳沟》

一出现代豫剧的经典，
一段半个世纪的记忆，
一卷乡土风情的图画，
一派青春朝阳的气息。
您看，迎着烂漫山花，
上山的脚步，踏响了理想的阶梯。

《铡刀下的红梅》

英雄的故事，
许多次在血脉里激荡。
傲雪的红梅，
再次在眼前灿然怒放。
悲哉，催人泪下的生死离别，
壮哉，感天动地的生命绝响。

《诸葛亮与周瑜》

是敌是友？是合是分？
且看三国乱世、变幻风云。

昨日气死周瑜，是为天下纷争，
今日冒死祭奠，是为携手联盟。
万里长江浪汹涌，
走来一代豪杰——诸葛孔明！

《穆桂英挂帅》
边关烽烟起，
胸怀报国心。
解下丝绫换战裙，
斗大的"穆"字震乾坤。
辕门外，三声炮，
多少威风、多少豪情、多少苍劲……

《倒霉大叔的婚事》
一个是闻名乡里的致富大叔，
一个是心地善良的草编巧妇。
饱经磨难，成就美满姻缘，
迈过沟坎，走上富裕之路。
好一次月下相会，
风在轻拂，情在倾诉……

《村官李天成》
不管有多累，
不管有多难。
一人富裕不算富，
共同富裕心才安。
村干部好比拉车汉，
得拉着大家一起翻过贫穷的坎。

《香魂女》
黄土地上，
诉说婆媳两代悲剧婚姻的不幸。
香魂塘边，
见证乡村女人心灵嬗变的历程。

泪水里，折射出人性的光辉，
追寻中，撕破那千年的樊笼……

《李天保吊孝》
扇子轻摇，得意扬扬；
如意算盘，心中打响。
为退婚约攀高枝，
巧施"妙计"去报丧。
真好笑——
趋权附势的小丑一个，
嫌贫爱富的嘴脸一张。

《常香玉》
艺术舞台，戏比天大；
人生舞台，德艺双馨。
何为"人民艺术家"？
艺术家心怀祖国人民，
天下兴亡匹夫责，
为国分忧赤子心。

《程婴救孤》
为救忠良之后，
直面腥风血雨。
经辱受骂，丧妻失子，
辛酸苦辣，颠沛流离。
血泪浸泡十六载，
铁肩担道，壮歌一曲。

《五世请缨》
旌旗猎猎，号角连营；
杨门女将，气贯长虹。
百岁太君，上殿请缨；
壮怀激越，披挂出征。
——为了民安乐，
为了国太平！